I0032862

EXPLORATION

SCIENTIFIQUE

DE L'ALGÉRIE

PENDANT LES ANNÉES 1840, 1841, 1842

4° Lk⁸
66 (11)

CHEZ

VICTOR MASSON,

LANGLOIS ET LECLERCQ,

LIBRAIRES,

A PARIS.

EXPLORATION

SCIENTIFIQUE

DE L'ALGÉRIE

PENDANT LES ANNÉES 1840, 1841, 1842

PUBLIÉE

PAR ORDRE DU GOUVERNEMENT

ET AVEC LE CONCOURS D'UNE COMMISSION ACADÉMIQUE

SCIENCES HISTORIQUES ET GÉOGRAPHIQUES

XI

PARIS

IMPRIMERIE NATIONALE

M DCCC XLIX

PRÉCIS

DE

JURISPRUDENCE MUSULMANE

ou

PRINCIPES DE LÉGISLATION MUSULMANE

CIVILE ET RELIGIEUSE

SELON LE RITE MÂLÉKITE

PAR KHALÎL IBN-ISH'ÂK'

TRADUIT DE L'ARABE

PAR M. PERRON

CHEVALIER DE LA LÉGION D'HONNEUR, MEMBRE DE LA SOCIÉTÉ ASIATIQUE DE PARIS, ETC.

II

PRÉCIS

DE

JURISPRUDENCE MUSULMANE,

SELON LE RITE MÂLÉKITE.

SUITE

DE LA PREMIÈRE PARTIE.

JURISPRUDENCE RELIGIEUSE.

CHAPITRE VI.

DU PÈLERINAGE ET DE LO'MRA OU VISITATION.

SECTION Iʳᵉ.

DU PÈLERINAGE ET DE L'O'MRA SOUS LE POINT DE VUE DU DEVOIR. —
DU PÈLERINAGE ET DE L'O'MRA PAR SUBSTITUTION.

Le pélerinage, comme obligation divine [1], et *l'o'mra*
ou *visitation* pieuse des lieux saints, comme obligation
imitative, sont deux devoirs dont tout musulman [s'il
le peut] est tenu de s'acquitter [une fois dans sa vie].

Mais les fidèles sont-ils tenus de s'empresser [dès que l'âge le leur permet] de remplir ce devoir, ou convient-il qu'ils en remettent l'accomplissement à un âge plus avancé, dans la crainte de circonstances qui les empêchent de s'acquitter de ce devoir? A cet égard les juristes expriment diverses manières de voir. [Les uns veulent que le fidèle fasse son pèlerinage dès que son âge, ses forces et ses ressources le lui permettent, de peur qu'il ne survienne des embarras ou des accidents qui rendent impossible l'accomplissement de ce devoir. C'est alors le *pèlerinage hâté*. D'autres laissent le fidèle libre de différer son pèlerinage, si l'empêchement est motivé par une maladie, ou par le manque de force, ou par les dangers du voyage, ou par l'absence de ressources nécessaires.]

La condition absolue pour la validité du pèlerinage et de l'o'mra ou visite pieuse est d'être musulman. Par suite de ce principe, l'individu [c'est-à-dire le père, ou le tuteur, ou le répondant, ou le parent, ou l'étranger qui emmènera avec lui un enfant très-jeune,] devra, selon le désir de la loi, entrer en pèlerinage [ou commencer l'*ih'râm*, c'est-à-dire se mettre en dispositions pieuses de pèlerinage] [2] au nom de cet enfant [en bas âge, même] encore à la mamelle; mais il ne dépouillera cet enfant de ses vêtements [ordinaires et ne le revêtira du vêtement pèlerinal] que lorsque l'on sera tout près du territoire sacré de la Mekke [et non lorsque l'on ne sera encore qu'aux stations]. L'individu préposé, ou tuteur, ou répondant [parent ou père], peut entrer aussi en pèlerinage au nom d'un idiot [qu'il a avec lui et qui, selon l'explication des commentateurs, ne comprend pas bien ce qu'on lui dit, ce qu'on lui demande, et est incapable de répondre à propos aux paroles qui lui sont adressées, bien que cependant il puisse distinguer un homme d'un cheval. Si celui au nom duquel l'individu peut entrer en pèlerinage était dans un état de démence qui eût des moments lucides, on devrait attendre, afin de voir s'il viendra assez de raison à ce fou pour lui permettre de faire personnellement le pèlerinage. Par les moyens de substitution indiqués ici, l'enfant à la mamelle, l'idiot sont acquittés de leur pèlerinage, s'ils meurent l'un encore jeune, l'autre sans avoir jamais joui de sa raison]. Mais on ne peut entrer en pèlerinage pour un individu que l'on ne croit privé de son intelligence que momentanément [ou pour un aliéné, un fou dont on peut présumer ou espérer la guérison].

L'individu qui jouit de sa raison [et qui comprend le sens des paroles qu'on lui adresse, qui y adapte les réponses, quelque jeune qu'il soit d'ailleurs, cet individu, dis-je, emmené à la Mekke par son père, ou par un répondant, ou un tuteur, ou un parent, ou un étranger,] n'entrera en pèlerinage qu'après en avoir reçu la permission de celui sous l'autorité duquel il se trouve. Mais s'il entre en pèlerinage sans cette permission, ce sera au fidèle qui a autorité sur lui, à lui désigner et fixer ce qu'il devra omettre [de certaines pratiques du pèlerinage; il en sera de même pour la conduite de l'individu privé d'intelligence et de raison]. Dès lors cet individu [qu'il ait ou non l'usage normal de ses facultés intellectuelles] ne sera point obligé de satisfaire plus tard aux pratiques qu'il aura omises. Il n'en est point ainsi pour l'esclave [pubère et en âge de majorité ; lorsqu'il est entré en pèlerinage sans l'assentiment ou la permission de son maître, ou de celui à qui il a été confié, et que celui-ci lui a désigné ce qu'il fallait laisser des pratiques du pèlerinage, cet esclave est obligé, s'il en obtient la permission de son maître, ou s'il lui arrive d'être affranchi, de satisfaire plus tard aux pratiques qu'il a été dispensé d'accomplir].

L'individu [en question, c'est-à-dire père, ou tuteur, ou répondant, ou parent, etc. qui a emmené en pèlerinage un enfant, ou un idiot, etc.] commandera à celui qui est sous ses ordres, de vaquer à toutes les pratiques que ce dernier pourra accomplir. Pour les pratiques dont cet individu [père, ou tuteur, etc.] aura dispensé l'enfant ou l'idiot [qui ne peut s'en acquitter, fussent même toutes les pratiques du pèlerinage, comme dans le cas où il s'agit d'un fidèle privé de raison], l'individu [ou tuteur, ou père, ou autre,] accomplit ces pratiques au nom de son fils ou de son pupille, etc. si elles sont de nature à pouvoir être ainsi accomplies par substitution, telles que les tournées pieuses autour de la Ka'aba [et en un mot, toutes les pratiques matérielles ou les actes matériels, par exemple, la station au mont A'rafa, la lapidation du diable]. Mais il n'en est pas ainsi pour les pratiques [qui consistent en prières ou paroles à prononcer], telles que le *telbieh* [ou récitation réité-

rée d'une prière d'adoration commençant par ces mots :
« Je suis à toi, je vais à toi, ô mon Dieu, etc. »] et les deux
réka qui doivent succéder aux tournées pieuses. [Le
tuteur, ou le père, ou le représentant du père, etc. ne
peut les faire au nom du mineur qu'il a emmené.]

L'individu précité [tuteur, père, répondant, etc.]
conduira ou fera conduire le mineur [quel qu'il soit,
arrivé ou non à l'âge de raison, jouissant ou non de
ses facultés intellectuelles,] aux diverses stations [à
A'rafa, à Mouzdalifeh, à Mina (3)].

Lorsque les dépenses du voyage pour le mineur auront excédé les dépenses ordinaires d'entretien et qu'il
y aura eu nécessité de les augmenter de peur que ce
mineur ne fût exposé à quelque mal ou danger sérieux,
cet excédant de dépenses sera pris sur les biens ou
possessions du mineur [quel qu'il soit, en bas âge, ou
idiot, ou aliéné, etc.].

Mais si l'excédant de dépenses n'a pas eu pour motif un danger [s'il n'y a pas eu à craindre qu'il mourût,
par exemple, si on l'a confié à quelqu'un ou déposé en
quelque lieu, ville ou village, etc.], cet excédant est à
la charge de celui qui a emmené ce mineur. Sont encore
à la charge du protecteur [père, répondant, tuteur, etc.]
—la peine satisfactoire à subir pour tout animal non
domestique qu'aurait tué ou blessé le mineur (4), —
et tout sacrifice expiatoire pour les actes défendus que
n'a pas nécessités quelque circonstance impérieuse.

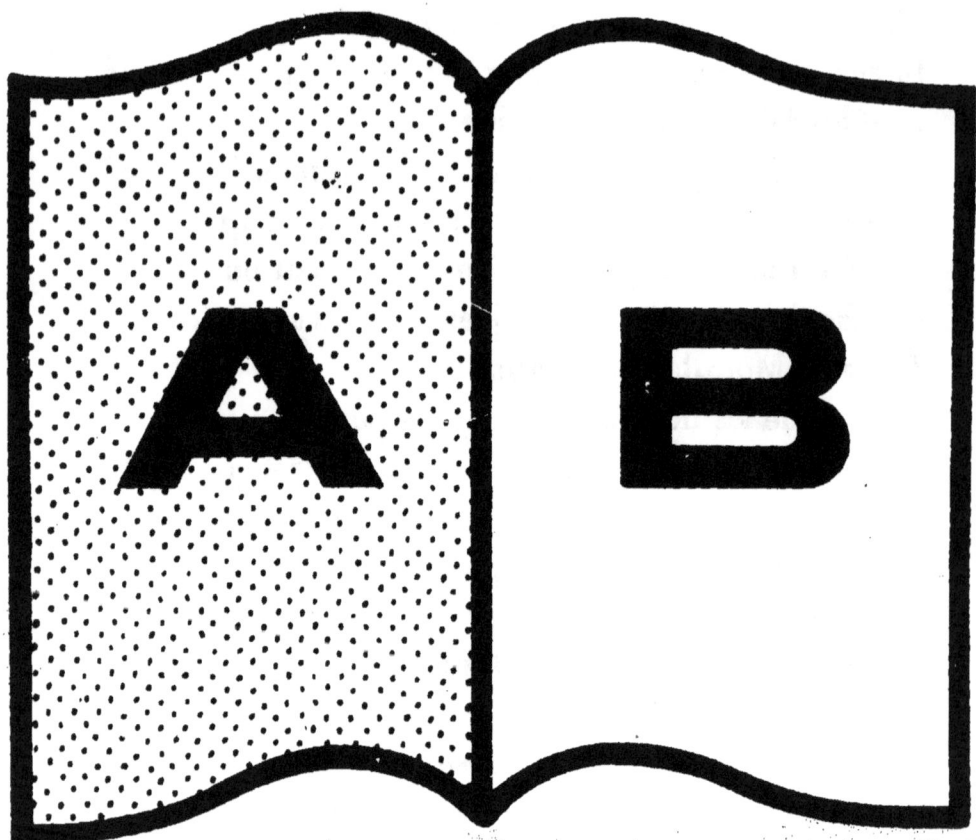

Contraste insuffisant

NF Z 43-120-14

SECTION II.

DES CONDITIONS ET OBLIGATIONS PERSONNELLES RELATIVES
À L'ACCOMPLISSEMENT DU PÈLERINAGE.

· Les conditions [personnelles, fondamentales et] reconnues nécessaires pour la valeur du pèlerinage obligatoire aussi bien que pour son accomplissement à titre
de précepte et de commandement divin sont : — que
le fidèle soit de condition libre [car l'esclave, sous quelque forme d'esclavage qu'il soit, esclave ordinaire, ou
esclave à qui est promise la manumission posthume, ou
esclave contractuel, etc. n'est nullement obligé au pèlerinage, et tous les pèlerinages qu'il ferait pendant la
durée de l'esclavage ne seraient que surérogatoires et
ne le dispenseraient point, s'il vient à être affranchi, du
pèlerinage des fidèles libres]; — que le fidèle soit dans
les conditions convenables d'âge [c'est-à-dire qu'il soit
pubère ou majeur, qu'il soit aussi dans les conditions
convenables de santé, de force, de ressources, de bon
sens, de raison,] au moment où il entre en pèlerinage,
et qu'il n'ait point, à ce moment-là, l'intention de faire
un pèlerinage surérogatoire.

Le fidèle doit aller en pèlerinage dès qu'il lui est
possible de remplir ce devoir, dès qu'il lui est possible
[ou à pied, ou sur une monture,] de se rendre aux
lieux saints sans fatigues trop pénibles, sans encourir,
dans le trajet, de dangers pour sa personne et pour ce
qu'il emporte avec lui [et sans avoir à craindre les at-

taques armées des voleurs. Le fidèle, disons-nous, n'est point obligé d'aller en pèlerinage, s'il a à craindre pour sa personne, ou pour ce qu'il a avec lui]; mais il n'en n'est pas ainsi, s'il a à supporter seulement les exigences avides et injustes d'un individu [ou maître d'un pays, ou détrousseur,] qui s'en tiendra, sans revenir sur sa parole, au plus faible prix qu'il aura exigé d'abord [et qui ne forcera pas le pèlerin à lui payer une seconde fois le prix ou le péage déjà livré]. C'est là du moins ce qu'indique le plus visiblement la volonté de la loi.

Le fidèle qui n'a les moyens de se pourvoir ni de viatique, ni de monture pour son voyage, doit aller en pèlerinage, si ce fidèle a un métier [une industrie] qui puisse lui servir à subvenir à ses besoins, et s'il a la force nécessaire pour parcourir le trajet à pied.

L'aveugle même doit aller en pèlerinage [s'il peut marcher, s'il est en bonne santé,] s'il trouve quelqu'un qui [gratuitement, ou à prix convenu,] lui veuille servir de guide. [Il en est de même pour le sourd, le perclus, l'estropié, le boiteux, l'individu privé d'un bras, ou d'une jambe, ou des bras, ou des jambes, ou d'un bras et d'une jambe, s'il trouve, fût-ce à prix d'argent, quelqu'un qui consente à le guider, à veiller sur lui et à l'aider.]

Quant à l'obligation d'aller en pèlerinage [même malgré le manque de viatique et de monture], cette obligation s'établit et se juge sur ce que peut trouver l'individu en fait d'entretien et de moyens de trajet [s'il n'a ni métier ni industrie qui puisse lui procurer de quoi vivre en route, ou s'il n'a pas la force de faire à pied le voyage, ou s'il n'a ni l'un ni l'autre].

Le fidèle doit aller accomplir son pèlerinage, — quand même il n'aurait pour cela que la valeur d'un enfant qu'une esclave aurait eu par cohabitation illicite, — ou le prix qu'il pourrait retirer de la vente de ce que possède un débiteur en faillite; — quand même [il n'aurait, lui et les siens, que ce qui suffit aux dépenses du pèlerinage, et quand même ensuite] il se trouverait réduit à la misère [lui, et ses enfants, et son père, et sa mère; la Providence n'abandonne personne; elle pourvoit aux besoins de tous]; — quand même [pour partir en pèlerinage] il ne laisserait à ses enfants [et à son père, et à sa mère,] que les ressources de la charité publique, pourvu cependant qu'il ne craigne pas de les exposer ainsi [à de pénibles privations,] à succomber à la misère et à mourir.

Mais le fidèle n'ira point en pèlerinage au moyen d'un emprunt, ou de dons ou présents, ou de ressources acquises en mendiant de quelque manière que ce soit [c'est-à-dire, qu'il ait ou non l'habitude de mendier].

Du reste, le fidèle [qui n'a pas toutes les ressources convenables dont il a été question jusqu'ici, pour faire son pèlerinage,] se préoccupera seulement d'avoir les moyens d'arriver aux lieux saints [à ses propres frais, ou par son industrie, et non d'avoir les moyens de retour], à moins qu'il ne craigne de mourir [s'il était obligé de rester à la Mekke].

Il est indifférent de se rendre aux lieux saints par

mer ou par terre, à moins que le voyage par mer ne
présente des chances plus nombreuses et plus probables
de danger, ou si le fidèle a lieu de craindre d'être forcé
de renoncer à l'exécution directe des pratiques matérielles de la prière, à cause, par exemple, du mal de
mer [ou à cause du manque d'eau pour les ablutions et
les purifications].

Les devoirs et les obligations [et toutes les circonstances de détail mentionnées jusqu'ici] sont les mêmes
pour les femmes que pour les hommes, — excepté les
femmes qui habitent des pays trop éloignés de la Ville
Sainte [pour pouvoir s'y rendre sans de trop grandes
fatigues]; — excepté les femmes qui seraient obligées
de voyager par mer, à moins qu'elles n'aient sur le bâti-
ment un lieu spécial [où elles puissent dormir, être à
l'abri des regards et satisfaire à tous leurs besoins].

Mais [au nombre des devoirs et des obligations relativement aux femmes, pour le pèlerinage,] il y a de plus :
que la femme doit être — ou accompagnée d'un homme
qui lui soit parent au degré où les alliances matrimoniales sont défendues, — ou accompagnée de son mari.
[Car le Prophète a dit : « Il n'est point permis à une
femme qui croit en Dieu et à l'autre monde, de voyager un jour et une nuit sans avoir pour compagnon un
proche parent. » La règle est la même pour l'hermaphrodite incertain, c'est-à-dire que l'on ne peut pas
nettement classer dans l'un ou l'autre sexe; car alors
il est peut-être femme. Si même le proche parent ou
bien le mari de la femme ne veut consentir à l'accom-

pagner qu'à un prix convenu, elle sera obligée de payer ce prix.] Mais [à défaut de proche parent ou de mari, ou s'ils ne veulent ou ne peuvent ni l'un ni l'autre accompagner la pèlerine,] une compagnie de personnes sûres et honnêtes suffit pour la femme, en cas de pèlerinage d'obligation divine [non en cas de pèlerinage surérogatoire]. Dans la circonstance indiquée ici, la femme doit-elle se contenter de la compagnie des femmes pèlerines ou des hommes pèlerins, ou bien doit-elle préférer les uns et les autres réunis? Il y a diverses explications à ce sujet. [L'avis le plus généralement accepté est que la femme doit préférer la réunion des hommes et des femmes.]

Le pèlerinage [soit d'obligation divine, soit surérogatoire,] accompli au moyen de ressources acquises par des voies illicites est valable; mais le fidèle n'en est pas moins coupable aux yeux de la loi [et le mérite du pèlerinage n'est pas aussi plein et complet que si cette œuvre religieuse était accomplie au moyen de ressources licites].

Le pèlerinage [soit obligatoire, soit surérogatoire,] doit être préféré à toute expédition de guerre, excepté dans les époques de crainte [et de danger pour la chose publique, ou pour les pèlerins en particulier].

Il est préférable : — d'aller en pèlerinage sur une monture [et il en est de même pour l'o'mra, et pour les différentes stations pieuses, telles que celle d'A'rafa; le Prophète a accompli ses pèlerinages monté sur un chameau; ce moyen est préférable, parce qu'il exige de plus grandes dépenses et qu'il présente ainsi une cause de plus de rendre grâce à Dieu de ses bienfaits]; — d'avoir sur la monture une selle étroite [qui ne couvre, par exemple, que la bosse du chameau].

SECTION III.

DU PÈLERINAGE PAR MANDATAIRE.

§ 1. Des trois formes du mandat de pèlerinage. — Obligations du pèlerin mandataire.

On préférera un mandataire ou substitut de bonne volonté [et sans aucune condition d'intérêt], pour tout autre acte pieux que le pèlerinage, par exemple, pour une aumône, pour demander à Dieu ses grâces et ses bienfaits [ou pour l'affranchissement d'un esclave, et en général pour tout acte religieux qui comporte la substitution, et lorsque tous ces actes sont accomplis au nom d'un fidèle mort, ou même d'un fidèle vivant mais malade de maladie mortelle ou de maladie qui l'empêche de vaquer à ses devoirs religieux. Pour l'accomplissement du pèlerinage par mandat, il vaut mieux que le mandataire ne s'en charge pas bénévolement et sans conditions qui le défrayent. Khalîl, en détaillant les trois formes d'arrangement pour le pèlerinage par substitution, les place dans l'ordre de préférence qu'on doit leur accorder].

On préférera [pour l'exécution du pèlerinage par
substitution et pour les arrangements d'intérêt,] le
louage d'un mandataire à titre de garantie par promesse,
au louage sous condition simple de défrayer le mandataire [de ses dépenses pour le pèlerinage, et sans autre
garantie ou promesse de la part de ce mandataire; on
s'en rapporte alors à la bonne foi de l'individu pris à
louage. Dans la forme à titre de garantie par promesse
positive, le pèlerin par procuration s'engage, sous promesse obligatoire, à faire en sorte que le pèlerinage
soit accompli; et l'engagement assumé de cette manière, l'individu est forcé de l'accomplir, soit personnellement, soit par un autre, avec lequel il conclut les
arrangements et conditions qu'il lui plaît. Bien plus,
si ce mandataire par garantie venait à mourir avant
d'accomplir le pèlerinage, les héritiers ou proches parents seraient obligés d'aviser aux moyens de remplir
le devoir dont ce mandataire s'était chargé]. D'autre
part, les conditions garanties par le contractant à un
mandataire pour un pèlerinage rentrent dans les conditions de toute autre garantie [sous le rapport d'obligation, de fixation de frais et de dépenses, etc.].

Le louage d'un mandataire à titre de garantie par
promesse obligatoire est toujours prescrit par la loi,
lorsque le défunt [ou le fidèle que sa santé empêche
d'aller en pèlerinage] a demandé, en terme général, [et
sans rien préciser, que l'on fît] le pèlerinage pcur lui
[lorsque le défunt a dit simplement : « Faites faire pour
moi le pèlerinage »]. En pareil cas, le lieu où le man-

dataire se mettra en ih'râm [c'est-à-dire en disposition de pèlerinage] sera la station même où les fidèles du pays du mort entrent en pèlerinage. [Ces stations, au nombre de cinq, sont plus ou moins éloignées de la Mekke.] (Voy. sect. IV, § I de ce chapitre.)

Si le mandataire à garantie vient à mourir avant d'a-voir achevé [de remplir ses obligations, les conditions de son mandat n'en restent pas moins valables, et si les héritiers ne consentent pas à faire terminer le pèleri-nage], on ne lui payera que ce qui sera jugé convenable et juste pour le trajet accompli par le mandataire décédé.

Il en sera encore ainsi — lors même que le manda-taire mourrait à la Mekke [et cette dernière spécification réfute l'opinion d'un juriste, Ibn-H'abîb, qui prétend que le mandataire, dès qu'une fois il est arrivé à la Mekke, doit être payé de tout ce qui a été convenu]; — ou lors même que [par des circonstances imprévues, par une maladie, etc.] le mandataire aurait été empêché d'accomplir sa promesse. Dans ce dernier cas, l'exécution du mandat sera remise à l'année suivante. [Mais si le mandataire est mort, ou s'il est gravement malade et qu'il ne puisse satisfaire à sa promesse pour l'année sui-vante,] on prendra à louage un autre fidèle, à partir du lieu même où s'est arrêté le mandataire précédent. [Selon un autre avis, qui est presque généralement adopté, le nouveau mandataire commencera l'exécution de son mandat à partir du lieu où il l'aura accepté.]

Il n'est pas permis d'établir dans les conditions d'arrangement, que le mandant ou le mandataire supportera les frais des expiations qui, par exemple, dans le *témettou'*, doivent être subies légalement par l'un et non par l'autre. [Chacun supportera, à son propre compte, les expiations ou les immolations qui, d'après la loi, le regardent spécialement.]

Les arrangements faits pour le louage d'un mandataire demeurent valables, bien que l'on ne détermine pas l'année dans laquelle le pèlerinage doit être accompli; lorsqu'il n'y a pas de désignation positive de temps, le pèlerinage doit se faire l'année qui suit celle de l'acceptation du mandat. Il est toujours mieux de fixer l'année que de la laisser indéterminée.

Il est mieux aussi de préférer les deux premières formes [c'est-à-dire l'arrangement par garantie avec promesse positive et l'arrangement avec convention simple et générale de défrayer le mandataire], à l'arrangement par pacte conditionnel [c'est-à-dire sous la condition de ne payer au mandataire qu'après qu'il aura terminé le pèlerinage et qu'il sera de retour, les dépenses qu'il aura faites, car dans les deux formes premières d'arrangement, il y a plus de sécurité pour l'accomplissement du mandat; et dans la première forme il y a plus de sécurité encore que dans la seconde].

Le mandataire [quelle que soit la forme de l'arrangement conclu avec lui] exécutera le pèlerinage [dont il s'est chargé] selon ce qui paraîtra le plus conforme aux volontés et à l'état de fortune du testateur. [D'après cela, le mandataire ira, ou à monture ordinaire, ou à monture à selle étroite, ou à chameau, ou autrement.] L'individu [qui a accepté un mandat de pèlerinage] est coupable s'il paye une dette avec les valeurs qu'il a reçues [pour l'exécution de son mandat conformément à l'état et à la condition du testateur], et si ensuite [au lieu d'aller à monture] il se rend à pied au pèlerinage.

L'arrangement avec condition [simple et générale] de défrayer le mandataire [est une sorte de contrat qui] oblige à donner à ce mandataire de quoi suffire à ses besoins, allée et retour, d'après l'appréciation connue [pour tout ce qui peut être nécessaire, en gâteaux secs, en huile, en viande, en chaussures, en couvertures, en vêtements, etc. Cette appréciation sera établie d'après la valeur indiquée par tous, au retour du pèlerinage, et le pèlerin remplaçant rendra alors tout ce qui lui restera]. Dans la forme d'arrangement dont il est question ici [si ce qui a été reçu pour le pèlerinage n'a pas suffi], on rend au mandataire ce qu'il a employé et dépensé en surplus [pour ses besoins, pour les immolations et les expiations qu'il a faites ou par nécessité, ou comme rachat de fautes commises par inadvertance, mais non pour les immolations et les expiations qu'il a faites par sa propre volonté ou pour des fautes commises exprès].

On compte à la charge du mandataire ou pèlerin par procuration, ce qu'il a dépensé de plus que ce qu'ont exigé ses besoins et ses habitudes de vivre. Si ce qui a été accordé [au mandataire pour ses besoins] est épuisé [avant ou après le temps où il entre en pèlerinage], il demeure également obligé d'accomplir le pèlerinage [et le surplus à payer au mandataire est à la charge de celui qui a contracté avec lui, non à la charge du testateur, parce que celui qui a contracté a préféré un mandataire par arrangement sous condition générale de défrayer des dépenses, à un mandataire par arrangement à titre de garantie par promesse obligatoire]. Le mandataire [engagé à la condition d'être défrayé de ses dépenses] reste pareillement obligé [d'accomplir le devoir dont il est chargé], lorsqu'il est entré en pèlerinage et qu'il tombe malade [quel que soit d'aillenrs le temps que dure sa maladie, et si l'année du pèlerinage n'a pas été fixée ; mais si cette année a été fixée, le mandat, dans les trois formes d'arrangement, est entaché de nullité, et le contractant n'est plus obligé à satisfaire aux clauses du contrat. Si le mandataire tombe malade avant d'entrer en ih'râm pour le pèlerinage, et ne peut pas alors s'acquitter de son mandat, il doit revenir, et il a droit à être défrayé de ce qu'il a dépensé pendant le temps de sa maladie et pour son retour, non de ce qu'il a dépensé en allant].

§ 2. Des pertes éprouvées par le pèlerin mandataire.

Si le pèlerin mandataire, avant d'entrer en pèlerinage, perd ce qu'il a reçu pour ses besoins, il doit revenir sur ses pas [à moins que des conditions contraires n'aient été établies et acceptées entre les contractants ; et alors le mandataire se conforme à ces conditions. La perte mentionnée sera reconnue réelle après le serment du mandataire, s'il n'y a pas de preuves par témoins. Les héritiers du défunt ne sont plus obligés, dans le cas de perte qui vient d'être mentionné, de faire accomplir le pèlerinage, quand même il resterait encore du tiers de l'héritage une partie suffisante pour cet accomplissement. Nous verrons bientôt que, même malgré les volontés du testateur, on ne peut consacrer que le tiers d'un héritage à des œuvres de piété. Si le pèlerin mandataire qui a éprouvé la perte avant d'entrer en ih'râm ne revient pas, s'il continue et accomplit le pèlerinage, il ne sera dédommagé de rien à partir du lieu de la perte, et jusqu'à ce qu'il soit revenu à ce lieu]. Mais dans les cas différents [c'est-à-dire lorsque la perte n'a eu lieu qu'après l'entrée en pèlerinage, ou bien lorsqu'elle a eu lieu auparavant et que le mandataire n'en a eu connaissance qu'après être entré en pèlerinage, ou bien lorsque l'ayant sue avant d'entrer en ih'râm, il n'a pu revenir, et a, par conséquent, continué et terminé le pèlerinage], les dépenses [en surplus qui ont été faites au delà de l'endroit où est arrivée la perte, et jusqu'au retour en ce même endroit,] sont à la charge de celui qui a traité [non à la charge du testateur], à moins que le testateur n'ait exprimé la volonté de faire accomplir ce pèlerinage par forme d'arrangement stipulé à la condition de défrayer le mandataire; dans ce cas, la perte qu'a faite le mandataire sera à la charge de ce qui reste du tiers de

l'héritage, quand même l'héritage serait déjà partagé.
[Le surplus que nous venons d'indiquer comme étant
à la charge de celui qui a traité doit être supporté par
le mandant, parce qu'il a préféré l'engagement du
mandataire par la seconde forme, c'est-à-dire sous
condition de défrayer de toutes dépenses, à la première
forme d'arrangement ou forme par promesse garantie, enfin parce que, en préférant la deuxième forme
d'arrangement lorsque le testateur ne l'a pas demandée, il s'est montré peu soigneux de l'intérêt de la succession.]

§ 3. Des infractions aux conventions du mandat de pèlerinage.

Si le mandataire accomplit le pèlerinage [dont il
est chargé] avant l'année convenue dans les conditions
de l'arrangement, le fait est dans les limites de la loi,
et le pèlerinage est valable. [C'est l'analogue de l'acquittement d'une dette avant le terme fixé.] Il en est
de même si le pèlerin mandataire a omis de faire la
visite [ordinaire au tombeau du Prophète, ou encore
s'il a omis de s'acquitter de l'o'mra outre les cérémonies proprement dites du pèlerinage]; mais alors on
compte, en défalcation des dépenses convenues, la partie qui aurait été dépensée pour ces pratiques [c'est-à-
dire la visite au tombeau du Prophète et l'o'mra, que
ces pratiques aient été omises par raison d'impossibilité
ou volontairement]. De même encore [le pèlerinage
par substitution est acceptable et dans les limites de

validité], bien que le mandataire ait agi contrairement aux conditions [qu'il avait acceptées] de son mandant pour accomplir le pèlerinage simple. Mais cette
validité n'existe que si le défunt lui-même n'a pas recommandé, comme condition, d'accomplir uniquement
le pèlerinage simple; dans le cas contraire, le pèlerinage
que le mandataire aurait accompli [sans se conformer
exactement à la volonté du testateur défunt] est nul.
De même encore si, par exemple, le mandataire [con-
trairement aux conditions exprimées par le testateur
défunt] a substitué le pèlerinage par adjonction médiate au pèlerinage par adjonction immédiate (voyez
note 1) et *vice versâ*, ou s'il a remplacé la forme d'adjonction médiate, ou d'adjonction immédiate, par le
pèlerinage simple, ou s'il est entré en pèlerinage à une
station autre que celle qui lui avait été imposée, ou
au delà de cette station. [Dans tous ces différents cas
d'inexactitude à remplir les volontés du défunt, le pèlerinage est nul.] Par conséquent, tous les droits du
mandataire sont perdus et annulés [et il devient débiteur de tout ce qu'il a reçu], pourvu cependant que
l'année de ce pèlerinage invalidé ait été fixée à l'avance.
[Si elle n'avait pas été fixée, le mandataire recommencerait le pèlerinage l'année suivante et sans rien
recevoir de son mandant.] Le mandataire perd encore
tous ses droits [et doit rendre ce qu'il a reçu] —
lorsque [par maladie ou toute autre cause] le pèlerinage n'a pas eu lieu; — ou lorsque, l'année dans laquelle il devait accomplir le pèlerinage n'ayant pas été

déterminée, il a accompli ce pèlerinage en forme de
k'irân ou d'adjonction immédiate (voyez note 1) [con-
trairement aux volontés du défunt ou du mandant qui
avait demandé un pèlerinage simple, et *vice versâ*];
— ou lorsque [après être entré en pèlerinage au nom
du défunt] il a fait servir ce pèlerinage pour soi-
même.

Si le mandataire s'est acquitté du pèlerinage [dont
il s'est chargé par procuration], en forme de *témettou'*
[bien qu'il ait été convenu que ce pèlerinage aurait lieu
en forme simple ou bien en forme d'adjonction immédiate ou *k'irân*], ce mandataire le recommencera [une
autre année, et selon la forme déterminée dans le
contrat].

Mais le mandataire ou pèlerin par procuration perd-il
ses droits à toute rétribution [ou payement de louage,
et doit-il, par conséquent, rendre ce qu'il a reçu], s'il
fait, pour sa propre personne, les cérémonies de l'o'mra,
dans le cas où l'année de pèlerinage lui a été fixée
[et dans le cas où, au nom du défunt, il s'acquitte
du pèlerinage dont il s'est chargé], ou bien les droits
de ce mandataire sont-ils perdus, à moins qu'il ne
revienne à la station d'entrée en pèlerinage et qu'il
entre alors en pèlerinage et revête le vêtement pèlerinal
au nom et à l'intention du défunt, ce qui, d'ailleurs,
donne au pèlerinage les qualités de validité? Il y a sur
ce point, relativement au fait de fixation de l'année du
pèlerinage, deux opinions. [Il est généralement admis
que si le mandataire revient à la station pour rentrer

en pèlerinage au nom du défunt, les conditions du contrat restent dans leur intégrité.]

§ 4. Blâme relatif au pèlerinage par mandataire. — Des dépenses d'un pèlerinage par mandataire, pour un mort. — Cas de mort du mandataire.

Il n'est pas permis au fidèle en état convenable de santé [et capable de s'acquitter du pèlerinage] de se faire remplacer par un mandataire pour le pèlerinage d'obligation. Bien plus, lorsque le fidèle n'est pas en bonne santé, la loi le blâme encore de se faire remplacer pour ce pèlerinage [et aussi pour l'o'mra]. Le fidèle qui peut accomplir le pèlerinage est blâmable de faire son premier pèlerinage pour un autre fidèle [c'est-à-dire d'aller en pèlerinage pour un autre avant d'y être allé pour soi-même]. Il est blâmable encore de s'engager, à titre de louage [ou de procuration intéressée], à remplir pour un autre tout acte religieux de simple dévotion [non d'obligation, ou divine, ou imitative, ou canonique].

Les dépenses nécessaires pour le pèlerinage par mandataire ne seront prises que sur le tiers de la succession du défunt [au nom duquel ce pèlerinage sera accompli]. On enverra plusieurs mandataires en pèlerinage, au nom du testateur décédé, si le tiers du bien est suffisant pour cela, et si ce testateur a dit, « Faites accomplir le pèlerinage pour moi avec le tiers de ce que je possède, » au lieu de dire : « Faites accomplir un pèlerinage sur le tiers de ce que je possède. » [Dans cette dernière circonstance, on n'en ferait accomplir qu'un seul.] Mais dans le cas contraire [c'est-à-dire lorsque le tiers de la succession ne peut suffire pour plus d'un pèlerinage, ou plus de deux, et qu'il reste, tous frais acquittés, quelque chose de ce tiers, ou lorsque ce tiers pourrait y suffire et que le testateur a simplement demandé le pèlerinage sur le tiers de la succession], le surplus de ce qui est employé aux dépenses de pèlerinage rentre dans l'héritage. Il en est de même — lorsque l'on trouve un mandataire pour un prix au-dessous [de la somme désignée par le défunt]; — ou bien lorsque un fidèle fait bénévolement et gratuitement le pèlerinage au nom du défunt [et alors tout ce qui était destiné aux dépenses de cet acte religieux revient dans l'héritage]. Mais ce surplus ou ce prix total [que nous indiquons] doit-il toujours et en toute circonstance rentrer dans l'héritage, excepté seulement lorsque le testateur a dit, « Faites aller pour moi en pèlerinage, jusqu'à concurrence de telle somme, » et que l'on a exécuté cette volonté? Il y a sur cette question deux avis. [Lorsque l'on trouve un individu qui se dévoue à accomplir gratuitement le pèlerinage ou les pèlerinages que comporte la somme désignée, toute cette somme rentre dans l'héritage; si cet individu ne fait qu'un des pèlerinages ou quelques-uns des pèlerinages que comporte la somme, ce qui représente les dépenses de ce pèlerinage ou de ces pèlerinages bénévoles rentre dans l'héritage, et le reste est employé à louer un ou plusieurs mandataires, s'il le faut, pour exécuter les volontés du défunt.]

Lorsque le testateur aura fixé une somme à donner à un individu désigné et non héritier [afin de faire le pèlerinage par procuration], cette somme sera livrée à cet individu, fût-elle plus considérable que celle qui serait accordée à un mandataire semblable à celui qui est indiqué, pourvu, toutefois, que la somme fixée puisse être considérée, d'après l'expression des intentions du défunt, comme un don fait à cet individu. [Si rien ne fait entendre que cette somme trop considérable pour accomplir le pèlerinage soit un don, l'on n'accordera au mandataire désigné que le prix de louage convenable ; s'il refuse cette somme convenable, il ne lui sera rien donné, et tout restera dans l'héritage.]

Dans le cas où le testateur, choisissant [comme il vient d'être dit] un individu en dehors de ses héritiers [afin d'accomplir le pèlerinage], n'aura pas déterminé la somme ou les valeurs à donner, si le mandataire désigné n'accepte pas le prix rationnel et ordinaire pour un pareil mandat, on augmentera ce prix de louage jusqu'au tiers en sus [pourvu que l'on n'excède pas, par cette augmentation, le tiers de la succession] ; si le mandataire n'accepte pas encore, on lui laisse quelque temps de réflexion et ensuite [s'il persiste dans son refus et qu'il ne s'agisse pas d'un premier pèlerinage, on fait rentrer la somme dans l'héritage, ou bien] on prend à louage un autre mandataire, mais seulement quand il s'agit d'un premier pèlerinage. [Dans l'hypothèse que le mandataire désigné par le testateur serait un des héritiers, ce mandataire ne recevrait jamais, pour accomplir son mandat, que la somme normale et convenable.]

Pour mandataire, au nom d'un fidèle qui n'a point encore fait de pèlerinage, on ne prendra point un esclave, ou un jeune garçon impubère [c'est-à-dire un individu qui ne soit ni d'âge ni de condition qui l'obligent au pèlerinage]; mais, au besoin, l'on peut confier le mandat même à une femme [bien que, pour elle, les cérémonies diffèrent en plusieurs points].

L'exécuteur testamentaire ne sera point responsable des valeurs qu'il aura livrées à un mandataire esclave ou impubère, lorsque cet exécuteur testamentaire aura pris toutes les précautions et informations possibles [pour s'assurer de l'âge et de la condition du mandataire qu'il croyait d'ailleurs convenable et bon, et lorsque ce mandataire esclave ou impubère aura perdu les valeurs reçues, sans faire ou sans achever le pèlerinage; car le but de l'exécuteur testamentaire est atteint. Si l'on reconnaît la fraude assez tôt, on retire du mandataire esclave ou impubère ce qu'il a reçu, ou ce qu'il a encore.]

Lorsque l'on ne trouve personne qui veuille se charger de la procuration du pèlerinage à partir du lieu où était le testateur et pour le prix désigné par lui, on prend à louage un mandataire dans un lieu à partir duquel le pèlerinage puisse s'accomplir pour ce prix, quand même le testateur aurait nommé le lieu du départ du mandataire; mais si ce testateur a défendu de faire partir d'un lieu autre que celui qu'il a précisé [et que l'on ne trouve personne qui veuille se charger de cette procuration], la somme qu'avait déterminée le testateur est rendue à l'héritage.

Le mandataire qui a accepté la procuration pour un prix quelconque est obligé d'accomplir par lui-même le pèlerinage. [Il ne lui est pas permis, à son tour, de prendre à louage un remplaçant, et un héritier ne peut le suppléer.] Le mandataire n'est point obligé [au moment où il entre en pèlerinage au nom de celui qu'il remplace] de déclarer par témoignage qu'il va en pèlerinage pour un autre fidèle, à moins que cette déclaration ne soit dans les habitudes du pays.

L'héritier d'un mandataire le suppléera et le remplacera, quand le testateur aura dit : « Donnez telle somme à quiconque consentira à la recevoir pour faire en mon nom le pèlerinage. »

Le pèlerinage par mandataire ne satisfait pas réellement à l'obligation imposée au fidèle [vivant ou mort]; le fidèle n'a [comme résultat de cette bonne œuvre] que le mérite qu'il est possible de retirer [en vue de Dieu] des dépenses faites pour ce pèlerinage et des vœux adressés au ciel par le mandataire [pour l'individu représenté; celui-ci n'a que ce dernier avantage, si le mandataire est bénévole. En principe rigoureux, le pèlerinage, comme acte corporel de religion, ne peut pas réellement se faire par substitution, pas plus que le jeûne et la prière obligatoire. La loi permet cette substitution, mais en la déclarant blâmable].

SECTION IV.

DE LA PREMIÈRE PRATIQUE ESSENTIELLE DU PÈLERINAGE ET DE L'O'MRA.

————

§ 1. De l'ih'râm. — De l'époque et des lieux fixés pour se mettre en
ih'râm ou préparations pieuses. — Territoire sacré de la Mekke.

La base importante pour le pèlerinage et pour l'o'mra
est l'*ih'râm* ou la mise en abstinence et préparation [2].
Le temps le plus normal pour entrer en ih'râm est
depuis le commencement du mois de chaouâl (dixième
mois de l'année) jusqu'à la fin [de la nuit qui précède
le dixième jour] du mois de zil-h'eddjeh ou mois du
pèlerinage (douzième mois). [Ce sont soixante et dix
jours à partir de la fête de la rupture du jeûne, et, par
conséquent, une septuagésime.]

Il est blâmable d'entrer en dispositions [et abstinences
préparatoires] pour le pèlerinage, avant la durée de
temps qui vient d'être indiquée, et avant d'avoir atteint
les localités ou stations désignées et fixées pour cela.
Quant au blâme qu'il peut y avoir contre ceux qui
entrent en ih'râm pour le pèlerinage dès qu'ils sont
arrivés à Râber', les opinions des juristes modernes ne
sont pas unanimes (*téreddoud*). [Les uns reconnaissent
qu'il y a blâme; les autres sont d'avis contraire et ap-
puient leur dire sur ce que Râber' est dans le voisinage
et sur le territoire de Djoh'feh, une des stations con-
sacrées pour l'entrée en pèlerinage.] Dans tous les cas

[bien que l'on se mette en ih'râm avant le temps que nous avons indiqué, ou avant d'avoir atteint une station consacrée pour cela, et bien que le fait dans les deux circonstances encoure le blâme de la loi,] cette mise en ih'râm est valable.

Quant à l'entrée en préparations [et abstinences voulues] pour l'o'mra [que l'on se propose d'accomplir isolément], on peut commencer en quelque temps que ce soit de l'année [aussi bien que pendant les trois mois de l'année appelés les mois du pèlerinage, ou même le jour des cérémonies d'A'rafa, ou le jour des sacrifices, ou un des jours sacrés qui suivent le jour de la grande fête]. Mais il y a exception pour le fidèle qui déjà est entré en préparations et abstinences pour un pèlerinage [simple et isolé, ou pour un pèlerinage par adjonction; le fidèle alors ne peut entrer en préparations pieuses pour un o'mra], tant qu'il n'a pas accompli tous les actes spéciaux de son pèlerinage. De plus, il est blâmable d'entrer en préparation pour un o'mra, même après avoir terminé les deux actes principaux [qui séparent les temps du pèlerinage, savoir, la dernière des trois lapidations du malin esprit, et les tournées dites *l'aouâf-el-ifâd'eh* ou tournées de retour, le jour de la grande fête du pèlerinage. Il est blâmable, disons-nous, d'entrer en préparation pour un o'mra, même après ces actes importants] et avant le coucher du soleil le quatrième jour de la fête. [Le blâme indiqué n'entraîne pas la nullité de la préparation pieuse; mais si, étant entré en préparation trop tôt, le fidèle commence quelque acte de l'o'mra avant le coucher du soleil, cet acte sera nul.]

Le lieu que tout individu résidant à la Mekke [soit Mekkois d'origine ou étranger résidant, soit habitant du territoire sacré de la Ville Sainte, tel que l'habitant de Mina, de Mouzdalifeh,] doit préférer pour entrer en préparation de pèlerinage simple est la Mekke même; alors il est conforme à la loi religieuse de commencer à se mettre en préparation dans la grande mosquée [et, selon d'autres, à la porte de cette mosquée]. L'étranger qui réside à la Mekke [même depuis peu, et qui désire entrer en préparation de pèlerinage,] devra, s'il lui reste encore assez de temps, et conformément aux principes d'une dévotion éclairée, sortir de la Mekke, et se rendre à la station spéciale aux pèlerins ses compatriotes [et là il se mettra en ih'râm].

Pour se préparer à l'o'mra et au pèlerinage par adjonction ou composition, les Mekkois [et les étrangers qui résident à la Mekke, et toujours nous entendons les habitants de la Mekke et de son territoire,] ne se mettront en ih'râm que hors des limites du territoire sacré [c'est-à-dire, sur le territoire profane]. Mais pour l'o'mra seulement, il est mieux d'entrer en préparation à Dji'râneh ou même à Tén'im. [Pour se préparer au pèlerinage par adjonction, il n'y a pas de lieu spécialement désigné pour les Mekkois et les résidants..... Dji'râneh ou Djii'rràneh est entre la Mekke et T'âïf, et le Prophète y alla pour se préparer à l'o'mra; Tén'im, auquel on préfère Dji'râneh pour la préparation à l'o'mra, est connu aussi sous le nom de Mosquées d'A'ïcheh, *Méçddjid-A'ïcheh*. Tén'im est éloigné de dix-huit milles de la Mekke; il est désigné comme lieu de préparation pieuse, parce que le Prophète s'y pré-para, et déjà avant lui, dit-on, trois cents prophètes s'y étaient préparés aux cérémonies de l'o'mra.]

Si le Mekkois et le résidant à la Mekke ne sortent pas de la ville et du territoire sacré pour se préparer à l'o'mra, ils seront l'un et l'autre obligés de recommen-cer les tournées pieuses, et les promenades pieuses entre S'afa et Méroua, mais après être sortis de la ville et être allés sur le territoire profane. Si le Mekkois et le résidant étranger [qui ne sont pas sortis du terri-toire de la Ville Sainte pour se préparer] se sont rasé la tête, [après avoir fait les tournées et les promenades précitées qui sont à recommencer, ils sortiront de la ville et des limites du territoire sacré, puis recommen-ceront ces tournées et ces promenades, et] chacun d'eux se soumettra à une expiation simple (5). [Car cha-cun d'eux est dans le cas de culpabilité de celui qui, dans les cérémonies de l'o'mra, se rase la tête avant d'avoir fait les tournées et les promenades pieuses selon toutes les conditions légales; c'est en effet le cas indiqué ici, car les premières tournées et prome-nades sont invalidées.]

Pour les fidèles qui ne sont ni Mekkois d'origine, ni résidants à la Mekke [c'est-à-dire pour tous les pèlerins étrangers, qu'ils soient ou non sur le territoire sacré ou dans la Ville Sainte], les lieux de station ou de halte dans lesquels on doit se mettre en ih'râm pour le pèlerinage, ainsi que pour l'o'mra ou visitation pieuse, sont [au nombre de cinq]. — 1° Zoû-l-H'oleïfa [qui est une eau, c'est-à-dire un puits chez les Beni-Djouchâm; ce puits est appelé communément *Bîr-A'li,* puits d'A'li, parce que, d'après une tradition populaire, A'li le khalife eut à combattre là contre des *djinn* ou esprits infernaux. Il y a à cette station, la plus éloignée de la Mekke, les ruines d'une ancienne *mesdjid* ou mosquée ordinaire qui portait le nom de Mosquée de l'arbre, *Mesdjid-el-chadjara.* Zoû-l-H'oleïfa, situé à six ou sept milles de Médine et à neuf ou dix étapes de la Mekke, est la station des Médinois et des pèlerins de tous les pays au delà de Médine au nord. A cette station, on ne doit point, comme font les ignorants, figurer de lapidation du diable]. — 2° Djoh'feh. [C'est la station des pèlerins de la Syrie, de l'Asie-Mineure et au delà, de l'Égypte, du Mar'reb et au delà, de l'Espagne, du Takroûr ou Soudan, de la Romélie et au delà vers le nord. Djoh'feh est un village ruiné, situé à environ cinq haltes de la Mekke et huit de Médine.] — 3° Iélemlem [encore appelé Alemlem, et Iéremrem, est une des montagnes du Téhâma, à deux étapes de la Mekke; c'est la station des pèlerins de l'Iémen, du Téhâma, et des Indes]. — 4° K'arn [c'est-à-dire la *corne,* pic isolé d'une masse de montagnes, est à deux haltes ou étapes à peu près de la Mekke; c'est la station des pèlerins du Nedjd, de l'Hedjâz et du Nedjd de l'Iémen].— 5° Zât-I'rk' [à deux étapes de la Mekke, est un village ruiné, où il y a des tombeaux anciens; Zât-I'rk' est la station pour les pèlerins venant de l'I'râk', de la Perse, du Khoraçân et de toutes les contrées orientales au delà].

Quant aux musulmans qui ont leurs habitations entre les stations et la Mekke, leurs stations [pour entrer en préparation de pèlerinage] sont les lieux mêmes qu'ils habitent. [Mais le mieux est qu'ils se rendent aux stations mêmes.]

On doit aussi entrer en Ih'râm dès que l'on se trouve ou que l'on passe sur la ligne correspondante à l'une des cinq stations désignées; cette recommandation regarde également les pèlerins qui arrivent par la mer [de K'oulzoûm ou mer Rouge; ils doivent se mettre en préparation de pèlerinage, dès qu'ils se trouvent sur la ligne d'une des stations]. Cependant le pèlerin venant d'Égypte [ou du Mar'reb, ou de la Syrie,] et qui passe par Zoû-l-H'oleïfa, peut n'entrer en pèlerinage que quand il sera à Djoh'feh, bien qu'il soit préférable de se mettre alors en préparation dès Zoû-l-H'oleïfa [car le Prophète s'y mit en ih'râm]; même la femme qui est en menstrues [ou encore en suite de couches], mais qui pense être délivrée de cet état d'impureté en arrivant à Djoh'feh [préférera entrer en abstinences et en préparation dès Zoû-l-H'oleïfa].

Il est d'une piété éclairée d'entrer en préparation de pèlerinage dès que l'on atteint la station, de commencer aussitôt par se nettoyer [de la poussière et de la saleté du voyage, excepté la tête; de se couper les ongles, de s'aplatir et coller les cheveux avec de la gomme ou de l'eau de savon ; il vaut mieux avoir la tête sale, pour le pèlerinage].

Pour l'ih'râm, il est plus convenable de ne pas exprimer en paroles quels sont les choses et actes dont on va s'abstenir [par esprit de religion, durant tout le pèlerinage ; l'intention seule suffit].

Relativement aux individus qui passent par une des stations, sans avoir dessein d'aller à la Mekke [en pèlerinage, ou en o'mra, mais seulement pour des affaires qui les retiendront en deçà de la ville, ou les conduiront d'un autre côté], et relativement aux individus [qui ne sont point obligés au pèlerinage, ou qui ne peuvent l'accomplir,] tels que l'esclave [ou l'impubère, ou le fou, ou l'idiot, ou l'individu privé accidentellement de sa présence d'esprit, ou l'infidèle], ils n'ont point à entrer en ih'râm ; et dès lors ils n'ont pas non plus de sacrifice expiatoire à subir [pour avoir franchi les stations sans être en ih'râm]. Il en est de même, — pour l'esclave [ou pour l'impubère] qui se déciderait [après avoir dépassé la station] à entrer en dispositions de pèlerinage [avec la permission de celui sous l'autorité duquel chacun d'eux se trouve ; — pour l'infidèle qui, après avoir franchi la station, se déclarerait musulman et entrerait aussitôt en dispositions de pèlerinage ; — pour le malade, ou le fou, ou l'impubère, ou l'esclave, qui, après avoir dépassé la station, recouvrerait la raison, ou deviendrait pubère, ou serait affranchi].

Mais pour celui qui n'a pas fait encore de pèlerinage

et qui peut s'en acquitter, il y a deux avis différents.
[Selon certains juristes, lorsqu'il n'entre en pèlerinage
qu'après avoir dépassé la station, il n'a pas de sacrifice
expiatoire à faire, et selon d'autres il doit faire ce sacrifice.]

Ceux qui se rendent à la Mekke [ou sur le territoire
sacré] et qui d'habitude y vont souvent [tels que ceux
qui portent des fruits, des vivres, du bois, afin de les
vendre], — ou ceux encore qui y retournent [après
s'en être éloignés à peu de distance], parce que quelque
motif les empêche de continuer leur marche [ou parce
qu'il leur plaît simplement de retourner sur leurs pas,
mais sans qu'ils aient le projet de séjourner longtemps],
— ceux-là, dis-je, ne sont point obligés non plus de
se mettre en ihrâm et de faire ensuite un sacrifice expiatoire [pour avoir franchi les stations sans être en dispositions pieuses et en abstinences]. Si l'individu qui
se rend à la Mekke n'y va pas habituellement [pour
des motifs tels que ceux qui viennent d'être indiqués,
ou bien s'il n'y retourne pas après s'en être éloigné,
comme nous venons de le dire], il doit se mettre en
abstinences comme pour le pèlerinage [qu'il fasse
ou qu'il ne fasse pas le pèlerinage; car il n'y a que
le Prophète qui ait eu le privilège d'entrer librement
et sans ih'râm dans la Ville Sainte, et ajoutons sur le
territoire sacré; car par la Mekke il faut toujours entendre la ville et son territoire]. Manquer au devoir que
nous venons d'indiquer est une faute grave. Du reste,
l'individu n'est point obligé de faire un sacrifice expia-

toire, si [dans le moment même qu'il traversait la sta-
tion] il n'avait pas le désir formel de s'acquitter du
pèlerinage ou de l'o'mra. Si au contraire il avait ce désir, [il devra faire un sacrifice expiatoire; mais si alors]
il retourne à la station se mettre en ih'râm, fût-il déjà
très-près de la Ville Sainte [et y fût-il même entré], il
n'a plus de sacrifice expiatoire à faire, quand même il
aurait su qu'il était coupable de passer les stations [sans
être en ih'râm]. Néanmoins, l'individu ne retournera à
la station qu'autant qu'il n'aura pas à craindre [d'être en
retard et] de manquer le pèlerinage. [S'il a à craindre
d'être retardé, il se mettra en ihrâm à l'endroit où il
se trouvera; mais il devra ensuite faire un sacrifice expiatoire.] Celui qui [dépasse la station sans entrer en
pèlerinage et qui ensuite] se met en ihrâm, puis retourne à la station, est également obligé à un sacrifice
expiatoire, et cela quand même il aurait annulé sa mise
en ih'râm [en cohabitant avec sa femme, par exemple.
Dans cette dernière supposition, bien que la première
mise en ih'râm soit annulée, le fidèle doit faire le sacrifice expiatoire et doit aussi accomplir le pèlerinage;
car tout acte religieux commencé doit être achevé].
Mais si l'individu [qui ne s'est mis en préparation de
pèlerinage qu'après avoir dépassé la station] vient à
manquer le pèlerinage [et ne peut plus alors que s'acquitter de l'o'mra], il n'est plus obligé à un sacrifice
expiatoire.

§ 2. De l'intention relativement à la mise en ih'râm et aux diverses
formes du pélerinage. — Mérite comparatif de ces formes.

L'ih'râm est engagé et commencé du moment que
l'on en a exprimé l'intention, lors même que les paroles prononcées se trouveraient en désaccord avec la
réalité de l'intention. [Car c'est l'intention qui établit
la valeur et le caractère de toute action.] Le fidèle ne
sera nullement obligé à un sacrifice expiatoire pour une
erreur de paroles, pas plus que si ce fidèle avait eu son
intention d'ih'râm pendant un acte de cohabitation
[avec sa femme, ou avec une concubine, bien que cet
acte invalide l'ih'râm].

L'intention qui engage et commence la mise en ih'râm
doit être accompagnée de paroles et d'actes qui s'y rap-
portent et s'appliquent au pélerinage. [Les paroles consistent à réciter le *tehlil*, c'est-à-dire ces mots, « Il n'y
a de Dieu que le Dieu unique; » et le *telbîeh* ou les
mots, « Je suis à toi, mon Dieu, je vais à toi; » ou le
tekbír, ou le *tesbîh'*. (voy. chap. *De la Prière*, tome I.)
Quant aux actes, le fidèle se dirigera du côté de la
Mekke, etc.]

Le pèlerin peut spécifier, ou simplement généraliser
son ih'râm [c'est-à-dire spécifier ou non sous quelle
forme il se propose de faire son pélerinage; dans le cas
où il n'a pas spécifié cette forme, et a dit simplement :
« Je vais m'acquitter de mon pélerinage »], il doit faire
servir son ih'râm à l'accomplissement du pélerinage
simple, et, d'après les décisions jurisprudentielles des

premiers siècles de l'islamisme, à un pèlerinage *k'irân*
ou par adjonction immédiate [comme étant la forme la
plus complète; car elle comprend le pèlerinage ordinaire
et l'o'mra. Mais quand le fidèle a précisé l'espèce de
pèlerinage qu'il veut faire, soit simple, soit par adjonction, soit o'mra seul, ce fidèle doit s'en tenir à ce qu'il
a résolu].

Lorsqu'il a ainsi déterminé tel pèlerinage, et qu'ensuite il oublie [quelle espèce il s'était proposée], il accomplira la forme par adjonction immédiate, avec l'intention intime de s'acquitter du pèlerinage en général,
et cependant le fidèle n'aura accompli, aux yeux de
la loi, qu'un simple pèlerinage. [Mais dans la circonstance d'oubli indiqué, il faut que le fidèle, pour accomplir le pèlerinage par adjonction, ne puisse se rappeler
ce qu'il avait résolu, pendant qu'il est encore permis
de faire succéder le pèlerinage aux cérémonies déjà
faites, c'est-à-dire immédiatement après, ou pendant,
ou avant les tournées pieuses de la visite qui précède
le pèlerinage, lorsque le pèlerin, entré à la Mekke, va
sur-le-champ visiter la Ka'ba et s'acquitter des cérémonies d'arrivée à la Ville Sainte.]

De même, quand le fidèle ne sait pas bien s'il s'est
mis en ih'râm pour le pèlerinage simple ou pour le
témettou' [il doit, comme dans le cas précédent, prendre
l'intention du pèlerinage simple, mais accomplir le pèlerinage par adjonction immédiate; et alors encore il n'a
que le mérite du pèlerinage simple].

L'o'mra accompli immédiatement après le pèleri-

nage est sans utilité et sans valeur. [Car c'est faire succéder, contre la règle de graduation, une œuvre moins
grave, moins solennelle à une œuvre de plus haute
importance et plus parfaite.] Il en est de même d'un
pèlerinage accompli immédiatement après un premier
pèlerinage, et d'un o'mra immédiatement après un premier o'mra. [Ce n'est qu'une répétition immédiate de
deux œuvres semblables.] Renier ou mettre en doute
la valeur méritoire de l'ih'râm [après s'y être mis, ou
bien en s'y mettant,] est également un fait nul aux yeux
de la loi.

Maintenant, est-il permis de se mettre en ih'râm pour
le même pèlerinage que Zeîd [c'est-à-dire un tel inconnu ou même connu, dont on ne sait pas l'intention]?
A cette question, les juristes modernes donnent des
réponses différentes [mais tendant plus ou moins nettement à décider que calquer ainsi son ih'râm est un
fait défendu, parce qu'alors le fidèle n'a pas réellement
d'intention bien arrêtée et précise, et parce qu'il est
possible que Zeîd ne soit pas même en ih'râm, ou qu'il
meure, etc.].

Le plus élevé parmi les divers genres de pèlerinage
[et par conséquent le plus méritoire] est le pèlerinage
simple. Au second rang est le pèlerinage *kirân* ou par
adjonction immédiate, et le fidèle peut s'y disposer
par un seul ih'râm, [qui en prépare les deux actes, à savoir le pèlerinage simple et l'o'mra,] ou s'y disposer
par l'ih'râm et l'intention d'un o'mra qui précède l'intention du pèlerinage que le fidèle adjoindra à l'o'mra

lors des tournées de cet o'mra; mais pour cela, il faut que ces tournées ne soient entachées d'aucun défaut [sinon le pèlerinage ne pourrait leur être adjoint]. Le fidèle [qui adjoint le pèlerinage à l'o'mra, avant l'accomplissement entier des tournées pieuses et régulières de cet o'mra,] doit parfaire et clore ces tournées [en priant deux réka], mais il n'y a plus lieu à accomplir les promenades pieuses [car ces promenades ne doivent avoir lieu qu'après les tournées finales ou tournées de retour, appelées aussi tournées de visite]. Du reste les pratiques de l'o'mra doivent se combiner et se coordonner avec celles du pèlerinage.

La loi blâme celui qui fait succéder le pèlerinage à l'o'mra avant que soient accomplis les deux réka [qui doivent clore les tournées de cet o'mra]. Mais la loi ne permet pas de faire succéder immédiatement le pèlerinage susdit aux deux réka des tournées; ce n'est qu'après que sont finies les promenades pieuses de l'o'mra, que l'on peut se mettre en ih'râm pour le pèlerinage. De plus, il est défendu de se raser la tête dans l'o'mra [lorsque l'on veut accomplir ensuite le pèlerinage; car ce n'est que sur la fin du pèlerinage que l'on doit se raser la tête]; cependant [malgré la défense indiquée], le fidèle fera un sacrifice réparatoire [et se soumettra à une expiation simple, parce qu'il aura retardé le rasement indiqué pour l'o'mra; il sera également obligé à ce sacrifice et à cette expiation], quand même il se serait rasé [pour terminer cet o'mra conformément à la loi].

§ 3. De la forme du pèlerinage appelé *témettou'* ou par adjonction médiate. — Circonstances spéciales.

Le *témettou'* [ou genre de pèlerinage appelé du nom de *témettou'* vient, par ordre de mérite et d'importance, après le pèlerinage par adjonction immédiate. Il] consiste à s'acquitter [l'année suivante] des cérémonies du pèlerinage, fût-ce même sous la forme d'adjonction, mais après que l'on a déjà accompli précédemment l'o'mra [dans le courant des mois du pèlerinage. Dans le cas où le pèlerinage est sous forme d'adjonction ou composition, le fidèle accomplit ainsi un pèlerinage composé du k'irân et du témettou'. Mais alors on doit faire deux sacrifices: un pour le témettou', l'autre pour le k'irân].

Une *première* condition oblige à faire une expiation sacrificatoire [dans le cas de k'irân ou de témettou']; c'est lorsque le fidèle, au moment où il se met en ih'râm pour l'o'mra antérieur au témettou' et au k'irân, n'est pas en résidence ou à la Mekke [ou dans les environs, en deçà d'une distance qui permette d'abréger la prière quaternaire en voyage], ou à Zoû-T'oouï. [Zoû-T'oouï est une vallée que les Mekkois appellent Beïn-el-H'adjoûneïn; elle est entre deux défilés, celui de Moa'lla et celui qui est près de Zâhir; elle est à moins d'une distance qui permet d'abréger toute prière quaternaire.] (Voy. tome I, chap. II, *De la Prière*, sect. XIV, § 1.) Si le fidèle est en résidence [à la Mekke, ou à une distance comme celle de Zoû-T′oouï], il n'y a plus de témettou′ possible [et par conséquent plus de sacrifice], — lors même que le fidèle vivrait séparé et isolé [sans fréquenter la société des habitants du pays, mais sans cesser d'avoir l'intention de demeurer parmi eux]; — et lors même encore qu'il serait sorti du pays [comme peuvent d'ailleurs le faire les habitants réels,] pour quelque motif d'utilité [par exemple, dans un but de commerce, d'expédition de guerre, d'incursion, et que l'absence se serait ou non prolongée].

La circonstance n'est plus la même [c'est-à-dire qu'il y a obligation de faire le sacrifice expiatoire], — lorsque le fidèle [soit Mekkois d'origine, soit établi en séjour fixe à la Mekke, ou dans la province,] se retire dans un autre pays voisin et s'y fixe; — ou lorsque le fidèle a accompli à l'avance l'o′mra [pendant les mois de pèlerinage, non en autre temps], tout en ayant l'intention de se fixer à la Mekke [ou dans la province; car au moment où l'o′mra s'accomplissait, le fidèle n'avait pas sa demeure établie à la Mekke, ou dans la province].

Celui qui a deux familles séparées [dont l'une est à la Mekke, et l'autre en dehors de la province mekkoise,] devra, selon la loi, offrir un sacrifice [pour le témettou′ et un pour le k'irân]. Mais en pareil cas, le fidèle ne doit-il cette oblation que s'il séjourne hors du territoire sacré plus longtemps que sur le territoire sacré? et faut-il prendre en considération ces différences de durée de séjour, pour déterminer le devoir de l'oblation? Il y a sur ce point deux données exprimées dans les commentateurs du Moudaouéneh. [Si le fidèle reste aussi longtemps dans l'un et l'autre pays, il est obligé à l'oblation sanglante. S'il reste plus longtemps à la Mekke ou dans la province de la Mekke, il ne doit point faire de sacrifice expiatoire, et *vice versâ*. D'autres ne considèrent nullement ces différences, et dans tous les cas ils obligent à l'oblation ; c'est là d'ailleurs le véritable esprit du rite.]

Une *seconde* condition oblige au sacrifice [dans le témettou' et dans le k'irân] : c'est lorsque le fidèle [après avoir accompli l'o'mra pendant la septuagésime et s'être délié de l'ih'râm] s'acquitte du pèlerinage [ou simple ou par adjonction], cette même année [au lieu de le renvoyer à l'année suivante].

Une *troisième* condition oblige à l'expiation sacrificatoire, mais seulement dans le cas de témettou' : c'est lorsque le fidèle [après avoir exécuté l'o'mra et en avoir cessé l'ih'râm] ne rentre pas dans son pays, ou ne s'éloigne pas de la Mekke à une distance égale à celle de son pays, quand même ce fidèle ne sortirait pas de l'Hedjâz ; și donc ce fidèle s'éloigne à une distance moindre que celle de son pays, le sacrifice reste obligatoire. [La règle est que l'on ne fasse pas deux voyages pour le témettou', l'un pour l'o'mra et l'autre pour le pèlerinage. La loi veut épargner ainsi au fidèle une double fatigue ; et, comme en outre il est permis, après le premier o'mra, de jouir des relations sexuelles, de se parfumer, etc. ce genre de pèlerinage a été, à cause de cela, appelé *témettou'*, agrément, jouissance, pèlerinage d'agrément.]

Une *quatrième* condition oblige à l'oblation sanglante, mais dans le cas de témettou' seulement : c'est lorsque le fidèle accomplit une partie [ou la totalité] des pratiques de l'o'mra pendant le temps [des mois du pèlerinage, et sans cesser l'ih'râm. Tel serait le cas où le fidèle aurait fait une partie des promenades pieuses pendant ramad'ân, puis le reste de ces promenades pendant le mois suivant ou chaouâl, qui est un des mois de la septuagésime].

Mais pour établir l'obligation du sacrifice dans le témettou', est-il nécessaire que ce soit le même fidèle qui accomplisse pour lui-même l'o'mra et le pèlerinage? [Ou bien l'obligation reste-t-elle la même si le fidèle accomplit l'o'mra pour son propre compte, et si, pour le compte d'un autre et comme mandataire, il accomplit le pèlerinage, et *vice versâ?* ou bien si le fidèle accomplit un des deux pour un individu, et l'autre pour un autre?] Sur ces circonstances les avis sont partagés et contradictoires. [Mais il est clair que si l'o'mra est accompli au nom d'un fidèle et le pèlerinage au nom d'un autre, il n'y a pas de témettou' et par conséquent il n'y a pas de sacrifice à faire.]

L'obligation du sacrifice dans le témettou' s'établit et existe du moment seulement où l'on est entré en préparations pieuses pour le pèlerinage; mais elle ne se complète et ne devient imprescriptible qu'après que l'on a terminé la lapidation de l'A'k'aba. [Ainsi dans la

supposition que le fidèle mourrait après cette lapidation, on prendrait sur le tiers de la succession pour
acquitter le sacrifice; et si le fidèle mourait avant la
lapidation mentionnée, on ne prendrait rien sur la
succession pour acquitter le sacrifice, car il ne le doit
pas.]

On peut même désigner la victime [6] destinée au
sacrifice, avant de se mettre en dispositions pieuses
pour le pèlerinage [qui est la seconde partie du témettou', et même au moment où l'on se met en ih'râm
pour l'o'mra; bien plus, on peut conduire avec soi la
victime à l'o'mra].

SECTION V.

DE LA SECONDE PRATIQUE ESSENTIELLE DU PÈLERINAGE ET DE L'O'MRA.

§ I. Des tournées pieuses.

On doit faire, dans le pèlerinage et également dans
l'o'mra, sept tournées pieuses. Il faut être alors parfaitement net de toute souillure et de toute impureté, et
tenir cachées toutes les parties du corps que la pudeur
commande de dérober aux regards. [Car les tournées
autour du sanctuaire sont l'analogue de la prière.]

Une souillure survenue [de quelque manière que
ce soit] pendant les tournées, les annule complètement et sans que l'on puisse [en aucun cas] tenir compte

de ce qui en est accompli, afin de les reprendre et de les compléter [après s'être purifié].

Le fidèle dans ses tournées pieuses doit — avoir le sanctuaire ou Ka'ba à sa gauche [à partir de la porte; sinon, les tournées seraient nulles]; — avoir le corps entièrement en dehors de la saillie qui est en bas du mur de la Ka'ba [et qui est une sorte de plinthe ou de socle formé par la base ou les fondements de la Ka'ba, à la hauteur environ de deux tiers de coudée au-dessus du sol]; — marcher, à six coudées au moins de distance, en dehors du *h'idjr* [7] ou *djadr* [demi-enceinte en arc de cercle, du côté du nord et en dehors de la Ka'ba; ce que le fidèle accomplirait de ses tournées en dedans du h'idjr doit être recommencé; et si le fidèle ne se le rappelait qu'après être rentré dans son pays, il devrait revenir pour refaire régulièrement ce qu'il aurait accompli hors du h'idjr].

Il est nécessaire encore [pour la validité des tournées], — de se redresser le corps aussi droit que possible après avoir embrassé la *pierre noire;* [— de tenir également la tête droite, et d'éviter de toucher du pied, ou de la main, le bord ou la plinthe de la Ka'ba... de ces attentions de détails dépend la validité de la cérémonie;] [8] — de faire les tournées en dedans de l'enceinte de la mosquée [non en dehors sur la plate-forme ou toiture. La Ka'ba, ou le lieu saint, ou *la maison de Dieu* proprement dite, est au milieu de la mosquée qui, par ses galeries latérales, l'entoure à distance; car les grandes mosquées ne sont souvent que

quatre galeries qui forment un carré laissant au centre
un parvis au milieu duquel est ordinairement une pis-
cine pour les ablutions]. Enfin il est dans les conditions de validité des tournées qu'elles soient exécutées
[dans toutes leurs parties] selon l'ordre de succession
[légitime et fixé de ces parties. La loi n'excuse que
quelques légères aberrations, ou les irrégularités que
le fidèle ne peut éviter].

§ 2. Circonstances qui obligent à recommencer ou à interrompre les
tournées pieuses.

Le pèlerin recommencera ses tournées quand il les
aura interrompues [9], — ou pour assister à l'enterre-
ment d'un mort [dont il n'est pas appelé à suivre les fu-
nérailles]; — ou pour faire emplette de quelque chose
[qu'il a oublié de se procurer; toutefois, s'il ne sort
pas de la mosquée pour faire cette emplette, les tournées ne devront pas être recommencées].

Le fidèle recommencera aussi les tournées dont il
aura oublié [ou omis par ignorance] quelque partie, et
lorsqu'il ne se sera rappelé son oubli [ou n'aura reconnu ou su son omission] qu'après avoir terminé les
promenades pieuses.

Mais le pèlerin interrompra toujours les tournées
pieuses pour s'acquitter d'une prière d'obligation divine [lors même qu'il s'en serait déjà acquitté, mais
seul et non dans une mosquée]. L'interruption ne doit
avoir lieu qu'après que le pèlerin a terminé le circuit

de la tournée à laquelle il est occupé. [De quelque
côté que l'on passe pour se retirer, on doit revenir par
ce même côté.]

Le pèlerin auquel il survient un saignement de nez
quitte les tournées, va se laver, et vient *reconstruire*,
c'est-à-dire refaire ce qui reste de ses tournées. Il en
est de même pour celui qui se reconnaît ou se voit atteint d'une souillure. Il recommencera les deux réka
des tournées [s'il les a faits en état d'impureté et] s'il
l'a aperçue ou se l'est rappelée presque immédiatement
après les avoir terminés [sinon, il n'a rien à recommen-
cer]. Quand le fidèle pense avoir manqué dans quelque
partie des tournées, il les reprend *par le moins* [c'est-
à-dire, seulement depuis la partie qu'il est sûr d'avoir
bien exécutée].

Il est permis, lorsqu'il y a une affluence considérable
de pèlerins, de faire des tournées, à distance de la Ka'ba,
jusqu'aux parties toiturées de la mosquée. Mais si le
fidèle accomplissait ainsi ses tournées sans y être forcé
par l'affluence des pèlerins, il les recommencerait [pen-
dant le temps qu'il resterait encore à la Mekke; s'il
était retourné dans son pays, il ne reviendrait pas; de
plus, il n'a pas de sacrifice expiatoire à faire pour cette
inexactitude. Les parties toiturées en plates-formes
dont veut parler Khalîl sont celles qui l'étaient autrefois; aujourd'hui celles qui le sont encore se trouvent
en dehors de l'espace au delà duquel les tournées sont
maintenant défendues].

§ 3. Tournées d'arrivée.

Il est d'obligation canonique de s'acquitter des *tournées d'arrivée* [8] ainsi que des promenades pieuses entre S'afa et Méroua [10], avant d'assister aux cérémonies de la station du mont A'rafa, mais à la condition, — 1° que le fidèle se soit mis en ih'râm ou préparation [pour un pèlerinage ou simple, ou par adjonction,] en dehors du territoire sacré de la Mekke ; — 2° qu'il ne soit pas pressé par le temps [au point de craindre, s'il fait les tournées d'arrivée, d'être en retard pour aller avec les autres pèlerins à la station d'A'rafa]; — 3° qu'il n'ait pas commencé son ih'râm sur le territoire sacré, avec l'intention de faire succéder le pèlerinage ordinaire à l'o'mra. [Si donc les préparations pieuses du fidèle ont commencé sur le territoire sacré, si ce fidèle a résolu d'adjoindre, après un autre ih'râm, le pèlerinage à la suite de l'o'mra, et s'il est pressé par le temps, il n'a point à faire de tournées d'arrivée, et par conséquent de promenades pieuses entre S'afa et Méroua, avant la station d'A'rafa ; car les promenades doivent succéder à deux des tournées du pèlerinage.] Si une des trois conditions susmentionnées vient à manquer, le fidèle ne fera les promenades pieuses qu'après les *tournées de retour*. [Les pèlerins qui peuvent être ainsi exemptés des tournées d'arrivée, et par suite reporter les promenades après le jour d'A'rafa, sont : le malade hors de connaissance.

l'aliéné, la femme en impureté menstruelle; ils ne reprennent leurs cérémonies que si les motifs qui les ont fait différer cessent assez tôt.]

Si le fidèle a agi en quelque chose autrement [que nous ne l'avons indiqué tout à l'heure, c'est-à-dire, s'il s'est préparé au pèlerinage lorsqu'il était sur le territoire sacré, ou bien s'il a résolu de faire le pèlerinage après l'o'mra], et si [malgré ces circonstances, qui obligent à renvoyer les promenades pieuses après les tournées de retour,] il a fait les promenades avant le moment voulu [c'est-à-dire après d'autres tournées ou obligatoires, ou de simple dévotion, tournées qui s'accomplissent avant les tournées du retour], et si enfin [avant de repartir pour son pays] il n'a pas répété ces promenades [ainsi déplacées], après les tournées de retour, ce fidèle doit faire un sacrifice expiatoire.

SECTION VI.

DE LA TROISIÈME PRATIQUE ESSENTIELLE DANS LE PÈLERINAGE ET L'O'MRA, OU DES PROMENADES PIEUSES.

Les promenades pieuses se font au nombre de sept, dans l'espace qui sépare le mont S'afa du mont Méroua [tous deux voisins de la Mekke]. On doit commencer par aller de S'afa à Méroua, puis on revient à S'afa [et l'on retourne à Méroua, de manière à fournir ainsi quatre allées de S'afa à Méroua et trois retours de Méroua à S'afa. Quand on commence par partir de Méroua, ce premier trajet ne compte pour rien].

Les promenades pieuses, pour avoir leur validité, doivent — être précédées de tournées [de quelque nature que ce soit, tournées d'obligation imitative, ou tournées essentielles, etc.][8]; — de plus, être accomplies avec l'intention de satisfaire à une pratique obligatoire. Quand ces deux conditions manquent, on doit expier cette faute par l'offrande d'un sacrifice [dans le cas où le fidèle est parti de la Mekke; mais, si le fidèle est encore à la Mekke, et s'il s'aperçoit ou est informé de sa faute, il recommence les tournées nécessaires, puis les promenades].

Lorsque les tournées pieuses de l'o'mra auront été nulles [soit parce que le fidèle n'était pas ablué, soit que, par oubli ou exprès, il les ait omises en totalité ou en partie, etc.], le fidèle [en quelque endroit qu'il se trouve] reviendra, avec le vêtement pèlerinal et en ih'râm, recommencer les tournées [puis les promenades], et s'il s'est rasé la tête [après les promenades de l'o'mra], il rachètera cette circonstance d'irrégularité par un sacrifice expiatoire. [Mais s'il avait cohabité avec une femme, il devrait tout recommencer depuis l'ihrâm.]

Après les promenades pieuses [faites à la suite de tournées rendues nulles, comme nous venons de l'indiquer, pour l'o'mra], le fidèle qui, par un ih'râm, se prépare au pèlerinage, accomplit nécessairement un pèlerinage par adjonction. [Car les tournées irrégulières et invalidées sont comme si elles n'avaient pas eu lieu, et l'ih'râm, ainsi engagé avant les tournées, entraîne la

forme de pèlerinage par adjonction]. Lorsque les tournées d'arrivée sont reconnues comme invalidées, lorsque les promenades ont été faites après elles, et que
le fidèle s'est arrêté là [et n'a pas recommencé ces promenades après les tournées de retour], ce fidèle doit
revenir sans se remettre en ih'râm [et recommencer les
tournées, puis les promenades]. Dans le cas aussi où
le fidèle aura rendu nulles les tournées de retour
[soit parce qu'il n'était pas ablué, soit parce qu'il les a
oubliées en tout ou en partie], ce fidèle devra revenir
sans se remettre en ih'râm [réparer sa faute et recom-
mencer], excepté cependant s'il avait [après les tournées de retour invalidées ou incomplètes] exécuté
régulièrement une tournée surérogatoire ou de simple
dévotion [car alors celle-ci remplacerait l'autre], et il
n'aurait aucun sacrifice à faire comme expiation. [Il en
sera ainsi dans les deux circonstances de manque indiquées dans cet alinéa pour les tournées d'arrivée et
pour celles de retour.]

[Dans ces deux derniers cas,] le fidèle [reviendra,
disons-nous, sans se remettre en ih'râm; il] ne s'abstiendra que — de la cohabitation [et de toute espèce
de caresses à une femme]; — de la chasse; — de
l'usage des parfums ou des aromates, usage que la loi
ne frappe alors que de blâme. [L'abstinence qui ne
porte que sur ces trois objets forme la *petite dispense;*
quand le fidèle peut se permettre l'usage de ces trois
sortes de choses, il est en *grande dispense.*] (Voy. ci-
après, sect. ix, § 4 et 5.)

Le fidèle [qui est revenu recommencer les tournées d'arrivée et de retour annulées ou invalidées] fera toujours ensuite un o'mra ; cependant quelques légistes veulent que le fidèle ne fasse cet o'mra que s'il s'était mis en cohabitation sexuelle.

SECTION VII.

DE LA QUATRIÈME PARTIE ESSENTIELLE DU PÈLERINAGE SEULEMENT.

§ 1. De la station à A'rafa.

Une des parties [essentielles et spéciales] du pèlerinage est que le fidèle se rende sur quelque point que ce soit d'A'rafa [11] et y stationne un temps quelconque de la nuit qui précède le jour des sacrifices [ou de la grande fête. Si le fidèle quittait A'rafa avant la nuit, il devrait expier cette précipitation par un sacrifice]. Il suffit même que le pèlerin ne fasse que passer sur un point d'A'rafa, pourvu que ce soit avec l'intention de satisfaire au devoir de la station.

La station à A'rafa est acceptable quand même le fidèle [qui est en ih'râm] se trouverait privé de sa présence d'esprit dès avant le midi [et quand même cet état durerait jusqu'à la fin du temps pendant lequel la station peut se faire ; car la perte de connaissance n'annule pas l'intention générale qu'avait le fidèle, dès l'entrée en ih'râm, d'accomplir tout le pèlerinage].

La station est encore dans des conditions suffisantes

de validité, même si la foule des pèlerins s'est trompée
d'un jour dans l'appréciation de la date du mois, et
fait la station le 10 du mois [tout en croyant n'être
qu'au 9; car la fête d'A'rafa doit se célébrer le 9, et
la station est pour la nuit suivante]. Mais la validité
du pèlerinage [dans la supposition d'erreur indiquée
ici] n'est réellement suffisante que lorsque l'erreur de
date porte sur le 10 du mois. [Si l'on se trompait en
moins, c'est-à-dire, si l'on vaquait à la station le 8 du
mois, cette station serait nulle et devrait être recom-
mencée.]

Celui qui [même avec l'intention de faire la station]
passerait sur l'A'rafa, mais sans le savoir, ne satisferait
point à la loi [car il pouvait prendre les informations
nécessaires. Il n'en est pas de même de celui qui est
privé de sa présence d'esprit; bien qu'il ne sache pas
s'il est sur l'A'rafa, il est excusable, car il est dans un
état dont il n'est pas libre de sortir].

La station faite à Bat'n-O'râna [ou vallée d'O'râna
qui suit les limites d'A'rafa] est nulle et sans valeur [12].
Cependant la station faite dans la mosquée d'O'râna,
bien que cette station alors soit blâmable, est admissible [car on n'est pas parfaitement certain que ce point
de la vallée n'appartienne pas à A'rafa].

Le fidèle [qui, se rendant à la station d'A'rafa, a
lieu de craindre que l'heure de la prière ordinaire et
d'obligation divine ne se passe avant qu'il soit arrivé,]
doit s'acquitter de sa prière, s'exposât-il [à ne pas arriver à temps et] à perdre la station. [Mais la presque

totalité des légistes sont d'avis contraire; car, disent-
ils, l'omission de la prière peut se réparer presque
immédiatement, tandis que l'omission de la station
annule le pèlerinage et ne peut être réparée, au plus
tôt, qu'un an après.]

SECTION VIII.

DES QUATRE PRATIQUES D'OBLIGATION IMITATIVE DANS LE PÈLERINAGE ET DANS L'O'MRA.

1° Il est d'obligation imitative pour tout fidèle [de
quelque âge, sexe et condition que ce soit,] d'être purifié par une lotion générale qui précède immédiatement la mise en ih'râm [soit pour l'o'mra, soit pour
toute espèce de pèlerinage]; néanmoins, l'oubli [ou
l'omission même volontaire de la lotion] n'entraîne pas
d'expiation. [La lotion peut se faire également après
l'entrée en ih'râm.]

Les pèlerins qui entrent en ih'râm à la station de
Zoû-l-H'oleïfa agiront méritoirement s'ils se soumettent
à la lotion dès Médine. Il est de convenance méritoire
pour ceux qui passent à Zoû-T'ooûi, de s'y purifier par
la lotion, de manière à arriver très-peu de temps après
à la Mekke. Bien entendu, il y a exception pour la
femme qui serait en menstrues [ou en suites de couches;
car cette première lotion est pour se préparer aux tournées que, tout en arrivant, le pèlerin va faire autour
de la Ka'ba; et la femme en impureté menstruelle ne
doit point faire ces tournées. Si, après la lotion, on

passe une nuit avant d'entrer à la Mekke, cette lotion doit être recommencée].

La lotion est obligatoire aussi avant la station pieuse à A'rafa [même pour les femmes en menstrues et en suites de couches; le moment le plus convenable est un peu avant la prière de midi; faite au commencement du jour, la lotion serait insuffisante].

2° Il est d'obligation imitative [pour tout pèlerin qui se met en ih'râm] de se vêtir — de l'*izâr* [ou pièce d'étoffe sans couture, dont il s'entoure les reins et qui tombe jusqu'à mi-jambe], — du *ridâ* [ou grande pièce d'étoffe sans couture, qui se place sur les épaules et dont on ramène chaque extrémité sur l'épaule opposée], — et de chausser des sandales. Ensuite on marque la victime [bœuf ou chameau] que l'on destine au sacrifice, en lui mettant un collier au cou, puis en lui entaillant légèrement le flanc droit [ou bien en rougissant de sang la bosse ou le flanc droit du chameau. On ne marque pas les victimes de menu bétail]. (5)

3° Il est d'obligation imitative [pour entrer en ih'-râm,] de faire une prière de deux réka; la prière d'obligation divine peut tenir lieu de ces deux réka [qui sont, en réalité, une prière surérogatoire; mais il est plus méritoire d'accomplir les deux réka et ensuite la prière d'obligation divine]. Après cela, le pèlerin est en ih'râm ou préparation pieuse, dès qu'il est replacé comme il faut sur sa monture et tout prêt à partir, ou dès qu'il se met en marche, s'il est à pied.

4° Enfin il est d'obligation imitative pour tous les

pèlerins [aussitôt qu'ils sont en ih'râm], — de dire
ces mots qui composent le *telbîeh :* « Je vais à toi, ô
mon Dieu, je vais à toi » [en imitation et continuation
de ce qui arriva quand Abraham, après avoir terminé
la Ka'ba, appela toutes les nations à venir adorer Dieu
dans son temple] (voyez note 69 du tome Ier); — de
répéter les paroles du telbîeh, à tout changement de
position et d'action [en se levant, en s'asseyant, en mon-
tant sur la monture et en en descendant, en changeant
de place, en rencontrant d'autres pèlerins, en les entendant réciter aussi ces mêmes telbîeh], et à la suite
de toutes les prières [même surérogatoires].

Mais les pèlerins doivent-ils continuer de répéter
ces paroles jusqu'à ce qu'ils soient aux premières maisons de la Mekke, ou bien jusqu'à ce qu'ils commencent à faire les tournées d'arrivée [autour de la Ka'ba
après leur entrée à la Mekke]? Sur cette question les
avis diffèrent.

Le pèlerin qui n'aura pas prononcé le telbîeh immédiatement après s'être mis en ih'râm, devra faire un
sacrifice expiatoire, mais seulement s'il a tardé trop
longtemps à dire ces paroles pieuses.

Du reste, ces paroles seront prononcées au ton moyen
de la voix de l'individu, et ne seront répétées par chaque pèlerin qu'en nombre modéré, ni trop ni trop peu.
On les répète encore après les promenades entre S'afa
et Méroua, même aussi dans la mosquée [de la Mekke
et de Mina], et jusqu'à ce que l'on soit arrivé à l'oratoire d'A'rafa [et jusqu'à midi. On comprend sous ce

nom général d'oratoire d'A'rafa, la mosquée ou l'oratoire d'Ibrahîm, la mosquée d'O'râna, et celle de Namira, située à la droite du chemin qui de la Mekke
conduit au mont A'rafa]. Les Mekkois et les habitants
étrangers de la Ville Sainte qui sont en pèlerinage
commencent le telbieh à la mosquée de la ville.

Le fidèle qui va accomplir un o'mra, et qui même
[par circonstances imprévues, par maladie subite, etc.
ou bien par volonté,] ne s'acquittera pas du pèlerinage,
commencera les récitations du telbieh, à partir des lieux
de stations pour l'ih'râm, et il ne continuera ces récitations que jusqu'à ce qu'il ait atteint le territoire sacré.
Mais si ce fidèle était à Dji'râneh, à Ten'im, il conti-
nuerait les telbieh jusqu'à ce qu'il eût atteint les premières demeures de la Mekke.

SECTION IX.

DES PRATIQUES RELATIVES AUX TOURNÉES ET AUX PROMENADES PIEUSES.

§ 1. Des quatre pratiques d'obligation imitative pour les tournées.

1° Toutes les tournées doivent être faites à pied,
et celui qui, n'ayant pas marché, bien qu'il l'ait pu, ne
les a pas recommencées, doit racheter sa faute par un
sacrifice expiatoire.

2° Dans les tournées, le fidèle, au premier tour,
embrasse la *pierre noire* en y appliquant simplement

la bouche. [Le fidèle ne doit jamais baiser la pierre noire, s'il n'est purifié récemment par les ablutions.] Mais est-il répréhensible, ou bien est-il permis de faire entendre le bruit du baiser? Il y a à cet égard deux opinions contradictoires.

Lorsque la foule des fidèles est trop considérable [et que l'on ne peut embrasser la pierre noire], il suffit de toucher cette pierre avec la main, puis de se porter cette main sur les lèvres [mais sans la baiser]; lorsque l'on ne peut ni atteindre la pierre avec la main, ni la baiser, il suffit de la toucher avec un bâton, et de se porter ensuite ce bâton sur les lèvres [mais sans le baiser]; immédiatement [après le baiser avec la bouche, ou après avoir porté la main, ou le bâton, sur les lèvres,] le fidèle prononce le tekbîr.

3° Dans les tournées le fidèle adresse ses vœux et ses invocations à Dieu. [Il n'y a pas pour cela de prière fixée.]

4° Les hommes seulement feront les trois premières tournées, ou tournées d'arrivée, en sautillant doucement [et soulevant en même temps les épaules par secousses légères. Par là, on imite le Prophète, qui procéda ainsi dans ses tournées, l'an 7 de l'hégire]. Cette manière d'aller en sautillant est de devoir même pour les pèlerins qui sont portés ou à bras, ou à monture, comme étant faibles ou débilités [par l'âge ou autrement], ou étant trop jeunes encore. [Ceux qui les portent sautillent; ou bien on secoue et fait agiter les montures.] Quand la multitude est considérable et serrée, on marche et sautille comme on le peut.

§ 2. **Des quatre pratiques d'obligation imitative dans les promenades entre S'afa et Méroua.**

1° Le fidèle [après avoir terminé ses tournées et la prière de deux réka qui les suit] commence la cérémonie des sept promenades pieuses par baiser la pierre noire. [Ensuite il passe auprès de l'eau de Zemzem, en boit, et sort ensuite de la ville pour aller à S'afa et à Méroua.]

2° Les hommes doivent monter, dans toutes les promenades, jusqu'au sommet de S'afa et de Méroua ; les femmes [ne dépassent pas le pied de ces hauteurs ; elles] ne montent au sommet que s'il n'y a pas d'hommes sur aucun endroit de S'afa et de Méroua.

3° Les hommes seulement parcourent d'un pas précipité et plus rapide que le pas sautillant des trois premières tournées, l'espace compris entre les deux colonnettes vertes ou pilastres verts [qui sont fixés au mur de la mosquée à une hauteur d'environ six coudées, l'un sous le minaret de la porte d'A'li, l'autre, plus loin, en face de la maison d'A'bbâs. Ensuite on marche au pas ordinaire jusqu'à Méroua].

4° On adresse à Dieu des invocations et des prières [pendant les promenades pieuses].

§ 3. **Pratiques méritoires. — Eau de Zemzem.**

Relativement aux deux réka que l'on accomplit après les tournées [soit obligatoires, soit surérogatoires], des juristes modernes ne sont pas d'accord sur la nature de l'obligation de cette prière ; les uns veulent que ce soit une obligation imitative, les autres une obligation canonique.

Quoi qu'il en soit, l'on doit accomplir ces deux réka comme dans les autres prières, en récitant [après le fâtih'a, dans le premier réka,] le chapitre *Des Infidèles* (ou chapitre cix du K'oran) et [dans le second réka, après le fâtih'a,] le chapitre (cxii), *De l'unité de Dieu*. La règle prescrit : — de faire ces deux réka auprès du Mak'âm d'Abraham ; — d'adresser ensuite des vœux et des invocations à Dieu, en se plaçant au mur *moultézem* ou mur *à s'appliquer* [qui est entre la porte de la Ka'ba et la pierre noire, et contre lequel mur le fidèle s'applique et se colle la face, la poitrine, le ventre, les deux bras, les deux mains étalées, car ainsi faisait le Prophète] ; — de se mettre en contact avec la pierre noire [soit en la baisant, soit en la touchant avec la main, ou avec un bâton, et cela dans toute espèce de tournées, ou obligatoires, ou surérogatoires] ; — de toucher l'angle de la Ka'ba appelé l'angle de l'Iémen [et placé du côté du Sud], après les tours qui suivent le premier tour [car le toucher, au premier tour, est d'obligation imitative] ; — de se borner, pour les telbieh, au telbieh du Prophète [c'est-à-dire, à ces paroles : « Je vais à toi, mon Dieu, je vais à toi ; tu n'as point d'associé ; je vais à toi ; à toi appartiennent la louange et la bonté généreuse ; à toi est la possession de tout ; tu n'as point d'associé »] ; — d'entrer à la Mekke pendant le jour [et avant midi]; — d'approcher du sanctuaire [soit de nuit, soit de jour].

Tout fidèle venant de Médine [soit Médinois d'origine, soit voyageur] doit — arriver à la Mekke par la petite route ou défilé de Kédâ [si la foule n'est pas trop considérable]; — entrer dans la ville par la porte des Beni-Chaïba [appelée aujourd'hui la *porte du salut*], pour se rendre à la mosquée; — sortir de la Mekke par la porte de Koda [ou qui conduit sur le défilé de Koda, opposé à la direction de Médine. Cette porte est appelée aussi la porte des Beni-Sehm; c'est par elle que sortit le Prophète pour s'enfuir à Médine].

Il est de devoir pour celui qui fait ses tournées après l'a's'r, — de retarder la prière des deux réka qui doit suivre les tournées, jusqu'après la prière obligatoire du coucher du soleil, mais d'accomplir ces deux réka avant toute prière surérogatoire à cette heure-là; — de faire ces deux réka des tournées, dans la grande mosquée [ou vers le Mak'âm].

L'homme [qui vient pour le pèlerinage, ou pour l'o'mra, ou pour tous les deux et] qui se met en préparation ou ih'râm, par exemple, à Tén'îm [ou à Dji'-râneh], doit faire les tournées d'arrivée en sautillant; il en est de même pour les tournées de retour, lorsque l'individu a été pressé par le temps [et n'a pas pu s'acquitter des tournées d'arrivée, dans la crainte d'être en retard pour la station d'A'rafa]. Mais les tournées de simple dévotion et les tournées d'adieu ne se font point en sautillant. [Il serait blâmable de s'en acquitter ainsi.]

Il est recommandé [à tous les individus qui se trouvent à la Mekke] de boire souvent de l'eau de Zemzem
[et de s'en servir en ablutions, en lotions, pendant tout
le temps qu'ils restent dans la Ville Sainte; ils multi-
plieront leurs invocations, en demandant à Dieu la
science de la foi, la guérison de tout mal, par la vertu
sainte et bienfaisante de l'eau de Zemzem]. Il est également recommandé [aux pèlerins de tous les pays de
l'Islâm] d'emporter avec eux de l'eau de Zemzem.

§ 4. Cérémonies des promenades et des stations hors de la Mekke. —
Lapidation du diable. — Sacrifices.

Les conditions préliminaires requises pour la validité des promenades pieuses entre S'afa et Méroua
sont entièrement les mêmes que celles de la prière
[excepté la direction ou k'ibla].

Un khot'beh ou prêche unique [non composé de deux
parties] sera prononcé à la Mekke par l'imâm, après
le midi du 7 de zil-h'eddjeh [car les jours de fête
sont les septième, huitième, neuvième et dixième jours
de ce mois, dont le nom, d'ailleurs, signifie mois de
pèlerinage]. Dans ce prêche, l'imâm indiquera à la foule
des fidèles ce qu'ils auront à accomplir de pratiques
pieuses [jusqu'au second prêche, leur départ pour
Mina, les prières qu'ils auront à y faire à midi, à l'a's'r,
au coucher du soleil, à la nuit close; la nuit qu'ils devront y passer, etc.].

On partira [le huitième jour de zil-h'eddjeh, afin de

se rendre à Mina de manière à y arriver assez tôt pour être encore à temps de faire [dans la durée du moment canonique] la prière de midi. Les pèlerins passeront toute la nuit à Mina.

On se remettra en marche pour A'rafa, après le soleil levé [et en se gardant de dépasser Bat'n-Mouh'assir avant que la lumière du soleil brille sur le sommet élevé du mont Tébîr, car Bat'n-Mouh'assir appartient au territoire de Mina. Les infirmes, les individus faibles peuvent précéder la foule et partir avant le lever du soleil]. On descendra et passera à Namira [qui appartient au territoire d'A'rafa et où passait jadis le Prophète dans ses pèlerinages].

Tout après le premier moment de midi, l'imâm fera un double khot'beh [c'est-à-dire un prêche composé de deux parties séparées par une pause pendant laquelle le prédicateur s'assied. (Voyez le premier volume, section xv, § 1.) Ce prêche aura lieu dans la mosquée dite d'A'rafa et qui est la mosquée de Namira. L'imâm indiquera alors aux pèlerins tout ce qu'ils ont encore à accomplir de cérémonies et de pratiques pieuses dans tout le reste du pèlerinage]. Après que les deux parties du prêche sont terminées, on fait l'*adân* ou annonce de la prière; et alors on doit *réunir* la prière de midi et celle de l'a's'r, immédiatement après l'heure du midi. Les pèlerins passeront le reste de la soirée, jusqu'au coucher du soleil, à glorifier Dieu, à se recueillir, à s'humilier.

Pour la station à A'rafa, le fidèle doit être préalablement purifié par l'ablution. Il convient, pour assister à cette station, que l'on soit sur une monture. [Ainsi faisait le Prophète afin de se conserver plus dispos pour les prières et pratiques pieuses.] A défaut de monture, il convient que le fidèle se tienne debout, à moins [d'infirmités,] de fatigue [des montures ou des fidèles].

La règle renferme d'autres exigences et prescriptions que voici : — [Après avoir quitté A'rafa au moment où le soleil vient de se coucher,] les pèlerins [à l'exemple du Prophète] ne feront la prière du coucher du soleil et celle de la nuit close ou éché, que lorsqu'ils seront à Mouzdalifeh. [S'ils font ces prières avant d'être à ce lieu saint, ils les recommenceront après y être arrivés, ce qui ne peut guère avoir lieu qu'après la disparition du crépuscule du soir. Jusque-là le fidèle ne doit faire aucun acte mondain, pas même manger.] — La foule des pèlerins passera la nuit à Mouzdalifeh. [L'omission de cette dernière circonstance n'entraîne aucune expiation ; mais il est d'obligation canonique d'aller à ce lieu saint, et] celui qui ne s'y rend pas doit racheter cette faute par un sacrifice expiatoire. — A Mouzdalifeh, on *réunira* la prière du coucher du soleil et celle de la nuit close. — Les pèlerins, excepté ceux qui sont habitants de Mouzdalifeh, abrégent la prière de la nuit close [en en retranchant, à l'exemple du Prophète, deux des quatre réka].

Ces deux manières d'agir sont les mêmes à Mina et à A'rafa [c'est-à-dire que la *réunion* des prières de midi et de l'a's'r, et aussi des prières du coucher du soleil et de la nuit close, et le retranchement de deux réka de ces prières, qui en ont ordinairement quatre, sont, pour tous les pèlerins, à Mina, excepté pour ceux qui sont habitants de Mina, et, à A'rafa, excepté pour les habitants d'A'rafa].

Le pèlerin qui [par fatigue, ou par manque de force, ou par la faute de sa monture,] n'aura pas pu suivre la foule [ni arriver aussitôt qu'elle à Mouzdalifeh], et qui aura assisté en même temps que l'imâm à la station d'A'rafa, *réunira* les deux prières du soir, après le crépuscule, et en quelque endroit que soit alors ce pèlerin. Mais, s'il n'a pas été à la station d'A'rafa en même temps que la foule et que l'imâm, il fera séparément chacune de ces prières à l'heure d'élection. Dans aucun cas elles ne seront accomplies avant le crépuscule, autrement elles seraient recommencées après. [De même, celui qui, ayant assisté à la station avec l'imâm et n'ayant nul motif de retard, *réunira* les deux prières ailleurs qu'à Mouzdalifeh, les recommencera.]

On partira de Mouzdalifeh après avoir prié la prière du matin et pendant les dernières ténèbres de la nuit; on s'arrêtera en station à Macha'r-el-H'arâm [qui est sur le territoire de Mouzdalifeh et est situé entre le mont Mouzdalifeh et le mont de K'ozah']; là, les pèlerins, debout, glorifieront le nom de Dieu, adresseront des vœux et des prières au ciel jusqu'à la fin du crépuscule. Ils auront soin, pendant tout ce temps, de rester la face tournée à la k'ibla [et d'avoir le Macha'r à leur

gauche]. [13] La station ne doit point se prolonger au
delà de la durée du crépuscule [et aller jusqu'au soleil
levé]; elle ne doit point non plus commencer avant que
l'on ait fait la prière du matin.

On traverse à marche pressée la vallée du Mouh'assir
[située entre Mouzdalifeh et Mina, à une portée d'un
jet de pierre de Mina.]

Au moment même où l'on arrive à l'A'k'aba [qui
est la partie inférieure de Mina, du côté de la Mekke],
on procède à une lapidation du diable. [C'est la lapidation dite de l'A'k'aba.] Chaque fidèle la fait sans même
que celui qui est sur une monture se donne le temps
d'en descendre [14]; mais, pour les autres lapidations,
la règle prescrit de les faire à pied.

Après la lapidation de l'A'k'aba [le fidèle est en *petite dispense*, c'est-à-dire que] les actes mondains sont
permis, excepté l'approche ou cohabitation sexuelle
[ou même seulement de simples caresses à une femme,
ou seulement une promesse de mariage], excepté aussi
la chasse; l'usage des parfums et des aromates est encore alors blâmé par la loi.

Chaque pèlerin doit, à chaque caillou qu'il lance,
prononcer un simple tekbîr. Les cailloux seront jetés
les uns après les autres, et devront être des cailloux
trouvés tels quels [non des fragments de pierre que
casserait le fidèle; on les ramasse à partir de Mouz-
dalifeh].

Il est aussi de règle de procéder aux immolations
sanglantes avant midi; et le fidèle dont la victime se

serait égarée dans la foule, aura pour la chercher, jusqu'au moment où il lui restera encore assez de temps
pour [égorger cette victime et ensuite] se faire raser
la tête avant l'heure de midi. [Si le fidèle craint de ne
pouvoir assez tôt rencontrer sa victime, il se fera également raser afin de ne pas perdre tout ensemble le mérite d'offrir le sacrifice et de se raser, deux actes qui
doivent être acccomplis avant midi. Celui qui ne peut
se raser pour raison de maladie à la tête fera en compensation un sacrifice mineur. Pour se raser la tête,
il est mieux de commencer par le côté droit. Si l'on n'a
pas ou ne trouve pas de rasoir, on se sert de l'épilatoire
appelé *noûra* [15]. Jusqu'à neuf ans, la jeune fille en pèlerinage peut se faire raser la tête.]

Ce n'est qu'après l'oblation du sacrifice que le pèlerin doit se faire raser toute la tête ou se dépouiller de
ses cheveux au moyen du noûra. [Celui qui est chauve
doit se passer le rasoir sur la tête; car il s'agit d'un
acte de religion à accomplir. Le Prophète a dit : « Mon
Dieu, que ta miséricorde soit pour ceux qui se rasent
la tête, et pour ceux aussi qui se taillent les cheveux. »
Car] se tailler les cheveux peut suffire. La femme n'est
obligée qu'à se couper l'extrémité des cheveux, seulement la longueur à peu près de la dernière phalange des
doigts. L'homme au contraire qui se borne à se tailler
les cheveux doit se les couper aussi près que possible
de la peau.

§ 5. **Retour à la Mekke.** — Cessation de l'ih'râm. — Circonstances qui obligent à un sacrifice expiatoire. — Lapidations satisfactoires.

Après [s'être acquitté des pratiques qui viennent d'être indiquées], le pèlerin [rentre à la Mekke ce même jour et] s'acquitte des tournées de retour [en faisant sept fois le tour de la Ka'ba et ayant les deux pièces de vêtement qu'il a prises lorsqu'il s'est mis en ih'râm. Néanmoins le pèlerin peut rester encore à Mina et même y passer la nuit]. Après les tournées de retour, [on est en *grande dispense*, c'est-à-dire que] si le fidèle s'est rasé la tête [ou taillé les cheveux, et s'il s'est acquitté régulièrement des promenades pieuses après les tournées d'arrivée], il est libre de faire le reste des actes qui lui étaient défendus jusqu'alors. [Car après que les cérémonies précédentes sont accomplies, le pèlerinage proprement dit est achevé ; le fidèle peut alors cohabiter avec sa femme, ou avec sa concubine, la caresser, ou promettre le mariage ; il peut chasser, et faire usage de parfums.] Le fidèle qui se mettra en cohabitation avant de s'être rasé la tête [ou taillé les cheveux, fût-ce même après les tournées de retour], rachètera sa faute par un sacrifice expiatoire ; il n'en serait pas ainsi, s'il avait chassé ou s'il avait pris du gibier [avant de se raser ou de se tailler les cheveux, ou s'il avait fait usage de parfums ; ces deux fautes sont bien moins graves que la première].

La loi condamne encore à faire un sacrifice expiatoire, — celui des pèlerins qui [par oubli, ou par igno-

rance, ou de propos délibéré,] ne se sera rasé la tête
qu'après être rentré dans son pays [qu'il soit éloigné
ou nom de la Mekke; — celui qui aura seulement différé trop longtemps à se raser la tête]; — celui qui
aura retardé de faire les tournées de retour [seulement,
ou ces tournées et les promenades, ou les promenades
seulement, jusqu'après le mois de zil-h'eddjeh, c'est-
à-dire] jusqu'au mois de moh'arrem (qui le suit, et
qui commence l'année); — celui qui [dans quelque
lapidation que ce soit] retarde trop à jeter chacun de
ses cailloux l'un après l'autre, ou qui retarde [une seule
lapidation, ou] toutes les lapidations jusqu'à la nuit
[au lieu de les exécuter dans la durée de la journée
pendant le temps voulu]; — même celui qui, devant
accomplir les actes du pèlerinage [qui peuvent s'accomplir par un suppléant,] au nom d'un enfant [ou
d'un aliéné, ou d'un individu malade,] auquel il est
impossible de s'acquitter par lui-même des lapidations,
ne fait pas ces lapidations avant la nuit venue. [Dans
ce cas le prix de la victime, ou la victime à sacrifier,
est à la charge de celui qui a fait faire le pèlerinage à
l'enfant, ou à l'aliéné, etc. L'enfant qui pouvant exécuter par lui-même une lapidation, ne s'en acquitte
pas avant le coucher du soleil, c'est-à-dire avant la
nuit, est redevable d'un sacrifice expiatoire.] Il en est
de même pour celui qui [par vieillesse, ou par maladie, ou par indisposition subite assez grave,] ne peut
s'acquitter tout seul de la lapidation, et qui demande
alors à un individu de le suppléer ou de l'aider. [Si le

malade, par exemple, peut jeter les cailloux et trouve quelqu'un qui veuille le porter, il les jettera lui-même; mais si le malade ne trouve personne qui veuille le porter, ou bien si, trouvant quelqu'un pour cela, il ne peut pas lui-même lancer les cailloux, ils seront jetés, au nom de ce malade, par un individu suppléant, et] le fidèle [ou malade impuissant, etc.] accompagnera et suivra d'intention et d'esprit son suppléant pendant toute la lapidation, et prononcera un tekbîr à chaque jet d'un caillou.

Du reste, le fidèle [qui par indisposition n'a pu s'acquitter que par un suppléant de toutes les lapidations, ou d'une partie des lapidations des trois jours postérieurs à celle de l'A'k'aba,] recommencera par lui-même tout ce qui aura été fait en son nom, si ce fidèle se rétablit de son indisposition [et recouvre sa force ou sa raison] assez tôt pour pouvoir recommencer avant que soit écoulé le temps pendant lequel il est permis de faire des lapidations, lequel temps est terminé à la disparition du soleil, le soir du quatrième jour de la fête. [Bien que le fidèle recommence, il n'en est pas moins obligé au sacrifice expiatoire, par la raison seule qu'il s'est fait remplacer.] C'est au coucher du soleil du quatrième jour de la fête, que se termine rigoureusement le temps pendant lequel se peuvent opérer les lapidations satisfactoires. Pour les trois jours [précédents, appelés *jours de Mina*], c'est la nuit qui suit chacun d'eux, qui est le temps des lapidations satisfactoires [quand le fidèle peut les faire; par conséquent, le quatrième jour n'a pas de nuit réparatoire, c'est-à-dire pendant laquelle on puisse réparer une lapidation du jour même. Le premier jour, la lapidation de l'A'k'aba peut avoir lieu dans l'espace de temps compris depuis l'aurore jusqu'au coucher du soleil. (16)

Le pèlerin malade [ou l'enfant] qui peut exécuter le jet des cailloux se fera porter [s'il trouve quelqu'un qui veuille se charger de lui], et il jettera lui-même les sept cailloux ; il ne devra point, afin qu'ils soient jetés en son nom, remettre ou projeter les cailloux dans les mains d'un autre.

Le pèlerin qui se sera fait raser la tête [ou tailler les cheveux] avant la lapidation de l'A'k'aba, ou qui aura accompli les tournées de retour avant cette même lapidation, sera obligé d'offrir un sacrifice expiatoire. Cette obligation n'existe pas si l'interversion des pratiques est différente [c'est-à-dire si le fidèle s'est rasé la tête avant d'égorger sa victime, ou s'il a égorgé sa victime avant la lapidation, ou s'il a fait les tournées de retour avant son sacrifice ou avant de se raser ou avant ces deux actes].

§ 6. Retour à Mina. — Différents cas de tolérance relativement à la station de Mina.

On reviendra [après avoir fait les tournées de retour le jour des sacrifices] — passer trois nuits à Mina, mais au haut de l'A'k'aba ; rester une grande partie [et même moins de la moitié] de la nuit, au bas de l'A'-k'aba [et du côté de la Mekke], oblige à un sacrifice expiatoire ; — ou bien passer deux nuits seulement [au haut de l'A'k'aba], quand même on irait passer la troisième à la Mekke, et quand même encore le pèlerin serait Mekkois ; mais [pour pouvoir légalement et sans encourir l'obligation d'un sacrifice expiatoire, jouir de cette dispense d'une nuit à passer à l'A'k'aba,] il faut nécessairement que le pèlerin *hâte* le terme du pèlerinage. Alors il n'est plus obligé de faire de lapidation le troisième jour après la fête. Dans le cas où le fidèle *hâte* ainsi le pèlerinage, il doit quitter l'A'k'aba le second jour de Mina, avant que le soleil soit couché. [Si l'on était encore sur l'A'k'aba après que le soleil a disparu de l'horizon, on devrait rester, et passer la nuit.]

La loi permet, comme tolérance, aux bergers ou gardiens de troupeaux [dans les environs de Mina], de s'en aller, après la lapidation à l'A'k'aba, faire paître leur bétail, de revenir le matin du troisième jour de la fête, et de faire alors la lapidation du jour passé et celle du jour présent [puis de rester, à leur gré, le jour suivant ou dernier jour de la fête, et de faire la lapidation avec les autres fidèles, ou bien de terminer *par le procédé de hâte,* c'est-à-dire avant le troisième jour de Mina].

Comme tolérance encore, la loi permet aux individus faibles [tels que les femmes, les enfants, les infirmes, les malades,] de précéder la foule en quittant immédiatement Mouzdalifeh, pour aller à Mina passer la nuit [qu'ils devraient passer à Mouzdalifeh; mais alors ils font la station de Mach'ar pendant la nuit. S'ils arrivent à l'A'k'aba avant l'aurore, ils n'y exécuteront point à ce moment la lapidation].

Il est aussi concédé de ne pas descendre à Mouh'as's'ab [la nuit qui précède le 14 du mois, pour revenir à la Mekke]. Mais cette concession, toute de bienveillance, n'est qu'en faveur de ceux qui ne servent ni de guides, ni de modèles aux autres. [Mouh'as's'ab est le nom d'un bas-fond couvert de graviers et de cailloux (*h'aç'ab*) amenés par les torrents.]

§ 7. Des lapidations dans les quatre jours de fête du pèlerinage. — Détails d'exécution. — Circonstances d'erreurs.

[C'est le jour de la fête des sacrifices ou premier des quatre jours des fêtes, que doit se faire la lapidation dite lapidation de l'A'k'aba. Elle doit être unique, et exécutée en jetant successivement sept cailloux.] Dans chacun des trois jours [qui suivent le jour des sacrifices], le pèlerin doit faire trois lapidations, chacune de sept cailloux. [Ainsi un pèlerin jette, pendant ces trois jours, soixante-trois cailloux; mais le fidèle qui quitte le pèlerinage avant le dernier jour ne jette que quarante-neuf cailloux. La dernière lapidation a toujours lieu à l'A'k'aba.]

Les trois lapidations de chacun des trois derniers jours de fête doivent s'exécuter dans l'espace de temps compris depuis midi jusqu'au coucher du soleil. Toute lapidation, dans le pèlerinage, doit se faire — avec des pierres proprement dites, telles que des pierres à lancer à la main [c'est-à-dire depuis le caillou un peu plus gros que la pistache, jusqu'au caillou un peu plus petit que la noisette. On ne prend pas de cailloux plus gros, d'abord parce que c'est la règle, ensuite parce qu'ils pourraient blesser les pèlerins qui en seraient atteints; on ne prend pas de cailloux très-petits, parce que la lapidation n'aurait plus de sens]; — en lançant, avec les doigts [non à pleine main, non avec la bouche, ou avec le pied, ou avec une arbalète], les sept cailloux l'un après l'autre [car, jetés tous ensemble, ils ne compteraient que pour un]; on peut même se servir de cailloux souillés [mais il y a blâme]; — en lançant les cailloux assez fort pour qu'ils aillent tomber sur le *djemra* ou lieu des pierres; il faut que ces cailloux, eussent-ils frappé d'abord [le sol ou] autre chose que le djemra, viennent, par la force de l'impulsion et du jet, atteindre le djemra, et qu'ils ne s'arrêtent pas en deçà. Dans [ce dernier cas, et aussi dans] le cas où le caillou [dépasserait par trop le djemra, ou bien] n'arriverait jusqu'au djemra que par le choc d'un autre caillou [non par la propre force de projection], le jet serait inacceptable [et il faudrait le recommencer. Le mot *djemra,* qui signifie aussi *pierre,* est, à cause de cela, appliqué au lieu où doit s'exécuter la lapidation et à une sorte de construction ou de bâtisse qui est le but contre lequel doivent arriver tous les cailloux des pèlerins].

Il n'est pas admissible de procéder à la lapidation en jetant de la terre, ou une substance métallique [de quelque espèce que ce soit, telle que du plomb, du fer, ou du soufre, etc. Mais on peut jeter des fragments de marbre].

Quant à cette question : si des cailloux jetés s'arrêtent et se logent dans les trous et fentes de la bâtisse [et ne tombent pas à terre, à côté du chemin que suivent les pèlerins], le fidèle ou les fidèles qui ont lancé ces cailloux ont-ils satisfait légalement et pleinement à leur devoir? il y a diversité d'opinions chez les juristes modernes.

Chacune des trois lapidations quotidiennes [pendant les trois jours de Mina, ou jours qui suivent la journée des sacrifices,] doit se faire dans l'ordre de succession voulu [c'est-à-dire, d'abord la lapidation au djemra voisin de la mosquée de Mina, puis la lapidation au djemra qui est vers la place du marché, puis au djemra de l'A'k'aba].

Le pèlerin [qui aura oublié une des lapidations dans un des trois jours de Mina] recommencera d'abord la lapidation omise et celle ou celles qui la suivent dans le jour de l'omission seulement; puis il recommencera toutes les lapidations du jour présent. [Par là, la succession du nombre de lapidations prescrites sera régularisée. Si donc un fidèle oublie la première des lapidations du lendemain de la fête des sacrifices, et si, après avoir parfaitement accompli toutes les autres des deux derniers jours, il se rappelle son oubli, il recommencera d'abord les trois lapidations seulement du lendemain des sacrifices, puis les trois du jour où il s'est aperçu de sa faute.]

La règle religieuse ordonne que les trois lapidations de chacun des trois jours s'exécutent chacune à la suite l'une de l'autre, sans qu'elles présentent de lacune [c'est-à-dire sans qu'il manque rien à la première lorsque l'on exécute la seconde, et rien à la seconde quand on exécute la troisième]. Si donc le fidèle, à chacune des trois lapidations [du premier jour qui suit la fête des sacrifices], n'a lancé que cinq cailloux [et que, dans la journée même, ou le lendemain, il se rappelle cette erreur], il n'y a que les jets des cinq premiers cailloux qui lui comptent comme fait régulier [et il doit compléter la première lapidation par le jet de deux cailloux, et les deux autres lapidations chacune par le jet successif de sept cailloux. Si le fidèle ne se rappelle son erreur que le lendemain, il est, de plus, obligé de faire un sacrifice expiatoire]. Si le pèlerin [qui a fait les trois lapidations de tel ou tel jour] ne sait pas à laquelle des trois lapidations il faut rapporter le manque d'un caillou qui n'a pas été jeté, il n'y a que pour la première des trois lapidations qu'il puisse compter six jets de cailloux [et il complète le reste].

Le pèlerin demeure dans l'exigence de la loi, s'il jette sept cailloux [de chaque lapidation] pour lui-même, et ensuite sept autres pour un enfant [ou tout autre individu qu'il supplée]; ou s'il jette alternativement un caillou en son nom et un caillou au nom de l'individu qu'il supplée [ou *vice versâ*].

Le moment à préférer dans la journée pour la lapi-

dation de l'A'k'aba, le jour des sacrifices [ou premier
jour de la fête], est depuis le soleil levé [jusqu'à midi
accompli]. Dans les trois jours suivants, le moment à
préférer est à partir du midi réel, avant la prière mé-
ridienne.

Selon la règle religieuse, le fidèle, après chacune
des deux premières lapidations seulement, doit faire
une station [prier, glorifier Dieu, invoquer les grâces
célestes sur le Prophète, etc.] pendant une durée de
temps qui suffirait pour lire rapidement la sourat *De la
Vache* (ou chapitre II du K'oran, composé de 286 versets). Dans la station qui suit la seconde lapidation, le
pèlerin se tiendra de manière à avoir le djemra à sa
gauche [et la k'ibla en face; dans la première station,
il aura le djemra derrière lui et la k'ibla en face].

Le pèlerin [qui ne se retire pas de l'A'k'aba *à la hâte*,
c'est-à-dire avant le dernier jour de Mina,] devra, en
quittant Mina pour revenir à la Mekke, descendre dans
le ravin ou bas-fond de Mouh'as's'ab, pour y faire [à
l'imitation du Prophète] quatre prières [celles de midi,
de l'a's'r, du coucher du soleil et de la nuit close].

§ 8. Des tournées d'adieu.

Tout pèlerin, même le pèlerin qui [pour quelque
motif que ce soit] doit s'éloigner de la Mekke à une
distance comme celle de Djoh'feh, par exemple [ou des
autres haltes ou stations de l'ih'râm], aura soin [quand
même il aurait dessein de revenir à la Ville Sainte] de

faire les tournées d'adieu [et ensuite une prière de deux réka]. Mais ces tournées ne sont point prescrites à celui qui ne devra s'éloigner de la ville qu'à une distance comme celle de Tén'im [ou de Dji'râneh, à moins qu'il ne doive pas revenir ensuite à la Mekke]. Les tournées d'adieu ne sont plus exigées lorsque le pèlerin se retire de la ville immédiatement après avoir terminé les tournées de retour [c'est-à-dire lors du retour à la ville] et les tournées de l'o'mra.

Le pèlerin [qui vient de terminer les tournées d'adieu ou autres,] ne se retirera point en marchant à reculons [et faisant face à la Ka'ba, selon la manière des Persans. Ni le Prophète, ni qui que ce soit, n'a donné l'exemple de cette pratique].

Les tournées d'adieu perdent leur valeur et sont comme non avenues, lorsque le fidèle après les avoir achevées, séjourne à la Mekke [ou dans les environs, à une distance moindre que celle de Zoû-T'oouï,] une certaine partie du jour, à moins que ce soit pour quelques affaires simples et faciles [par exemple, pour acheter ou vendre quelques objets]. Le fidèle [qui aura perdu le mérite de ces tournées d'adieu] reviendra les recommencer, s'il n'a pas à craindre que ses compagnons de voyage ne partent avant qu'il ait terminé. [Sinon, il partira, et il n'aura à subir aucune formalité expiatoire.]

Le compagnon gagé, ou le protecteur de la femme en pèlerinage [que ce protecteur soit mari de cette femme, ou parent à un degré qui ne permet pas de s'unir à elle par le mariage], restera à la Mekke avec elle, si cette femme se trouve en impureté menstruelle, ou en suites de couches, avant d'avoir accompli ses tournées de retour; le séjour de l'individu devra se prolonger jusqu'à la limite nécessaire [pour que la femme rentre en état de pureté ou naturelle, ou légale, et puisse s'acquitter des tournées de retour seulement; car la femme alors est dispensée des tournées d'adieu]. Toutefois l'individu gagé ne restera, d'après l'indication explicite de la loi, que s'il n'a pas à craindre de danger dans la route, en voyageant seul. [Sinon, il pourra laisser la femme et partir; mais les conditions de l'engagement sont annulées pour lui. Si la femme peut rester à la Mekke, elle y restera; sinon, elle partira sans s'acquitter des tournées de retour, et reviendra l'année suivante.] La société et les connaissances de cette femme resteront aussi à l'attendre jusqu'à deux jours environ [si ce retard n'expose pas à quelque danger pour le voyage].

§ 9. De certaines circonstances et de certaines expressions blâmables.

La loi blâme, dans les lapidations, l'usage des cailloux qui ont déjà servi aux lapidations [le même jour, ou un des jours précédents]. La loi désapprouve aussi, — la dénomination de *tournées de visite*, pour dire tournées de retour [car ce terme de *tournées de visite*, accepté par le rite h'anafite, présente une idée de choix, d'arbitraire, tandis que les tournées dont il s'agit sont

obligatoires]; — l'expression de phrase, *Nous avons visité*
le tombeau du Prophète, sur lui soient les grâces célestes! [ou bien, *Nous avons visité* le Prophète, sur qui
soient les bénédictions de Dieu! La loi désapprouve
cette formule de phrase parce qu'elle présente l'idée
d'un *rapprochement* intime des personnes; mais il faut
dire : *Nous sommes allés* au tombeau, *nous nous sommes*
rendus en pèlerinage au tombeau du Prophète, sur qui
soient les grâces et les bénédictions de Dieu!]

Il est répréhensible — de monter dans la Ka'ba [17]
ou sur la Ka'ba, ou dans la chaire du Prophète, en
gardant aux pieds des sandales [ou chaussures simples
même exemptes de toute souillure; — de déposer les
chaussures dans la Ka'ba, lorsqu'on s'y assied pour
prier; chacun doit les placer dans sa ceinture]. Mais il
n'y a nul blâme à faire, en ayant aux pieds des sandales
[ou chaussures simples, très-découvertes, et exemptes
de souillures], des tournées autour de la Ka'ba, à passer, lors de ces tournées, dans le h'idjr.

Des tournées qu'un fidèle a pour but de faire servir
en même temps pour lui-même et pour un individu ou
deux au plus [tels que des enfants, un idiot, un ma-
lade] qu'il porte, ne servent ni au fidèle, ni à celui
ou à ceux qu'il porte. [Car les tournées sont de véritables prières et nul ne peut ni suppléer ni être suppléé
pour une prière.] Mais si ce fidèle [dans la circonstance de transport que nous venons de supposer] accomplit les promenades pieuses pour lui-même et pour
celui ou ceux qu'il porte, tous ont le bénéfice et l'ac-

quit de cette pratique; il en est encore ainsi pour celui
ou ceux qui sont portés, si le fidèle n'a l'intention de
s'acquitter de ces pratiques qu'au nom de celui ou de
ceux qu'il porte.

SECTION X.

RÈGLES RELATIVES À L'EXTÉRIEUR DU PÈLERIN PENDANT L'IH'RÂM.

———

§ 1. De ce qui est défendu, permis, blâmable, pendant l'ih'râm. —
Expiations simples. — Prohibition des parfums et des aromates.

Dans l'ih'râm [ou du pèlerinage, ou de l'o'mra], il
est défendu à la femme, — d'avoir les mains [dans
aucun objet particulier qui soit cousu, pas même] dans
des mitaines [et de se couvrir seulement les doigts;
mais elle peut avoir les mains cachées dans les manches de sa chemise]; — de se couvrir le visage [par
délicatesse, contre la chaleur, ou le froid et] autrement que pour se dérober aux regards des hommes;
et encore alors [elle se couvrira simplement d'un ridâ
jeté en voile sur la tête,] sans employer ni épingle, ni
aiguille, ni lien, ni nœud pour rien attacher. L'inob-
servation [trop prolongée] d'une de ces circonstances
entraîne la peine de l'expiation simple [par le jeûne de
trois jours, ou l'aumône de douze moudd de grain à
six pauvres].

Il est défendu à l'homme [sous peine d'expiation par

le jeûne, ou l'aumône,] de porter, pendant l'ihrâm, quelque vêtement que ce soit qui enveloppe isolément telle ou telle partie du corps, quand même ce vêtement ou cette partie de vêtement serait en forme de réseau croisé, ou serait retenu par un bouton seulement, ou simplement par un nœud. Il est aussi défendu à tout homme, en ihrâm, — de porter à la main un anneau [mais la femme peut garder ses anneaux et les parures qui lui sont permises]; — de porter un grand vêtement ouvert [comme le k'aftân], quand même l'individu n'aurait pas les bras dans les manches de ce vêtement [et ne boutonnerait pas les boutons; mais si l'individu met ce vêtement le bas en haut, il n'est plus coupable; car le vêtement n'est plus alors porté en manière régulière d'habillement]; — de se cacher la face ou la tête [en tout, ou en partie,] par quelque objet que ce soit qui puisse être considéré comme voile ou coiffure, même avec de la boue [et pour se prémunir contre la chaleur].

Mais l'homme peut, sans être obligé à une expiation simple [ou le jeûne, ou l'aumône], porter, même sans motif nécessaire, un sabre [arabe ou étranger, mais suspendu par un cordon passant en forme de baudrier sur l'épaule, non suspendu par un baudrier large ou un ceinturon]. Le pèlerin peut aussi, mais seulement lorsqu'il en a besoin pour agir plus aisément, — se ceindre les reins [avec un vêtement, un turban, une corde]; — ramener les extrémités de son izâr entre les cuisses, de manière que l'izâr ainsi replié s'applique en forme de caleçon sur les cuisses. [Mais, selon certains juristes, fixer par un nœud les bouts de l'izâr oblige à l'expiation simple.]

Il est permis, dans l'ih'râm, de porter les *khouff* ou souliers arabes ordinaires dont on aura coupé entièrement le quartier, mais à la condition que l'on ne trouve pas de sandales, ou qu'elles soient d'un prix trop élevé [c'est-à-dire d'un tiers plus chères que d'ordinaire ; si le fidèle trouve des sandales, ou si elles sont à un prix modéré et que néanmoins il garde pendant quelque temps ses khouff, même par nécessité particulière, il doit se soumettre à une expiation par le jeûne, ou par l'aumône ; au lieu de couper le quartier, il paraît que l'on peut se borner à le replier dans le soulier] ; — de se garantir la face, au moyen de la main, ou contre la chaleur du soleil, ou contre la force du vent [ou contre le froid ; mais on n'appliquera point les mains ou la main sur la tête, ou sur la face ; cette seule circonstance entraînerait l'expiation simple] ; — de se garantir de la pluie [ou de la grêle], par quelque chose que l'on soutient élevé au-dessus de la tête [tel qu'un vêtement tenu en l'air, un parapluie, mais sans que ni l'un ni l'autre touche la tête, autrement il y aurait peine d'expiation simple] ; — de se tailler et arranger un ongle qui aurait été brisé [ou deux, ou trois ongles brisés] ; — de se mettre pour ridâ, sur les épaules, une chemise [ou un *jubbé*, pourvu que ces vêtements ne soient pas placés à la manière ordinaire] ; mais est-il blâmable de mettre ainsi en ridâ un caleçon? Il y a à cet égard deux gloses opposées; — de s'abriter par une construction [ou près d'un mur, ou sous une toiture], ou sous une tente de voyage, etc.; — de se mettre à l'ombre du chameau sacré [18] [soit que ce chameau marche, ou soit en repos, ou accroupi]; nul ne s'abritera dans l'espèce de palanquin [dont il est chargé], ou sous le ventre de l'animal [sans encourir la peine d'une expiation simple. Cette défense n'a plus de but aujourd'hui, car le palanquin actuel n'est qu'une sorte de tenture; autrefois c'était un assemblage de planches clouées entre elles]. Cependant si un fidèle s'abrite dans le palanquin du chameau sacré, de même que s'il se met à l'ombre sous un vêtement soutenu par des bâtons, les juristes ne sont pas d'accord alors [sur la culpabilité du fait et] sur l'obligation de subir l'expiation simple.

Il est permis au fidèle qui est en ih'râm, — de porter sur sa tête les hardes et objets dont il a besoin, lorsqu'il est pauvre [lorsqu'il ne peut trouver aucun autre moyen de les transporter] et qu'il n'y a dans ses effets aucun objet sur lequel il veuille trafiquer [car, dans ce dernier cas, il serait passible de l'expiation simple; mais il n'en serait pas ainsi s'il portait sur sa tête un fagot de bois pour le vendre et pour pouvoir vivre du prix de cette vente]; — de changer ou de vendre le vêtement [izâr, ou ridâ, ou tous les deux, ou tout autre vêtement,] avec lequel il a commencé l'ih'râm [si ce vêtement, par exemple, a des insectes pédiculaires en quantité trop gênante]; mais il est ré-

préhensible de laver son vêtement pour toute autre
cause que des souillures [simples, ou majeures], et
encore ne peut-on laver qu'avec de l'eau seule [sans
savon, ni cendres, ni alcali, de peur de tuer les insectes; celui qui ne prend pas cette précaution pour
ne pas tuer ses insectes, poux, ou autres, est passible
de l'expiation simple]; — d'ouvrir et presser une blessure, un abcès, pour faire sortir les matières qui y sont
amassées; — de se gratter ou frotter les parties cachées
du corps, mais avec légèreté [afin de ne pas tuer les
insectes qui obligent le fidèle à se gratter]; — de se
faire pratiquer une saignée lorsqu'elle est nécessaire,
mais sans appliquer de bandage [sinon il y a peine
d'expiation]; — de porter sur la peau une ceinture [de
cuir, ou d'étoffe,] qui renferme l'argent nécessaire aux
dépenses [mais cette ceinture ne doit être attachée que
par des courroies passant dans des trous ou des boucles
d'arrêt; si elle était tenue par le moyen de nœuds, le
fidèle serait passible de l'expiation par le jeûne, ou
l'aumône]; — de porter sur sa ceinture la ceinture
d'argent d'un autre pèlerin; dans les cas contraires
[c'est-à-dire si le fidèle porte la ceinture autrement
que sur la peau, ou pour un autre fidèle seulement,
ou pour quelque trafic que ce soit, ou s'il a confondu
son argent avec celui d'un autre], il y a peine d'expiation simple.

Cette même expiation est infligée, — à celui qui
s'applique un bandage, petit ou grand, sur une blessure, ou un linge sur la tête; — ou qui s'applique sur

une plaie, ou sur la tête, un emplâtre placé sur un chiffon de la grandeur seulement d'une drachme [car si le chiffon n'a pas le diamètre d'une drachme, il y a tolérance]; — à celui qui [pour se préserver des souillures de l'urine, ou du sperme, ou du liquide spermatiforme], s'enveloppe la verge d'un linge roulé autour d'elle [mais il y a tolérance pour celui qui, avant de s'endormir, se place la verge dans un linge sans l'en entourer]; — à celui qui se met du coton dans une oreille ou dans les deux oreilles, — ou qui s'applique un papier [même pas plus grand qu'une drachme] sur une tempe, ou sur les deux tempes [dans le cas de migraine, ou d'indisposition]; — à l'individu qui, ayant l'argent des dépenses [et ayant dépensé entièrement le sien], a négligé de rendre celui du propriétaire [qu'il savait sur le point de partir et] qui est parti; — ou à ce même individu qui, ayant l'argent des dépenses [et ayant dépensé le sien entièrement], a omis de remettre celui du propriétaire [lorsque celui-ci ne s'est pas éloigné. Car le fidèle ne doit pas, dans l'ih'râm, porter en ceinture de l'argent dont il ne possède rien. Dans le premier cas indiqué, si l'individu n'a pas su que le propriétaire susdit devait partir et s'éloigner, il n'y a pas d'expiation à subir].

A la femme en ih'râm, il est permis — de porter des vêtements de soie [excepté pour se cacher la figure et les mains]; — de porter des parures [telles que celles qui lui sont permises partout ailleurs].

Il est blâmable pour le fidèle, — d'attacher son argent pour ses dépenses, ou à son bras, ou à sa cuisse [ou à sa jambe; mais il n'y a pas pour cela d'expiation]; — de se coucher, la tête placée sur un coussin ou un oreiller [car c'est un signe de mollesse; il parait qu'il faut éviter aussi de dormir la face tournée du côté du sol; il n'y a que les infidèles, les hommes damnés dès ce monde, les diables et esprits infernaux qui dorment ainsi].

La loi blâme tout fidèle qui peut servir aux autres de modèle et de guide [tel qu'un imâm, un homme de science, un cheikh], de porter pendant son ih'râm un vêtement de couleur. [Les ignorants pourraient être conduits, par cet exemple, à prendre un vêtement défendu.]

Il est encore répréhensible, pendant l'ih'râm, — d'aspirer exprès ou flairer des odeurs parfumées, comme le basilic [la rose, le jasmin, etc.; — de toucher des parfums qui, tels que le musc, laissent imprégnés de leur odeur les vêtements, les hardes, etc.]; — de rester dans un lieu [excepté la Ka'ba] où il y ait une odeur de parfums [ou de rester avec quelqu'un qui se soit parfumé]; — de porter sur soi ou avec soi des parfums ou des odeurs aromatiques; — de se faire appliquer, sans nécessité forcée, des ventouses scarifiées; — de se plonger la tête dans l'eau [lorsque l'on a les cheveux longs, car alors on risque de tuer quelque insecte logé dans la chevelure]; — de se sécher la tête par des frottements trop forts [après se l'être lavée; par ces frottements on pourrait tuer quelque insecte pédiculaire ou

autre;]—de se regarder dans un miroir [de peur d'apercevoir sur soi la poussière du voyage et de la secouer
ou la faire tomber par un mouvement irréfléchi]; —
pour la femme, de porter, en quelque circonstance que
ce soit, un long vêtement ouvert par-devant.

La loi blâme l'homme et la femme qui, pendant leur
ih'râm, soignent avec des substances grasses [même non
aromatisées], l'un la barbe et la tête, l'autre la tête [et,
en général, toute autre partie du corps; ces onctions sont
des actes mondains, et, par conséquent, au moins blâmables, qu'elles aient lieu sur le corps, ou sur la tête],
même dans le cas de calvitie. La loi blâme également
l'homme et la femme, qui sont en ih'râm, — de se tailler les ongles [sans qu'il y ait nécessité forcée, et telle
que nous l'avons indiquée dans le cas où un ongle est
brisé]; — de se couper [ou épiler, ou faire tomber] des
cheveux ou des poils [car en faire tomber ou en couper
dix seulement oblige à l'expiation simple]; — de se
nettoyer de la saleté du voyage. [Le pèlerin doit rester
dans son état complet de voyageur.] Il n'est permis que
de se nettoyer les mains, et cela simplement, en en
faisant tomber la malpropreté. [De même, il est loisible d'enlever la saleté amassée sous l'extrémité des
ongles.] Si, dans les ablutions, le fidèle [en se passant
la main sur la face, sur les cheveux, les sourcils, le nez,
la barbe,] fait tomber quelques cheveux ou poils, ou si
[par le frottement] contre la monture en marche, les
jambes du pèlerin perdent des poils, il n'a point pour
cela à subir d'expiation.

Il est défendu à l'homme et à la femme qui sont en ih'râm, — de se faire [pour quelque raison que ce soit], avec des substances aromatisées, des onctions sur le corps, sur la paume des mains, à la plante des pieds [car ces deux surfaces des pieds et des mains ne sont pas comprises dans le terme de *corps*]; — ou bien de s'oindre le corps [excepté les surfaces palmaires et plantaires] avec des substances grasses non aromatisées, sans avoir de motif qui y oblige [tel que des crevasses, des douleurs; enfreindre ces défenses entraîne l'expiation simple]. Quant aux onctions non aromatisées, pour quelque motif d'utilité, il y a deux dires. [L'un inflige même alors l'expiation, l'autre ne l'inflige pas. Il est licite de s'oindre, avec des substances non aromatisées, les paumes des mains et les plantes des pieds. En résumé, toute onction aromatique, partielle ou totale, entraîne la peine d'une expiation.] Le Moudaouéneh ne parle que très-brièvement des deux dires que nous venons d'indiquer.

Il est défendu encore — de faire usage de parfums ou d'aromates, tels que le *ouars*, par exemple [et les autres parfums pénétrants, à odeur persistante, l'ambre, le safran, le musc, le camphre. qui sont dans la catégorie des parfums appelés par les Arabes *parfums femelles*; les *parfums mâles* sont ceux dont les odeurs sont fugitives, non persistantes, tel est le jasmin, le basilic]; [19] — de faire usage même de parfums dont l'odeur disparaît promptement, et quand même on les mêlerait à des collyres dont on aurait nécessairement besoin

[mais les collyres non aromatisés sont permis dans les cas où l'on en a besoin, comme moyen, par exemple, de se garantir les yeux contre les effets nuisibles de la chaleur ou du froid]; — de mêler des odeurs dans quelque mets que ce soit [— de prendre d'un mets dans lequel serait tombée une substance odorante];— de toucher [fût-ce avec la main seulement] un parfum pénétrant, quand même il n'en resterait absolument rien à la main; on ne peut toucher que la bouteille [ou le vase, ou le récipient,] qui contient le parfum, lorsque cette bouteille [ainsi que le vase ou le récipient] est hermétiquement fermée.

On fera usage [sans encourir la peine de l'expiation simple] des mets [dans lesquels serait tombée une substance aromatique], lorsqu'ils auront été cuits ensuite [ou soumis à l'action du feu, et pourvu que tout l'arome étranger ait été chassé; sinon, il est défendu de les manger; quand même la couleur resterait, il n'y a pas lieu à une expiation].

La loi n'inflige pas d'expiation — au fidèle qui aurait encore sur lui quelque odeur venant [de parfums ou d'aromates qu'il aurait employés avant de se mettre en ih'râm; toutefois, cet état du fidèle est blâmable, et si l'odeur était abondante et forte, l'individu serait obligé de subir l'expiation simple]; — ni au fidèle sur lequel, pendant l'ih'râm, le vent, ou une personne aurait apporté ou jeté quelque parfum; — ni au fidèle qui aurait été touché par du *khaloûk'-ka'ba* [ou parfum-ka'ba, rouge jaunâtre, composé de safran et d'autres aro-

mates]. Du reste [dans les trois circonstances mentionnées dans cet alinéa], le fidèle, à son gré, se débarrassera ou ne se débarrassera pas des odeurs et des
parfums qu'il aura sur lui, s'ils ne sont qu'en petite quantité; mais s'ils étaient trop abondants et forts, et qu'il
tardât à s'en débarrasser, il se soumettrait ensuite à
l'expiation simple.

De même, si le fidèle qui est en ih'râm a eu la tête
couverte [soit par hasard, soit qu'on la lui ait couverte,]
pendant qu'il dormait. [Il doit, dès qu'il s'éveille, se
hâter de se découvrir la tête; s'il tardait, il devrait se
soumettre à l'expiation.]

Le pèlerin ne fera point usage du khaloûk'-ka'ba pendant les jours du pèlerinage [afin que les autres fidèles
pressés dans la foule ne soient pas exposés à le toucher, ou ne soient pas tentés d'user aussi de ce parfum.
Cet acte du pèlerin serait blâmable]. De plus, dans les
jours du pèlerinage, l'imâm aura soin d'éloigner les
droguistes-parfumeurs du lieu des promenades pieuses
[entre S'afa et Méroua].

§ 2. Circonstances et actes qui, pendant l'ih'râm, obligent toujours
à des expiations.

L'individu non en ih'râm qui aura jeté [ou un parfum ou un vêtement sur un pèlerin, soit pendant la
veille, soit pendant le sommeil,] devra se soumettre à
l'expiation, mais non par le jeûne, si cette expiation ne
reste pas au compte du pèlerin [c'est-à-dire, si le pèlerin s'est débarrassé promptement du parfum ou du vê-

tement; le jeûne ne peut entrer dans l'expiation, parce que l'individu est, par rapport à la peine, comme le suppléant du pèlerin, et que l'on ne peut jeûner par suppléance; mais l'individu égorgera une brebis ou un mouton qu'il donnera aux pauvres, ou bien il donnera à six malheureux chacun deux moudd de grains ou de fruits]. Dans la supposition que cet individu ne puisse s'acquitter de l'expiation, le pèlerin lui-même devra, à titre d'obligation religieuse, s'en acquitter ou par l'aumône ou par le jeûne. Même mode encore d'expiation, si l'individu précité vient à raser le pèlerin qui est en ih'râm, et cela sans la permission [ou pendant le sommeil] de ce pèlerin. Mais, dans ces circonstances, le pèlerin qui aura satisfait à l'expiation autrement que par le jeûne réclamera de l'individu [qui l'a rasé, ou lui a jeté le parfum ou le vêtement, la valeur de celle des deux autres expiations qui est moins dispendieuse [c'est-à-dire ce qui sera le plus faible ou du prix d'un mouton, ou du prix de douze moudd de grains ou de fruits].

Le pèlerin en ih'râm qui aura jeté sur un autre pèlerin aussi en ih'râm [un parfum ou un vêtement], sera soumis à une double expiation [une pour s'être permis de toucher un parfum, l'autre pour en avoir jeté sur un autre pèlerin]; cette disposition légale est énoncée par Ibn-Ioûnès. [Mais si le fidèle sur lequel a été jeté le parfum ou le vêtement ne se hâte pas de s'en débarrasser, il est passible d'une expiation, et celui qui l'a jeté est passible de l'autre.]

Si un individu qui n'est pas en ih'râm a rasé la tête d'un pèlerin en ih'râm [ou lui a taillé les ongles, ou l'a parfumé], et que ce pèlerin y ait consenti [ou se soit laissé faire], ce dernier doit se soumettre à l'expiation; mais s'il n'y a pas eu consentement de sa part [s'il était, par exemple, endormi], l'expiation sera subie par le premier individu non en ih'râm ou libre [à moins qu'il ne puisse pas en faire les dépenses, et, dans ce cas, elles seront à la charge du pèlerin].

Un pèlerin en ih'râm qui aura rasé la tête d'un individu n'étant pas en ih'râm donnera, en expiation, de la nourriture [c'est-à-dire des grains ou des fruits aux pauvres, parce qu'il est possible qu'il ait tué quelque insecte pédiculaire; s'il est sûr de n'en avoir pas tué, comme dans le cas où il aurait rasé les jambes ou la poitrine, il n'a pas d'expiation à subir]. Mais l'expiation doit-elle être seulement d'une quantité de nourriture égale à une fois plein les deux mains réunies, ou bien doit-elle être une expiation simple [c'est-à-dire trois jours de jeûne, ou douze moudd de grains donnés à six pauvres? ou bien une expiation consistant à immoler un mouton ou une brebis]? Il y a sur ce point deux avis contradictoires.

Le pèlerin en ih'râm qui se sera taillé un ongle seulement, non pour se soulager d'un mal de doigt [ni parce que l'ongle était brisé], donnera une fois plein les deux mains de nourriture à un pauvre. [Se tailler plusieurs ongles entraîne l'expiation simple.] Même quantité de nourriture sera donnée en aumône par le pèlerin, — s'il s'est enlevé exprès un seul poil ou un seul cheveu, ou plusieurs cheveux ou plusieurs poils [jusqu'au nombre de dix, à moins que ce pèlerin ne se soit enlevé des cheveux ou des poils pour se soulager de quelque gêne]; — ou s'il a tué seulement un ou quelques poux, ou même s'il les a jetés et éloignés de lui [car il les a exposés à être écrasés]; — ou s'il a rasé à un autre pèlerin en ih'râm, un endroit du corps pour y appliquer [même en cas de nécessité] des ventouses scarifiées; mais l'expiation ne sera pas exigible quand il sera bien reconnu qu'il n'y avait pas de poux sur l'endroit rasé; — ou s'il a enlevé des *ricinus* [20] d'un chameau [mais sans tuer ces insectes et seulement en en détachant un petit nombre; autrement ce serait un cas d'expiation simple ordinaire]. Le pèlerin peut, sans encourir la moindre expiation, éloigner et jeter [de sa personne, ou de son chameau, ou de sa monture] la sangsue, la puce [et tout insecte qui ne se reproduit pas nécessairement sur les animaux, c'est-à-dire tous les insectes qui (selon les Arabes) se reproduisent dans la terre : les vers, les moucherons, les fourmis, les mouches, etc. Le pèlerin peut cependant jeter les ricinus qu'il trouverait sur sa personne].

SECTION XI.

DE L'EXPIATION SIMPLE, OU *FIDIEH*.

---

§ 1. Applications de l'expiation simple.

Dans le pèlerinage, l'expiation simple est la peine imposée au fidèle en ih'râm, pour tout acte dont le but est une sorte de jouissance mondaine et l'éloignement de quelque gêne. Par exemple, l'expiation est imposée dans l'ih'râm au pèlerin — qui s'est taillé les moustaches [ou s'est épilé les narines, ou les aisselles, ou le pubis]; —ou qui s'est taillé les ongles;—ou qui a tué un certain nombre de poux [jusqu'à une dizaine environ, à moins que ce ne soit en se purifiant, par lotion ou par ablution, d'une souillure majeure ou mineure]; — ou qui s'est teint [partiellement ou intégralement les cheveux, ou la barbe, ou quelque autre partie du corps, ou la paume des mains, ou les doigts, ou la plante des pieds,] avec le *h'enné* [21] ou toute autre substance colorante, quand même la surface teinte ne serait que de la grandeur d'une drachme; — ou qui a pris un bain par simple affusion d'eau [sans se frotter ni se laver]; cette disposition est exprimée par El-Lakmî [et repose sur ce que le but de cette affusion est d'enlever de la malpropreté survenue par le fait du voyage].

Il n'y a qu'une seule expiation simple à subir, —

1° lorsque le fidèle pense sincèrement que tels ou tels actes répétés n'entraînent qu'une seule peine expiatoire [c'est-à-dire lorsque, par exemple, ce fidèle en ih'râm met un grand vêtement ordinaire, faute qui appelle une expiation simple, et qu'ensuite il en met encore un autre, s'imaginant que le fait n'est que continué, et, par conséquent, n'est pas aggravé; ou encore lorsque le premier vêtement a été suivi d'un autre, immédiatement ou non; ces circonstances ainsi réunies n'exigent qu'une seule expiation]; — 2° lorsque le fidèle accomplit sans intervalles, les uns après les autres, plusieurs actes dont chacun isolément exige une expiation simple [lorsque, par exemple, ce fidèle s'habille, se parfume, se taille les ongles, tue des poux, se rase les cheveux, et que ces actes se suivent comme un même fait prolongé; il n'y a alors qu'une seule expiation à subir]; — 3° lorsque le fidèle [dans une circonstance de nécessité et de besoin] laisse un intervalle de temps entre deux formes d'actes, mais avec l'intention, dans le moment du premier acte, de le répéter [par exemple, lorsque ce fidèle, en se pansant une plaie avec une substance aromatisée ou parfumée, a l'intention de recommencer plus tard, puis s'habille, et se parfume, et se rase, et taille ses ongles, et a l'intention de tout recommencer de même; il n'y a encore alors qu'une seule expiation à subir]; — 4° lorsque le fidèle [dans un cas de besoin, d'indisposition, pour se garantir du froid ou du chaud, employant en premier lieu ce qui peut lui être d'une utilité plus générale sur sa personne, et en second lieu

ce qui peut lui être d'une utilité plus limitée et plus lo-
cale,] se couvre d'abord, par exemple, d'un grand vêtement ouvert, puis met un caleçon [ou bien une chemise
d'abord, puis un jubbé ou grand vêtement à manches
courtes; dans ce cas, il n'y a à subir qu'une seule expiation; car, au point de vue d'utilité, le caleçon [22],
par exemple, est moins important qu'un grand vêtement et semble n'en être que la conséquence et la
suite; mais si l'on revêt ces vêtements dans l'ordre inverse, l'expiation sera double]. En tout cas, lorsqu'on
a besoin de prendre d'autres vêtements [que ceux de
l'ih'râm], l'obligation de se soumettre à une seule expiation simple n'existe que si le but est de se garantir
des effets nuisibles du froid ou du chaud [pendant un
certain temps, par exemple, la durée d'un jour]; en
outre, si l'on quitte ces vêtements dans le lieu même
où on les a pris, il n'y a plus à subir l'expiation. Mais
peut-on prendre ainsi ces vêtements [les cas d'utilité
exceptés] pour faire la prière? Il y a deux dires opposés sur ce point [selon que l'on considère le fait comme
une nécessité, ou que l'on ne veut y voir qu'un acte de
mollesse répréhensible].

Du reste, le fidèle en ih'râm n'est nullement coupable lorsque, par des motifs plausibles [soit par cause
d'indisposition ou de souffrance, soit pour se garantir
des effets dangereux de la chaleur ou du froid], il se
permet des actes qui cependant entraînent l'expiation
simple.

§ 2. De la nature de l'expiation simple.

L'expiation simple est, en réalité, une œuvre de piété. Elle consiste, au choix du fidèle, — ou à égorger un mouton [ou une brebis, ou une chèvre], ce qui est préférable [même au bœuf ou au chameau, vu la supériorité de la chair du mouton]; — ou à donner à six malheureux chacun deux moudd des nourritures ou des grains ordinaires du pays, comme dans les cas d'expiation pour violation de serment (voy. IIe partie, ch. II, sect. II, § 1); — ou bien à jeûner trois jours, fussent même les trois jours de Mina [c'est-à-dire les trois jours qui suivent la fête des sacrifices]. (4)

Le lieu et le temps de l'accomplissement de l'expiation ne sont nullement spécialisés [ils sont au choix du fidèle], à moins que, dans le cas d'immolation d'un mouton [ou d'un autre animal], le fidèle n'ait l'intention d'en faire un holocauste [pendant les jours de Mina, ou bien à la Mekke], et alors il se conforme aux règles relatives aux sacrifices. Il ne suffit pas de donner à dîner et à souper [une, ou deux, ou trois fois] à six pauvres, il faut que ces pauvres, dans l'ensemble de ces repas, arrivent à consommer chacun deux moudd de nourriture.

§ 3. De l'application du fidieh aux fautes sensuelles.

Tout acte de copulation [permis ou non, accompli exprès, ou par oubli, ou par ignorance des dispositions

de la loi, et à quelque âge que ce soit, c'est-à-dire
même avant l'âge de puberté], — et aussi tous les préliminaires [les caresses, les baisers, etc.], et toute pro-
vocation qui a déterminé l'éjection spermatique, ne
fût-ce que par des regards trop prolongés [ou par l'entretien de pensées érotiques, ou par des attouche-
ments], — sont défendus pendant l'ih'râm et entachent
de nullité le pèlerinage, lorsque ces actes ont lieu avant
ou après quelque cérémonie que ce soit qui précède ou
suit la station d'A'rafa, mais avant les tournées de retour
et la lapidation de l'A'k'aba le jour des sacrifices, ou
encore avant le jour des sacrifices; sinon [c'est-à-dire
si la copulation ou l'éjection a eu lieu après la première
lapidation de l'A'k'aba et avant les tournées de retour,
ou bien après les tournées de retour et avant la lapidation de l'A'k'aba, ou après ces tournées et cette lapidation, le jour des sacrifices, ou avant ces tournées et
cette lapidation, mais après le jour des sacrifices], le
pèlerinage n'est pas entaché de nullité; toutefois le
fidèle doit se soumettre à l'expiation ou *fidieh*. Même
expiation est imposée, — pour une éjection spermatique rapidement déterminée [par un regard d'un moment, ou une pensée voluptueuse peu prolongée, etc.;
mais si l'éjection a eu lieu sans volupté, ou avec une
sensation insolite, il n'y a plus à subir d'expiation]; —
pour l'excrétion du liquide séminiforme [qu'elle ait été
ou non subitement provoquée]; — pour un baiser sur
la bouche; un baiser déposé ailleurs que sur la bouche
n'est qu'un simple contact qui, cependant, entraîne aussi

l'expiation s'il détermine l'excrétion du liquide séminiforme, ou s'il se prolonge sans la déterminer ; le contact instantané, même avec l'intention de plaisir, n'est
puni d'aucune peine] ; — pour la copulation [ou tout
autre acte annulant] qui a lieu après les promenades
pieuses dans l'o'mra ; car si la copulation [ou tout autre
acte annulant] a lieu pendant ou avant les promenades
pieuses, l'o'mra est invalidé. [Les cas d'invalidité sont
les mêmes pour l'o'mra et le pèlerinage.]

SECTION XII.

DES RÈGLES RELATIVES AUX OBLIGATIONS SATISFACTOIRES POUR LE PÈLERINAGE ET POUR L'O'MRA.

Il est d'obligation canonique de continuer et compléter ou le pèlerinage ou l'o'mra qui a été entaché de
nullité [mais à la condition que, dans le pèlerinage, le
fidèle ait pu assister à la station d'A'rafa ; s'il n'a pu y
assister, il doit rompre son ih'râm de pèlerinage proprement dit, et faire un o'mra]. Le fidèle qui ne complète pas [son pèlerinage frappé de nullité, et qui le
remet à l'année suivante, ne satisfait nullement à la loi
et] n'en demeure pas moins dans son ih'râm actuel,
lors même qu'il prendrait un nouvel ih'râm ou engagement de pèlerinage. [Car ce dernier ih'râm ou engagement ne peut réellement exister que lorsque le
premier est complétement acquitté.] Ce n'est qu'à la
deuxième année suivante que le fidèle accomplira, à

titre d'œuvre satisfactoire, le pèlerinage [qui aura été entaché de nullité et qui n'aura pas été complété immédiatement. Quand même le fidèle se remettrait en ih'râm pour ce pèlerinage la première année suivante, et quand même il l'accomplirait à cette époque, ce pèlerinage ne satisferait point à la loi].

Le pèlerinage [obligatoire] et même le pèlerinage surérogatoire [tout aussi bien que l'o'mra, lorsque l'un ou l'autre aura été atteint de nullité et aura été terminé immédiatement], devra être réparé satisfactoirement, le plus tôt possible. [Le pèlerinage le sera l'année suivante; l'o'mra le sera aussitôt qu'aura été rompu l'ih'râm de l'o'mra invalidé, et cela sous peine de péché.]

La loi impose aussi le pèlerinage satisfactoire en réparation d'un pèlerinage, aussi satisfactoire, qui aura été invalidé. [Il y a alors deux pèlerinages à faire, l'un pour le pèlerinage premier qui a été atteint de nullité, l'autre pour le pèlerinage satisfactoire également annulé. Il y a par conséquent aussi deux sacrifices à faire.]

Le fidèle, dans tout pèlerinage satisfactoire et dans tout o'mra satisfactoire, sera tenu d'offrir un sacrifice [comme œuvre pénitentiaire pour le pèlerinage invalidé, ou l'o'mra invalidé]. Ce sacrifice imposé au fidèle sera toujours unique et seul [non multiple], même lorsque ce fidèle aura invalidé son pèlerinage ou son o'mra par la cohabitation répétée avec plusieurs femmes, ou avec une seule femme. Mais il n'en serait pas ainsi pour la chasse [ou pour les pièces de gibier qu'aurait tuées le pèlerin], ni pour les expiations simples [infligées par la loi au fidèle qui s'est permis des actes ayant pour but des jouissances mondaines et l'éloignement de quelque gêne ordinaire. La peine réparatoire, dans le premier cas, sera multiple dans la proportion numérale des pièces de gibier tuées. Dans le second cas aussi, l'expiation simple sera multiple en proportion numérale des actes répréhensibles, excepté néanmoins dans les quatre circonstances énoncées] (au § 1, deuxième alinéa, sect. xi).

Le sacrifice pénitentiaire pour le pèlerinage invalidé (sacrifice mentionné dans les deux alinéa précédents) peut être fait avant le pèlerinage satisfactoire.

Le fidèle qui [par la cohabitation, et] avant le jour d'A'rafa, aura entaché de nullité un pèlerinage par adjonction immédiate [ou par adjonction médiate], et qui ensuite ne sera pas arrivé [avant l'aurore] à la station d'A'rafa, renouvellera le pèlerinage à titre satisfactoire, et alors il devra faire trois sacrifices [l'un pour le fait de l'annulation, l'autre pour avoir manqué à A'rafa, le troisième pour le pèlerinage invalidé].

[Il a été indiqué (§ 3 de la section précédente) que si la copulation ou l'éjection a lieu après la première lapidation de l'A'k'aba et avant les tournées de retour, ou bien après les tournées de retour et avant cette lapidation, ou après les tournées de retour et cette lapidation, etc., le pèlerinage n'est pas entaché de nullité, mais que l'on doit se soumettre à l'expiation ou fidieh. De plus] il est alors d'obligation canonique pour le fidèle, de faire un o'mra [après les trois jours de Mina],

si toutefois la faute [commise par le fait de cohabitation ou d'éjection] a eu lieu avant les deux réka qui
closent les tournées [c'est-à-dire pendant le temps des
tournées, ou bien après les tournées mais avant les
réka ; il en sera de même, si la faute a eu lieu après
les réka et avant les promenades, ou bien pendant le
temps des promenades. En un mot, l'o'mra n'est de
devoir que si la faute a été commise pendant les tournées, ou pendant les promenades].

L'individu qui aura obligé une femme [libre, ou esclave, et] en ih'râm, de se soumettre à la copulation,
fera recommencer le pèlerinage à cette femme [et fournira pour elle aux dépenses du sacrifice expiatoire],
quand même elle aurait [été répudiée, ou vendue, et
même aurait] épousé ensuite un autre individu. [Si la
femme de condition libre a cédé sans résistance à la
copulation, elle refera à son propre compte le pèleri-
nage]. Dans le cas où le fidèle n'a pas les moyens de
faire recommencer le pèlerinage à la femme [qu'il a
obligée de cohabiter avec lui], elle le recommencera,
elle, à ses propres dépens, puis plus tard, et d'après
le principe énoncé plus haut (§ 2, sect. x) [relative-
ment à l'individu qui jette un parfum sur un pèlerin
et ne peut ensuite s'acquitter de l'expiation], la femme
réclamera [et recevra de l'individu le remboursement,
mais au minimum possible, des dépenses faites, si cet
individu vient à se trouver dans une condition plus
aisée].

Celui qui [par cohabitation exigée, ou volontaire,

comme nous venons de l'indiquer,] a invalidé son pèlerinage et celui d'une femme, devra [pour éviter un
nouveau péché,] se tenir éloigné et séparé d'elle depuis le moment où ils entreront en ih'râm pour le pèlerinage satisfactoire, jusqu'au moment où ils entreront
en *dispense* [c'est-à-dire jusqu'après l'accomplissement
des tournées de retour].

Il est indifférent que l'ih'râm du pèlerinage satisfactoire commence à la même époque que celui du pèlerinage qui a été invalidé. Mais cet ih'râm ne peut, sans
obliger à une immolation sacrificatoire, être commencé ailleurs qu'à la même station ou halte à laquelle
celui du pèlerinage invalidé a été commencé, pourvu
cependant que cette station soit une des stations légales
[telles que celle de Djoh'feh, etc.].

Comme œuvre satisfactoire, un pèlerinage par adjonction médiate [1] peut remplacer un pèlerinage simple
et *vice versá*. Mais le pèlerinage par adjonction immédiate ne peut remplacer le pèlerinage simple invalidé,
ou le pèlerinage par adjonction éloignée et qui a été
annulé. [Car il n'y a pas possibilité de représenter le
second et le troisième par le premier.] De même le
pèlerinage simple ne peut remplacer l'une ou l'autre
des deux formes par adjonction.

On ne peut substituer l'accomplissement satisfactoire
d'un pèlerinage de simple dévotion, à l'accomplissement satisfactoire d'un pèlerinage d'obligation invalidé
et que l'on doit recommencer.

Le fidèle une fois entré en ih'râm est blâmable : —

d'aider même sa femme à se placer sur la monture qu'elle a pour voyager; il devra donc avoir avec lui les objets nécessaires pour que sa femme puisse, sans lui, monter [sur la monture qu'elle s'est réservée ou désignée]; — de chercher à voir seulement les avant-bras de sa femme; il peut sans pécher voir les cheveux de sa femme [mais il ne doit pas les toucher]; — de donner des explications jurisprudentielles sur les dispositions de la loi relatives aux femmes [par exemple, à leurs menstrues, à leur état de pureté ou d'impureté par le fait des menstrues ou des suites de couches, à ce qui est défendu aux femmes en pèlerinage, etc.].

SECTION XIII.

DES CHOSES DÉFENDUES, PENDANT L'IH'RÂM, SUR LE TERRITOIRE SACRÉ.

————

§ 1. Des animaux terrestres et sauvages qu'il est défendu d'avoir, ou de tuer, ou de blesser, en pèlerinage, et en terre sainte — Délimitation du territoire sacré.

Une fois que les fidèles [allant en pèlerinage ou en o'mra] sont entrés en ih'râm [soit sur le territoire sacré, soit ailleurs], et de même, une fois que les fidèles [qui ne sont pas en ih'râm] ont mis le pied sur le territoire sacré, la loi leur défend de faire ou de chercher à faire aucun mal à aucun animal terrestre et sauvage [qui n'aurait pas été chassé et pris avant l'ih'râm et sur les terres profanes]. Le territoire sacré [à partir de la Ka'ba prise comme centre] s'étend—du côté de Médine, à quatre ou cinq milles de distance dans la direction de Tén'îm [qui est au delà des limites sacrées, ainsi que les autres localités désignées ci-dessous comme simples points de direction];—du côté de l'I'râk', à huit milles de distance, dans la direction qui conduit au mont Mak't'a' ou Mok'at't'a'; — du côté d'A'rafa, depuis A'rafa lui-même jusqu'à neuf milles [dans la direction de Dji'râneh; — du côté de l'Iémen, à sept milles dans la direction d'Ad'âh];—du côté de Djoudda (Djedda), à dix milles, jusqu'à l'extrême limite de H'odeïbîeh [nommé aussi Mak't'a'-el-A'châcb]; — du côté du torrent appelé *Torrent du territoire profane*, à la limite à laquelle s'arrête ce torrent [23].

[Il est permis, pendant l'ih'râm et sur le territoire sacré, de chasser, ou tuer, ou prendre tout animal aquatique; et dans cette catégorie se rangent la grenouille, la tortue de mer, non la tortue de terre.]

Il est défendu de faire ou de chercher à faire aucun mal,—même à l'animal terrestre sauvage, s'il a été apprivoisé, ou élevé en domesticité;—à l'animal terrestre sauvage dont la chair ne peut se manger [ou même peut se manger, que l'animal soit apprivoisé ou soit resté à l'état sauvage]; — à tout oiseau aquatique, à ses petits, à ses œufs. [On peut boire du lait d'animaux sauvages, si on le trouve prêt sans l'avoir trait.]

Le fidèle [une fois entré en pèlerinage ou seulement sur le territoire sacré] doit se débarrasser de tout ani-

mal terrestre non domestique qu'il aurait avec lui [ou
en cage], ou qu'auraient les gens de sa suite. Du moment
que le fidèle est ou en ih'râm, ou sur la terre sainte, il
n'a plus aucun droit de propriété sur l'animal. [Si un
animal mis en liberté est repris par un fidèle, le propriétaire premier n'a rien à réclamer.] Le droit de propriété sur l'animal sauvage que le pèlerin aurait chez
lui ne cesse point; ce droit de propriété se perd-il et
l'obligation de mettre en liberté l'animal existe-t-elle
si le fidèle se met en ih'râm dès sa demeure? Il y a
en réponse à cette question deux dires opposés. [Mais
celui qui conclut à la négation est dans l'esprit de la
loi.] De plus, le fidèle ne doit pas [après l'accomplissement du pèlerinage et le retour sur la terre libre ou
profane] rentrer en possession de l'animal [dont il s'est
débarrassé ou qu'il a vendu, et que même on lui rendrait à titre de cadeau].

Il n'est pas permis au fidèle en ih'râm de recevoir
en dépôt, ou sous sa garde, un animal terrestre sauvage.
Le fidèle qui aura un semblable dépôt avant d'être
entré en pèlerinage devra le rendre au propriétaire,
s'il retrouve ce propriétaire dépositeur; s'il ne le retrouve
pas, il gardera le dépôt. [Alors, dans le cas où l'animal
meurt, le dépositaire est non pas responsable de la
valeur de l'animal, mais passible seulement de la peine
expiatoire qu'inflige la loi au pèlerin qui a avec lui un
animal terrestre sauvage.]

Si un fidèle en ih'râm achetait un animal terrestre
sauvage, la vente serait-elle valable ou non? Il y a deux

dires contradictoires sur cette question. [Mais le mieux à faire pour l'acheteur est de mettre l'animal en liberté et de rester débiteur envers le vendeur d'une valeur convenable, comme prix de l'animal. L'acheteur, s'il rend l'animal au vendeur, doit se soumettre à la peine expiatoire imposée au pèlerin qui a avec lui un animal terrestre sauvage.]

§ 2. Des animaux terrestres sauvages qu'il est permis de tuer en pèlerinage et en terre sainte.

Il est permis au pèlerin, et en terre sainte, de tuer — toute espèce de rat [ou de souris, de belette, d'animal pouvant ronger les vêtements]; — toute espèce de serpent [ou couleuvre]; — toute espèce de scorpion [ou de tarentule, de bourdon, de guêpe], grosse ou petite; — toute espèce de corbeau [ou de corneille], ou de milan [quand ils cherchent à nuire, ou à dérober les nourritures; mais est-il permis de tuer les petits de ces deux sortes d'oiseaux? Il y a sur cela diversité d'opinions].

Il est permis aussi de tuer — le lion, le tigre, le léopard, et en général toutes les bêtes féroces qui attaquent l'homme, lorsque l'animal est déjà grand et fort — de même le loup; — de même encore tout oiseau [qui se jetterait sur quelqu'un, ou] dont on aurait à craindre [ou pour soi, ou pour d'autres pèlerins, ou pour les provisions, etc.] et dont on ne pourrait se débarrasser qu'en le tuant; — enfin le gecko; mais il

n'est permis de le tuer sur la terre sainte qu'à celui
qui n'est pas en pèlerinage. [Si le pèlerin tue cet animal,
ou d'autres insectes non malfaisants qui infestent les
demeures, il est obligé de donner, en réparation de cet
acte blâmable, deux fois plein la main de nourriture.]

Il n'y a pas de peine réparatoire à subir lorsque, par
exemple, les sauterelles arrivant par nuées envahissantes,
le pèlerin prend toutes les précautions possibles pour
n'en tuer aucune; autrement [c'est-à-dire, si elles ne
sont pas en masses considérables, ou bien si le pèlerin,
par défaut de précautions, a le malheur d'en tuer], il
doit expier ce meurtre en donnant une quantité proportionnelle de nourriture; pour chaque sauterelle tuée,
l'eût-il écrasée en dormant [ou par inattention], il doit
donner plein la main de nourriture. Bien plus, pour
avoir tué des vers [quel qu'en soit le nombre, ou des
fourmis, ou des mouches, même par le pied de la
monture qui le porte], le pèlerin doit donner une aumône [d'une poignée de nourriture].

SECTION XIV.

DES COMPENSATIONS OU RACHATS EXPIATOIRES, OU DJÉZÁ.

———

§ 1. Des cas de compensations ou rachats relativement aux chasses,
aux gibiers.

La loi inflige une compensation expiatoire au fidèle
qui, étant en pèlerinage [ou étant seulement sur le

territoire sacré], a tué un animal terrestre sauvage, fùt-
ce même en cas de dénûment et de manque de vivres
[ou en cas de famine générale], fùt-ce même encore
par ignorance de la loi, ou par inadvertance. La compensation ou le rachat réparatoire se répétera [autant
de fois qu'aura été commise la faute].

La peine du rachat devra être appliquée, — même
lorsqu'une flèche [ou tout autre projectile qu'on lancera
du territoire profane contre un animal terrestre et sau-
vage] passera seulement sur un point du territoire sacré
[et ira frapper et tuer l'animal sur le territoire libre ou
profane; de plus, le fidèle ne devra pas manger l'animal tué]; — lorsque l'on enverra un chien contre un
animal [qui est sur le territoire libre ou profane], et
que le chien n'aura pas d'autre moyen que de passer sur un point du territoire sacré [pour arriver au
gibier, et lorsque ensuite le chien atteindra le gibier
sur le territoire profane et l'y tuera]; — lorsque le
fidèle [entré en pèlerinage, ou simplement sur le territoire sacré,] aura manqué à tenir convenablement attaché un chien [ou un faucon-chasseur, et que ce chien
ou ce faucon se sera précipité sur un gibier qu'il aura
tué sur le territoire sacré ou hors de ce territoire; si
le chien ou le faucon était convenablement attaché, le
fidèle n'a pas d'expiation à subir; mais, en tout cas, il
ne doit point manger le gibier]; — lorsque le fidèle,
tout près du territoire sacré, aura lâché un chien [ou
un faucon] contre une pièce de gibier qui [alors aura
fui sur le territoire sacré et] aura été tuée en dehors

[ou en dedans] des limites sacrées [mais si la distance
où le fidèle était des limites sacrées excluait rationnellement la pensée que le gibier pût arriver à les dépasser, il n'y a pas d'expiation; dans ces deux cas encore,
le fidèle ne doit pas manger le gibier;] — lorsqu'un
individu fait sortir des limites sacrées une pièce de gibier [qu'alors tue ou prend un chasseur]; — lorsqu'un
fidèle, en dedans et près des limites sacrées, frappe à
mort une pièce de gibier qui se trouve hors des limites
du territoire sacré.

La loi impose aussi une compensation minime à celui qui [dans les circonstances personnelles indiquées]
a exposé un animal à périr, ou l'a blessé, et n'a pu s'assurer si cet animal a eu la vie sauve; mais s'il a été véri-
fié [que l'animal avait évité la mort], le fidèle n'a pas
à subir d'expiation, même au minimum de la peine.

La compensation expiatoire sera répétée une seconde
fois, quand [il n'y aura pas eu moyen de savoir si l'animal blessé et disparu a survécu à sa blessure, et quand
alors] le fidèle aura, comme il convient d'ailleurs en
cas de doute, déjà satisfait au rachat, et qu'ensuite il
aura acquis la certitude de la mort de l'animal. La compensation serait encore répétée [c'est-à-dire qu'elle serait subie] par chacun des fidèles qui se seraient réunis
pour chasser et prendre un gibier.

Un rachat expiatoire est encore exigé du fidèle [en
ih'râm, ou seulement en terre sainte,] — lorsqu'il a
envoyé un chien [ou un faucon] sur une bête féroce
[qu'il est permis de tuer ou pendant l'ih'râm ou sur le

territoire sacré, et lorsqu'il se trouve que l'animal tué n'est pas de l'espèce des bêtes féroces, mais est, par exemple, une antilope ou une gazelle]; — lorsque ce fidèle a tendu un piége destiné aux bêtes féroces [et qu'un animal d'espèce inoffensive, comme une gazelle, un bouc sauvage, etc. s'y est pris]; — lorsque le fidèle a ordonné de mettre en liberté un animal [terrestre et sauvage qu'il avait avec lui, ou qu'avait quelqu'un de sa suite,] et que l'individu, serviteur ou esclave, à qui cet ordre a été adressé, dans la persuasion qu'on lui a ordonné de tuer l'animal, l'a tué en effet; mais la compensation est-elle également obligatoire pour le maître susdit, qu'il soit ou non la cause de la prise de l'animal? Il y a sur ce point deux dires [explicatifs; néanmoins l'esprit de la loi est que le maître est toujours passible personnellement de l'expiation]; — lorsque le fidèle est cause, occasionnellement et involontairement, que l'animal effrayé a pris la fuite et a trouvé la mort; cette disposition légale n'est acceptée ni par Ibn-Rouchd, ni par Khalîl [ni par A'bd-es-S'elâm, ni par Ferh'oûn].

Le rachat n'est pas obligatoire, — si un animal s'embarrasse dans les cordes de la tente d'un fidèle et y périt; — si un animal tombe et meurt dans un puits que le fidèle a creusé; — si le fidèle en ih'râm indique à un autre individu, en ih'râm ou non, la piste d'un animal que l'individu tue ensuite; [— si le fidèle a fourni des moyens matériels, une lance, un bâton, etc. dont cet individu s'est servi pour s'emparer d'une proie

ou d'une pièce de gibier]; — si un fidèle [non en
pèlerinage et étant sur le territoire profane,] tue un
oiseau placé sur une branche [se prolongeant hors des
limites sacrées, et tenant à un arbre] dont le tronc est
en dedans de ces limites [toutefois le fidèle peut manger cet oiseau]; — si un fidèle non en ih'râm et étant
sur le territoire libre ou profane, y a frappé une pièce
de gibier qui s'est réfugiée ensuite sur le territoire
sacré et y est morte, pourvu que cet animal ait été
frappé [sur le territoire libre] d'un coup inévitablement
mortel; « le cas est encore le même, dit **El-Lakhmî**,
bien que l'animal n'ait pas été frappé d'un coup certainement mortel; » — si un fidèle en ih'râm prend un
animal sauvage pour le faire échapper et le mettre hors
de danger, et si cet animal est tué par un autre fidèle
en ih'râm [ou simplement sur le territoire sacré]; alors
ce dernier fidèle est seul passible de la réparation pénale; mais si ce dernier n'était ni en ih'râm ni sur le
territoire sacré, c'est le premier fidèle, c'est-à-dire celui qui a pris l'animal, qui doit subir la réparation compensatoire, et alors [quand cette réparation a été une
aumône de nourritures données aux pauvres], celui
qui a tué l'animal est débiteur envers l'autre fidèle du
prix de l'aumône estimé au minimum. Dans le cas où
un fidèle en ih'râm aura pris un animal sauvage pour le
tuer, et que cet animal aura été tué par un autre fidèle
aussi en pèlerinage, chacun de ces deux fidèles devra
se soumettre à une compensation entière.

Cette même compensation est encore obligatoire : —

pour le fidèle en ih'râm qui [soit par une flèche lancée de sa propre main, soit par son chien,] a tué une
pièce de gibier [ou qui l'a égorgée s'il ne l'a pas prise
lui-même, ou a ordonné de l'égorger], ou bien si [avec
son aide, ou par ses conseils, ou par ses secours,] on
lui a saisi et apporté l'animal mort. [Et le fait est encore exactement le même, si le fidèle, n'étant pas en
ih'râm, mais séulement sur le territoire sacré, tue ou
égorge ou fait tuer une pièce de gibier; dans tous les
cas précédents qui emportent la peine expiatoire, le
coupable ne doit pas manger de l'animal tué;] — pour
le fidèle en ih'râm, qui casserait ou ferait cuire des
œufs [autres que ceux de poules et d'oies, car les poules
et les oies *ne volent pas*, casser ou faire cuire de ces
œufs, c'est détruire ou le germe ou les petits d'animaux
sauvages terrestres]; — pour le fidèle en ih'râm, qui
[relativement aux deux cas précédents, c'est-à-dire]
sachant que le gibier ou les œufs ont été pris pour lui
[ou même pour un autre fidèle en ih'ram], en a cependant mangé. Mais il n'y a pas à subir une seconde expiation, si le fidèle vient à manger une seconde fois de
ce gibier.

§ 2. Circonstances qui permettent de manger le gibier. — Autres
permissions et défenses. — Territoire de Médine.

Il est permis — au pèlerin en ih'râm de manger du
gibier qu'a pris ou tué pour soi-même [ou pour un individu non en pèlerinage] un fidèle non en ih'râm sur

le territoire libre, quand même ce fidèle [ou l'individu pour lequel il a pris le gibier,] devrait se mettre en dispositions de pèlerinage, après avoir mangé; — au fidèle non en pèlerinage [mais seulement s'il réside sur le territoire sacré,] d'égorger sur ce territoire le gibier qu'il a pris en dehors des limites sacrées [et de le manger, et d'en faire manger à qui que ce soit].

L'oie et la poule [c'est-à-dire, même les espèces d'oies sauvages et de gallinacées, poules, coqs et pintades,] ne sont pas considérées comme gibier; il n'en est pas de même des différentes sortes de pigeons. [Car ceux-ci, comme oiseaux essentiellement volants, diffèrent des précédents, et l'on ne doit ni les tuer, ni en manger les œufs. En fait de quadrupèdes, il est défendu, pendant le pèlerinage, de manger le bœuf et la vache sauvages, le bouquetin, etc.]

Il est défendu à tout fidèle sur le territoire sacré [et même sur celui de Médine], de rien couper des divers végétaux qui d'ordinaire se produisent naturellement, excepté le schénanthe ou jonc odorant (*schænanthum, juncus odoratus,*) [graminée dont la fleur entre dans la composition de la thériaque], excepté aussi le séné. [L'usage de ces deux plantes est permis à cause de leurs propriétés médicinales.] Il est également permis de cueillir ou couper les végétaux dits de culture [les légumes, les laitues, le blé, les pastèques, les poireaux, la blette, la mélongène, la pêche, les jujubes, les raisins, les dattes et les dattiers, etc.], quand même ces végétaux auraient poussé sans culture.

Il n'y a pas d'expiation infligée par la loi, — à celui qui coupe les végétaux qu'il est défendu de couper [car cette défense est une simple expression de sévérité]; — ni à celui qui prend, ou tue [quoique ce soit une profanation] du gibier sur le territoire saint de Médine. [Cependant ce gibier ne sera pas mangé.] Le territoire de Médine mesure un espace qui se fixe à partir des arbres plantés autour de la ville, jusque sur les plaines couvertes de pierres noircies et brûlées, à une distance d'un bérîd, dans la direction des quatre points cardinaux.

§ 3. Détermination des rachats expiatoires. — Applications spéciales de ces rachats.

Le rachat expiatoire sera déterminé par le jugement de deux arbitres probes et experts dans cette partie de la loi. Mais en tout cas l'expiation s'acquittera [au choix du coupable], — ou par l'immolation d'un animal de gros ou de menu bétail, et qui se rapprochera le plus possible, en volume et en forme, de l'animal tué à la chasse; — ou par une aumône en nourritures dont le prix égalera la valeur de la pièce de gibier le jour que l'animal a péri et dans le pays où il a péri.

Si l'on ne trouve pas [dans le pays de quoi fournir la valeur de l'animal, ou bien s'il n'y a pas de pauvres auxquels on puisse distribuer l'aumône], le fidèle fera son aumône dans le pays le plus rapproché [possible de l'endroit où la faute a été commise; et si même le fidèle ne trouve personne qui puisse juger et déterminer la compensation expiatoire, avant qu'il soit de retour chez lui, il se fera juger alors seulement, indiquera la forme de l'animal qu'il a tué, le prix des nourritures dans le pays où le fait a eu lieu; s'il est impossible de bien apprécier l'expiation par aumône alimentaire, on l'estimera en valeur monétaire, et le prix sera envoyé dans la localité où la faute a été commise]. Aucune autre appréciation que celle qui [est déterminée sur la valeur ou de l'animal, ou des nourritures, et qui] représente une estimation faite dans le pays même [où l'animal a été tué], ne peut être acceptable [à moins d'impossibilité absolue].

Une quantité de nourriture au delà du moudd, donnée à chaque pauvre, ne compte pas comme surplus [à la décharge du coupable].

L'appréciation [de l'aumône alimentaire] ne peut se faire, avons-nous dit, que sur le prix que valent les nourritures dans le pays [où la faute a été commise], à moins que leur valeur ne soit la même dans l'endroit qu'habite le coupable; cependant sur ce point il y a deux opinions différentes. [L'une se tient rigoureusement à la lettre de la loi; l'autre admet que l'appréciation peut se faire dans le pays de l'individu, si les vivres sont au même prix dans les deux localités.]

Enfin on peut remplacer chaque moudd [de grains ou d'autres vivres] que l'on doit distribuer aux pauvres. par un jour de jeûne; s'il y a une fraction de moudd à donner, on jeûnera un jour entier pour cette fraction.

Pour une autruche, le rachat expiatoire sera une grande victime, un chameau ordinaire; — pour un éléphant, ce sera un chameau du Khoraçân ou dromadaire à double bosse [car le dromadaire, à titre de victime, se rapproche davantage de l'éléphant comme forme et comme masse; si le fidèle ne trouve pas de dromadaire, il fera une aumône alimentaire]; — pour un âne sauvage, ou pour une vache sauvage [ou grande antilope de Nubie], ce sera une vache domestique; — pour une hyène, ou pour un renard, ce sera un mouton ou une brebis; — pour un pigeon, ou pour une tourterelle, que l'on tuera soit à la Mekke, soit sur le territoire sacré, ce sera toujours et sans contestation, un mouton ou une brebis [et si le coupable ne peut se procurer la victime désignée, il jeûnera dix jours; il ne remplacera jamais ce jeûne par une aumône alimentaire]; — pour un pigeon [ou une tourterelle] que le pèlerin tuera hors des limites sacrées, ce sera une aumône alimentaire [égale à la valeur du gibier tué]; — pour un monitor, ou un lièvre, ou une gerboise, et pour tout oiseau [autre que le pigeon et la tourterelle de la Mekke et du territoire sacré], ce sera une aumône alimentaire égale à la valeur de l'animal tué.

Que l'animal soit petit, ou malade, ou beau [ou de tel sexe], le prix du rachat expiatoire en sera toujours estimé [comme dans les circonstances opposées] au taux que valait l'animal dans le moment où il est devenu la proie du chasseur.

Les deux arbitres [appelés à déterminer le rachat expiatoire] s'efforceront de le bien fixer, lorsque surtout l'animal tué à la chasse présentera des différences notables [de force ou de faiblesse; ils tiendront compte de ces différences].

Le fidèle coupable [désigne à l'avance le genre de compensation qu'il préfère, et les deux arbitres établissent leur décision d'après ce choix. Mais ensuite le fidèle] est libre encore de se prononcer pour une autre compensation [et alors les mêmes arbitres, ou deux autres, estimeront cette nouvelle expiation.] Toutefois le fidèle ne peut pas se prononcer pour un autre rachat, si le cas est fixé nettement par la loi. Du reste, il y a sur ce point deux avis contradictoires.

Si la décision de chacun des deux arbitres est en désharmonie, l'arbitrage sera recommencé [jusqu'à ce que la décision soit unanime]. La meilleure voie à suivre pour ces arbitrages est de réunir les deux arbitres [afin qu'ils puissent plus aisément se mettre d'accord]. Leur décision est annulée lorsqu'elle est évidemment entachée d'erreur [par exemple, lorsqu'ils indiquent un mouton pour victime compensatoire dans une circonstance où la victime doit être un bœuf].

Si le fidèle a causé la mort du fœtus d'un animal sauvage terrestre, ou a brisé un œuf d'un oiseau sauvage, l'expiation est le dixième de la valeur de l'adulte femelle, quand même l'œuf aurait renfermé un petit qui aurait remué [mais qui n'aurait pas crié], ou quand même le fœtus sorti de la mère frappée à mort aurait remué [mais n'aurait pas fait entendre de cri. Autant de fœtus morts, ou autant d'œufs brisés, autant de dixièmes il faut acquitter pour l'expiation. Toutefois, si les œufs brisés étaient gâtés, ou si le fœtus était mort, il n'y a pas de faute à expier. Pour le bris d'un œuf de pigeon ou de tourterelle de la Mekke, l'expiation est le dixième du prix d'un mouton, ou d'une brebis]. Si le fœtus était viable et s'il a crié, ou si le petit sorti de l'œuf était à terme et s'il a fait entendre un cri, la valeur d'expiation [pour chaque animal] est égale à la valeur de la mère ou adulte femelle.

SECTION XV.

DU SACRIFICE EXPIATOIRE OU *HÉDÍ*, POUR LES MANQUES DANS LES PRATIQUES DIRECTES DU PÈLERINAGE, OU DE L'O'MRA.

———

§ 1. Du sacrifice expiatoire en général. — Conditions de validité relatives aux animaux à immoler, au lieu et au temps des oblations. — Des défauts des victimes.

Outre le *fidieh* ou expiation simple, et le *djézá* ou compensation, il y a le *hédí* ou sacrifice expiatoire [ou expiation par sacrifice majeur]. Cette dernière expiation a une graduation pénale fixée. [Rien n'est laissé, comme dans les précédentes désignations expiatoires, au choix du fidèle.]

L'expiation sacrificatoire consiste dans le sacrifice d'un chameau, et, à défaut de chameau, d'un bœuf [et même, à défaut de l'un et de l'autre, d'un animal de menu bétail, mais surtout du mouton]. A défaut [de pouvoir fournir l'expiation sacrificatoire, même par voie d'emprunt], le fidèle jeûnera trois jours [successifs] dans l'intervalle de temps compris depuis le jour de la mise en ih'râm [jusqu'au jour de la fête des sacrifices]; et [si par empêchement légitime, le fidèle n'a pas accompli ce jeûne avant la fête des sacrifices,] il jeûnera les trois jours de Mina [quoique, en général, le jeûne soit défendu pendant ces trois jours-là]; du reste, ces trois jours de jeûne ne sont ainsi fixés que si les manques ont eu lieu dans le pèlerinage proprement dit et ont précédé la station d'A'rafa. Mais le jeûne sera de sept jours, si le fidèle est revenu de Mina [sans avoir subi son jeûne expiatoire]. Sept jours de jeûne qui seraient accomplis avant la station d'A'rafa n'auraient nulle valeur. [Pour les fautes commises dans un o'mra, les trois jours de jeûne seront reportés après les jours de Mina. Le jeûne pour les fautes commises pendant et depuis la station d'A'rafa s'accomplit quand le fidèle le juge à propos.]

L'expiation par le jeûne n'est point acceptable lorsqu'au moment de se mettre à jeûner, le fidèle peut, sans crainte de se trouver ensuite dans la gêne pour ses dépenses, acheter la victime nécessaire au sacrifice expiatoire, ou si, ayant une aisance suffisante dans son pays, il trouve à emprunter de quoi faire le sacrifice. Bien plus, le fidèle qui a déjà jeûné deux des trois jours de jeûne [et même une grande partie du troisième], et qui peut, sans qu'il en résulte pour lui de la gêne, s'acquitter du sacrifice, doit revenir à l'expiation sacrificatoire.

Le pèlerin doit — emmener avec lui aux diverses stations [d'A'rafa, puis de Mouzdalifeh, et de Mach'ar-el-H'arâm,] l'animal qu'il destine au sacrifice; — égorger cet animal à Mina [pendant le jour, non pendant la nuit, soit qu'il s'agisse d'une expiation sacrificatoire, soit qu'il s'agisse d'un rachat expiatoire, etc.]; mais il faut les trois conditions que voici: 1° que l'animal ait été avec le fidèle pendant l'ih'râm d'un pèlerinage [obligatoire ou autre, mais non d'un o'mra]; 2° que l'animal ait été avec le fidèle même, ou avec le représentant qui remplace ce fidèle à A'rafa; 3° que l'animal soit immolé dans les jours de Mina [c'est-à-dire le jour de la fête, ou l'un des deux jours suivants; car le troisième jour nul sacrifice ne doit être fait. Le lieu de prédilection pour l'immolation est le lieu de la première lapidation, non au-dessous de l'A'k'aba]. Si une, ou deux, ou chacune des trois conditions précisées viennent à manquer, l'animal doit être immolé à la Mekke [ou dans les dépendances directes et habitées, et surtout à Méroua].

Il suffit que la victime à sacrifier soit conduite hors du territoire sacré, si elle a été achetée sur ce territoire. [Il n'est pas nécessaire qu'elle soit achetée hors des limites sacrées, mais elle doit toujours, avant d'être sacrifiée, avoir été amenée du territoire libre ou profane sur le territoire sacré.] Le sacrifice est encore dans toute sa validité, si l'animal qui a été conduit à la station d'A'rafa s'est égaré ensuite, ayant les marques ou indices d'une victime destinée à l'immolation, et si un fidèle l'a égorgé [au lieu voulu pour le sacrifice, et enfin si le pèlerin propriétaire y a reconnu sa victime].

Quant à la victime que le fidèle a amenée pendant l'ih'râm d'un o'mra [afin de l'offrir en sacrifice pour quelque motif que ce soit], elle doit être égorgée à la Mekke et seulement après les promenades pieuses ; ce n'est qu'après cette immolation que le fidèle se rasera la tête.

Lorsqu'un fidèle, homme ou femme [qui s'est mis en ih'râm pour un o'mra et qui a amené un animal ayant la marque ou l'indice des victimes], fait succéder immédiatement le pèlerinage à l'o'mra commencé, parce que l'homme craint de n'avoir pas assez de temps [pour accomplir et l'o'mra et le pèlerinage], ou parce que la femme surprise par ses menstrues craint qu'elles ne se prolongent [jusqu'à la fin de l'o'mra] et ne l'empêchent ensuite de commencer le pèlerinage, la victime qui ne serait destinée qu'à un sacrifice de simple dévotion satisferait pleinement aux exigences de l'immolation sacrificatoire imposée dans le pèlerinage par adjonction immédiate. La victime, qui n'était amenée d'abord que pour un sacrifice surérogatoire d'o'mra, satisfait encore aux exigences de la loi relativement à l'immolation sacrificatoire du pèlerinage par témettou', si [le fidèle accomplit un témettou', c'est-à-dire si] après avoir terminé l'o'mra avant l'époque du pèlerinage, le fidèle [attend le jour des sacrifices pour égorger sa victime destinée au sacrifice surérogatoire, puis] se décide alors à entrer en pèlerinage et l'accomplit cette même année. Mais en serait-il de même si la victime avait été conduite pour un pèlerinage par adjonction médiate [vu que la victime aurait été, bien avant le temps de l'entrée en pèlerinage, marquée comme destinée au sacrifice]? Il y a diverses explications à ce sujet.

Il est plus conforme à l'esprit de la religion de sacrifier à Méroua les animaux que la loi indique de sacrifier à la Mekke. [Car le Prophète a dit : « Méroua « est un lieu d'immolations, et tout Mina est un lieu « d'immolations. »]

Il est blâmable pour le fidèle, de faire égorger sa victime d'expiation sacrificatoire, ainsi que les victimes des oblations surérogatoires simples [que font les fidèles non en pèlerinage et qui sont allés à Mina]. (Voyez IIe partie, chap. I, sect. VI, § 1.)

Lorsqu'un fidèle faisant un pèlerinage par adjonction médiate meurt sans avoir accompli son sacrifice [ou bien après le sacrifice d'un animal qui n'a pas eu le signe ou l'indice des victimes à sacrifier], le prix du sacrifice inaccompli [ou irrégulièrement accompli] sera prélevé sur le bien laissé par le défunt, mais seulement si le défunt s'était acquitté de la lapidation de l'A'k'aba. [Car ce fidèle s'était acquitté de la presque totalité des pratiques du pèlerinage.]

Les règles relatives à l'âge et aux défauts ou imper-

fections des animaux à immoler pour les diverses espèces d'expiations et de sacrifices sont les mêmes que
celles qui sont relatives aux animaux des oblations sacrificatoires simples ou *d'ah'ieh*. (Voyez sect. VI, § 1er,
chap. 1er, IIe partie.) Le moment de considérer ces circonstances d'âge et d'imperfections est le moment où
l'on doit désigner et préparer les animaux, et les emmener à la Mekke. Il en est de même des victimes pour
les oblations sacrificatoires simples. L'animal qui, malgré un défaut [non toléré par la loi, et non aperçu
d'abord], a été désigné pour servir d'holocauste, n'acquittera pas la dette du sacrifice, quand même ce défaut cesserait [avant l'immolation]. Il n'en serait pas de
même si l'animal choisi était sain, et qu'ensuite il lui
fût survenu quelque accident. [Quand l'animal, au moment où il est choisi et désigné, n'a pas l'âge exigé par
la loi, le sacrifice en est encore inacceptable.]

Si l'animal est destiné à un sacrifice surérogatoire
ou de simple dévotion, la remise faite par le vendeur
sur le prix de vente, en dédommagement du défaut de
l'animal, et le prix de la vente de cet animal, seront
employés à se procurer une nouvelle victime, si ces
deux sommes sont suffisantes; sinon, elles seront données en aumônes; mais dans le cas où il s'agit d'un
sacrifice obligatoire [pour quelque faute que ce soit
dans le pèlerinage ou dans l'o'mra, ou bien d'un sacrifice votif non destiné aux pauvres, et sans destination ni
intention fixée], la somme [provenant et de la remise
du vendeur, et de la vente de l'animal,] sera employée

à aider à l'acquisition d'une nouvelle victime. [Néan-
moins ceci n'a lieu que lorsque le défaut rend l'animal
inadmissible au sacrifice ; dans le cas contraire, la
somme ne sera employée à acheter un nouvel animal
que si elle suffit seule pour cela ; sinon elle sera donnée
en aumônes.]

§ 2. Des stigmates et signes appliqués aux animaux destinés à être
sacrifiés. — Consommation des victimes. — Abandon des orne-
ments des victimes aux pauvres. — Mode d'immolation. — Du lait
et du fœtus de la victime. — De la victime perdue ou égarée.

Il est d'obligation imitative — de marquer les animaux à bosse [chameaux, ou dromadaires, destinés aux
sacrifices], d'un stigmate sanglant sur le côté gauche
de la bosse (5) en commençant l'entaille du côté du cou
[et la conduisant du côté de la croupe], tout en prononçant ces mots, « Au nom de Dieu, Dieu est le Dieu
grand ! » — de passer une corde au cou de l'animal destiné au sacrifice [que cet animal soit ou non stigma-
tisé].

La règle veut : — que l'on attache deux sandales à
la corde passée au cou de l'animal ; — que cette corde
soit faite avec des végétaux terrestres [tels que les fibres
de l'enveloppe supérieure du dattier ; cette corde végétale est un lien qui peut se rompre, ou se couper
facilement, si l'animal s'embarrassait dans des arbres et
risquait de s'étrangler, et c'est un signe qui indique à
la foule des pauvres les animaux à égorger et dont ils
profiteront ; enfin cette corde sert à faire reconnaître que

l'animal, s'il s'égare, est une victime qui doit être im-
molée]; — que l'on pare les chameaux avec des étoffes
[surtout de couleur blanche, qui les couvrent tout en-
tiers, et qui soient] fendues au milieu [pour laisser
passer la bosse], à moins toutefois que ces pièces d'é-
toffe ne soient d'un certain prix [c'est-à-dire au-dessus
seulement de deux drachmes chacune; alors on ne les
fend pas, afin de ne rien leur ôter de leur valeur; car
toutes sont pour les pauvres].

On ne met aux [vaches et aux] bœufs destinés aux
sacrifices que la corde végétale avec les deux sandales
suspendues, à moins que ces bœufs ou vaches n'aient
une bosse [24]; car alors on les stigmatise. Aux animaux
de menu bétail, on ne met aucune marque [ni la corde
avec les sandales, ni les stigmates].

[Quatre circonstances sont énoncées dans la loi relativement à la consommation des victimes :] — 1° Ni le
fidèle, ni aucun autre que les malheureux ne doit rien
manger de la chair d'une victime d'un sacrifice que ce
fidèle [ou explicitement en paroles, ou en intention seulement,] a fait vœu de donner aux pauvres [soit que
l'animal ait pu ou n'ait pas pu arriver au lieu d'immolation, c'est-à-dire à Mina, ou à la Mekke]. — 2° Il n'en
est pas de même de la chair de toute autre victime
[égorgée soit en sacrifice surérogatoire, soit en sacrifice pour quelque expiation que ce puisse être]. Le
fidèle peut [en manger, ou en faire l'aumône, ou] la
faire manger même à ceux qui sont dans l'aisance, et
à des parents. Mais il serait répréhensible d'en rien don-

ner à un sujet non musulman payant la capitation. —
3° Le fidèle [ou tout autre que les pauvres] ne doit
point manger d'une victime offerte — en sacrifice votif,
lorsqu'elle n'a pas été destinée aux pauvres positivement
[par paroles explicites, ou par intention intime], —
ou en sacrifice d'expiation simple ou *fidieh,* — ou en
compensation réparatoire, si, dans ces trois sortes
de sacrifices, l'animal a pu arriver au lieu de l'immolation. [Si l'animal n'a pu y arriver, le fidèle et tout
autre individu que des pauvres peuvent manger de la
victime, car le fidèle est tenu de la remplacer par une
autre.] — 4° Le fidèle [ou tout autre que les pauvres]
ne doit point manger de la chair d'une victime destinée à un sacrifice par simple dévotion, excepté seulement si l'animal tombe épuisé [et est égorgé, comme
c'est d'ailleurs le devoir du fidèle,] avant d'arriver au
lieu de l'immolation. [Si le fidèle pouvant égorger l'a-
nimal ainsi tombé ne l'égorge pas, il reste responsable
et en doit un autre.] Le fidèle [dans ce sacrifice de
simple dévotion, après avoir égorgé l'animal qui n'a pu
arriver au lieu d'immolation,] jette dans le sang les insignes de la victime [c'est-à-dire la corde végétale, les
deux sandales, les rênes, les couvertures ou parures,]
et il abandonne la victime à la foule des musulmans
[pauvres. Les insignes jetés dans le sang indiquent que
l'animal était une victime de sacrifice, qu'il est permis
aux pauvres de la manger, mais non de la vendre, ou
de la laisser vendre]. Celui que [dans le cas en question ici] le fidèle aura chargé de conduire l'animal

sera dans la même position que ce fidèle [qu'il représente; il devra égorger la victime, jeter dans le sang les
insignes, et ne rien manger de cette victime, à moins
qu'il ne soit lui-même pauvre et indigent]. Si le fidèle
donnait ordre à tout individu [pauvre ou non] autre
que celui qu'il a chargé de conduire l'animal, de prendre, ou manger de la chair de cet animal [égorgé avant
d'être arrivé au lieu d'immolation], ou bien si le fidèle
lui-même en mangeait, il serait tenu d'égorger une autre
victime. [Car il ne doit rien distraire d'une victime
réservée aux pauvres.] Mais cette obligation de responsabilité [c'est-à-dire d'immoler une seconde victime
dans le cas prévu précédemment, est-elle applicable
pour toute espèce de sacrifice votif destiné, ou non,
explicitement ou intentionnellement, aux pauvres, ou
bien] n'existe-t-elle que pour les sacrifices votifs destinés explicitement ou intentionnellement aux pauvres,
et dans tous les cas le fidèle n'est-il responsable que de
ce qu'il a mangé et ne doit-il restituer que cela aux pauvres? Il y a, sur ce point, des contestations. [Chaque
partie de cette question a ses adversaires et ses approbateurs.]

Les rênes, les étoffes qui couvrent les victimes, sont
soumises aux mêmes règles que la chair de ces victimes
[relativement au fidèle qui fait le sacrifice; lorsque le
fidèle n'a pas le droit de manger de la victime, il ne
peut non plus rien prendre de ce que portait l'animal
sacrifié; s'il en prend quelque chose, il en payera la
valeur aux pauvres].

Tout animal égorgé [pour quelque genre de sacrifice ou d'expiation que ce soit], fût-il volé ensuite, a acquitté la conscience du fidèle. Le remplacement serait exigé si l'animal disparaissait avant d'être égorgé.

Si la victime marquée pour l'immolation vient à mettre bas, le petit doit être transporté à la Mekke sur un autre animal [même pris à louage], ou, à défaut d'autre animal, sur la mère; si la mère ne peut le transporter [ou si l'on craint qu'elle ne succombe à ce surcroît de fatigue], s'il est impossible de faire transporter le petit, ou de le laisser à la garde et aux soins de quelqu'un [parce que l'on se trouve en pays inhabité], le fidèle égorge le jeune animal comme sacrifice de simple dévotion [en abandonne la chair aux autres musulmans, et n'en mange rien. Toutes les règles de conduite sont alors celles qui ont été indiquées tout à l'heure dans la dernière des quatre circonstances relatives à la consommation des victimes].

Le fidèle ne doit pas boire du lait de la victime [qu'il a définitivement marquée ou stigmatisée pour le sacrifice], quand même il en resterait en abondance dans les mamelles de l'animal après la lactation du petit. [Le lait est-il en surabondance et peut-il nuire à la mère, on doit alors le traire et le donner en aumône. En général, le fidèle n'a plus le droit d'user pour rien ni en rien de l'animal qu'il a dévoué au sacrifice; il le doit à Dieu et aux pauvres.] Si le fidèle, parce qu'il a bu [malgré le blâme de la loi] du lait de la victime désignée, a nui à la mère ou au petit, ce fidèle sera

redevable aux pauvres en proportion du dommage causé.
[S'il a affaibli l'un ou l'autre animal, il doit le prix qu'a
perdu cet animal; s'il en a causé la mort, il doit le remplacer.]

D'après la règle religieuse, le fidèle ne chargera
d'aucun fardeau et ne montera point, sans nécessité et
sans motifs sérieux, la victime qui a reçu les insignes
sacrificatoires. Toutefois [si le fidèle fatigué l'a montée,]
il est obligé [mais par simple convenance religieuse]
de descendre lorsqu'il se sent délassé. [S'il a affaibli
l'animal, s'il lui a nui, ou s'il en a occasionné la mort, il
tiendra compte aux pauvres du dommage causé, ou,
dans le dernier cas, il remplacera la victime.]

Le fidèle égorgera le chameau debout sur ses quatre
pieds, ou debout sur trois pieds seulement, avec le
canon du pied antérieur gauche replié et attaché contre
la jambe. La victime, marquée des insignes de l'animal
à immoler, peut être égorgée par un musulman autre
que le fidèle maître de cette victime [et même sans la
permission de ce fidèle]; le sacrifice n'en est pas moins
valable pour le fidèle, lors même que le musulman
étranger à la victime se tromperait dans l'intention et
ferait l'immolation pour lui-même. [Mais si ce musulman, exprès, faisait en son propre nom l'immolation,
le sacrifice serait sans valeur et serait annulé pour les
deux individus.]

Il n'est point permis de s'associer pour un sacrifice
[quel qu'il soit, expiatoire ou autre].

Quand une victime [ou perdue, ou dérobée,] a été

retrouvée après qu'a été égorgée celle qui l'a remplacée, cette première victime n'en doit pas moins être
immolée, si toutefois elle avait reçu les insignes de
l'immolation; quand elle est retrouvée avant que l'animal remplaçant soit égorgé, tous les deux doivent être
immolés, si tous les deux ont reçu les insignes de l'immolation. [Une fois que l'on a appliqué les insignes
d'holocauste à un animal, il est dévoué irrévocablement
au sacrifice.] Si l'un des deux n'avait pas reçu les insignes, il serait vendu.

SECTION XVI.

DES EMPÊCHEMENTS À L'ACCOMPLISSEMENT DU PÈLERINAGE ET DE L'O'MRA, APRÈS L'ENTRÉE EN IH'RÂM.

§ 1. Empêchements accidentels; leurs résultats pour le pèlerin.

Lorsque le fidèle, après être entré en ih'râm pour
le pèlerinage ou pour l'o'mra, sera, sans qu'il l'ait pu
prévoir avant son entrée en ih'râm et sans qu'il ait
lieu d'espérer que les obstacles disparaissent avant le
temps légal du pèlerinage, dans des circonstances qui
s'opposent à l'accomplissement de son dessein, —
soit parce qu'il se trouvera arrêté par des ennemis
de la foi, ou par des troubles et des guerres entre les
musulmans eux-mêmes, — soit parce qu'il se trouvera
emprisonné injustement, — ce fidèle s'affranchira de

son ih'râm [et reprendra sa vie ordinaire], et il ne sera passible alors d'aucune expiation. Pour rompre son ih'râm, ce fidèle commencera par immoler la victime [qu'il aura à immoler, soit pour quelque faute, soit par dévotion]; ensuite il se rasera la tête; et quand même il retarderait [pour se raser et pour rompre ensuite son ih'râm, jusqu'à ce qu'il fût de retour chez lui], il n'aurait pas à subir d'expiation. Le fidèle n'est point obligé de se risquer dans des chemins où il aurait quelque danger à craindre [pour arriver à la Mekke].

Tout fidèle qui a pu approcher de la Mekke, ou y entrer [et qui ayant manqué le temps du pèlerinage a rompu son état d'abstinence par le procédé voulu, c'est-à-dire en accomplissant un o'mra], est blâmable de prolonger son ih'râm jusqu'au pèlerinage de l'année suivante. [Car l'individu ne peut être sûr, pour un si long temps, de ne pas enfreindre les règles de l'absti-nence, surtout relativement aux femmes.] Néanmoins si le fidèle [qui a manqué le pèlerinage] a continué son ih'râm jusqu'au moment d'y rentrer l'année suivante [c'est-à-dire jusqu'au premier jour des trois mois ou plutôt de la septuagésime du pèlerinage], ce fidèle ne peut plus alors rompre son état d'abstinence. S'il l'a rompu d'abord par l'accomplissement d'un o'mra [et qu'il soit rentré en ih'râm pour le pèlerinage suivant], le fait, d'après la dernière des trois indications [don-nées par Ibn-el-K'àcem, et appuyées sur le Moudaoué-neh], est légal, et l'individu est considéré ensuite comme

ayant accompli un pèlerinage par adjonction médiate.
[La seconde des trois indications est que la rupture
de l'ih'râm n'est pas possible; que le premier ih'râm
reste tel quel, et que le pèlerinage n'a pas le caractère
d'adjonction médiate; l'autre indication est que le
nouvel ih'râm est anormal, et que le premier, qui était
pour un pèlerinage n'a abouti qu'à un o'mra, ce qui
rend irrégulier le pèlerinage par adjonction médiate.]

Quiconque s'est trouvé dans les circonstances citées
plus haut [et n'a pu accomplir le pèlerinage ou l'o'mra]
n'est pas pour cela dispensé de s'acquitter de ce double
devoir religieux.

L'individu qui [dans les circonstances où il lui est
permis de se relever de son ih'râm] se met en cohabitation conjugale [avant d'avoir rompu cet ih'râm],
n'invalide pas néanmoins son pèlerinage [et n'encourt
aucunement les expiations d'un pèlerinage entaché de
nullité], si cet individu a l'intention de ne pas prolonger l'ih'râm jusqu'à l'année suivante [et même si cet individu n'a arrêté encore son intention sur rien].

Le pèlerin qui aura assisté à la station d'A'rafa [jus-
qu'au coucher du soleil], et que des ennemis de la foi
[ou une maladie] auront empêché de passer les nuits
suivantes aux autres stations, n'a pas moins fait alors un
pèlerinage complet. Toutefois, ce pèlerin n'entrera *en
dispense* qu'après l'accomplissement des tournées de retour [ne pût-il même les accomplir qu'après plusieurs
années]; de plus, il est tenu de faire un seul sacrifice
d'expiation, pour n'avoir ni accompli les lapidations, ni

passé les nuits voulues à Mina, ni fait la station de Mouzdalifeh, en un mot, comme s'il avait oublié toutes ces
pratiques.

Le pèlerin — qui, empêché par l'une des trois circonstances [précédemment énoncées, c'est-à-dire par
des hostilités de la part des ennemis de la foi, par des
troubles entre les musulmans, par un emprisonnement
injuste], n'aura pas assisté à la station d'A'rafa, — ou
qui par une autre cause, telle qu'une maladie ou plusieurs manques dans les cérémonies précédentes, aura
été obligé de laisser cette station d'A'rafa, — ou qui
aura été emprisonné pour un motif plausible, — n'entrera *en dispense* qu'après avoir accompli un o'mra, mais
sans se remettre de nouveau en ih'râm [spécialement
pour cet o'mra], et les tournées d'arrivée faites d'abord
ne peuvent alors être considérées comme remplaçant
les tournées et les promenades pieuses qui suivent ordinairement l'o'mra. De plus, le fidèle [qui est arrêté
par une maladie] gardera par devers lui sa victime à
sacrifier, s'il ne craint pas qu'elle succombe [avant qu'il
soit guéri; sinon, il l'enverra pour la faire sacrifier au
lieu voulu; s'il ne peut l'envoyer, il la fera immoler au
lieu même où il se trouvera. Ces dernières circonstances d'envoi et d'immolation obligent également le
fidèle arrêté par une autre cause que par une maladie].

Un fidèle [que des obstacles empêchent d'accomplir
le pèlerinage, et qui avait avec lui une victime marquée
des insignes immolatoires pour un sacrifice de dévotion,] n'est nullement dispensé de sacrifier une autre

victime pour l'expiation exigée de quiconque a manqué le pèlerinage. [Le sacrifice expiatoire aura lieu lors de l'accomplissement du pèlerinage satisfactoire. La première victime est immolée lors du premier pèlerinage manqué; car, ainsi que nous l'avons déjà dit, toute victime qui a reçu les insignes de l'immolation doit être immolée dans le but pour lequel on lui a appliqué les insignes.]

Le fidèle [que la maladie, ou un emprisonnement non illégal, ou une faute a empêché d'assister à A'rafa le jour voulu, ne rentre en dispense, comme nous l'avons fait remarquer, ou ne rompt son ih'râm qu'en accomplissant un o'mra; mais, avant de l'accomplir, ce fidèle] devra d'abord se rendre sur la terre libre ou profane, — s'il s'était d'abord constitué en ih'râm sur la terre sainte [parce qu'il était Mekkois, ou parce qu'étant étranger il a pénétré sur le territoire sacré pour accomplir un o'mra et s'est constitué ensuite, sur ce même territoire, en ih'râm pour le pèlerinage], — ou s'il a commencé le pèlerinage [pour lequel il s'est constitué secondairement en ih'râm,] immédiatement après l'o'mra. [Bien que le fidèle se rende sur le territoire libre, il ne recommence pas un nouvel ih'râm; il faut seulement, pour son o'mra qui va précéder sa mise *en dispense*, qu'il passe du territoire profane sur le territoire sacré.]

Tout fidèle différera, jusqu'au pèlerinage satisfactoire, le sacrifice d'expiation qu'il est obligé de faire pour un pèlerinage qu'il a manqué [c'est-à-dire qu'il

n'a pu compléter ou accomplir]; cependant si ce sacrifice est fait avant ce pèlerinage satisfactoire, le fidèle
n'aura pas pour cela violé la règle.

Lorsqu'un fidèle [en raison de circonstances d'em-
pêchement] a, par quelque manque, frappé de nullité
son ih'râm et n'a pas ensuite continué son pèlerinage
[que d'ailleurs l'invalidation alors ne dispense pas de
continuer], ou bien, à l'inverse, n'a pu accomplir son
pèlerinage et ensuite a invalidé son ih'râm avant de
s'acquitter de l'o'mra exigé pour entrer *en dispense,* ou
a invalidé son ih'râm par cet o'mra même qu'il a accompli imparfaitement, ce fidèle doit [dans ces deux
circonstances d'interversion dans l'ordre des faits,]
rompre son ih'râm et entrer en dispense [sans recommencer d'o'mra si celui qui a été fait est complet et
régulier, et en le recommençant s'il a été imparfait et a
été la cause de la nullité de l'ih'râm]. De plus, le fidèle
[par ces deux circonstances] n'est obligé ensuite qu'à
un pèlerinage satisfactoire; il ne répétera pas l'o'mra
[même l'om'ra resté incomplet et irrégulier]; mais le
fidèle est tenu de faire deux sacrifices expiatoires
[l'un, qu'il fera le premier, pour l'invalidation de l'ih'-
râm; l'autre qu'il fera plus tard, pour le pèlerinage
qu'il n'a pu accomplir; un troisième sera fait pour le
pèlerinage satisfactoire lui-même, que le fidèle, en entrant en ih'râm, ait résolu ou non d'accomplir ce pèlerinage par adjonction immédiate, ou par adjonction
médiate]; et quand même le pèlerinage annulé ou
manqué eût dû être accompli en forme ou d'adjonction

immédiate ou d'adjonction médiate, il n'y a pas à subir d'expiation pour ce point particulier.

Le fidèle qui, dans son intention et en entrant en ih'râm, exprimerait que, dans le cas où une cause quelle qu'elle soit, maladie ou autre [telle que l'apparition des menstrues, pour la femme], l'empêcherait de s'acquitter convenablement de son pèlerinage, il romprait son ih'râm sans accomplir préliminairement un o'mra, se poserait une condition nulle et inadmissible. [Elle est contraire à la loi.]

Il n'est pas permis au musulman qu'un infidèle ou un ennemi de la foi empêcherait d'accomplir le pèlerinage, de donner quoi que ce soit à cet infidèle [pour que celui-ci le laisse aller ou arriver à la Mekke, ou à A'rafa, etc., et le laisse faire ou compléter le pèlerinage. Transiger ainsi avec les infidèles, pour cet acte de religion, est par trop humiliant pour le musulman. Si le pèlerin est arrêté par des musulmans, il peut transiger avec eux, mais à des conditions convenables et simples].

Est-il permis de résister, par la force et par la violence, à quiconque arrête les pèlerins et en quelque endroit que ce soit [du territoire sacré et même à la Mekke]? Les juristes modernes sont partagés d'opinion sur cette question [mais seulement pour le cas où l'ennemi serait sur le territoire sacré, et ne viendrait pas par surprise se jeter, les armes à la main, sur les pèlerins. En toute autre circonstance de lieu, la résistance armée est permise sans contestation].

Le tuteur d'un individu interdit l'empêchera d'aller en pèlerinage [à moins qu'il n'y ait avantage pour l'interdit, et alors le tuteur l'accompagnera ou le fera accompagner, et ne lui laissera ni le droit, ni la faculté de faire par lui-même les dépenses du voyage et du pèlerinage]. Si l'interdit se mettait en ih'râm sans l'autorisation du tuteur, celui-ci romprait cet ih'râm [et l'interdit ne serait point obligé à un pèlerinage satisfactoire].

§ 2. Empêchements suscités par un mari, ou par un patron.

Le mari peut rompre l'ih'râm de sa femme pour un pèlerinage de simple dévotion [ou votif, mais projeté ou entrepris sans la permission maritale; car la femme, dans le mariage, est comme en interdiction]. Lorsque le mari a rompu l'ih'râm de la femme, elle doit [mais avec la permission maritale] accomplir un pèlerinage satisfactoire. [Cependant, si le mari était lui-même en ih'râm, il ne pourrait empêcher le pèlerinage de sa conjointe. Quant au pèlerinage d'obligation, le mari n'a nul droit d'empêcher sa femme de l'accomplir; et s'il s'y opposait, elle n'est pas obligée à un pèlerinage satisfactoire.]

Il en est de même pour l'esclave que pour la femme. [Seulement l'esclave est tenu, lorsqu'il sera affranchi, ou si son maître le lui permet, de faire un pèlerinage satisfactoire.] Celui qui [esclave, ou femme, ou interdit,] méconnaît et fronde les ordres et les volontés [du

patron, ou du mari, ou du tuteur,] est coupable. Le
mari peut annuler l'ih'râm de sa femme [dans le cas
où elle y persisterait] en la soumettant à la cohabitation conjugale [et avec l'intention de détruire l'ih'râm
de sa femme; cette intention est une condition sans laquelle le mari ne ferait qu'entacher de nullité l'ih'râm,
et alors il devrait fournir à la femme tous les moyens de
s'acquitter du pèlerinage et des expiations légales].

Le mari peut encore rompre l'ih'râm de sa femme
[même par la cohabitation], lorsque cet ih'râm, bien
qu'il soit pour le pèlerinage d'obligation, a été commencé [pendant la septuagésime du pèlerinage, il est
vrai, mais] avant les localités ou stations fixées pour cela
[ou avant la septuagésime du pèlerinage, mais dans les
localités ou stations fixées pour l'entrée en ih'râm].

L'individu [tuteur, ou mari, ou patron] qui aura
permis [à l'interdit, ou à la femme, ou à l'esclave de
faire un pèlerinage de dévotion, et qui pensera à révoquer la permission], ne pourra plus empêcher [ce pè-
lerinage], quand l'ih'râm en sera commencé.

Celui qui, sans savoir qu'un esclave était en ih'râm,
l'a acheté en cet état, a le droit de rédhibition, mais
n'a pas le droit de rompre l'ih'râm de cet esclave. Si
l'esclave qui a obtenu la permission de faire le pèlerinage [n'a pu l'accomplir, ou] le rend nul [par quelque
circonstance que ce soit], le patron n'est nullement
obligé d'accorder à l'esclave une nouvelle permission
pour un pèlerinage satisfactoire; telle est du moins la
décision donnée par un juriste autre que les quatre

principaux commentateurs du Moudaouéneh [et cette
décision est admise généralement].

Relativement aux expiations qu'aura à subir l'esclave
en pèlerinage, — soit [expiation sacrificatoire] pour
les fautes ou manques dans ce pèlerinage [d'ailleurs
permis par le patron], — soit [expiation simple] pour
des actes répréhensibles, mais auxquels l'a contraint la
nécessité [tels que l'usage de quelque substance aromatique pour une blessure, — soit compensation réparatoire pour quelque gibier tué], — ces expiations ne
seront subies [sous forme sacrificatoire, ou par aumône,]
que si le patron consent à fournir aux dépenses; sinon,
l'esclave s'acquittera de toutes ses expiations, en jeû-
nant, même malgré son patron [et même malgré les
coups et les mauvais traitements]. Dans le cas où cet
esclave voudrait acquitter ses expiations sous formes
de sacrifice, ou d'aumônes, le patron a le droit de s'y
opposer; le patron peut même défendre à cet esclave
de jeûner, si le jeûne empêche l'esclave de bien remplir ses devoirs de domesticité.

SECONDE PARTIE.

JURISPRUDENCE CIVILE.

CHAPITRE PREMIER.

USAGE DE LA CHAIR DES ANIMAUX.

SECTION Ire.

PRESCRIPTIONS LÉGALES RELATIVES À L'USAGE DE LA CHAIR DES ANIMAUX
DOMESTIQUES ET DES ANIMAUX SAUVAGES OU DU GIBIER.

§ I. De la manière de tuer les animaux domestiques. — Des individus
qui tuent ces animaux. — Défenses particulières.

Tuer un animal est une opération — qui doit être
faite par une personne jouissant de toute sa raison, et
pouvant contracter une union conjugale selon la loi musulmane [25]; — qui consiste à couper complétement,
intégralement, et sur le devant [non par le côté] du
cou, la trachée-artère de l'animal et les deux veines
jugulaires, sans enlever le couteau avant l'entière section de ces parties; — ou qui consiste à plonger l'instrument à la partie inférieure et moyenne du cou [sans

qu'il soit nécessaire de diviser la trachée-artère et les jugulaires.] Il est admis qu'il peut suffire de ne trancher à l'animal que la moitié du diamètre de la trachée et les deux veines jugulaires.

Si l'animal est tué [d'après le procédé régulier,] même par un juif samaritain, ou par un mage ou Parsis [26] qui a embrassé la religion chrétienne, la chair en est permise au musulman. Il en est de même pour la chair de tout animal que l'islamisme permet de manger, bien que l'animal ait été tué par un chrétien ou par un juif pour lui-même ou pour son usage particulier. Il est permis aussi au musulman de manger de cette chair [de l'animal tué par un chrétien ou par un juif], bien que le chrétien et le juif puissent, d'après leur loi, manger de la chair de l'animal mort [et non tué ou égorgé]; mais il faut que l'animal n'ait pas été tué en l'absence de tout musulman [capable de juger si l'animal a été égorgé convenablement].

Il n'est pas permis au musulman de manger de la chair — d'un animal tué par un individu en âge de raison, qui aurait abjuré l'islamisme; — d'un animal qui aurait été égorgé en sacrifice offert à des idoles; — de tout animal défendu aux juifs ou aux chrétiens, lorsqu'il est prouvé et reconnu que notre loi en condamne aussi l'usage [tels sont les animaux à un seul ongle, les solipèdes, l'autruche, etc.]. Si la prohibition n'est pas précisée par la loi, l'usage de la chair de l'animal est blâmable.

Il est répréhensible — de laisser tuer les animaux dans

les marchés [ou sur les places publiques, ou dans les maisons particulières; l'autorité doit disposer ou faire disposer des tueries dans des endroits séparés]; — de vendre ou donner à louage aux infidèles [chrétiens ou juifs], des animaux pour leur servir dans leurs jours de fêtes [ou de leur louer même des barques, ou de leur donner des branches de dattier pour leurs solennités religieuses]; — d'acheter un animal qu'a égorgé pour lui-même un infidèle même payant capitation [et bien que l'animal soit de ceux dont la viande est permise par la loi]; — d'emprunter d'un infidèle [ou d'en recevoir en présent ou en aumône], de l'argent provenant de la vente de liqueurs fermentées et enivrantes [et d'acheter, avec cet argent, des nourritures pour soi]; — de vendre à un infidèle un objet qu'il payerait en argent provenant de la vente de vin ou de liqueurs enivrantes; mais il est permis de recevoir cet argent en acquittement [d'une dette ou de la capitation]; — de manger les portions uniquement graisseuses des animaux [telles que l'épiploon du bœuf, ou du mouton, ou de la chèvre, et achetées] d'un juif [ou données par lui, car Dieu a défendu aux juifs de manger ces parties uniquement graisseuses des animaux que nous venons de citer]; — de manger de la chair d'animaux égorgés et sacrifiés en l'honneur de la Croix ou de Jésus; — d'accepter des aumônes faites par des chrétiens, au nom de la Croix ou de Jésus [car c'est entrer dans le polythéisme chrétien].

La loi réprouve l'usage de la chair d'un animal tué par un hermaphrodite, ou par un eunuque, ou par un

musulman irréligieux [non d'un animal tué par un infidèle juif ou chrétien pour soi-même. La loi désapprouve qu'un infidèle soit établi comme boucher dans
les marchés et pour les musulmans. La femme, le jeune
homme, peut, sans blâme, tuer des animaux pour des
musulmans]. Mais l'infidèle juif ou chrétien peut-il
tuer un animal pour un fidèle, et d'après le consentement et l'ordre de ce fidèle? Il y a sur ce point deux
opinions contradictoires relativement à l'usage de la
viande de l'animal.

§ 2. Des animaux sauvages tués ou à la chasse, ou à la pêche. —
Circonstances qui en rendent la chair permise, ou défendue.

Tout animal [non défendu et] vivant, par nature, en
liberté et à l'état sauvage, eût-il vécu auparavant en domesticité, doit être frappé et blessé par un musulman
[homme, ou femme,] jouissant de toute sa raison. [Au-
trement la chair de l'animal ne pourrait être mangée
par le fidèle.] Il faut de plus que, si l'animal a été en
domesticité [et qu'il se soit échappé et soit retourné à
la vie sauvage], le musulman [ne le frappe et ne le
blesse qu'à la condition qu'il] ne puisse s'en emparer
autrement que par ce moyen extrême.

Ne doivent point être frappés et blessés à la manière
des animaux sauvages, les animaux domestiques [cha-
meau, bœuf, vache et animaux de menu bétail,] qui
se seraient enfuis, ou qui seraient sur le point ou en
danger de mourir, même dans un trou profond où ils
seraient tombés.

Il est de nécessité que l'animal sauvage — soit frappé et blessé par un instrument tranchant [en fer ou non, peu importe, ou par un pieu ferré ou non ferré, mais tranchant]; — ou soit pris et arrêté par un animal dressé à la chasse [par exemple, un chien, un faucon,] que l'individu ait lâché, ou ait fait lâcher lui-même sur la proie [par un serviteur, un esclave, avec l'intention de s'emparer de cette proie] et sans que l'animal chasseur ait paru vouloir abandonner la poursuite ou renoncer à la prise de l'animal chassé.

La chair des animaux pris et tués ainsi est permise lors même — qu'au lieu d'un seul dont on pensait s'emparer, on en aurait obtenu plusieurs [car c'est toujours le même gibier que l'on se proposait d'atteindre; mais si l'animal pris venait d'un autre gibier que celui que l'on poursuivait, la chair n'en doit pas être mangée]; — ou que l'animal chasseur [le chien, par exemple,] en aurait mangé quelque partie; — ou que le gibier n'aurait pas été aperçu d'abord, caché qu'il était dans un trou, dans un repaire, dans des broussailles;— ou que le chasseur [en lâchant son chien, ou son faucon, ou sa flèche,] n'aurait pas distingué à quelle espèce des animaux dont la loi permet de manger la chair, appartient l'animal chassé; — ou que le gibier aurait paru être tout autre que ce qu'il était en effet [comme si, croyant attaquer ou viser un lièvre, le fidèle a attaqué une gazelle].

Mais le gibier qui a été pris ne doit pas être mangé, — si le chasseur a pensé ou cru que l'animal qu'il vou-

lait atteindre était de ceux dont la chair est défendue;
— ou si l'animal pris et tué [et étant du nombre des
animaux dont la chair est permise] n'est point celui
sur lequel la flèche ou l'animal chasseur a été lancé;
— ou bien si le chasseur n'est pas parfaitement sûr
qu'il ne se soit rien trouvé de répréhensible et de contraire aux volontés de la loi dans la manière dont l'animal a été tué; tel est [le cas où un chien étranger qui
n'a point été envoyé sur la proie contre laquelle le chasseur a détaché le sien, vient s'unir au chien de ce chasseur, et où les deux chiens ensemble tuent l'animal;
tel est encore] le cas où l'animal atteint [par le chien
chasseur, ou par le faucon,] tombe dans l'eau [et meurt,
sans que l'on sache bien s'il est mort de la blessure,
ou s'il est mort noyé]; ou telle serait encore la circonstance où l'animal serait frappé d'une flèche empoison-
née [de manière que l'on ne saurait s'il faut attribuer la
mort au poison seul ou seulement au coup de flèche];
enfin telle serait la circonstance dans laquelle un chien
[ou une flèche, ou un faucon,] serait envoyé par un
chasseur non musulman sur le même gibier que celui
contre lequel un musulman aurait dirigé son chien [ou
un faucon, ou une flèche, et dans laquelle les deux chiens
ensemble, ou les deux faucons, ou les deux flèches, auraient tué l'animal]; — ou bien si le fidèle a tué le gibier
déjà froissé ou écrasé [par la dent du chien, ou le bec
du faucon], lorsque ce fidèle aurait pu le débarrasser
plus tôt [de la dent du chien, ou du bec du faucon; car
alors le gibier peut aussi bien être mort par le fait du

chien ou du faucon que par la main du chasseur ; mais le chasseur, lorsqu'il est certain d'avoir tué lui-même l'animal, est libre d'en manger la chair] ; — ou si le fidèle s'est mis à exciter et animer le chien, lorsque ce chien s'était déjà, de lui-même, précipité sur la proie [et sans avoir été d'abord envoyé contre elle par le chasseur] ; — ou bien si le chasseur ne s'est pas hâté d'arriver au gibier [sur lequel il a envoyé un chien, ou lancé un trait ou une flèche, et s'il a trouvé le gibier mort ; le chasseur doit s'empresser d'aller prendre le gibier blessé et de le tuer], à moins que ce chasseur ne soit parfaitement certain de ne pouvoir arriver assez tôt pour prendre l'animal encore vivant et le tuer [or, dans ce cas, il est permis de manger la chair de l'animal mort] ; — ou bien si le chasseur fait porter par un autre individu, ou porte dans un havresac ou un bissac l'instrument tranchant [et, par cette raison, ne s'est pas trouvé en mesure de se servir promptement de cet instrument] ; — ou encore si l'animal blessé est resté la nuit ou une partie de la nuit sur place [et a été trouvé mort le lendemain ; mais si l'on reconnaît qu'il a été blessé à mort, on peut le manger] ; — ou si le gibier est mort de coups ou de contusions [même avec meurtrissures et ecchymoses, mais] sans blessure réelle [qui ait divisé la peau et les chairs et fait couler le sang] ; — ou bien, si le chasseur [a dirigé un chien, ou un faucon, ou une flèche, etc. sur du gibier qu'il ne distinguait pas, dans un espace sans clôture, et] n'a eu en vue d'atteindre et d'avoir que le même gibier qu'il avait rencontré sur son chemin et à

sa portée [mais si l'espace est clos, le but de prendre
tel gibier est plus précisé, et ce gibier peut être mangé;
dans la première supposition, la chasse manquait de la
condition morale nécessaire, c'est-à-dire de l'intention
d'atteindre tel et tel gibier]; — ou encore si, après
qu'un premier animal chasseur envoyé par le fidèle a
pris la pièce de gibier, un second animal chasseur a
été envoyé qui a tué ce gibier [ou bien si tous les deux
alors l'ont tué]; — ou enfin si [dans un espace non clos
et non fermé] l'animal chasseur s'agite, s'émeut pour
aller sur ce gibier que n'aperçoit pas le fidèle, et si
cependant celui-ci lâche l'animal; il ne sera pas permis
de manger ce gibier, à moins que le fidèle n'ait eu
l'intention réelle de lâcher son animal sur le gibier pour
lequel cet animal était en animation, aussi bien que
sur tout autre. Mais dans cette hypothèse de la double
intention du fidèle, il y a deux opinions [contradic-
toires, relativement à l'usage de la viande de ce gibier:
l'une permet de manger la chair du gibier pour lequel
s'agitait l'animal, l'autre le défend].

SECTION II.

PRESCRIPTION RELIGIEUSE GÉNÉRALE. — PROCÉDÉ DIFFÉRENT POUR
TUER LES DIVERSES ESPÈCES D'ANIMAUX.

Il est d'obligation canonique, au moment de tuer un
animal [et de quelque manière qu'on lui ôte la vie, ou
que l'on se propose de la lui ôter]: — d'avoir l'intention simple du fait [non une intention de massacre ou

de tourment]; — de prononcer, si l'on y pense [et lorsque l'instrument pénètre dans l'animal, ou lorsqu'on lance sur le gibier une flèche ou un animal chasseur], les mots, *Bism-Illâh* « au nom de Dieu, » ou bien, *Allâh akbar* « Dieu est le Dieu grand! »

Il est de règle canonique : — de tuer le chameau [le dromadaire, l'éléphant, la girafe,] en plongeant l'instrument à l'endroit d'élection [et le faisant pénétrer dans le cœur; lorsque, sans motif nécessaire, le chameau ou le dromadaire est égorgé par entaille transversale du cou, la viande de l'animal ne doit pas être mangée]; — de tuer, toutes les fois qu'on le peut, les autres animaux [le menu bétail, les volatiles, même l'autruche, malgré la longueur de son cou, qui la rapproche du chameau], par entaille transversale du cou; — de ne se permettre de substituer l'un des deux procédés à l'autre, qu'en cas d'absolue nécessité [comme lorsque l'on manque d'instrument nécessaire pour tel procédé. Tout animal tué d'une manière contraire à la prescription de la loi ne doit pas être mangé].

Pour le bœuf [ou la vache, ou le buffle mâle ou femelle], il est également conforme à l'esprit de la loi de tuer par entaille transverse [d'après le mot textuel du K'oran, iie chapitre; mais il est permis de tuer ces animaux en plongeant le couteau au-dessous du cou, jusqu'au cœur ou aux gros vaisseaux qui y aboutissent ou qui en partent].

La règle ordonne : — de tuer les animaux avec un instrument en fer [ou en acier] très-tranchant [afin de

diminuer la souffrance et de hâter la mort de l'animal];
— de tuer le chameau [ainsi que les autres animaux
que nous avons cités avec lui] maintenu debout [sur
les quatre pieds, ou bien le canon du membre antérieur
gauche plié et attaché contre la jambe]; — d'abattre et
de coucher sur le côté gauche l'animal à tuer par entaille transversale [à moins que celui qui doit tuer ne
soit gaucher, et qu'il ne lui soit plus commode de coucher l'animal sur le côté droit]; — de placer l'animal la
tête dirigée du côté de la k'ibla; — de marquer l'endroit où doit pénétrer le couteau [dans les animaux à
toison ou à longs poils, en découvrant la peau à cet en-
droit]; — de couper les deux veines jugulaires d'une
pièce de gibier blessé à mort [et encore vivant, afin
d'abréger les souffrances].

Mais est-il permis ou non au fidèle—de se servir de
ses dents ou de ses ongles pour tuer un animal, — ou
de se servir de dent ou d'ongle séparés et détachés du
corps vivant, — ou de se servir d'un os ou d'un fragment d'os? [Et par conséquent est-il permis de manger
la viande d'un animal tué au moyen d'ongle, ou de dent,
ou d'os?] Sur cette question, il y a diverses opinions
exprimées par les juristes.

SECTION III.

DES CHOSES DÉFENDUES ET DES CHOSES BLÂMABLES EN TUANT LES ANIMAUX. — DE CERTAINES RESPONSABILITÉS.

---

§ 1. Choses défendues et choses blâmables en tuant les animaux. — Règles relatives à la chasse.

En général, il est défendu de chasser les animaux dont il est permis de manger la chair, dans une autre intention que celle de les tuer [ou de les instruire. Il est par conséquent défendu de chasser certains animaux, dans l'intention seulement de détruire, ou pour les tenir enfermés en cage comme objets de curiosité et d'amusement, ce qui est une puérilité condamnable, ou bien pour un but non indiqué par la loi et sans utilité, par exemple, pour s'en servir à transporter des messages ou lettres d'un pays à un autre; il est même défendu de chasser et de prendre certains oiseaux pour leur apprendre à répéter le nom de Dieu; mais lorsqu'ils le répètent, on ne doit plus leur donner la liberté].

Il est permis — de chasser certains autres animaux dans le seul but de les détruire, tel est le sanglier ou porc sauvage [et autres dont la chair est défendue]; — de donner la mort à un animal dont la chair est défendue, lorsque cet animal est attaqué d'une maladie incurable [ou est aveugle; dans ce cas, la mort est un repos. Si l'animal atteint d'une maladie désespérée est recueilli, traité et guéri par un fidèle, le premier maître de l'animal est redevable à ce fidèle du traitement et de la dépense].

Il est blâmable de tuer les animaux [de menu bétail surtout] rassemblés en nombre dans des sortes de bassins creusés en terre. [Car alors il est difficile de tourner plusieurs d'entre eux la tête du côté de la k'ibla, et il est blâmable de laisser à l'animal vivant le spectacle de l'animal tué ou que l'on tue.] Il est blâmable encore [bien que ce blâme n'entraîne pas la défense de manger la chair de l'animal], — d'enlever le moindre fragment de peau, ou de trancher la moindre partie de l'animal [et d'en rien exposer à l'action du feu], avant que l'animal soit expiré [toutefois le poisson, mais le poisson seulement, peut, avant qu'il ne soit mort, être soumis à l'action du feu; car on ne tue pas le poisson, et le soumettre encore vivant à l'action du feu, n'est que l'analogue de ce que la main du boucher fait endurer à l'animal qu'il égorge]; — de dire, dans les oblations sacrificatoires simples ou *ad'h'teh*, ces mots : « O mon Dieu, ceci nous vient de ta généreuse bonté, et à toi est dû tout holocauste; » — de décapiter exprès l'animal [après lui avoir coupé la trachée et les jugulaires; c'est une torture gratuite]. Lorsque, de prime abord, on a résolu de décapiter l'animal, on n'en doit pas, disent plusieurs juristes, manger la chair [à moins que la tête n'ait été tranchée, soit par ignorance, soit par inattention].

Lorsque moins de la moitié d'une pièce de gibier aura été arrachée et séparée [par le chien ou par le faucon, et que l'animal, qui n'était pas d'abord blessé à mort, aura expiré avant d'être saigné par le chasseur], la partie arrachée et séparée sera considérée comme chair morte d'elle-même [et ne sera point mangée]; il n'en sera point ainsi de la tête [et si elle a été arrachée et séparée, ou même partagée en deux, il est permis de la manger].

La pièce de gibier appartient à celui qui l'a saisie le premier [lorsque plusieurs individus qui l'ont aperçue ont cherché à l'avoir]; et s'il y a plusieurs chasseurs qui peuvent s'en emparer et qui se la disputent les uns aux autres, ils doivent se la partager entre eux. [Si le fait a lieu sur une terre qui ait son propriétaire, le gibier sera livré à ce dernier.] L'animal d'origine sauvage, qui s'est échappé [de la demeure ou des mains de quelqu'un qui le possédait, et] même des mains d'un individu qui l'a acheté, appartient à celui qui s'en empare de nouveau, à moins que cet animal ne soit habitué à vivre en domesticité chez son premier maître et qu'il n'ait pas repris la vie sauvage.

Lorsqu'un fidèle aura relancé un animal sauvage et aura réussi, comme il en avait l'intention expresse, à le faire tomber dans des filets [ou des piéges] disposés par un autre individu et que, de cette manière, les deux individus auront concouru à prendre l'animal au piége, le gibier sera partagé entre les deux, dans la proportion relative à la valeur du travail de chacun.

[Si donc la peine et la dépense du maître des filets valent trois drachmes et la peine de l'autre individu une drachme, le gibier sera partagé, les trois quarts à l'un et le quart à l'autre.] Mais lorsque le gibier relancé par le fidèle, qui d'ailleurs n'avait pas l'intention de le conduire dans le piége, échappe au chasseur de manière à ce que celui-ci ne puisse plus espérer de l'atteindre, ce gibier [s'il vient à se jeter dans le piége] appartiendra exclusivement au maître des filets [ou de la trappe]. Le fidèle était-il, au contraire, certain de s'emparer du gibier qui, malgré l'intention de ce fidèle, est venu se jeter au piége, ce gibier appartient exclusivement à celui qui l'a relancé; il en serait encore ainsi quand même ce gibier aurait été poussé à se réfugier dans la maison d'un autre individu; mais si le gibier n'a point été relancé de façon à être obligé de se réfugier dans cette maison, il appartient au maître de la maison [pourvu qu'elle soit habitée et non en ruine ou abandonnée, autrement le gibier appartiendra au chasseur].

§ 2. De certaines responsabilités.

Tout fidèle passant auprès d'une pièce de gibier [blessée ou abattue par une flèche, ou par un chien, ou par un faucon,] et qui, pouvant la saigner aussitôt, ne la saigne pas [et la laisse ainsi périr], est redevable du prix du gibier blessé au chasseur. [Car alors ce gibier est considéré comme bête morte et ne doit pas être mangé; si le chasseur le mange, le fidèle n'est plus redevable de rien.] Le principe légal est le même pour quiconque négligerait de sauver d'un danger la vie ou les biens d'un autre, soit directement et par lui-même [par action ou par paroles], soit par témoignage, ou pour quiconque garderait par-devers lui, ou intercepterait, ou détruirait des pièces positives et probantes [et laisserait ainsi triompher l'erreur ou l'injustice. En pareil cas, l'individu qui est la cause du mal est responsable et garant, même de la valeur du papier des pièces qu'il a détournées, ou gardées, ou détruites]. Mais le meurtre de deux individus dont le témoignage juridique devait mettre en évidence le droit ou la vérité dans une affaire en litige rend-il le meurtrier responsable [du tort causé par la mort de ces deux témoins tués par suite de l'inimitié qui existait entre eux et leur meurtrier]? Sur cette question, les avis des juristes modernes sont partagés. [Mais il est admis que, si le meurtrier a tué les deux témoins, non parce qu'ils étaient témoins dans cette affaire et non pour laisser le tribunal dans l'ignorance de la vérité, mais parce qu'ils étaient ses ennemis, ou pour se venger, ou se mettre en sûreté, il n'y a pas lieu à établir de responsabilité.]

Celui qui refuserait ce qu'il est de son devoir de fournir en objets [dont il peut se passer et que d'autres fidèles près de lui n'ont pas à leur disposition], ne fût-ce qu'un fil, qu'une aiguille, nécessaires pour coudre et fermer une plaie pénétrante des cavités du corps, à un individu blessé, serait responsable de la mort de cet individu [qui lui aurait demandé secours ; la peine alors

est le prix du sang ou *dîeh*]. Est encore responsable :
— celui qui [ayant dépassé l'âge de puberté] refuse
un reste de nourriture et de boisson dont, à la rigueur,
il peut se passer, à un individu souffrant de la faim et
de la soif [celui-là, dis-je, est responsable aussi de
la mort de l'individu]; — celui qui [ayant des moyens
d'étançonner] refuse des étais et des bois à un individu qui les lui demande seulement pour soutenir un
mur [près de tomber et] qui ensuite est tombé [ce-
lui-là, dis-je, qui a refusé, est responsable de dommages égaux à la différence du prix que valait le mur
menaçant ruine et le mur tombé]. Mais [si les bois et
étançons demandés ont été accordés] un prix de location convenable [estimé au moment du prêt] sera payé
au prêteur, pourvu cependant que ce prix ait été [au
moment même du prêt] entre les mains de l'emprunteur. [Sinon, celui qui a prêté n'a rien à réclamer, quand
même l'emprunteur aurait alors, ou plus tard, une certaine aisance.]

SECTION IV.

DES CIRCONSTANCES QUI, RELATIVEMENT À LA MANIÈRE DONT LES ANIMAUX
ONT ÉTÉ TUÉS, OU SONT MORTS, PERMETTENT OU NE PERMETTENT
PAS DE MANGER LA CHAIR DE CES ANIMAUX.

Il est permis de manger l'animal qui a été tué [selon
les règles et les procédés spécifiés par la loi], eût-il été
tué parce qu'il paraissait être ou était réellement en

danger de perdre la vie [soit par cause de maladie, soit par suite de coups ou de blessures], mais à la condition — 1° que cet animal, quelque ait été son état [c'est-à-dire qu'il ait été sain, ou malade, ou blessé,] ait fait [au moment où le couteau allait le pénétrer] des mouvements évidents et assez forts [ait agité ses membres postérieurs, ou la queue, ou les yeux]; — 2° que [s'il n'y a pas eu de mouvements des membres, ou des yeux, ou de la queue], l'animal étant néanmoins en état de santé ordinaire, le sang ait coulé en abondance.

Mais on ne soumettra point au couteau, pour le tuer, et ensuite on ne mangera point l'animal qui a été blessé à mort, — ou par un coup violent [tel qu'un coup de pierre, un coup de corne] et de toute autre façon [soit par une chute d'un lieu élevé, ou dans un puits, soit par l'étranglement ou une lacération partielle faite par les bêtes féroces, etc.] — ou par la rupture de la moelle épinière; — ou par la sortie du cerveau chassé du crâne; — ou par un déplacement herniaire des entrailles; — ou par la déchirure ou la section d'une des veines jugulaires; — ou par la perforation mécanique ou la rupture de quelque intestin. [Ces cinq derniers genres d'accidents sont considérés comme nécessairement mortels; l'éventration accidentelle n'est pas indiquée parce qu'elle n'entraîne pas toujours la mort.] Relativement à l'ouverture ou à la rupture d'une jugulaire, il y a deux opinions sur sa gravité. [Les uns la regardent comme nécessairement mortelle, les autres sont d'un avis contraire.] D'après le Moudaouéneh, il est licite de manger un animal qui se serait brisé le cou [en tombant, par exemple, d'une montagne,] et qui serait évidemmment blessé à mort; mais il faut que la moelle épinière (c'est-à-dire la colonne vertébrale) ne soit pas rompue.

Le fœtus [qui est retiré ou qui sort inanimé du sein de la mère] a reçu la mort par le fait même qui a tué la mère [dont il n'est qu'une partie]; il est donc permis de le manger, pourvu qu'il soit développé au point que le tronc commence à être ou velu, ou laineux [et qu'il soit du même genre zoologique que la mère, quoique d'une espèce différente; car si l'on trouvait un cochon dans le flanc d'une brebis, ou un mulet dans le flanc d'une vache, on ne le mangerait pas; il n'en serait pas de même si l'on trouvait une brebis dans le sein d'une vache, car ces deux genres d'animaux sont analogues]. Si le fœtus sort ou est extrait vivant [et déjà velu] de la mère égorgée, il doit être tué [mais il ne sera point mangé], à moins que sa mort ne prévienne l'empressement de celui qui va lui enfoncer le conteau. [Il ne faut pas alors que l'on ait retardé exprès, ou par inattention, à tuer ce fœtus. En mourant promptement, il est considéré comme étant mort du même coup qui a ôté la vie à la mère.]

Le fœtus abortif [expulsé du sein de la mère avant qu'elle ne soit tuée, circonstance qui a lieu souvent quand la mère a bu en trop grande abondance, ou a été en proie à une soif violente,] sera tué s'il est à un point de développement tel qu'un fœtus semblable à lui puisse vivre. [La chair de ce jeune animal pourra être mangée. Si nul fœtus semblable à lui n'a vécu, ou s'il est seulement douteux qu'il puisse vivre, la chair de ce fœtus avorton est défendue, eût-il même été percé du couteau du boucher; car la mort peut être le résultat inévitable de l'avortement.]

Il est nécessaire, d'après la loi, de faire subir par exemple aux sauterelles et aux autres insectes analogues [privés de circulation sanguine, et que l'on peut manger, ou que l'on peut détruire], quelque pratique ou traitement qui leur enlève la vie, fût-ce même lentement, comme lorsqu'on leur coupe les ailes [ou une patte, ou qu'on les jette dans de l'eau à la température ordinaire. Les parties enlevées avant la mort ne doivent pas être mangées]. (27)

SECTION V.

NOURRITURES PERMISES, BLÂMABLES, DÉFENDUES.

§ 1. Nourritures permises.

Les aliments permis sont tous ceux qui sont exempts d'impureté et de souillure. [Par aliments la loi comprend toutes les substances alimentaires, soit solides, soit liquides. Toute substance impure par elle-même ou souillée par le contact ou le mélange d'une autre substance impure ou souillée est exclue des aliments dont peuvent faire usage les musulmans.]

Sont reconnus généralement comme pouvant être d'usage alimentaire permis [et, pour la plupart, en cas de nécessité seulement] :

— 1° Tous les animaux aquatiques, fussent-ils morts sans cause violente [et sans effusion de sang, même ceux qui ne vivent qu'à la surface de l'eau, ou qui sont trouvés dans le corps des oiseaux ou des gros poissons, même encore le chien-de-mer et le porc-marin]; — tous les oiseaux ou volatiles, même ceux qui se nourrissent de matières impures [de cadavres, de charognes]; même encore les oiseaux de proie armés de serres ou d'ongles crochus et forts [tels sont le faucon, le vautour, l'aigle, l'épervier, le pérénoptère]; — tous les animaux de bétail [le chameau, le bœuf, le buffle, le menu bétail, même la *djellâleh* ou vache qui se nourrit de substances impures]; — les animaux sauvages non carnassiers, tels que la gerboise, la taupe, le daman, le lièvre, le lapin, le hérisson, le porc-épic, les ophidiens dont on a rejeté les parties qui portent le venin [mais il faut tuer ces animaux d'une manière sanglante, en leur entaillant le cou assez profondément et même, ajoute-t-on, une partie de la queue]; — les insectes rampants ou ne volant pas [tels que le scorpion, les blaps, la chenille, la fourmi, les vers, et de plus les sauriens].

— 2° Le jus de raisin fraîchement extrait [et ne pouvant pas encore enivrer]; — le *fouk'k'â'* ou le *mousseux* [boisson préparée avec du blé, ou de l'orge, ou des dattes sèches, ou du raisin sec, qu'on laisse digérer dans de l'eau jusqu'à ce que se soit développée une saveur piquante]; — le *soûbieh* [préparé surtout avec de l'orge concassée et de l'eau où l'on met du levain ou de la pâte de dattes; on laisse digérer jusqu'à développement d'acidité]; — le jus de raisin cuit et rapproché à consistance plus que sirupeuse. Mais il faut être sûr que ces quatre préparations, lorsque l'on en fait usage, ont perdu leur propriété d'enivrer. [On appelle encore ce jus de raisin cuit et ainsi réduit, le rob tranquille, *errobb es'-s'âmit.*]

— 3° En cas de nécessité pressante [lorsque, par exemple, il y a lieu de craindre le danger de la faim ou de la soif trop prolongée], il est licite de faire usage des choses défendues [impures ou souillées, de la chair d'animaux morts, c'est-à-dire non tués, etc.], mais seulement autant qu'il en faut pour conserver assez de forces [et s'empêcher de mourir]; toutefois, il n'est jamais permis de manger de la chair humaine, ni jamais permis de boire du vin ou des liqueurs spiritueuses, à moins, par exemple, de souffrances suffocantes [et lorsque l'on n'a rien autre chose qui puisse soulager].

En cas de nécessité pressante, on préférera à la chair de porc la chair de tout animal mort, c'est-à-dire non tué; de même, le fidèle en ih'râm préférera la chair d'animal mort à du gibier pris ou tué à la chasse par ou pour un autre fidèle aussi en ih'râm. [La chair du porc est impure de sa nature, l'autre est défendue par circonstance occasionnelle.] Dans le cas d'urgence, le fidèle en ih'râm ne préférera point la chair d'un animal mort à celle du gibier [qui aura été chassé par ou pour un pèlerin en ih'râm, si ce gibier a été tué par le couteau, et si le rachat expiatoire en a été mis à la charge du pèlerin]. On préférera encore à la chair d'un animal mort une nourriture appartenant à un autre fidèle [auquel elle n'est pas présentement nécessaire, telle que des dattes, du grain, un mouton], si le cas de subreption n'est pas de nature à faire condamner l'individu à avoir la main coupée. [Tel serait le vol de dattes placées au séchoir, ou le vol d'un mouton dans le lieu de repos du troupeau pendant la nuit. La circonstance de préférence indiquée est encore la même si l'on n'a pas à craindre que le vol entraîne la peine des coups, ou de toute autre punition douloureuse et corporelle; alors il faut préférer faire usage de la chair d'animal mort. Dans le cas où l'on n'aurait pas même de la chair d'animal mort,] on emploiera la violence [s'il le faut, c'est-à-dire si le fidèle en question refuse de céder quelque chose des nourritures ou des animaux dont il n'a pas présentement besoin. Et si, dans la lutte, le fidèle est tué, la loi absout le meurtrier; si le fidèle, au contraire, tue celui qui a usé de violence envers lui et qui était de condition libre, il est puni comme meurtrier].

§ 2. Des nourritures défendues, et des nourritures blâmables.

Sont défendus tous les aliments ou impurs ou souillés [soit solides, soit liquides].

La loi prohibe, à titre d'aliments défendus : — le porc [et le sanglier]; — le mulet; — le cheval; — l'âne domestique; l'âne sauvage réduit ou élevé en domesticité [mais non s'il a toujours vécu à l'état sauvage].

Il est blâmable de manger la chair — des bêtes féroces qui attaquent l'homme; — du lion; — de l'hyène; — du renard; — du loup; — du chat; — du chat sauvage; — de l'éléphant; — du chien-marin; — du porc-marin; [— du guépard; — du léopard; — du tigre; — de l'ours; — de l'ichneumon ou de la mangouste; — du chien].

Il est également blâmable, — de faire usage de boissons composées [c'est-à-dire préparées au moyen de plusieurs ingrédients fermentescibles, tels que le raisin sec, ou les dattes, ou le miel, du blé ou de l'orge, comme les boissons indiquées [dans le paragraphe précédent]; mais il n'y a pas de blâme à mettre du miel dans une boisson de dattes, ou de mettre des dattes dans une boisson de dattes ou dans du lait, car alors il n'y a pas de cause de vinification]; — de conserver les boissons [de dattes ou autres,] dans des citrouilles allongées, par exemple [ou dans des jarres vernissées où elles pourraient acquérir la propriété d'enivrer].

Mais est-il blâmable [en cas de besoin], ou bien est-il défendu de manger des ricinus, de la terre? Il y a sur cette question, ou de blâme ou de prohibition, deux dires ou avis différents exprimés par les juristes. [Les uns admettent la prohibition absolue pour les ricinus, parce que ces insectes parasites ne sont point des produits qui se forment nécessairement sur les troupeaux, mais des transformations d'autres êtres. Les autres assurent que l'usage des ricinus, comme aliment, est seulement blâmable. Quant à l'usage de la terre, les uns le regardent comme blâmable, les autres comme défendu.]

SECTION VI.

DE L'OBLATION SACRIFICATOIRE SIMPLE, OU *AD'H'ÎEH*.

-----

§ 1. Des animaux que l'on peut égorger en oblation simple. — Des circonstances et des défauts qui les excluent de l'oblation.

Il est d'obligation imitative pour tout musulman libre qui n'est pas en pèlerinage, en quelque pays qu'il se trouve, et quand même il serait à Mina, de faire [dans le jour de la fête des immolations, ou dans les jours fériés qui la suivent], selon que les ressources du fidèle le lui permettent, et fût-il même orphelin de père [et près d'atteindre l'âge de puberté], des oblations sacrificatoires simples [28] [pour lui-même, ou pour son père et sa mère pauvres, ou pour son enfant encore impubère ou en bas âge, ou pour un frère utérin, ou pour un oncle, ou pour un pupille, ou pour un interdit ou tout autre individu qu'il a en tutelle, mais non pour sa femme]. Les animaux [qu'il est d'obligation imitative d'immoler en oblations sacrificatoires] sont : —le mouton ou la brebis au delà d'un an accompli ; — la chèvre ou le bouc au delà d'un an accompli ; — la vache ou le bœuf au delà de trois ans accomplis ; — le chameau au delà de cinq ans accomplis. [Chacun de ces animaux, à partir de l'âge spécifié ici, a ses deux dents incisives émergeant de l'alvéole.]

La victime destinée à l'oblation sacrificatoire simple ne doit point appartenir en commun à plusieurs individus ; mais elle peut être offerte en oblation au nom de plusieurs, même au nom de plus de sept fidèles, pourvu que l'associé ou les associés au résultat méritoire habitent le même endroit que celui qui fait l'offrande, qu'ils soient de ses parents, et que, de plus, il les entretienne à ses frais, même bénévolement et sans y être obligé [ni par raison de parenté très-rapprochée, ni par décision ou par autorité de justice].

Il n'est point illégal, dans les oblations sacrificatoires simples, d'immoler :—un animal né sans cornes [quoiqu'il soit de l'espèce des bêtes à cornes];—un animal qui par excès de graisse ne peut se lever ou marcher;—un animal qui a une corne cassée, pourvu toutefois qu'il en soit guéri. [Ces circonstances ne diminuent en rien la quantité de chair de l'animal.]

La loi n'accepte pas l'oblation d'un animal — atteint d'une maladie évidente; — ou galeux; — ou atteint de dérangement intestinal; — ou privé de ses facultés instinctives; — ou débilité; — ou boiteux; — ou borgne; — ou anormal de conformation [c'est-à-dire ayant en plus ou en moins quelque organe extérieur, tel qu'un pied, une oreille, etc.], excepté cependant s'il lui manque les testicules [car l'absence de ces organes tourne à l'avantage de la chair de l'animal, et la rend meilleure et plus grasse]; — ou ayant, congénialement, les oreilles à peine développées; — ou né d'une mère sauvage [tel serait le produit de l'accouplement d'un bélier avec une gazelle; mais le produit d'une brebis et d'une gazelle mâle serait acceptable en oblation]; — ou né sans queue [s'il doit en avoir une]; — ou privé naturellement de la voix [non accidentellement, comme il arrive à la chamelle après quelques mois de gestation; elle ne fait plus entendre de cris, même sous le tranchant du couteau qui lui pénètre la chair]; — ou exhalant par la respiration une odeur fétide [à moins que ce ne soit une circonstance congéniale, comme cela arrive à certains chameaux]; — ou ayant les mamelles taries et flétries [et donnant du sang au lieu de lait]; — ou bien ayant une oreille fendue [de plus d'un tiers de la longueur]; — ou manquant de [deux ou plusieurs] dents [ou de toutes ses dents], à moins que l'animal ne soit encore en dentition, ou ne soit d'âge tel que les dents commencent à tomber ou soient perdues; — ou privé [par maladie ou par opération] d'un tiers de la longueur de la queue. [Il y a alors perte d'une certaine quantité d'os et de chair.] Mais l'animal qui [par maladie ou par opération] aurait

perdu le tiers de la longueur d'une oreille, serait acceptable [car alors il n'aurait de moins qu'une petite quantité de peau].

§ 2. Du moment où l'on doit faire l'oblation sacrificatoire simple.
— Qualités physiques des victimes. — Obligations relatives au
fidèle.

Ce n'est qu'à partir du moment où l'imâm [après la
prière et le prêche] a fait ses oblations sacrificatoires,
que les autres fidèles peuvent commencer à offrir les
leurs. Depuis ce moment, elles peuvent avoir lieu [à
quelque heure que ce soit, dans la journée seulement,
jusqu'au coucher du soleil,] pendant les trois jours
[des immolations à la Mekke].

Mais la loi veut-elle parler ici de l'imâm A'bbâcide
ou imâm souverain [et par droit divin, car le Prophète
a dit : « L'imâm ou chef de la religion sera du sang des
K'oraïchides »], ou bien ne veut-elle parler [bien entendu pour l'endroit où se trouve l'imâm souverain ou
chef suprême de l'islamisme] que de l'imâm ordinaire
qui préside à la prière [de la fête des sacrifices et aux
autres prières, et qui est le vicaire et représentant
nommé de l'imâm A'bbâcide]? A cet égard il y a deux
dires ou opinions. [Toutefois l'avis le plus généralement
admis est que l'on doit se guider sur l'imâm ordinaire,
lorsque l'imâm A'bbâcide n'offre pas d'oblations.]

On ne se règle et dirige sur le moment où l'imâm
fait son oblation que le premier jour [ou jour de la

fête]. Celui qui [ce jour-là seulement,] égorge sa victime ou ses victimes avant que l'imàm ait égorgé les
siennes, doit recommencer son oblation, — à moins
qu'il [ne soit dans un pays sans imâm officiel et qu'il
ne soit éloigné de tout imâm à une distance d'au moins
trois milles, et qu'il] fasse son oblation [par estimation approximative du moment voulu,] en se guidant
par à peu près sur l'imâm le plus voisin du pays; —
ou à moins que l'imâm [étant dans le pays où est
le fidèle] n'ait pas conduit ses victimes d'oblation au
lieu de la prière [afin de les égorger chez lui, et que
le fidèle alors, imitant en cela l'imâm, l'ait précédé
dans son oblation,] parce que cet imâm a différé, sans
motif, le moment de tuer ses victimes; — ou à moins
encore que, par un motif plausible [tel qu'une attaque
en temps de guerre], il ait remis à faire son oblation
jusque vers l'heure de midi. [Dans ces différents cas,
l'oblation faite par le fidèle, bien qu'elle ait précédé
celle de l'imâm, est normale et valable.]

D'après le principe fondamental de la loi, c'est pendant la durée de la journée que doivent avoir lieu les
oblations sacrificatoires simples [ainsi que les expiations sacrificatoires].

L'imâm conduira sa victime oblatoire vers le lieu de
la prière [et l'y égorgera]. La victime oblatoire de l'i-
mâm souverain doit être — de premier choix et de
première qualité, — exempte des moindres défauts
visibles, — sans trou aux oreilles, — sans entaille qui,
en avant ou en arrière des oreilles, les ait fait rabattre

dans l'une ou l'autre de ces deux directions, — riche d'embonpoint, — mâle, — ayant les cornes complètes, — ayant le pelage blanc [ou de couleur la plus rapprochée qu'on aura pu trouver de la couleur blanche], — ayant tous les organes mâles, à moins que l'animal le plus gros que l'on ait rencontré, soit castré ; et alors on a dû le préférer.

Pour les victimes oblatoires, la préférence à donner aux animaux sera selon l'ordre de préséance que voici : en premier rang, le mouton, ou la brebis, ou le bélier [comme ayant la chair la plus délicate et la plus saine] ; en second rang, la chèvre, ou le bouc ; mais au troisième rang faut-il placer le bœuf et la vache, ce qui semble être le plus rationnel, ou bien le chameau et la chamelle? Il y a sur cette question divergence d'avis. [Des légistes donnent la préférence à la chair bovine ; les autres à la chair chameline, et, de plus, le chameau, ajoutent-ils, a une quantité de chair plus considérable. Néanmoins la préférence est généralement accordée à l'espèce bovine. Du reste, dans chacune des quatre espèces d'animaux indiquées, comme chez toutes les autres, l'ordre particulier de préférence est : le mâle entier, le castré, la femelle.]

Le fidèle qui se propose de faire une oblation sacrificatoire, — s'abstiendra de se raser [ou tailler, ou faire tomber] un seul cheveu ou un seul poil, et aussi de se couper les ongles, dès que le 10 du mois de zil-h'eddjeh sera commencé [et même dès le 9 de ce mois, si le fidèle se propose de faire l'oblation le 10] ; — pré-

férera [comme plus méritoire] l'oblation à l'aumône
et à l'affranchissement d'esclaves [quand même l'un ou
l'autre de ces deux derniers actes serait plus dispen-
dieux]; — égorgera lui-même sa victime d'oblation.
[Cette dernière recommandation regarde même la
femme, même le jeune garçon; car on peut se faire conduire la main par un boucher. Le fidèle qui est inapte
à tuer sa victime se tiendra près de celui qu'il en aura
chargé.]

L'héritier doit faire l'oblation sacrificatoire qu'avait
résolu d'offrir le défunt dont il hérite [et les créanciers
du mort n'ont rien à arguer contre cette dépense].

Le fidèle qui a immolé une victime oblatoire, en
mangera, en donnera en aumône aux pauvres, en cadeau à ses amis, et tout cela selon son gré, sans pro-
portions relatives déterminées. (Nous avons déjà dit,
vol. Ier, page 274, et note 84, que le jour des oblations, le fidèle mange, avant toute autre nourriture, de
la chair de sa victime, et surtout du foie, etc.)

Le moment le plus méritoire pour faire l'oblation
est : — le jour de la grande fête [à partir de l'instant
où l'imâm a tué sa victime, jusqu'au coucher du soleil; — ensuite, le commencement du second jour,
depuis l'aurore jusque vers midi]. Mais relativement
à cette question-ci : Les oblations faites dans la matinée du troisième jour sont-elles plus méritoires aux
yeux de Dieu que les oblations faites dans la seconde
partie du second jour [depuis midi jusqu'au coucher du
soleil]? il y a dissentiment parmi les légistes modernes.

[Toutefois le plus grand nombre préfère, pour les oblations, la fin du second jour à la matinée du troisième
jour.]

On doit égorger le petit que la mère a mis bas au
moment où on allait la tuer. [Car il faisait partie inté-
grante de la victime destinée au sacrifice.] Mais le
petit qui est sorti du sein de sa mère après qu'elle a
été égorgée est considéré simplement comme une partie de la victime égorgée [et l'on suit la règle indiquée
précédemment] (section iv).

§ 3. Des choses blâmables pour le fidèle, relativement aux victimes des oblations simples.

Il est blâmable, — de tondre la laine ou la toison
des victimes destinées aux oblations sacrificatoires, s'il
ne reste pas assez de temps pour qu'elle renaisse [en-
tièrement, ou à peu près,] avant le jour du sacrifice,
à moins que le fidèle lorsqu'il a reçu ou acheté l'animal, n'ait pas eu l'intention ou la pensée de le faire
servir aux oblations; — de vendre la laine ou la toison des victimes destinées à l'oblation; — de boire du
lait de ces victimes. [Dans ces trois sortes de faits, le
fidèle est répréhensible parce qu'une fois que la victime est destinée au sacrifice, elle est consacrée tout
entière à Dieu.]

Il est blâmable de faire manger de la victime à un
infidèle. [Car l'oblation est une œuvre religieuse à laquelle il ne peut participer en rien.] Mais le musulman

est-il répréhensible d'envoyer à l'infidèle une part de la chair de la victime, ou bien de lui en faire manger, quand l'infidèle est dans la famille du musulman [ou est, par exemple, son hôte, ou son esclave, ou un nourrisson enfant d'un chrétien, ou d'un juif, ou d'un idolâtre]? Il y a diversité d'opinions sur ce point parmi les juristes modernes. [Les uns disent que le fait est blâmable, les autres sont d'un avis opposé.]

La loi blâme le fidèle : — d'acheter une victime à un prix plus élevé qu'elle ne vaut [et cela par esprit de vanité ; mais si l'intention est d'obtenir le mérite d'un meilleur sacrifice, le fait est louable ; — d'égorger, par esprit d'ostentation, un grand nombre de victimes] ; — de sacrifier des victimes en oblation, au nom d'un mort [qui n'avait exprimé ni volonté, ni intention à ce sujet] ; — de faire des oblations [que ne prescrit pas la loi,] telles que celles que les Arabes païens [avant l'islamisme] offraient dans le mois de redjeb [à leur dieu, ou à leurs idoles ; ils sacrifiaient alors un mouton d'un an, ou une brebis ; ils offraient encore le premier né de leurs chamelles et de leurs brebis, et ils en mangeaient et en donnaient à leurs amis] ; — de substituer à un animal qui allait être égorgé [et lors même qu'il n'aurait pas été destiné par avance à l'oblation], un autre animal de qualité et de valeur inférieure, et cela quand même le premier, qui allait être égorgé, se serait confondu et mêlé à d'autres [dans un troupeau étranger, par exemple, et se serait perdu dans la masse].

Lorsque les victimes d'oblation sont égorgées et sont

mêlées et confondues entre elles, il est permis à celui qui a fait une oblation, de prendre une victime quelle qu'elle soit, à la place de la sienne. Tel est l'avis d'un juriste [Ibn-A'bd-es-Sélâm] autre que les quatre principaux commentateurs du Moudaouéneh.

Le droit d'un remplaçant est légalement établi pour l'oblation sacrificatoire; et cette oblation n'est point invalidée, lorsque le fidèle transmet ce droit, en termes explicites, à un individu musulman qui même ne s'acquitterait pas de ses prières obligatoires, et qui sacrifierait en son propre nom. [Il suffit de dire à cet individu, « Je te charge de tuer en mon nom cet animal, » ou : « Égorge en mon nom cette victime. »] Le droit de substitution est encore légalement établi par l'habitude qu'a le fidèle de prendre pour remplaçant, par exemple, un parent; s'il ne prenait pas habituellement un parent, le remplacement, d'après certains juristes modernes, ne serait pas valable.

Si le fidèle qui égorge pour soi-même sa victime d'oblation simple se trompe [et tue la victime d'un autre fidèle], l'oblation n'est valide ni pour l'un ni pour l'autre fidèle.

§ 4. Des choses défendues au fidèle relativement aux oblations sacrificatoires simples. — La consécration des victimes en rend le sacrifice obligatoire. — Du partage des victimes à des héritiers.

Il est défendu, — de rien vendre [ou de la chair, ou de la peau, ou de la toison, ou de la laine] de l'ani-

mal sacrifié, lors même qu'il aurait été tué avant l'offrande de l'imâm, ou qu'il aurait subi quelque dété-
rioration ou quelque dommage dans le fait même de
l'immolation [c'est-à-dire lors même encore qu'il se
serait brisé un membre en se débattant quand il a été
tué, ou qu'il aurait été, par exemple, atteint accidentellement d'un coup de couteau dans l'œil], lors même
enfin qu'il aurait présenté quelque défectuosité avant
l'opération immolatoire, ou qu'il aurait eu quelque
défectuosité dont on ne se serait pas aperçu d'abord [et
qui fût de nature à le rendre inacceptable pour l'obla-
tion]; — ou de mettre l'animal à louage [avant le jour
et le moment du sacrifice; — ou de céder à louage la
peau de l'animal après l'oblation, etc.]; — ou d'échanger [quelque partie que ce soit de l'animal égorgé,
contre tout autre objet]. Mais il n'en est pas ainsi pour
celui qui a reçu en aumône [ou en présent, quelque
partie de la victime; il peut ou la vendre, ou la louer,
ou l'échanger contre quelque objet que ce soit].

Est illégal et entaché de nullité, le fait de vente, ou
de louage, ou d'échange [quand ce fait est conclu par celui qui a offert l'oblation]. De plus, le fidèle est obligé de
donner en aumônes l'équivalent de la valeur [de la vente,
ou du louage, ou de l'échange], dans le cas où cette
valeur n'est pas entre les mains de ce fidèle, et où un
autre individu a conclu l'affaire [c'est-à-dire la vente, ou
l'arrangement de louage, ou d'échange], avec l'autorisation de ce même fidèle, ou bien si [n'ayant pas l'autorisation susdite] cet individu a dépensé la valeur en

choses utiles à ce fidèle. [Il en sera encore ainsi quand le fidèle lui-même aura conclu la vente, ou l'échange, ou le louage ; mais si la valeur en nature est entre les mains du fidèle, c'est cette valeur qu'il donnera en aumônes.] Pareillement, le fidèle donnera en aumônes la valeur qu'il retirera [de celui qui lui aura vendu l'animal,] en dédommagement d'un défaut qui cependant n'empêche pas que l'animal ne puisse convenablement être sacrifié en oblation. [Tel serait l'animal qui aurait l'oreille trouée, ou renversée en avant ou en arrière].

Il est de devoir canonique, — de consacrer les victimes comme offrande à Dieu [en disant, « Je consacre à Dieu ces victimes oblatoires, » ou, « C'est à Dieu que j'offre en oblation cette victime »]; — ou bien de les dévouer simplement à l'oblation sanglante [en disant : « J'immole cette victime en oblation »]. Mais si quelque défectuosité grave vient atteindre l'animal avant qu'il soit consacré ou dévoué à l'oblation, il ne peut plus servir de victime; alors le fidèle en dispose à son gré [et offre une autre oblation. Si au contraire l'animal n'est atteint de défectuosité qu'après avoir été dévoué à l'oblation, il sera sacrifié].

Le fidèle disposera encore à son gré, de l'animal qu'il destinait à l'oblation et qu'il a cependant gardé, sans l'immoler, jusqu'à ce que fussent écoulés les jours de sacrifice; mais cette conduite est coupable.

Un des héritiers d'un mort devra [lorsqu'il en sera requis] faire [par la voie du sort] le partage de ce que le défunt avait destiné à l'oblation sacrificatoire, quand même l'immolation serait consommée. [On préfère le partage par la voie du sort, parce qu'il ne s'agit ici que de reconnaître simplement le droit de chaque héritier; le libre choix serait une forme d'acquisition.] On ne vendra point, pour acquitter les dettes du défunt, les victimes qu'il vient d'égorger ou de faire égorger avant de mourir. [Les créanciers n'ont rien à prétendre sur ces victimes.]

SECTION VII.

DE L'OBLATION POUR LES NAISSANCES, OU DE L'A′K′ÎK′A. — DE CERTAINES PRATIQUES BLÂMABLES.

D'après la règle religieuse, le fidèle doit tuer comme victime suffisante pour l'oblation, un seul animal [ou mouton, ou chèvre, ou bœuf, ou chameau], le septième jour de la naissance d'un enfant vivant [quel que soit le sexe], et pendant la durée de la journée [depuis l'aurore jusqu'au coucher du soleil]. On ne compte pas dans les sept jours le jour de la naissance, même si l'enfant est né peu après l'aurore. [L'animal pour l'oblation des naissances est fourni aux frais du père, ou aux frais de l'orphelin, si cela est possible sans nuire à ses intérêts, ou enfin aux frais du père esclave, mais seulement avec la permission de son maître. L'enfant doit avoir un nom avant le jour de l'octave de sa naissance.] [29]

Il est de devoir religieux aussi de donner en aumône aux pauvres un poids d'or ou d'argent égal au poids des cheveux du nouveau-né. [Cette aumône se fait le jour du sacrifice, ou octave de la naissance, et avant d'égorger l'animal destiné à l'oblation.]

Il est permis de briser les os de la victime [comme démenti donné à la croyance des Arabes antéislamiques, qui se contentaient de séparer les os en coupant seulement les articulations, et qui s'imaginaient que briser les os de la victime était un acte ominique sinistre pour l'avenir de l'enfant].

Il est blâmable — de manger la victime en un festin où l'on réunit de nombreux convives [car il y a en cela un orgueil ridicule; on doit se contenter de la manger en famille, ou avec quelques voisins, en donner en aumônes aux pauvres, en présent à quelques amis]; — de barbouiller la tête de l'enfant nouveau-né avec le sang de l'animal égorgé; car c'est imiter les anciens Arabes d'avant l'islamisme, qui même parfois rasaient la tête de l'enfant encore barbouillé du sang de la victime; — de circoncire ou exciser le nouveau-né, le jour de l'oblation [car c'est imiter alors les juifs. Du reste, on ne doit pas laisser passer l'âge de dix ans sans circoncire le garçon, et sans exciser la jeune fille. Quant à la circoncision ou à l'excision de l'hermaphrodite incertain, le mieux est d'attendre que les organes de l'un ou de l'autre sexe prennent leur prédominance, afin de pratiquer l'opération sur ceux qui auront acquis le plus de développement].

CHAPITRE II.

DES SERMENTS.

SECTION Ire.

Le serment est une déclaration qui établit comme
positif et comme obligatoire ce qui ne l'était pas. [Ainsi
celui qui par serment déclare qu'il ne parlera pas à
Zeïd, ou qu'il entrera aujourd'hui dans telle maison, a
énoncé deux faits qui obligent sa conscience, et les a
donnés comme positifs, sous peine d'être parjure.]

Le serment [n'engage la conscience et] n'a le caractère obligatoire que lorsque l'on prend à témoin, ou
le nom de Dieu, ou un des attributs de Dieu, par
exemple [lorsqu'on adjoint au serment une des formules
que voici]; Par Dieu! Oh, pour Dieu! Par la bénédiction de Dieu! Par l'essence de Dieu! Par le Fort! Par
sa Grandeur! Par sa Majesté! Par sa bienveillante
Bonté! Par les promesses éternelles de la Providence!
Par la Parole éternelle ou le Verbe! Par l'existence
éternelle du K'oran! Par la sainte Écriture!

Le fidèle qui déclare qu'en prononçant d'abord la formule « Par Dieu ! » il a voulu simplement signifier, « Je mets en Dieu ma confiance, » et qu'ensuite il s'est mis à prononcer les mots, « Je ferai telle chose, » sans vouloir leur donner le caractère de serment, ce fidèle est laissé à sa propre conscience [et est cru sur parole]; mais il n'en est plus ainsi lorsque l'individu exprime son dire avant la formule de serment [car alors il appuie ce dire sur le serment; comme dans ces mots, « Oui, par Dieu ! » ou « Non, par Dieu ! » ce qui équivaut, par exemple, à : « Je ferai, ou je ne ferai pas telle chose, je le jure par Dieu ! » Dans ce cas, si l'individu n'agit pas conformément à sa parole, il est passible de l'expiation du parjure].

Est encore obligé de satisfaire à son serment [sous peine de l'expiation du parjure], celui qui a juré en prononçant, par exemple, une des formules : — « Par la Force [de Dieu] ! — Par les promesses [éternelles de la Providence] ! — Par son pacte [le pacte de Dieu avec les fidèles croyants] ! — Par ce que m'impose le pacte du Seigneur ! » à moins que le fidèle [dans les trois premières de ces quatre formules] veuille indiquer [non l'essence et la volonté divine, mais] les manifestations matérielles et créées [que les hommes célèbrent dans l'univers; alors il n'y a pas de caractère de serment].

Le serment s'établit encore par l'énoncé de ces mots : — « Je jure, ou, je proteste que, ou, je certifie que, » avec l'intention implicite de dire : « Par Dieu ! » —

« Je suis décidé à..., » mais en ajoutant expressément :
« Par Dieu! » Quant à la valeur de « Je m'engage à... » [en
tant qu'expression qui formule une obligation comme
serment], il y a deux opinions contradictoires.

Le caractère de serment n'est point constitué par
ces mots : — « Tu as ma promesse ; — je te donne ma
parole.... — je m'engage envers toi, par Dieu! à....
— Dieu m'est témoin que ; — Dieu m'est garant que;
— par le Prophète ! — par la Ka'ba ! — par la créa-
tion [c'est-à-dire : par le ciel et la terre]! — par les
bienfaits et par les promesses de Dieu! [—par le Créa-
teur ! — par celui qui donne à tous ! — par celui qui
donne la vie et la mort!] — plutôt être juif [ou chrétien, ou apostat, ou idolâtre, ou antimusulman,] que
de faire ou dire telle chose ! » Enfin il n'y a pas de
serment à assurer une chose par ces mots, « Je mettrais ma main au feu, » si rien ne prouve et ne démontre
que ce que l'on veut certifier par ces paroles doit ou
a dû avoir lieu, car elles entraînent toujours avec elles
un doute, ou seulement une probabilité [non une cer-
titude]; on devra demander pardon à Dieu [lorsqu'on
aura prononcé le jurement: « Je mettrais ma main au
feu!... » ou bien « Plutôt être juif!... »]

Le fidèle qui jure par le dieu O'zza [ou par le dieu
Lât, divinités des Arabes antéislamiques], et qui, par
ce nom, a pensé indiquer quelque chose de grand, a
forfait à la foi islamique [et doit demander le pardon
de son crime, sinon il sera mis à mort; mais s'il n'a
voulu que prononcer une simple forme de jurement,

sans l'idée de divinité jadis adorée, il n'a fait qu'un péché. Faire serment par les anciens prophètes, les patriarches, le Messie, est aussi un crime].

Un jurement inconsidéré et portant sur une erreur involontaire relativement à un fait que l'on croit certain et qui ensuite est reconnu comme erroné et inexact, n'entraîne pas l'expiation. [Tel est le cas où un individu dirait, « Je vous jure que Zeîd n'est pas venu, » et où le contraire serait ensuite prouvé.] Le jurement par erreur ou persuasion fausse reste également nul, s'il a été fait sans prendre à témoin le nom de Dieu.

On n'encourt pas non plus d'expiation pour un serment accompagné du correctif conditionnel « s'il plaît à Dieu ! » pourvu que l'on ait réellement en vue l'application de ce correctif [à la promesse ou au jurement]. Il en est de même dans l'emploi de ce correctif, « A moins cependant que Dieu veuille, ou, décide, ou, en juge autrement; » tel est l'avis d'Ibn-Rouchd. Du reste, l'efficacité ou l'influence des termes de réticence ou des correctifs analogues à « à moins que » [tels que ceux-ci : « excepté, hormis, si toutefois, à condition que, etc. »] est la même dans tous les jurements ou serments, mais sous la quadruple condition, — 1° que le correctif ou le mot de la réticence soit immédiatement prononcé à la suite du serment, à moins qu'une circonstance incidente, imprévue et forcée [comme un éternument, un bâillement involontaire, une secousse ou une quinte de toux,] ne sépare ce correctif et le serment [ce qui, du reste, ne change rien à la valeur du serment indiqué ici ;] — 2° que l'on ait l'intention expresse d'appliquer le sens du correctif au jurement ; — 3° que ce correctif rentre réellement dans la forme du serment que l'on veut faire ; — 4° que ce correctif soit articulé dans le serment exprimé, fût-ce même à voix basse et insaisissable, mais prononcé avec mouvement de la langue. Toutefois, cette quatrième condition n'est point exigée pour le serment [avec restriction ou réserve implicite et mentale, c'est-à-dire pour le serment ou jurement] dans lequel le fidèle exclut tout d'abord de son serment [et aussitôt qu'il a l'intention ou le dessein de le formuler] une partie [de ce qu'il paraît, au premier moment, vouloir comprendre dans ce serment]; tel est le serment d'un individu qui tout d'abord pourrait penser à l'appliquer à sa femme : « Je jure de m'abstenir de ce dont il m'est permis d'user » [et qui, ayant dans sa pensée le correctif « excepté de ma femme, » ajoute aussitôt : « Certes, je ne parlerai pas à Zeîd. » Dans ce cas, cet individu n'a pas d'expiation à subir, bien qu'il ait parlé à Zeîd, et bien qu'il ne renonce pas à cohabiter avec sa femme. Car ce dernier serment d'abstinence a changé dans sa généralité absolue, et le but spécial de ne pas parler à Zeîd n'a pas besoin de la solennité de principe qui compose la première partie des paroles prononcées]. Cette forme de serment est de l'espèce des propositions générales qui ont pour but un fait exceptionnel. [Dans ces propositions, le fait général n'est indiqué que pour déterminer et signaler un fait spécial, comme dans ces mots :

« Toute l'assemblée se lève, excepté Zeîd. » L'exception ici appelle l'attention sur Zeîd en particulier.]

La loi condamne à l'expiation : — celui qui jure de se soumettre à une œuvre votive indéterminée [s'il fait ou ne fait pas telle chose, et qui la fait ou ne la fait pas; lorsqu'il dit, par exemple, « Si je fais telle chose, je jure d'accomplir comme vœu une œuvre ou une pratique de dévotion, » et qu'il fait cette chose; mais quand l'individu a déterminé son vœu, tel qu'une aumône, il sera obligé de le remplir et il ne subira pas l'expiation]; — celui qui promet de s'astreindre aux conséquences du serment ou bien de subir l'expiation du parjure [s'il fait telle chose et que, en effet, il la fasse, ou, s'il ne fait pas telle chose, et que, en effet, il ne la fasse pas; comme lorsqu'il dit, « Si je fais tel acte, que je sois soumis à expier un serment, » ou bien, « que je sois obligé de subir l'expiation du parjure »]; — celui qui engage sa conscience par le *serment simple* [précisé dans son fait et dans son temps d'exécution, et] sous une forme [affirmative ou négative] telle que : « Si je fais telle chose, » ou, « Je ne ferai pas telle chose, » [par exemple, lorsque l'on dit, « Si je fais telle chose aujourd'hui, je me soumets à l'expiation du serment, » ou bien, « Par Dieu, je ne ferai pas telle chose aujourd'hui; » quand on fait la chose indiquée, on doit se soumettre à l'expiation]; — celui qui engage sa conscience par le *serment impliquant le parjure,* et sous une formule telle que, « Je ferai telle chose, » ou bien, « Si je ne fais pas telle chose, » car l'individu reste toujours dans la condition de parjure, s'il n'a pas fixé d'époque pour l'accomplissement du serment. [Tel serait le cas où le fidèle aurait dit, « Par Dieu, je jure de manger de tel mets, » ou bien : « Si je ne mange pas de tel mets, je subirai l'expiation. » L'individu alors, s'il ne mange pas du mets indiqué, avant que ce mets n'existe plus, doit subir l'expiation, car il reste sous l'obligation d'un serment qu'il ne peut plus accomplir. Du reste, le serment appelé *serment simple* est celui qui n'oblige pas au fait exprimé ; il n'y a parjure que quand le fait juré est exécuté ; jusque-là le fidèle n'est nullement sous la nécessité d'agir. Le *serment impliquant le parjure* exige absolument que ce que jure le fidèle soit accompli tel que l'a énoncé le serment ; ce n'est qu'après cet accomplissement que la conscience du fidèle est libre ; dans le serment simple et précisé dans ses limites, elle n'est point engagée à l'avance.]

SECTION II.

DES EXPIATIONS POUR LES SERMENTS PARJURÉS OU INACCOMPLIS.

§ 1. De la nature des expiations. — Circonstances qui rendent une expiation insuffisante, ou qui la modifient.

L'expiation [des serments parjurés ou inaccomplis] consiste,

1°—A donner à dix pauvres ou indigents [musulmans et de condition libre], chacun un *moudd* [de nourritures telles que l'on en donne aux pauvres à la fête du *fit'r* ou cessation du jeûne de ramad'ân; ces dix moudd ne doivent point être distribués à plus ou moins de dix indigents]. Partout ailleurs qu'à Médine il convient d'augmenter de la moitié ou d'un tiers [selon les moyens du fidèle] cette aumône expiatoire. [Les Médinois sont exceptés de ce dernier devoir de convenance, à cause de leur peu d'aisance et de leur extrême sobriété.]

On peut donner [à chacun des dix pauvres] deux rit'l ou rot'l de pain [ce qui représente le moudd de grains, car le rot'l indiqué ici est celui de Bagdad et est un peu plus faible que celui d'Égypte. Il est méritoire de donner ce pain] avec quelque autre nourriture [telle que de la viande, ou du lait, ou des légumes, ou de l'huile, ou des légumes secs, bien que le principe textuel de la loi soit de donner le pain seul]; — on peut aussi servir ou donner à dix pauvres de quoi manger à satiété [aux deux repas d'un jour, dîner et souper, que ces pauvres mangent ensemble ou séparément, le même jour ou en deux jours différents, qu'ils mangent chacun plus ou moins d'un moudd, etc. mais il faut que ce soient les mêmes pauvres qui mangent les deux repas].

2° — Ou bien, à donner à dix pauvres, chacun un vêtement à chaque homme, un *taâb* ou sorte de *pallium* en forme de blouse, à chaque femme, une chemise et un *khimâr* [30], quand même ces sortes de vêtements seraient de qualité inférieure à celle des vêtements ordinaires et communs de la famille du fidèle [qui fait l'aumône

expiatoire]. Ces vêtements seront de même longueur e:
de même ampleur, soit qu'on les donne pour des enfants même encore à la mamelle, soit qu'on les donne
pour des adultes.

3° — Ou bien, a affranchir un esclave, de même
que dans le cas d'assimilation injurieuse. (Voy. vol. II,
chap. VII, sect. II, S 2.)

4° — Enfin, à jeûner trois jours [si l'on ne peut s'acquitter par un des trois moyens expiatoires précédents].

L'expiation est insuffisante et inadmissible, — lorsqu'elle a lieu par voie de mélange [par exemple, si le
fidèle donne de la nourriture à cinq pauvres, et des
vêtements à cinq autres; l'expiation doit être par voie
homogène]; — lorsque l'aumône a été répartie en
portions surabondantes, ou redoublées, à un nombre
de pauvres [moindre de dix; comme si l'on donnait
les moudd de nourritures ou grains, ou les dix vêtements, à cinq pauvres]; — lorsque l'aumône est en moins
à chaque indigent, comme si l'on donnait à vingt pauvres,
chacun un demi-moudd. L'expiation, d'abord incomplète
[soit relativement au nombre des pauvres, soit relativement à la quantité donnée à chacun d'eux], sera valable, si on la complète [en donnant à d'autres pauvres
jusqu'à concurrence de dix, ou en donnant à chacun
des dix, la quantité qu'il doit recevoir]. Mais, dans ce
cas, faut-il [pour que le complément par la quantité
soit bon et valable,] que le pauvre ait encore quelque
chose de ce qu'il a déjà reçu? Il y a sur cette question
deux dires contradictoires (*táouílán*).

[Dans le cas de répartition surabondante, ou redou-
blée, à moins de dix pauvres, et aussi dans le cas de répartition en portions moindres que ne le veut la loi, à
un nombre de pauvres au delà de dix,] le fidèle peut
retirer ce qu'il a donné en plus aux uns, ou en moins
aux autres, si toutefois ce fidèle leur a indiqué que
son aumône était une œuvre expiatoire [pour un serment inaccompli, et si ce qui a été distribué en aumône
est encore à la disposition et entre les mains des pauvres
qui l'ont reçu]; mais dans le second cas [c'est-à-dire
quand l'aumône expiatoire a été distribuée à plus de
dix pauvres], c'est par la voie du sort seulement que
le fidèle retirera la part de tel ou tel. [Car tous ces
pauvres ont un droit égal au partage de l'aumône.]

Il est permis de donner aux mêmes pauvres [à un
ou à plusieurs des mêmes pauvres qui ont déjà participé à une première aumône expiatoire] une part d'une
nouvelle aumône pour un autre serment inaccompli,
lorsque la première aumône a été distribuée avant que
ne fût due la seconde; sinon [c'est-à-dire si la première
aumône a été distribuée après que la seconde était déjà
due], la loi désapprouve la distribution de la seconde
à des pauvres qui ont déjà reçu la première, et cela
quand bien même les deux aumônes expiatoires [dif-
féreraient de motif et] seraient l'une pour un serment
inaccompli, l'autre pour une assimilation injurieuse. Il
n'est nullement contraire à la loi, d'acquitter l'expiation d'un serment, avant même que le fidèle soit devenu réellement coupable de parjure [excepté lorsqu'il

s'agit de répudiation, ou de l'affranchissement d'un es-
clave].

Pour tout serment inaccompli ou parjuré, l'expiation est imprescriptible, excepté pour le *serment simple*
que le fidèle malgré lui a été forcé d'enfreindre. [Ainsi
le fidèle qui a juré de ne pas aller au bain dans la
journée, et qui, par circonstance, a été obligé d'y aller,
n'a pas d'expiation à subir.]

Dans le cas où le fidèle a dit : « Que je sois condamné
à ce que l'on peut exiger de plus grave d'un homme
[si je ne rentre pas à la maison, » par exemple, et que
ce fidèle n'y rentre pas], il sera obligé [pourvu toutefois qu'il n'ait pas eu l'idée de telle ou telle satisfaction
expiatoire en particulier] à répudier *par trois* toutes
les femmes qu'il possédait au moment où il a prononcé
le serment, à affranchir tous les esclaves qu'il avait à
ce même moment, à donner en aumônes le tiers de ce
qu'il possédait en biens lors du serment [à moins qu'il
n'y ait eu des pertes, et alors on ne donne que le
tiers de ce qui reste], à aller à pied à la Mekke faire
[non pas un o'mra, mais] un pèlerinage, à se soumettre
à l'expiation légale pour un serment violé. Le fidèle qui
ajouterait à l'énoncé du serment précédent, « Et que
tous les serments retombent à ma charge, » [c'est-à-dire,
« ... et que j'encoure toutes les expiations de tous les
serments violés, si je ne rentre pas à la maison, » par
exemple,] serait obligé, en surplus, de jeûner une année entière; toutefois ce jeûne d'une année ne serait
obligatoire que si ce genre de serment était passé en

habitude dans le pays où réside le fidèle. Mais devrait-on encore se soumettre aux deux mois de jeûne que comporte l'expiation d'une assimilation injurieuse? Il y a sur ce point divergence d'opinions (*téreddoud*) parmi les juristes modernes.

Quant au serment par lequel un fidèle s'impose [en cas de violation] de s'abstenir, comme de choses défendues, des choses qui sont permises [telles que l'usage de telle nourriture, de tel vêtement, etc.], ce serment est inconsidéré et illusoire. excepté cependant lorsqu'il a trait à une femme légitime, non à une concubine. [Car il n'y a que la femme légitime que la loi divine ait permis à l'homme de replacer, s'il le veut, au nombre des choses dont il lui plaît de continuer, ou d'interrompre, ou de ne pas commencer l'usage, même après le mariage contracté. Le divorce et la répudiation sont les seules voies laissées à l'homme pour se rendre prohibée la femme qui lui était permise. Il peut affranchir, mais non répudier une concubine, puisqu'il n'y a pas d'union conjugale contractée. Relativement aux nourritures, vêtements, etc. Dieu seul établit que telle ou telle de ces choses est et doit être défendue ou permise. L'homme n'a pas le droit, même pour un moment, d'en placer aucune dans les prohibitions ou les non prohibitions.]

§ 2. Des cas d'expiations répétées.

L'expiation doit être répétée, — pour la violation d'un serment qui a été énoncé de manière que, d'après la pensée du fidèle, la violation se renouvelle [par exemple, lorsque le fidèle en jurant de ne pas parler à Zeïd, a eu la pensée que toutes les fois qu'il lui parlerait, le serment serait violé ; ou bien lorsque le fidèle ayant juré de ne pas parler à Zeïd pendant dix jours, lui a parlé plusieurs fois]; — ou pour un acte connu et fixé, tel que la prière ouitr que l'on a fait serment de ne pas omettre [à son heure légale, pendant un nombre de jours déterminé]; — ou pour un serment parjuré dont on s'est proposé d'expier la violation [en cas où elle aurait lieu] par tant d'expiations; — ou pour la violation d'un serment dans lequel on a dit [à une personne], «Non,» et [ensuite à une autre personne], «Non» [par exemple, quand un fidèle dit, «Non, par Dieu! je ne vendrai rien à Zeïd;» et qu'aussitôt se présente O'mar, à qui le fidèle dit, «Ni à toi non plus, par Dieu! je ne te vendrai rien;» ce fidèle, s'il vend néanmoins quelque chose à Zeïd et à O'mar, ou à l'un des deux seulement, doit se soumettre à deux expiations; mais si le fidèle a dit, en une seule phrase, et simplement par forme d'affirmation plus résolue, «Je ne vendrai rien, par Dieu! ni à Zeïd, ni à O'mar,» et que cependant il vende quelque chose à l'un d'eux, ou à tous les deux, il n'y a qu'une expiation à subir]; — ou pour la violation d'un serment dans lequel le fidèle avait juré d'accomplir certainement son serment [car alors une expiation est pour le serment violé, et l'autre est pour avoir juré que le serment ne serait pas violé]; — ou pour la violation d'un serment ainsi conçu, «Par le K'oran, et par la sainte écriture, et par le livre saint, je jure [de faire telle chose; » il y a alors trois expiations à subir, à moins que le fidèle n'ait voulu simplement que donner une expression plus affirmative]; — ou pour la violation d'un serment dont les termes indiquaient explicitement un certain nombre d'expiations [comme lorsque le fidèle a dit, « Si je fais telle chose, je m'engage à m'acquitter de trois expiations; » la violation du serment exige alors trois expiations]; — ou pour l'infraction du serment exprimé par [cette condition multiple], « Toutes les fois que, » ou, « aussi souvent que [je ferai telle chose, je me soumettrai à une expiation. » A chaque violation de cette sorte de serment, le fidèle devra s'acquitter d'une expiation].

Mais il n'y a plus lieu à répéter l'expiation, dans le cas où l'on a violé le serment dont la condition d'observation était établie — seulement sur *lorsque* [ou *quand*, ou *si*; il ne peut y avoir là qu'une seule violation et dès lors une seule expiation]; — ou sur les mots « Par Dieu! » prononcés d'abord une fois, puis répétés [pour le même fait, même en présence d'autres personnes; comme si le fidèle disait, « Par Dieu! je ne ferai pas telle chose, » et qu'il dît de nouveau dans une autre assemblée, « Par Dieu! je ne ferai pas telle chose; » le fidèle qui, malgré ces deux affirmations identiques, viole son serment, n'est tenu qu'à une expiation], eût-il même eu la pensée de s'engager à deux expiations;—ou sur les mots, « Je jure par le K'oran, et par le Pentateuque, et par l'Évangile [de faire telle chose; » la violation de ce serment, bien qu'appuyé sur trois bases de jurement, ne comporte qu'une expiation]; — ou sur [un énoncé en deux sortes de serment qui rentrent l'une dans l'autre, tel que], « Par Dieu! je ne parlerai pas à un tel demain, » et ensuite on ajoute: « Par Dieu non! je ne lui parlerai pas demain. » [Si le fidèle parle le lendemain à l'individu désigné, il n'y a à subir qu'une expiation. Mais le fidèle qui dirait, « Par Dieu! je ne parlerai pas à un tel demain, » et ensuite, « Je ne lui parlerai ni demain ni après-demain, » et qui parlerait le lendemain à l'individu en question, serait obligé de se soumettre à deux expiations; car la seconde partie du serment ne rentre pas tout entière dans la première.]

SECTION III.

DES CINQ CIRCONSTANCES RELATIVES AU CARACTÈRE ET AUX CONSÉQUENCES DU SERMENT.

1° L'INTENTION. C'est d'après l'intention seule que se spécifie [sous le rapport de la valeur légale et exécutive] ce à quoi oblige le serment, lorsque cette intention est en désaccord ou en opposition avec le sens apparent [et l'ensemble des mots exprimant l'énoncé du serment]. C'est encore d'après l'intention seule que se détermine et se précise ce à quoi oblige le serment, lorsqu'elle est exactement conforme au sens apparent des mots [qui composent l'énoncé du serment. L'intention ou spécialise, ou détermine la portée et la valeur de tous les serments], soit que l'on jure par le nom de Dieu [ou par un attribut divin], soit que le serment [s'il vient à être violé] entraine la répudiation [ou bien l'affranchissement d'un esclave désigné, etc.].

Ainsi, c'est d'après l'intention que se spécifierait ce à quoi obligerait le serment d'un fidèle qui aurait juré de ne pas contracter de nouveau mariage tant que sa femme actuelle vivrait [et qui aurait dit que, s'il con-tractait une autre alliance, la nouvelle femme se trou-vait répudiée à l'avance. L'intention de ce fidèle ferait loi, s'il avait ensuite répudié sa première femme et en avait pris une autre, et s'il déclarait que les mots, « Tant qu'elle vivrait, » n'avaient pour lui d'autre sens que celui-ci, « Tant que cette femme vivrait sous ma dépen-dance maritale, » sens que n'exclut pas d'ailleurs l'éten-due possible de l'expression employée pour l'énoncé du serment].

C'est encore d'après l'intention que l'on spécifie [et détermine ce à quoi oblige le serment], lorsqu'elle n'est pas d'accord avec le sens apparent de l'expression em-ployée, comme dans le cas où un fidèle ferait serment, — de ne pas manger de graisse, et aurait eu l'inten-tion de ne pas manger de la graisse de mouton seu-lement; — ou de ne pas parler à un tel individu [et aurait eu l'intention de ne pas parler à cet individu, seulement pendant un mois]; — ou de ne pas vendre [ou acheter] tel esclave, ou de ne pas le frapper, et aurait chargé un autre fidèle de vendre [ou d'acheter], ou de frapper l'esclave. [Il n'y a pas violation de serment, si le fidèle a eu l'intention de ne pas vendre, ou de ne pas acheter, ou de ne pas battre par lui-même, l'esclave.]

Toutefois, l'intention qui n'est pas d'accord avec le sens apparent [de l'énoncé verbal du serment] ne s'accepte plus [pour spécifier ce à quoi le serment oblige] dans les questions déférées aux tribunaux, avec preuves ou témoignages, et relatives à la répudiation, ou à l'affranchissement d'un esclave désigné, — ou relatives aux affaires judiciaires dans lesquelles on appelle le fidèle à jurer, pour la constatation de la vérité. [C'est alors l'énoncé du serment qui fait foi et qui établit le parjure si les paroles du fidèle sont en opposition ou en désaccord avec son intention. Tel serait le cas de celui qui, appelé à jurer relativement à un dépôt qu'il aurait reçu et qu'il aurait renié, le nierait encore avec serment, tout en voulant intentionnellement parler d'un dépôt récent et non de celui dont il est question.] On n'accepterait pas non plus [comme valable], même dans une simple consultation légale [et à plus forte raison devant les tribunaux], la déposition de celui qui déclarerait—avoir voulu parler d'une femme ou d'une concubine morte, lorsqu'il a dit à sa femme, « Je te répudie, » ou à sa concubine, « Je t'affranchis; » — ou avoir voulu mentir, lorsqu'il a dit: « Que ma femme me soit désormais défendue. »

2° LES CAUSES OCCASIONNELLES. C'est encore d'après les causes occasionnelles qui ont déterminé à faire un serment, que se spécifie ce à quoi est obligé le fidèle [lorsque ce fidèle n'a pas bien précisé son intention en

jurant, ou bien a oublié quelle elle était. Ainsi un individu à qui l'on assure que la viande de bœuf est nui-
sible, et qui fait serment de ne plus manger de viande,
ne violera pas son serment parce qu'il mangera de la
viande de mouton, ou de la volaille; car il est évident
que cet individu n'a voulu renoncer qu'à l'usage de la
viande de bœuf comme étant nuisible].

3° L'EXTENSION DE L'ACCEPTION NATURELLE DES TERMES.
L'extension naturelle du sens des termes [qui expriment
le but du serment] sert [à défaut des deux circonstances
précédentes] à spécifier et à préciser ce à quoi oblige
le serment. [Ainsi, dans un pays particulier où l'on ne
mangerait que du pain de blé, le fidèle qui jurerait de
ne pas manger de pain, terme dont l'acception dérivée
indique la nourriture que l'on prépare en pétrissant et
panifiant la farine, serait coupable de violation de serment s'il mangeait du pain d'orge.]

4° LA SIGNIFICATION ORIGINELLE DES TERMES. La signification fondamentale des mots consacrés dans la langue,
sert également [à défaut des autres circonstances pré-
cédentes] à déterminer et spécifier ce à quoi oblige
le serment prononcé. [Ainsi, dans un pays où le mot
dábbeh, bête, s'applique, d'après le sens consacré dans
la langue arabe, à tout animal marchant, si un individu
jure de ne pas monter de bête, il violera son serment
dès qu'il montera quelque animal que ce soit, fût-ce
même un crocodile.]

5° LA SIGNIFICATION LÉGALE DES MOTS. Enfin [à défaut
des quatre circonstances précédentes], on détermine et

précise la valeur du serment, d'après la signification légale et religieuse des mots employés [et lorsque le fidèle
est un homme instruit dans la science jurisprudentielle,
ou que le serment a trait à un fait qui entre dans le
domaine de la loi].

SECTION IV.

DE LA VIOLATION DU SERMENT.

——————

§ 1. Détails relatifs aux différents cas de violation de serment.

Le fidèle qui, n'ayant pas eu d'intention bien nettement précisée [en jurant, n'a pas fixé d'époque bien
exacte pour son serment, et] n'a été déterminé par
aucune cause occasionnelle, n'en a pas moins violé son
serment lorsqu'il a laissé passer le temps pendant lequel il pouvait faire ce qu'il avait juré, y eût-il eu impossibilité de s'acquitter du serment par cause d'un
empêchement légal, ou d'un vol [et y eût-il eu, ou non,
négligence à accomplir le fait juré, ce fait eût-il même
dû être accompli à époque fixe. Ainsi, il y a violation
de serment, — lorsque le fidèle qui a juré d'entrer en
copulation avec sa femme dans la nuit suivante, en
a été empêché par l'apparition subite des menstrues
de cette femme, — ou lorsque le fidèle qui a juré de
vendre, tel jour, sa concubine, a reconnu ce jour-là qu'il
l'a rendue enceinte, —ou lorsqu'ayant juré de tuer un
pigeon le lendemain, il n'a plus retrouvé ce pigeon,

qui lui a été volé pendant la nuit]. Mais il n'y a pas de violation de serment, lorsque le fidèle [par une cause en dehors de toute prévision humaine] n'a pu satisfaire à son serment, comme lorsqu'un pigeon que ce fidèle avait juré de tuer est mort [et qu'il n'y a eu ni retard, ni négligence à accomplir le serment au moment désigné].

Un fidèle viole son serment, —par la résolution qu'il prend ensuite, d'agir contrairement au sens du fait juré; —par oubli de satisfaire à ce qui a été juré, lorsque le serment a été sans restriction [c'est-à-dire lorsque l'on n'a pas posé comme réserve ces mots, « pourvu que je n'oublie pas; »—ou par erreur, comme lorsque l'individu qui a fait serment de ne pas entrer chez un tel, y entre cependant en croyant entrer chez un autre]; — par inobservance partielle du serment [par exemple, lorsque l'individu qui a juré de ne pas manger tel pain, en mange, ne fût-ce qu'une bouchée]; mais dans le *serment simple* il faut, pour qu'il y ait violation, que l'inobservance soit complète [et si, par exemple, le fidèle jure de manger tel pain, il faut que le pain soit mangé en entier, pour qu'il n'y ait pas violation;]— en buvant ou du *saouîk'*, sorte de bouillie très-légère, ou du lait, lorsque l'on a juré de ne rien manger [car boire un liquide nourrissant, c'est réellement manger, à moins que l'on n'ait voulu se priver que du manger proprement dit, non du boire]; boire de l'eau n'entraînerait pas alors de violation; de même, — manger avant le moment où va poindre l'aube, quand on a fait serment de ne pas prendre le repas de la nuit,—ou bien goûter [d'une nourriture, ou d'une boisson dont on a fait serment de s'abstenir, mais goûter] de manière à ce qu'il n'en arrive rien dans l'intérieur du corps [n'entraîne pas la violation de serment].

Celui-là est coupable de violation de serment,— qui ayant juré [par la répudiation, ou par l'affranchissement d'un esclave, ou par tout autre engagement précis,] qu'il n'a que telle somme à prêter à une personne qui lui en demande une plus considérable, trouve qu'il a plus que ce qu'il a énoncé; mais il n'y a plus . de violation s'il a moins que ce qu'il a indiqué [par exemple, on demande à un fidèle quinze dinâr à emprunter; le fidèle jure qu'il n'a que dix dînâr; s'il se trouve en avoir onze, il y a violation de serment; s'il n'en a que neuf, il n'y a pas de violation];—qui reste sur la monture ou dans le vêtement qu'il a juré, tout en y étant, de ne pas monter ou de ne pas garder sur lui; il n'y aurait pas de violation de serment si, ayant pénétré dans une maison, l'on jurait de ne pas y entrer [mais il n'en serait pas de même, si le serment était prononcé au moment où l'on entre, et que l'on pénétrât plus loin dans la maison]; — qui, ayant fait serment de ne pas monter la monture d'un individu, monte celle de l'esclave de cet individu [car ce dont se sert l'esclave appartient, ainsi que l'esclave, au patron; toutefois il n'y aurait pas de violation, si l'on avait eu réellement l'intention de se servir de la monture de l'esclave]; — qui administrerait en un seul coup [en .

réunissant un nombre suffisant de fouets] le nombre de coups qu'il aurait fait serment de donner à un esclave [par exemple, si l'on réunissait vingt fouets ensemble et que l'on en frappât un seul coup, afin de représenter en une seule fois vingt coups de fouet];—qui [ayant fait serment de ne manger ni viande, ni œufs, ni miel,] mangerait quelque espèce que ce soit de chair, ou d'œufs, ou de miel, comme de la chair ou des œufs de poisson [ou d'animaux amphibies, tels que tortues, crocodiles, ou de la boutargue, du caviar], ou du miel en rayons, ou toute espèce de miel [et tout objet renfermant du miel, tel que des caroubes, des raisins secs, etc. et tout mets préparé avec du —:-11; — qui [après avoir juré de ne pas manger de pain] mangerait des *ka'k* (petits gâteaux de pâte ferme et très-compacte), ou des *khachkinân* (petits gâteaux farcis au sucre), ou de l'*hérîceh* (bouillie préparée avec du blé cuit et de la viande écrasée ou hachée), ou des *it'rieh* (pâtes découpées, ou en fils, et cuites dans une sauce; aujourd'hui on les désigne sous le nom de *cha'rieh*, capillaires, ce qui rappelle le vermicelle); mais dans le serment inverse, il n'y a pas lieu à violation [c'est-à-dire que celui qui aurait juré de ne pas manger de ces divers mets ou gâteaux ne violerait point son serment en mangeant du pain].

Celui-là violerait aussi son serment, — qui [après avoir juré de ne pas manger de viande de menu bétail, ou de volaille de basse-cour,] mangerait du mouton, ou de la chèvre, ou du coq, ou de la poule; mais le fidèle

qui aurait juré de s'abstenir seulement de l'un de ces
animaux ne violerait point son serment en mangeant
de l'autre; — qui [ayant promis par serment de ne pas
manger de graisse] mangerait de la graisse à l'état d'assaisonnement confondu dans une bouillie de *saouík'* [à
moins que le fidèle ait voulu, par son serment, s'abstenir seulement de graisse isolée];— qui mange [après
avoir fait serment de s'en priver] du safran mêlé en
assaisonnement et même dissous dans un mets par la
coction; mais si, par exemple [ayant juré de s'abstenir de vinaigre,] on mange d'un mets préparé au vinaigre et cuit au feu actif, il n'y a plus de violation de
serment. Il en serait de même pour toute substance
qui, comme l'eau de rose, l'eau de fleurs d'oranger,
l'essence de bergamote, etc. se volatilise par l'action
du feu.

Tel fidèle est coupable de violation de serment —
si, après avoir juré à sa femme de ne pas l'embrasser,
il se laisse embrasser par elle [sur la bouche; un baiser ailleurs que sur la bouche n'entraînerait pas la violation du serment]; — ou si, après ce serment, « Par
Dieu! tu ne m'embrasseras pas » [ou « tu ne coucheras
pas avec moi »], il se laisse embrasser par elle [sur la
bouche ou ailleurs, à moins qu'il n'ait voulu parler que
du baiser sur la bouche; ou bien, s'il souffre que sa
femme se couche auprès de lui, qu'il ait ou non fait ré-
sistance];—s'il a laissé échapper un débiteur à qui il a
prononcé ce serment, « Je ne te quitte pas, et tu ne t'é-
loigneras pas de moi que tu ne m'aies payé ta dette; » le

serment est violé, quand même le fidèle n'a rien négligé
pour ne pas laisser échapper son débiteur, et même si
ce fidèle a chargé de recouvrer la dette un autre individu [dont il la recevra ensuite]; — si, ayant juré
de ne pas manger de viande, il mange de la graisse;
mais il ne viole pas son serment si, ayant juré de ne
pas manger de graisse, il mange de la viande [car la
graisse est produite par la viande, et non la viande par
la graisse].

Il y a violation de serment, à exclure [du but et du
sens de la parole jurée] les diverses dérivations [ou suites
médiates de ce qu'indique le sens général du serment,
lorsque celui qui jure emploie ou la particule *de* ou un
pronom démonstratif], comme dans cet énoncé : « Je
jure de ne point manger *de* ce régime de dattes, ou *ce*
régime de dattes. [Par les mots *de* ou *ce*, le fidèle s'engage, sous peine de violation de son serment, à ne *rien*
manger des dattes du régime indiqué, à quelque état
qu'elles soient, vertes, ou mûres, ou sèches, ou en pâte
confite.] Mais si l'on dit [en retranchant *de* et *ce*, « Je
jure de ne pas manger »] *le* régime de dattes, ou *un* régime de dattes, on ne viole pas le serment en mangeant de ces dattes [car on ne s'engage qu'à ne pas
manger les dattes présentes, à l'état où elles se trouvent au moment du serment. Il en serait de même
pour la circonstance de violation et pour celle de non
violation, s'il s'agissait de blé, de lait, etc. Alors le
fidèle devrait, d'après son serment, s'abstenir de farine,
de bouillie, de pain, de gâteaux, de beurre, de fro-

mage, de petit-lait. La particule *de* et le pronom démonstratif ont force d'indication pour tous les différents états ou secondaires, ou analogues, ou dérivés, que peut revêtir la substance première]. Mais [même en supprimant la particule *de* et le pronom démonstratif] il y a violation du serment, toutes les fois qu'il s'agit [d'une des cinq choses suivantes, et seulement de ces cinq choses, savoir :] — de vin préparé avec du raisin desséché [ou avec des dattes sèches], — ou de bouillon de viande, — ou de graisse de viande, — ou de pain de blé, — ou de jus de raisin frais, même non encore enivrant [et tout cela lorsque le fidèle a juré de s'abstenir ou de raisin sec, ou de blé, ou de raisin frais, ou de viande; car le bouillon et la graisse viennent de la- viande]. Enfin, il y a encore violation de serment [soit que l'on place ou non, dans l'énoncé, la particule *de*, ou le pronom démonstratif], lorsque [ayant juré de ne pas manger de son blé,] le fidèle profite ou use de ce qu'il peut obtenir ou se procurer avec ce blé [ou lorsqu'il emploie pour lui-même le prix de la vente de ce blé]; toutefois, il faut que l'intention ait été réellement [de s'abstenir, absolument parlant, et] selon le sens qu'entraîne la particule *de*, non par raison de la mauvaise qualité du blé. [Si le serment n'est fondé que sur cette dernière raison, le fidèle peut user de tout ce qu'il peut obtenir, ou préparer, ou se procurer avec son blé]. Il n'y a pas non plus possibilité de violation si le serment de s'abstenir a eu lieu pour un mets, par la raison que ce mets paraissait mal préparé [et qu'ensuite l'individu, l'ayant trouvé bon et bien, en ait mangé].

Un fidèle devient coupable de violation de serment dans les combinaisons des circonstances [semblables aux] suivantes : ainsi un fidèle a juré — de ne pas entrer auprès d'un individu dans une maison, et il trouve cet individu dans une maison de bains [ou dans un café, dans une boutique, etc.]; — de ne pas entrer auprès d'un individu dans la maison de cet individu, et le fidèle le trouve dans la maison du voisin [or cette circonstance entraîne violation du serment, parce qu'il y a des rapports et des droits réciproques de voisinage, et que dès lors la demeure d'un voisin est comme une dépendance de celle de l'autre voisin, au point de vue de ces droits et de ces rapports; il en serait de même si le fidèle voulait parler de sa propre maison, et qu'il allât chez son voisin et y trouvât l'individu qu'il a juré d'éviter]; — de ne pas entrer dans une maison quelconque [où il trouverait tel individu], et il le trouve dans une tente en étoffe de poils d'animaux [car la tente est une demeure; c'est la maison, soit chez les tribus nomades, soit chez les Arabes à demeure fixe, à moins que la tente ne soit qu'un abri momentané]; — de ne pas entrer auprès d'un individu dans une maison, et le fidèle entre, par exemple, malgré lui et pour un motif juste [et à plus forte raison s'il entre de gré et sans motif], auprès de l'individu, dans une demeure où celui-ci est en prison. Mais le fait ne serait plus le même [si l'on emprisonnait le fidèle avec l'individu en question, ou bien] si le fidèle se trouvait à prier à la mosquée avec l'individu [dont il a juré d'éviter la rencontre dans quelque demeure ou asile que ce soit; rien ne peut dispenser le fidèle de ses devoirs pieux, et dans la circonstance indiquée ici, il n'est pas coupable de violation de serment].

Tel fidèle a violé sa parole jurée, quand il a fait serment de ne pas entrer auprès d'un individu dans une maison appartenant à ce dernier, et que, y entrant, il y trouve l'individu mort. [Tant que le défunt n'est pas inhumé, il est dans une sorte de jouissance de sa propriété, car il a droit encore à certaines pratiques funéraires.] Mais il n'y a plus de violation de serment pour le fidèle auprès duquel entre l'individu qu'il a juré de ne pas aller voir dans une maison [quand même l'entrevue se prolongerait], à condition cependant que le fidèle n'ait pas le désir et l'intention de rester alors en compagnie avec l'individu.

La violation du serment est positive, — lorsqu'on ensevelit le corps de l'individu pour lequel on a juré de ne rien faire d'utile pendant sa vie [ou simplement de ne jamais rien faire d'utile; car le mort qui n'est pas enterré a encore droit à quelques devoirs de la part des vivants, et, à ce titre, il est encore en quelque sorte de ce monde; il en serait de même si l'on achetait pour le mort des objets d'ensevelissement; si, pendant la vie de l'individu, ou après sa mort, on défendait sa réputation attaquée, etc. non si l'on priait pour l'individu mort; car, dans ce dernier cas, il ne s'agit plus des choses de cette vie]; — lorsque, ayant juré de s'abstenir de toute nourriture appartenant à tel individu, on mange un aliment quelconque venant de ce qu'a laissé cet individu en mourant et avant que le partage de ce qui est laissé par le mort soit effectué entre les ayants droit; toutefois, la violation n'a lieu, dans ce cas, que si le défunt a fait quelque legs de ce qu'il possédait [et qu'il faille vendre quelque chose de ce qui est laissé en héritage pour satisfaire le légataire], ou si le défunt est endetté. [Car, tant que la vente n'est pas opérée pour payer les créanciers ou les légataires, les biens sont encore comme la propriété du mort. Dans le cas de vente en question, l'on suppose que la valeur du legs n'ait pas été nettement définie et qu'il faille vendre; mais si le legs est nettement défini par ces mots: le tiers, le quart, etc. ou, s'il s'agit d'un esclave désigné par son nom, le fait change complètement de nature.]

Le fidèle viole sa parole jurée, — lorsque, ayant juré de ne pas parler à un individu, il lui écrit [ou lui fait écrire] une lettre qui [par l'ordre ou l'assentiment du fidèle] arrive à la destination [soit que l'individu lise ou ne lise pas cette lettre];—ou bien lorsque le fidèle envoie pour parler à cet individu, quelqu'un qui lui parle en effet [ou entende ses paroles, à moins toutefois que le fidèle n'ait voulu dire, par son serment, qu'il jurait seulement de ne pas parler personnellement à l'individu.] Une lettre écrite [ainsi que nous venons de le dire] doit [par la volonté ou l'assentiment du fidèle]

arriver à l'individu, pour entraîner la violation du serment, lorsque le fidèle n'a point eu l'intention, de jurer par l'affranchissement d'un esclave [désigné par
son nom], ni par la répudiation. [Si, par intention for-
melle, le fidèle avait fait son serment sous peine de
répudier ou d'affranchir, dès qu'il aurait écrit, ou dicté,
ou fait écrire la lettre à l'individu auquel, d'après le
serment, il ne doit pas adresser la parole, la violation
du serment serait accomplie, que la lettre arrive ou
non à la destination. Cette violation n'a pas lieu si l'on
a envoyé quelqu'un parler à l'individu. La personne
envoyée n'est pas, ainsi qu'une lettre, considérée comme
une sorte d'allocution directe, comme un signe.] Tout
signe adressé à l'individu [susdit, quand ce signe est
compris,] entraîne la violation du serment. Il en est de
même de toute parole adressée [d'assez près] à l'individu, quand même il ne l'entend pas [parce qu'il est
sourd, ou parce qu'il dort, ou parce qu'il parle à une
autre personne. Si la parole est adressée de trop loin
pour que l'individu puisse l'entendre, le fidèle ne viole
pas son serment].

Il n'y a pas violation de la parole jurée,—si le fidèle
lit des yeux seulement [et sans rien articuler, sans re-
muer la langue,] une lettre qu'il avait juré de ne pas
lire [en tout ou en partie]; — si la lettre écrite à l'individu (et dans le cas de serment mentionné dans l'a-
linéa précédent) a été lue à cet individu, ou par cet
individu, sans l'assentiment ou le gré du fidèle qui l'a
écrite ; — si le fidèle qui a juré de ne pas parler à tel

individu, lui adresse le [signe du] salut de paix dans
la prière; — s'il reçoit une lettre de cet individu, et
même s'il la lit en en articulant les paroles; cette opinion est acceptée par El-Méouâz et approuvée par El-
Lakhmî [*ikhtâr*].

Celui-là est coupable de violation de serment, —
qui, ayant juré de ne pas parler à un individu, lui
adresse un salut, tout en croyant sincèrement l'adresser
à un autre [mais si le fidèle, pensant saluer ce premier
individu, s'aperçoit qu'il en a salué un autre, il n'a pas
violé son serment]; — ou qui, ayant juré de ne pas
parler à un individu, le salue dans un salut général fait
à plusieurs personnes réunies, à moins que [par la parole ou par l'intention] le fidèle n'exclue de ce salut
l'individu en question; — ou qui souffle cet individu
[parlant en public, ou lisant, ou même priant, bien que,
dans ce dernier cas, on soit obligé de souffler un mot
à celui dont la mémoire est en défaut;] — ou bien,
qui a juré à sa femme qu'elle ne sortirait de la maison
que quand il le permettrait, et dont la femme sort
après qu'il l'a permis, mais sans qu'elle sache avoir
la permission de sortir; — ou bien qui, ayant juré de
faire savoir quelque chose à un individu, soit par soi-
même, soit par un envoyé exprès, n'a pas rempli son
serment; mais le fidèle reste-t-il sous le poids de la
parole jurée, jusqu'à ce qu'il ait appris à l'individu la
chose indiquée, ou bien n'est-il délivré de son serment que lorsqu'il sait que l'individu a été informé ou
a reçu notion de la part d'un autre? Il y a sur ce point

deux avis contradictoires; — ou bien qui, ayant promis par serment à un magistrat ou officier de l'autorité, de l'informer de certaines choses qu'il verrait ou
découvrirait parmi les musulmans, n'en informerait pas
celui qui succéderait à ce magistrat ou à cet officier,
parce que les choses indiquées n'auraient été vues ou
découvertes qu'après l'investiture de ce dernier. [Mais
si le magistrat ou officier public meurt, le fidèle, en
aucun cas possible, n'est plus tenu à rien envers les
successeurs, ni envers qui que ce soit des héritiers, ou
parents, ou légataires du défunt. Il en est de même si
les choses en question étaient uniquement d'intérêt personnel pour l'individu remplacé.]

Il y a encore violation de serment dans les cas suivants [et leurs analogues, savoir :] — lorsque le fidèle
entre les mains duquel un vêtement a été mis en gage
répond à celui qui lui a demandé à en emprunter un,
« Je n'ai pas de vêtement [je te le jure par la répudiation, » ou, « par Dieu, » à moins que le fidèle n'ait voulu
dire, « Je n'ai pas d'autre vêtement que celui-là qui
m'a été remis en gage »]; — lorsque le fidèle, ayant
juré de ne pas prêter une chose, en fait un simple don
ou une aumône, et réciproquement [car prêter n'entraîne point l'idée d'utilité que l'on peut retirer d'un
don ou d'une aumône]; toutefois [dans le serment dont
il est question] l'intention est la règle du fait [et, si
le fidèle déclare qu'il a voulu limiter son serment à
ceci, « Je ne prêterai pas telle chose, mais je ne m'engage pas à ne pas en faire un don ou une aumône, »

ou bien à ceci, « Je ne donnerai la chose ni en don ni en aumône, mais je ne m'engage pas à ne pas la prêter, » on accepte la déclaration, et le fidèle n'a point violé son serment pour avoir, dans le premier cas, donné la chose en don ou en aumône, ni pour avoir, dans le second cas, prêté l'objet]; d'autre part [si le serment était seulement de ne pas faire don de l'objet, ou seulement de ne pas en faire l'aumône], l'intention du fidèle ne peut l'autoriser à donner en présent ce qu'il a juré de donner en aumône, et réciproquement; — lorsque le fidèle reste, ne fût-ce qu'une nuit, dans une maison où il était au moment où il a juré de n'y pas séjourner. [Il doit en sortir le plus prochainement possible et n'y pas passer une nuit, à moins qu'il n'ait eu l'intention de demeurer jusqu'au matin, ou qu'il y ait danger ou inconvénient d'en sortir pendant la nuit.] Mais si le fidèle a juré simplement de quitter la maison, il peut y rester la nuit [à moins qu'il n'ait fixé pour plus tôt le moment de son départ; en tout cas, il ne doit pas se mettre en cohabitation avec sa femme avant d'être parti, et, s'il revient à cette maison, il est parjure]. Il n'y a plus violation de serment si ensuite l'individu envoie ou met des objets en dépôt, ou en magasin, dans cette maison. [Il y a violation, si les objets étaient primitivement dans la maison et y sont restés après le départ de l'individu.]

Le serment n'est pas violé, si [après que le fidèle a juré de ne pas habiter ou rester avec un tel dans une même demeure,] l'un d'eux ou tous les deux quittent la maison où ils sont, ou bien s'isolent l'un de l'autre, dans cette même maison, ne fût-ce que par une cloison en branches de dattier. Mais le serment est violé quand le fidèle [qui a juré de ne pas rester avec un tel dans une même demeure,] va rendre visite à l'individu et quand le fidèle a voulu, dans son intention, seulement ne pas demeurer avec l'individu, et non se priver d'aller voir la famille de cet individu [car si l'intention, en jurant, avait été seulement de ne pas aller voir la famille, le fidèle ne violerait pas son serment en rendant visite à l'individu], pourvu, cependant, que le fidèle ne reste pas [dans sa visite] une trop grande partie du jour dans cette famille et, de plus, qu'il ne passe pas la nuit dans la maison sans y être obligé par un motif de maladie.

Un fidèle viole son serment, — si, après avoir juré de faire un voyage, il ne s'éloigne pas à une distance [au moins de quatre bérid, ce qui est le minimum de la distance] légale [pour constituer un voyage], et s'il ne se tient pas à cette distance [soit en voyageant, soit en restant stationnaire], la moitié d'un mois, et mieux encore un mois entier; — de même, si après avoir juré de quitter un endroit [ou village ou ville, etc.], il ne s'en éloigne pas à une distance légale [et ne s'en tient pas éloigné au moins à cette distance, la durée d'un demi-mois, et mieux encore un mois entier].

Quant à celui qui a juré de ne pas séjourner [ou rester dans telle maison], et qui en est parti [avec ses gens], il est coupable de violation de serment, s'il a laissé dans la maison ses hardes et ses effets, non s'il n'y a laissé qu'un clou [ou des objets de valeur insignifiante]; mais le fidèle est-il coupable, si réellement il a eu l'intention de revenir à la maison après l'avoir quittée? Sur cette question il y a diversité d'opinions parmi les juristes modernes. [Le fidèle n'est pas parjure s'il a eu l'intention de revenir.]

Le serment est violé par le fidèle [qui a juré de solder un payement à échéance fixe], — lorsque le créancier revendique une partie de sa créance sur ce fidèle [qui a payé sa dette, au temps promis, il est vrai, mais en a remis une partie, et, à plus forte raison, s'il a remis le tout à un autre que celui auquel il devait le remettre en entier]; — ou lorsque celui auquel une dette a été payée [à l'époque convenue] réclame, après le temps de l'échéance, pour un vice dans quelque pièce d'argent qu'il a reçue [l'eût-il reçue même avant l'échéance indiquée]; — ou bien lorsque le fidèle [qui a juré de solder un payement à échéance fixe] vend à la personne des objets ou marchandises, que cette vente est entachée de nullité, que les objets vendus sont livrés à la personne avant l'échéance de la dette, et que la valeur de la vente n'acquitte pas entièrement le dû; il en serait encore ainsi, d'après l'opinion d'El-Lakhmî, quand même les objets vendus ne seraient pas livrés avant l'échéance; — ou lorsqu'à ce fidèle [qui a juré de payer à échéance fixe,] la personne a fait cadeau [ou a fait la remise ou l'aumône] de la valeur due; — ou lorsque [dans le cas de serment indiqué,] un propre

parent du fidèle [absent ou non absent] a payé au nom
et même avec des valeurs de ce fidèle [mais sans autorisation spéciale]; — ou lors même que le fidèle pro-
duirait des preuves qu'il a payé sa dette. [Car c'est à la
personne même ou à son représentant fondé de pouvoir que doit être fait le payement.] Dans tous ces différents cas précités, le fidèle se mettrait à l'abri de
toute violation de serment, — si, de sa propre main
[ou par autorisation ou par procuration expresse de sa
part], il payait [ou faisait payer, ou acquittait, de quelque manière que ce soit, ou faisait acquitter] son dû
avant l'échéance fixée, et qu'ensuite il reprît ou reçût
de la personne, la valeur donnée en payement; — si
ce fidèle [à l'époque de l'échéance] était atteint de folie [ou de déraison, ou d'ivresse par l'effet de substances permises, ou s'il était fait prisonnier, ou s'il
était incarcéré], et que le chef du gouvernement ou son
représentant [tel que le k'âd'i, le ouali ou chef de la
localité revêtu du pouvoir au nom du souverain,] ac-
quittât la dette avant l'échéance [soit avec des valeurs
à lui appartenant, soit avec des valeurs appartenant au
fidèle même]. Mais si alors le chef du gouvernement
ou de l'autorité publique du pays n'acquittait le dû en
question qu'après l'échéance [et non avant], le fidèle
serait-il coupable ou non de violation de serment? Il y
a sur cette question deux avis contradictoires.

La violation du serment, « Je jure de te payer ce
que je te dois, demain vendredi [ou vendredi jour de
demain], » est positive, si demain n'est pas vendredi

[mais bien jeudi], et si le débiteur ne s'acquitte pas de sa dette le lendemain. [Car ici le but n'est pas la désignation du temps, mais bien l'acquittement immédiat de la dette, à moins cependant que l'intention réelle ait été de nommer le jour lui-même.] Mais il n'y a pas violation [du serment dont il s'agit], — si le fidèle s'acquitte de sa dette avant le lendemain; la violation serait au contraire positive, si le fidèle avait juré de manger demain telle espèce de mets [et qu'il en mangeât aujourd'hui; car manger est un fait de chaque jour, et payer une dette est un devoir dont il faut s'acquitter le plus tôt possible]; — si le fidèle [qui a juré de payer un dû à échéance fixée] vend à son créancier [avant le terme de l'échéance] des marchandises égales en valeur à la dette. [Sans cette égalité réelle de valeur, on ne satisferait pas au serment.]

§ 2. De l'acquittement du serment, par le moyen d'un intermédiaire, en cas de dettes à échéances fixes. — Autres exemples de violation de serments. — Durée obligatoire de certains serments à époque prolongée.

Le fidèle est parfaitement dégagé de son serment, si, lorsque le créancier [à qui il a juré de payer à telle époque fixe] est absent [ou se trouve en un lieu inconnu du fidèle], le fidèle fait le payement à un mandataire *ad hoc*, ou à un représentant revêtu des pouvoirs du créancier. Mais [à défaut de ce mandataire spécial ou du fondé de pouvoir] le fidèle peut-il [pour

acquitter son dû et se décharger de son serment] payer
à l'officier de l'autorité publique chargé de recueillir
les revenus de la localité, ou bien ne peut-il payer à
cet officier qu'en cas d'impossibilité de payer au chef
du pouvoir, ou bien est-ce au chef du pouvoir que,
d'après la majorité des avis, le fidèle doit de préférence
payer sa dette? Il y a sur ces questions deux avis différents, exprimés par les commentateurs du **Moudaoué-**
neh. [Autant que possible, c'est au chef suprême ou à
l'autorité publique qu'il paraît préférable de payer.]

Un débiteur [qui aura juré de payer son créancier à
une échéance fixée] sera quitte de sa dette, si [en l'absence du créancier et dans la crainte que ce dernier
ne soit pas présent à l'époque déterminée, époque après
laquelle le serment serait violé,] ce débiteur remet la
valeur de la dette au gouvernant [ou représentant de
l'autorité, ouali ou k'âd'i], et si le débiteur est sûr de
n'avoir point à se défier de la mauvaise foi et de l'im-
probité du gouvernant [ou du représentant de l'auto-
rité]; ce débiteur, s'il avait eu des preuves [de la mauvaise foi du dépositaire indiqué], serait acquitté de son
serment [mais non de sa dette; il aurait dû alors en
remettre la valeur ou à un fondé de pouvoir du créancier, ou à l'officier de l'autorité publique chargé de recueillir les revenus de la localité]. De même le débiteur
susdit s'affranchira de son serment, si [en l'absence du
créancier et du gouvernant ou du représentant de l'autorité, ou d'un gouvernant ou représentant probe, ou
d'un fondé de pouvoir du créancier, etc.] il rassemble

un nombre convenable de musulmans et prouve, en les prenant à témoin, qu'il a entre les mains de quoi s'acquitter de sa dette [mais que, ne pouvant ni la livrer ni en expédier la valeur au créancier absent, il la garde en réserve pour le moment où ce créancier paraîtra, ou fera connaître le lieu où il se trouvera].

Le débiteur qui, par serment, s'est engagé à payer sa dette au premier du mois, ou au commencement du mois, ou à la nouvelle lune, a toujours un délai d'une nuit et d'une journée [c'est-à-dire un délai de vingt-quatre heures, dans le mois indiqué ; dépasser le premier de ce mois sans payer entraîne la violation du serment] ; cependant si l'échéance est fixée ainsi, « Au mois de ramad'ân, » ou, « à la lune de ramad'ân, » c'est le dernier jour du mois de cha'bân [qui le précède immédiatement] que doit s'opérer le payement [et cela sous peine de parjure].

Il y a violation de serment, — lorsque le fidèle qui a juré de ne pas se vêtir de tel vêtement, le transforme, par exemple, en pallium extérieur [ou s'en couvre les épaules seulement, ou en fait un caleçon, un izâr, etc.], ou s'en prépare un turban, à moins cependant que l'intention du fidèle n'ait été qu'une inspiration de répugnance à vêtir le vêtement comme étant trop étroit et incommode. Il n'y aura pas de violation de serment, si ce vêtement [quoique laissé dans sa forme première] est employé par le fidèle pour s'en cacher les parties génitales et honteuses [mais sans s'en envelopper].

Le serment est violé, — lorsque le fidèle qui a juré

de ne pas entrer par telle porte [dans une maison],
entre plus tard par une autre porte qui a remplacé la
première [que l'on a condamnée ou murée]; mais le
serment ne serait pas violé, si le fidèle n'avait juré de
ne pas passer par la première porte indiquée, que parce
qu'elle était trop petite [ou impraticable, etc.]; — lorsque le fidèle qui a juré de ne pas entrer chez un individu, monte [ou seulement passe] sur le haut [c'est-à-
dire sur la plate-forme, la toiture] de la maison de cet
individu, ou bien entre dans une maison que celui-ci
a louée [car louer, c'est prendre la jouissance d'une propriété, et la maison louée est une demeure au nom du
locataire]; — lorsque le fidèle a juré de ne jamais manger de nourriture appartenant à un individu, et que
l'enfant [ou l'esclave] du fidèle reçoit, chez l'individu,
quelque peu d'une nourriture quelconque [que l'enfant
ou l'esclave emporte et] dont mange le fidèle, même
sans savoir [d'où elle vient]. Toutefois [pour que la
violation soit réelle] il faut que l'enfant soit nourri aux
frais de son père.

Il y a violation de serment, — si jamais le fidèle qui
a juré de ne pas parler à un individu dans le cours des
jours ou des mois [ou des années], vient à parler à
cet individu; — si celui qui a juré d'être des jours [ou
des mois, ou des années], sans parler à un tel, lui parle
avant trois jours [ou trois mois, ou trois ans]; mais cette
durée de trois jours seulement est-elle aussi la limite
extrême pour qui a juré de fuir la rencontre d'un tel,
ou bien cette durée doit-elle être portée à un mois?

Là-dessus, il y a deux dires contradictoires. Le serment est encore violé, si celui qui a juré de ne pas parler à un individu avant longtemps ou de longtemps, ou une bonne durée de temps, ou d'ici à bien longtemps, lui parle avant une année écoulée [à dater du jour du serment].

§ 3. Violations de serments plus spécialement relatifs aux affaires
et aux intérêts de la vie civile.

Un fidèle viole son serment, — lorsque, ayant juré de se marier, il épouse une femme avec laquelle il lui est interdit de cohabiter [par exemple, une femme qui n'a pas attendu le délai établi pour pouvoir convoler à de nouvelles noces, etc.]; — ou lorsqu'il épouse une femme qu'il n'est pas convenable pour lui d'épouser [telle qu'une chrétienne, ou une juive, ou une femme de condition trop basse]; — lorsque, ayant juré de ne pas cautionner [pour un achat ou un emprunt, etc. opéré par quelqu'un], il se donne comme répondant figuré [c'est-à-dire, en paroles seulement; la plus simple apparence de fait contraire au sens positif du serment établit une violation]; or, la violation aura lieu [dans le cas ici indiqué], si le fidèle ne pose pas comme condition explicite qu'il ne s'engage pas comme fidéjusseur; — lorsque, ayant juré de ne pas se porter garant pour un individu [dans un achat, un emprunt, etc.], il cautionne [pour cet achat ou cet emprunt, etc.] le chargé d'affaires de cet individu; mais, pour la réalité de la violation, il faut que ce chargé d'affaires soit *du côté* des intérêts de l'individu [c'est-à-dire, soit son parent, ou son ami dévoué]; mais n'y a-t-il violation que si le fidèle sait que ce chargé d'affaires est *du côté* des intérêts de l'individu [ce qui suppose que le fidèle a pu savoir que ce tiers était le représentant de l'individu pour le fait en question], ou bien, y a-t-il violation dans tous les cas [soit que le fidèle sache ou ne sache pas que le susdit chargé d'affaires est favorable aux intérêts de l'individu]? Il y a deux opinions explicatives [*tâouîlân*] sur ce point [et chacune soutient une des deux faces de cette question disjonctive].

Se rend coupable de violation, — celui qui, ayant fait serment de garder scrupuleusement un secret que lui a confié un individu, dit à un autre qui lui en parle: « Je ne pense pas qu'un tel ait parlé de cela à d'autres que moi; » — celui qui, après avoir fini d'annoncer à sa femme qu'il jure de la répudier s'il lui parle avant qu'elle ait fait telle ou telle chose, dirait aussitôt à cette femme, « Va-t-en ! » — celui qui, jurant à un individu de ne pas lui parler avant que celui-ci ne lui adresse le premier la parole, considère cette réponse de l'individu , « Je ne m'occuperai certainement pas de toi, » comme une nouvelle parole [qui le relève, lui qui a juré, du serment prononcé]; — celui qui, après avoir juré de ne rabattre absolument rien du prix d'une vente, résilie le marché avant d'avoir rien reçu de l'acheteur [car le serment n'a pas eu lieu après que le prix a été offert]; le fidèle n'aurait pas violé son serment,

s'il avait accordé à l'acheteur un délai fixé [car ce délai ne peut être considéré comme une concession qui
rabatte rien du prix de vente ; ce n'est qu'une concession de bienveillance]; de même il n'y a pas de violation de serment dans le cas où un individu jure à sa
femme qu'elle a pris une somme enfouie par lui, somme
qu'il ne retrouve pas d'abord [dans le lieu où il croit
l'avoir cachée], mais qu'il retrouve ensuite dans le véritable endroit où il l'a enfouie [ou même dans un autre
endroit].

Il y a violation de serment, — lorsque le mari, qui
a juré à sa femme qu'elle ne sortirait pas de la maison
sans permission explicite, la laisse sciemment sortir
[sans cette permission précise]; non lorsque le mari
consent à laisser sortir cette femme pour une chose
spéciale [par exemple, pour aller visiter une personne
malade], et que cette femme, à l'insu de son mari,
ajoute à cela une autre chose [c'est-à-dire, une autre
visite; mais si le mari a su que sa femme devait faire
cette autre visite, il devient coupable de violation de
serment; car alors savoir, c'est consentir]; — lorsque
celui qui a dit, « Je jure de ne pas habiter dans *cette*
maison-là, » ou, « dans *cette* maison d'un tel, » vient s'é-
tablir dans cette même maison devenue la propriété
d'un autre propriétaire, et cela quand l'individu, en
prononçant son serment, n'a pas voulu dire dans son
intention : « Tant que cette maison-là sera la propriété
d'un tel. » [Ce qui entraîne la violation du serment,
c'est la force du démonstratif *cette*.] La conséquence

du serment ne serait plus la même si le fidèle avait
dit : « La maison d'un tel. » Également il n'y aurait plus
de violation de serment, si la maison venait à être rui-
née ou abattue, de manière à permettre au public d'y
passer comme en un chemin [et à ne plus être une
demeure, et si le fidèle entrait dans ces ruines], pourvu
toutefois que ce fidèle n'ait figuré pour rien dans aucun ordre qui aurait enjoint de détruire la maison.

Enfin celui-là viole sa parole jurée, qui, ayant fait
serment de ne pas vendre lui-même, ou au nom d'un
tel, des marchandises à un individu, vend [ou en son
propre nom, ou comme courtier,] des marchandises à
un chargé d'affaires de cet individu et pour cet individu dont ce chargé d'affaires représente les intérêts;
la violation du serment a lieu, lors même que le vendeur, au moment de la vente, a dit à l'acheteur, « J'ai
juré de ne rien vendre à un tel [et peut-être es-tu
chargé de faire cet achat pour lui], » que l'acquéreur
a répondu, « Cet achat est pour moi [non pour un tel]; »
et qu'il a été reconnu ensuite que l'achat avait été
fait pour l'individu premier [non pour l'acheteur di-
rect]. La vente demeure néanmoins valide et obligatoire.

Le fidèle qui a juré de payer un dû à une époque
fixe est dégagé de son serment, si le créancier reporte
l'échéance à un autre terme assez éloigné, et si l'héritier principal, ou la réunion des héritiers [de ce créancier qui vient de mourir sans avoir fixé le délai] proroge au débiteur le terme de l'échéance de la dette;

mais l'individu ne serait pas ainsi relevé d'un serment par lequel il aurait juré de ne pas entrer dans telle maison [sans la permission de telle personne, quand même il obtiendrait cette permission de l'héritier; car on n'hérite pas d'une permission; toutefois, dans cette dernière circonstance, des juristes absolvent de l'expiation du serment, et disent que le droit de permission passe à l'héritier].

Le fidèle précité est dégagé du même serment [que nous avons indiqué], — lorsque le tuteur testamentaire [après la mort du créancier qui n'a pas désigné l'époque du payement, et qui a laissé des héritiers en âge de minorité,] proroge l'échéance susdite, mais à condition que cette prorogation ait un but d'utilité en faveur des héritiers [condition néanmoins qui n'est pas absolument nécessaire], et que l'héritage ne soit pas grevé de dettes [dont la valeur soit très-considérable, et dont, par conséquent, l'acquittement absorbe la totalité ou la presque totalité de l'héritage]; — lorsque [dans le cas où le susdit créancier est mort sans avoir fixé au fidèle le délai demandé] ce fidèle obtient des créanciers de l'individu mort obéré de dettes une prorogation de temps pour payer, sous la condition toutefois que les créanciers déchargent le défunt [par rapport à la dette du fidèle, en se constituant ses représentants pour recevoir cette dette].

Si un fidèle — avait juré de se mettre en cohabitation maritale avec sa femme, et qu'il s'y mît au moment des menstrues, — ou avait dit à sa femme, « Je

jure que tu mangeras ce morceau de viande, » qu'ensuite
un chat vint à dérober cette viande, et que la femme
tuât et éventrât le chat [lui enlevât du corps le morceau
de viande non encore altérée] et la mangeât, ou que
cette femme ne mangeât cette viande que déjà gâtée
[mais non dérobée par le chat], — dans ces deux sortes
de cas, il y a, d'après El-Mâzerî, deux opinions contradictoires sur la question de savoir si le fidèle a eu raison de satisfaire à son *serment simple,* ou bien s'il l'a
violé? [Car, d'un côté, c'est-à-dire par rapport au sens
des paroles énoncées, le fidèle a accompli ou vu accomplir le serment qu'il a fait, et, de l'autre côté, c'est-
à-dire du point de vue légal, il y a culpabilité par
infraction de la loi.] Du reste, il n'y a plus de désaccord dans les opinions [relativement à la seconde
partie de la seconde circonstance, c'est-à-dire,] si la
femme attend que la viande soit gâtée [le serment
alors est violé].

Enfin il y a violation de serment, lorsqu'un fidèle
déclare à sa femme [et lui jure par la répudiation]
qu'elle ne portera pas les deux vêtements tel et tel,
mais sans vouloir dire, « les deux vêtements ensemble, »
et qu'il donne un des deux vêtements à cette femme
qui alors s'en revêt. Ce point de violation a été le sujet
de controverses [appuyées sur ceci : l'intention n'est
pas que la femme revête les deux vêtements, et, dès
lors, il n'y a pas de violation].

SECTION V.

---

§ 1. Du vœu en général, et des obligations qu'il entraine.

Le vœu est un engagement obligatoire auquel ne peut s'astreindre que le musulman [homme ou femme] pubère et jouissant de sa raison. Le vœu est obligatoire lors même qu'il a été prononcé dans un moment de colère, et malgré toute restriction et toute réserve exprimée, par exemple si le fidèle disait : « Je promets à Dieu, » ou, « Je fais vœu d'immoler un sacrifice, à moins cependant que je croie plus convenable de ne pas le faire, » ou, « pourvu cependant que je trouve la chose utile pour moi » [ou, « s'il plaît à Dieu »]. Lorsque l'on a dit en exprimant le vœu, « Si un tel y consent ou le permet, » le vœu n'est obligatoire qu'à la condition d'avoir le consentement ou la permission de l'individu [et si cet individu mourait avant d'avoir donné son consentement, ou accordé la permission, le vœu serait annulé].

Le vœu n'est réel que quand il a pour but une œuvre méritoire aux yeux de la religion [mais non une œuvre imposée comme un devoir indispensable ou même canonique]. « Je promets d'égorger en vue de Dieu, » ou simplement, « Je promets d'égorger une victime en oblation sacrificatoire » [ou bien : « Je promets de faire deux

rèka avant la prière de midi »], sont des vœux réels.
[Mais il n'y en a pas dans : « Je fais vœu d'aller à pied
au marché, » ou « de boire du vin, » ou « de m'acquitter
de la prière de midi. »]

Le vœu exprimé d'une manière toute générale [et
pour un fait passé] est obligatoire. [Tel est le vœu du
malade qui promet de faire, après sa guérison, une
aumône, un jeûne, etc.]

Il est blâmable de s'engager à un vœu répété [par
exemple, à jeûner tous les jeudis, ou tous les lundis;
car on s'expose à en négliger, par la suite, l'accomplis-
sement]. Le vœu conditionnel [tel que celui-ci, « Si
Dieu me guérit de ma maladie, » ou « s'il m'accorde tel
succès, je fais vœu d'aller à pied à la Mekke, »] est-il
blâmable ou non? Sur cette question, les avis des juristes modernes diffèrent. [Le Prophète a désapprouvé
ce genre de vœu, qui est une sorte de promesse d'é-
change. Néanmoins, tout vœu fait sous cette forme doit
être rempli.]

§ 2. Des différents vœux, et des diverses manières de s'en acquitter.

Celui qui a fait vœu d'égorger une victime de premier ordre [c'est-à-dire un chameau, ou une chamelle,]
doit l'immoler en sacrifice; s'il arrive qu'il soit impossible au fidèle de faire cette oblation, il devra en remplacement sacrifier une vache, ou un bœuf [car ces
animaux sont aussi des victimes de premier ordre]; et
[dans le cas d'impossibilité encore de sacrifier un bœuf,

ou une vache,] le fidèle devra égorger sept moutons
[ou brebis, ou chèvres]; dans le cas d'impossibilité encore [d'immoler sept moutons, ou brebis, ou chèvres],
le fidèle n'est plus tenu à rien [pas même à satisfaire
à son vœu par un jeûne, ou par quelque acte pieux;
il attendra qu'il puisse sacrifier des animaux d'une des
trois espèces citées, mais en suivant, autant que possible, l'ordre de préséance indiqué; il n'est pas même
nécessaire d'immoler, tous ensemble, les sept moutons,
ou brebis, ou chèvres].

Celui-là est obligé de s'acquitter exactement de sa
promesse, qui a fait vœu d'aller accomplir un jeûne
dans un port de mer [par exemple, à Alexandrie, à Da-
miette, etc.; mais cette obligation de voyage n'est que
pour le jeûne votif et relativement à un port de mer
seulement, ou bien à la Mekke ou à Médine].

Le musulman qui a dit, par exemple, « Je promets
d'employer mes biens dans la voie de Dieu, » c'est-à-
dire à la guerre sainte [contre les infidèles, ou les rebelles,] et à la défense du pays sur les points menacés
par l'ennemi, ce musulman doit consacrer [à l'œuvre
promise] le tiers de tout ce qu'il possédait [or, argent,
esclaves en état d'affranchissement contractuel et pas
d'autres,] au moment où le vœu a été exprimé, à moins
cependant que le jour où le vœu doit être accompli, ce
que possédait l'individu se trouve diminué [par quelque
cause que ce soit; alors il n'est dû à l'accomplissement
du vœu que le tiers de ce qui est actuellement possédé].
De plus, les frais et dépenses nécessaires [pour faire

parvenir ce tiers des biens aux armées en campagne]
doivent être pris sur l'autre partie des biens. [Le tiers
des biens devrait encore être donné pour satisfaire au
vœu suivant : « Je donnerai, à telle époque, mes biens
aux pauvres, aux indigents, ou pour des sacrifices. »]
Mais si le fidèle a fait vœu de donner ses biens en aumône à un individu désigné [tels que Zeïd ou les fils
de Zeïd], ce fidèle doit donner tout ce qu'il possédait
au moment où il a prononcé le vœu [à moins que, au
jour d'accomplir la promesse, les biens aient diminué;
alors il ne doit donner que ce qui lui reste, mais après
avoir acquitté ses dettes, les expiations, les vœux qu'il
peut avoir à acquitter].

Un vœu répété [relativement aux dons ou aumônes
à prendre sur les biens] s'accomplit [selon la formule
qui le caractérise] quand le vœu précédent a été acquitté. [Ainsi, quand un fidèle aura donné pour un vœu
le tiers de ce qu'il possédait, il acquittera un autre vœu,
s'il en a fait, sur ce qu'il possède de nouveau, ou sur
ce qui lui reste.] Mais pour le cas où le second vœu
[d'un tiers des biens] serait fait avant que le premier
vœu semblable fût rempli, il y a, chez les juristes,
deux opinions différentes sur la conduite que le fidèle
doit tenir. [Selon les uns, il suffit de donner, pour satisfaire aux deux vœux, le tiers de la fortune totale; selon
les autres, il faut donner le tiers du total, d'abord, puis
le tiers de ce qui reste après le premier tiers prélevé.]

Ce qui, dans un vœu, a été dénommé par une quantité fractionnelle [comme un tiers, la moitié, le quart

des biens,] ou précisé [comme telle maison, tel esclave], doit être intégralement donné.

Un fidèle qui aura fait vœu d'employer son cheval, ou ses armes [dans la voie de Dieu], devra les envoyer au lieu de la guerre, et lorsqu'il ne pourra pas les y faire parvenir, il les vendra [en expédiera le prix], et l'on emploiera la somme à remplacer le cheval et les armes [en en achetant de semblables, dans le pays où est la guerre. Si ce remplacement n'est pas possible, on distribue la somme aux soldats qui sont en campagne]. De même toute victime consacrée par un vœu à être immolée en holocauste sera envoyée [à la Mekke, ou à Mina; si l'envoi n'en est pas possible, faute de trouver un conducteur sûr et fidèle, etc. la victime sera vendue, l'argent envoyé, l'animal remplaçant acheté et égorgé selon les indications de la loi.] Bien plus, d'après l'opinion d'un juriste autre que les commentateurs du Moudaouéneh, on doit toujours immoler la victime même [désignée par le vœu, ou par le serment, fût-elle] atteinte de quelque défaut [fût-elle boiteuse, ou aveugle, etc.]. Quand l'animal ou les animaux [destinés à l'immolation votive] ont été vendus, on peut les remplacer par d'autres d'un ordre plus élevé [achetés avec le prix de la vente des premiers].

Si ce qui a été promis par un vœu [n'est pas de nature à être offert en offrande pieuse, et] est par exemple, un vêtement [un esclave, un cheval], on doit le vendre; car il est blâmable d'envoyer ce dont on ne peut faire une offrande directe; la règle est d'envoyer le prix [à la Mekke, ou à Mina], pour en acheter des animaux qui soient sacrifiés. Mais y a-t-il une différence [entre l'opinion de Mâlek indiquée par le Moudaouéneh et celle qu'indique l'O'tbieh]? et le fidèle peut-il estimer [lui-même et pour le remplacer en argent] la valeur de l'objet [dont on ne peut faire une oblation directe]? ou bien ne doit-il pas faire cette estimation [mais doit-il plutôt vendre cet objet]? ou bien enfin, l'estimation [conformément à ce qu'en dit l'O'tbieh,] n'est-elle réellement permise que dans le cas où l'objet est dû pour une violation d'un serment? Sur tous ces points [et même sur la différence que semblent indiquer le Moudaouéneh et l'O'tbieh], il y a plusieurs avis parmi des juristes de science et de réputation.

Si la somme [envoyée aux lieux saints] ne suffit pas [pour acheter des animaux de premier ordre], on en achète d'un ordre inférieur [un ou deux moutons, au lieu d'un bœuf, par exemple]; si elle ne suffit même pas à acheter un mouton, on la remet aux fidèles préposés à l'entretien de la Ka'ba, afin que cette somme soit employée pour le sanctuaire, s'il en est besoin; sinon, elle sera donnée en aumônes. Du reste, Mâlek [l'instaurateur du rite mâlékite] considère qu'il est interdit à qui que ce soit, de partager avec les préposés actuels [la famille de Bénî-Chaïba] le service [et l'entretien] du temple; car ces préposés ont été institués dans leur fonction par le Prophète, sur qui soient les grâces et les bénédictions de Dieu!

Le fidèle qui aura fait vœu d'aller à pied à la mos-

quée de la Mekke, ne fût-ce que pour y faire une prière
[obligatoire, ou surérogatoire, ou un jeûne, ou une
retraite spirituelle], devra se rendre à pied à cette mosquée. [S'il s'agissait de la mosquée de Médine, ou de
celle d'*Ilid* ou Jérusalem, on pourrait s'y rendre en
voyageant sur une monture.] Le fidèle qui, se trouvant
à la Mekke [et même dans la mosquée], aura fait le
vœu [d'aller à pied à cette mosquée], se rendra d'abord
sur le territoire libre ou profane [à pied, ou sur une
monture], et reviendra à pied s'acquitter d'un o'mra; il
en sera de même pour celui qui aura fait vœu d'aller à
pied à la Mekke, ou au sanctuaire, ou à une des parties qui dépendent de ce sanctuaire [telles que le H'idjr,
la porte, le *H'at'im* [31], etc.]; quant à tous les autres
lieux sacrés [qui sont hors de la Mekke, comme S'afa,
Méroua, A'rafa, ou qui ne dépendent pas immédiatement du sanctuaire et n'en font pas partie, tels que le
Mak'âm, Zemzem, qui dépendent de la mosquée proprement dite], le fidèle qui a fait vœu d'y aller à pied
n'est point tenu de s'y rendre ainsi, à moins qu'il n'ait eu
l'intention d'aller à pied accomplir un des deux grands
actes de piété [le pèlerinage votif, ou l'o'mra votif].

Du reste, le fidèle qui a fait vœu [ou qui a juré]
d'aller à pied à la Mekke doit marcher à pied depuis
le lieu d'où il a eu l'intention de partir; si le fidèle n'a
pas, dans son intention, déterminé de point de départ,
il marchera à pied [depuis le lieu où il a fait son
vœu, ou [depuis le lieu où il a fait son serment, ou
depuis le lieu où il a manqué à son vœu ou à son ser-

ment [en n'allant pas à pied], si ce lieu est aussi éloigné
de la Mekke que celui où a été fait le serment. [Sinon,
le fidèle ira à l'endroit où il a manqué à son serment,
et de là se rendra à pied à la Mekke.]

Le fidèle [habitant la Mekke ou les environs, qui
aura fait vœu d'aller à pied à la mosquée de la Mekke
par exemple, sans qu'il ait, dans son intention, déterminé depuis quel lieu,] devra partir de l'endroit fixé
et habituel pour le départ [des fidèles qui se sont engagés par ces sortes de vœux ou de serments]. Il est
permis au fidèle, — tant qu'il reste aux différentes
haltes, d'aller à monture [pour les choses dont il peut
avoir besoin]; — et, pendant le trajet, d'aller à monture pour un motif d'utilité [par exemple, pour retourner chercher quelque objet qu'il a oublié]. D'autre part,
le fidèle [qui doit aller à pied,] est libre, pour se
rendre à la Mekke, de prendre le plus court chemin,
mais à condition que ce chemin soit ordinairement suivi
[pour les pèlerinages votifs, ou les pèlerinages qui sont
les conséquences des serments].

Lorsque le fidèle [qui est tenu d'aller à pied à la
Mekke] habite une île, il traversera la mer sur un bâ-
timent maritime [jusqu'aux rivages sacrés, et de là il
marchera à pied]. Mais, d'après Ibn-Ioûnès, il ne suivra point la ligne de traversée ordinaire [aux commer-
çants, aux pèlerins, mais bien la ligne que suivent habituellement les fidèles qui vont accomplir un vœu ou
se dégager d'un serment].

Le fidèle [qui a fait vœu d'aller à pied en pèlerinage

ou en o'mra] doit accomplir à pied toutes les cérémonies, jusqu'à la fin des tournées de retour et des promenades pieuses [quand on fait les promenades avant ces tournées. On peut être sur une monture pour retourner de la Mekke à Mina, et pour accomplir les lapidations. Mais si l'on a remis les tournées de retour à la fin, on devra être à pied en exécutant les lapidations].

Quand un fidèle qui a fait vœu ou serment d'aller à pied [à la Mekke, ou à la mosquée de la Mekke], a parcouru sur une monture une grande partie du trajet comparativement à la distance totale qu'il y a à parcourir, ce fidèle doit revenir l'année suivante parcourir à pied l'espace de chemin qu'il a franchi sur une monture l'année précédente; de plus, il fera une expiation sacrificatoire. Il en est de même [c'est-à-dire que ce fidèle reviendra l'année suivante], lorsqu'il n'aura pas accompli à pied et les cérémonies du pèlerinage depuis la sortie de la Mekke jusqu'au retour à Mina, et les tournées de retour [ou seulement les susdites cérémonies; et alors il recommencera à pied ces cérémonies et ces tournées, ou seulement ces cérémonies; de plus, il fera une expiation sacrificatoire]. L'habitant de l'Égypte même [et tout individu à distance analogue] devra revenir, l'année suivante, traverser à pied l'espace qu'il aura traversé précédemment sur une monture, et il recommencera à pied ce qu'il s'était engagé à faire ainsi primitivement dans son vœu. [Il refera ou un pèlerinage, ou un o'mra, selon qu'il s'était engagé à l'un ou à l'autre.] Mais s'il n'avait rien désigné de spécial dans son vœu, il peut, à son gré [une fois qu'il est revenu à la Mekke], accomplir une œuvre pieuse différente [de celle qu'il a accomplie l'année précédente].

L'obligation de revenir suppose que le fidèle en faisant son vœu [ou son serment] croyait avoir la force de parcourir le trajet à pied ; mais s'il a pensé [soit à cause de sa faiblesse, soit à cause de son âge,] ne pas pouvoir le parcourir, il marchera autant qu'il lui sera possible [ne fût-ce qu'un mille], et il terminera le chemin sur une monture ; puis, pour toute réparation pénitentiaire, il se soumettra à une expiation sacrificatoire [et il ne sera point tenu de revenir]. Il en sera de même pour le fidèle qui [bien qu'il eût pu marcher] aura parcouru sur une monture un très-médiocre espace [comparativement à la longueur du trajet entier ; il n'y aura alors à la charge du fidèle que l'expiation sacrificatoire].

Il n'y a pas non plus obligation de revenir, pour avoir fait, sur une monture, seulement les tournées de retour [ou pour avoir fait de plus, sur une monture, le trajet de Mina à la Mekke, afin de s'acquitter de ces tournées de retour. La peine alors est l'expiation sacrificatoire seulement]. Il en est de même encore, si le fidèle qui a fait vœu d'aller à pied en pèlerinage dans une année déterminée, a parcouru sur une monture le trajet [en entier, ou en partie] ; mais si dans cette année déterminée, le fidèle n'accomplit pas le pèlerinage [soit exprès, soit parce qu'il a été retardé par trop de lenteur dans sa marche à pied], ce fidèle devra s'acquitter d'un pèlerinage satisfactoire. Enfin si le fidèle croit qu'il n'aura pas la force de retourner [et de faire à pied la partie du trajet qu'il a, malgré son vœu, parcourue sur une monture la première fois, il ne retournera pas], il se contentera d'offrir une expiation sacrificatoire. De même [il y a obligation de faire seulement une expiation sacrificatoire, non de retourner à la Mekke], — pour le musulman qui habite l'Afrique [c'est-à-dire les États-Barbaresques ; — pour le musulman du Soudan, ou de toute contrée située à grande distance de la Mekke]; — pour celui qui fractionne son voyage [par trajets, et par repos plus ou moins prolongés dans diverses localités], même sans motifs sérieux. Mais serait-il obligé de revenir et de refaire à pied tout le trajet, celui qui la première fois [qu'il serait allé à la Mekke, pour un vœu à accomplir,] aurait parcouru alternativement un espace [par exemple de six milles] à pied, puis [un pareil *a'k'aba* ou espace] sur une monture [et ainsi de suite, toute la longueur du voyage]? Il y a sur ce point deux avis contradictoires. [Néanmoins, cette manière de voyager supposant un repos égal à la durée de chaque trajet partiel, on évite en quelque sorte la fatigue de la marche ; et l'avis le plus généralement accepté à cet égard est que l'on doit refaire à pied le trajet et offrir une expiation sacrificatoire.]

En général, l'expiation sacrificatoire est d'obligation canonique pour les manques susmentionnés ; mais elle n'est que de simple règle religieuse pour le cas où le fidèle a accompli, étant sur une monture, les cérémonies à faire dans le pèlerinage depuis la sortie de la

Mekke jusqu'au retour à Mina [ou pour le cas où le fidèle a fait sur une monture les tournées de retour seulement, ou bien ces tournées ainsi que les cérémonies précitées, ou bien une partie de ces cérémonies]; et, dans tous les cas possibles, l'obligation demeure telle quelle lors même que le fidèle [en revenant à la Mekke, l'année suivante,] aurait parcouru toute l'étendue du trajet à pied. [Car une fois que le sacrifice est devenu un devoir expiatoire, rien ne peut plus le modifier.]

Le fidèle qui [d'après un vœu, ou un serment, doit aller à pied à la Mekke, et qui ayant résolu ensuite d'accomplir un pèlerinage, ou un o'mra,] l'invalide [après l'entrée en ih'râm, soit par la cohabitation, soit par tout autre acte défendu], terminera [ce pèlerinage ou cet o'mra bien qu'invalidé, et le terminera à pied ou sur une monture; car alors il n'est plus à accomplir son vœu, puisque l'exécution en est invalidée, mais il achève simplement un pèlerinage ou un o'mra commencé. De plus, le fidèle fera deux expiations sacrificatoires, une pour la faute qui a invalidé le pèlerinage, l'autre pour l'interruption de la marche à pied. Une fois que le pèlerinage votif est invalidé, il ne peut plus être terminé à titre de vœu, et dès lors la marche à pied n'a plus de valeur]. Ensuite dans le pèlerinage ou l'o'mra satisfactoire [qui devra réparer celui qui a été invalidé], le fidèle marchera à pied, depuis la station ou la halte légale [ou depuis le lieu où il s'est mis en ih'râm, si la faute qui a invalidé a été commise après un ih'râm commencé avant la halte légale].

Quand un fidèle [obligé, par suite d'un vœu ou d'un serment, d'aller à pied à la Mekke, aura résolu de consacrer ce voyage à un pèlerinage, et] se sera trouvé en retard pour ce pèlerinage [auquel il était préparé par l'entrée en ih'râm], il lui substituera alors un o'mra [ainsi que nous l'avons dit au chapitre du pèlerinage ; le fidèle est libre de parfaire à pied cet o'mra, qui n'est que le moyen de se dégager de l'ih'râm du pèlerinage. Le vœu est ainsi accompli]. Pour le pèlerinage satisfactoire suivant, le fidèle fera tout le voyage sur une monture. [Mais il devra s'acquitter à pied de toutes les cérémonies qui succèdent aux promenades pieuses entre S'afa et Méroua.]

Un fidèle qui [ne s'étant pas encore acquitté du pèlerinage obligatoire] se rendrait à pied à la Mekke pour s'acquitter d'un vœu de pèlerinage sous forme simple ou sous forme d'adjonction immédiate, et qui aurait l'intention de le faire servir et à l'acquittement du vœu et à l'accomplissement du pèlerinage obligatoire, ce fidèle ne satisferait qu'au pèlerinage votif [et l'année suivante il devrait s'acquitter du pèlerinage obligatoire]. Mais ce fidèle aurait-il satisfait à son vœu, si, dans l'expression de ce vœu, il ne s'était pas engagé à faire un pèlerinage? Il y a sur cette question deux explications ou opinions données par les commentateurs du Moudaouéneh. [L'une est affirmative, l'autre indique que si le vœu avait pour but un pèlerinage, le fidèle en question n'est quitte ni du pèlerinage d'obligation, ni de son vœu.]

Le fidèle qui ne se sera pas encore acquitté du pèlerinage obligatoire imposé à tout musulman [et qui aura fait vœu d'aller à pied à la Mekke, sans indiquer le but d'accomplir un pèlerinage], s'acquittera, à pied, d'un o'mra [c'est-à-dire entrera à la Mekke, fera les tournées pieuses, ensuite les promenades pieuses entre S'afa et Méroua, se rasera la tête, ou se coupera l'extrémité des cheveux, rompra l'ih'râm de l'o'mra, et alors il sera quitte de son vœu]; puis [immédiatement ou dans l'année même], il accomplira le pèlerinage proprement dit, à partir de la Mekke même; ce pèlerinage sera alors un *pèlerinage hâté* [et sera considéré comme étant par adjonction médiate].

§ 3. De la promesse d'entrer en ih'râm.

Lorsque le fidèle aura dit : « J'entre en ih'râm [pour le pèlerinage ou l'o'mra] à tel jour » qu'il aura d'ailleurs déterminé, ou lorsqu'il aura dit, « J'entrerai en ih'râm pour le pèlerinage ou l'o'mra, à partir de tel jour, » ce fidèle devra [en pareilles circonstances] s'empresser de se mettre en ih'râm le jour qu'il aura indiqué [et ne point attendre les mois ou la septuagésime du pèlerinage]. Il en sera de même si le fidèle a fait vœu de se mettre en ih'râm pour un o'mra dont il ne détermine pas l'époque, mais à la condition qu'il se trouvera des compagnons de voyage. [Aussitôt qu'il les trouvera, il devra se mettre en ih'râm.] Si le vœu [exprimé sans fixation de temps] est pour un pèlerinage

ou pour aller à pied à la Mekke, il n'y a plus l'obligation de se mettre promptement en ih'râm ; le fidèle s'y
mettra seulement aux mois du pèlerinage, s'il est alors
présent à la Mekke ; sinon [c'est-à-dire s'il n'est pas à
la Mekke et s'il ne se met en voyage que pour y arriver
pendant la septuagésime], il ne se mettra en ih'râm
qu'au moment où il arrivera aux stations ou haltes sacrées. Cette décision est donnée par Ibn-Rouchd et Ibn-
Ioûnès. [Pour le cas spécial du vœu de voyage à pied,
on ne se met en ih'râm qu'en arrivant au *mîk'ât* ou halte
sacrée.]

§ 4. Des vœux illusoires ou nuls.

Celui qui dirait, « Je fais vœu de consacrer ce que
je posséderai à la reconstruction de la Ka'ba ou de la
porte de la Ka'ba [ou du H'at'îm, » ou de toute autre
partie dépendante de la Ka'ba,] ferait un vœu illusoire
[et qui n'obligerait absolument à rien, vu l'incertitude
et le vague de ce que ce vœu promet]. Il en serait encore ainsi du vœu par lequel le fidèle consacrerait tout
ce qu'il fera de gains ou profits [à cette même destination, ou aux pauvres, ou aux frais d'une guerre, etc.
Mais le fidèle qui consacrerait tout ce qu'il gagnera
dans tel endroit, ou pendant tel temps à la Ka'ba, ou à
la porte de la Ka'ba, ou aux frais de la guerre, etc.
serait tenu d'abandonner à la destination indiquée par
lui, le tiers de ces gains ; et, s'il s'agissait de la Ka'ba,
ou de la porte de la Ka'ba, etc. ce tiers serait livré au

trésor de ce sanctuaire et servirait aux besoins de la maison sainte].

Serait encore illusoire et nul, le vœu par lequel un fidèle — s'engagerait à faire un sacrifice en tout autre lieu qu'à la Mekke [s'il voulait honorer ce lieu à l'égal de la Mekke ; mais si ce fidèle n'a point cette idée d'assimilation, il fera le sacrifice au lieu désigné et il distribuera la chair de l'animal aux pauvres] ; — ou s'engagerait à faire don de ce qu'il possède à un individu, si le fidèle voulait signifier [par son vœu, « Je ferai ce don,] mais à condition que je devienne propriétaire » [de ce que possède cet individu] ; — ou s'imposerait l'obligation forcée d'égorger l'animal que doit égorger un tel [de condition libre et] qui même serait parent du fidèle ; ce vœu, dis-je, serait nul [et n'entraînerait point la nécessité d'un sacrifice] si le fidèle n'avait pas prononcé les mots, « en sacrifice » ou n'avait pas senti l'intention de dire, « en sacrifice, » ou n'avait pas dit, « au Mak'âm d'Abraham » [ou, « à la Mekke, » ou, « à Mina, »ou en tout autre lieu sacré où l'on peut offrir un sacrifice. Le vœu serait nul parce qu'il n'aurait trait qu'à un acte illégal et coupable]. Mais alors [c'est-à-dire si le fidèle avait prononcé les mots « en sacrifice, » ou avait eu l'intention d'égorger en sacrifice l'animal d'un tel], il serait plus conforme à l'esprit de la religion, comme cela a lieu pour un vœu par lequel on s'engage à un sacrifice en général, d'égorger un chameau [ou victime de premier ordre], et [à défaut de chameau,] un bœuf [ou une vache et, à défaut encore de cette victime, un mouton, ou une brebis, ou une chèvre].

Celui qui a fait vœu d'aller à la Mekke, pieds nus [ou en rampant, ou en se traînant sur le siége], ou de porter un individu jusqu'à la Mekke, dans l'intention d'avoir le mérite d'une longue fatigue, [n'est point tenu d'accomplir sa promesse sous la forme qu'il a exprimée; mais il doit, chaussé ou non, aller en pèlerinage à pied, et il] est obligé d'offrir un sacrifice en expiation. [Il n'a point à se charger de faire faire le pèlerinage de tel ou tel.] Dans le second cas indiqué, si le fidèle ne veut point avoir le mérite de la fatigue [mais seulement aider l'individu à accomplir avec lui le pèlerinage], il voyagera sur une monture avec cet individu, s'acquittera du pèlerinage avec lui [ou sans lui, si celui-ci refuse,] et ne sera point tenu de faire une expiation sacrificatoire.

Celui qui, par un vœu [ou par suite d'un serment violé], est engagé simplement [et sans intention de faire un o'mra ou un pèlerinage], — à aller à la Mekke, — à partir pour la Mekke, — à y aller sur une monture, — à s'y rendre à pied, — à aller, fût-ce même pour y faire une retraite spirituelle, à une mosquée [autre que les trois mosquées par excellence : celle de la Mekke, celle de Médine et celle de Jérusalem], celui-là s'est engagé à un acte illusoire [et qui n'oblige à rien]. Cependant, pour le cas où la mosquée où l'on doit aller ne serait éloignée que d'une très-petite distance [par exemple, d'environ trois milles seulement], le Moudaouéneh indique deux opinions contradictoires.

[Celle qui admet l'obligation de se rendre à la mosquée prescrit de faire le trajet à pied.]

Serait encore nul et non obligatoire le vœu par lequel on s'engagerait à se rendre à pied [ou de nuit] à Médine ou bien à Iliâ (Jérusalem), sans intention d'y prier [ou d'y faire un jeûne, ou une retraite spirituelle] dans la grande mosquée de l'une ou de l'autre de ces deux villes. Si [l'on a eu l'une ou l'autre de ces intentions, ou bien si] l'on a nommé dans le vœu [ou dans le serment qui, ensuite, a été violé,] l'une ou l'autre des deux mosquées précitées, on devra s'y rendre, mais sur une monture. [Car le vœu ou l'obligation, pour ces deux localités comparées à la Mekke, qui est le lieu unique pour le pèlerinage dans l'islâm, ne suppose que ces mots : « Je m'engage à aller prier, ou jeûner, etc. dans la mosquée ou de Médine, ou d'Iliâ. »]

Le fidèle qui se trouve dans l'une des trois mosquées susmentionnées [et qui fait vœu d'aller prier dans une des deux autres] est-il toujours obligé d'aller accomplir son vœu? ou bien n'y est-il pas obligé s'il se trouve dans une qui soit supérieure en mérite à celle où il a fait vœu d'aller? Sur cette double question, il y a dissentiment parmi des juristes de haute considération. D'ailleurs, Médine est supérieure en mérite à la Mekke [et la Mekke à Jérusalem. Néanmoins cette appréciation des trois villes saintes, au point de vue de supériorité, de mérite, de préséance, a été discutée par les docteurs de l'islamisme. Les deux instaurateurs des rites châféi'te et h'anafite placent la Mekke au pre-

mier rang. D'autres prétendent que le lieu le plus noble
du ciel et de la terre est celui où furent déposés les
restes du saint Prophète].

CHAPITRE III.

DE LA GUERRE.

SECTION Iʳᵉ.

OBLIGATIONS DU SOUVERAIN. —— LA GUERRE EST UN DEVOIR. —— NATURE
DE CE DEVOIR. —— CAS DE DISPENSES.

Chaque année [par les soins et les ordres de l'imâm
souverain ou chef suprême de l'islâm, une milice musulmane qui représente] une force militaire suffisante
pour combattre [les infidèles] doit être mise en disposition sur le point des états musulmans le plus exposé
[aux incursions ou aux invasions de l'ennemi. Et si
l'état est également menacé sur deux points différents
et que les forces des musulmans ne suffisent pas pour
faire face à tous les dangers en même temps, c'est au
souverain à juger de quel côté il est plus utile de porter
les troupes].

De même [chaque année, le souverain de l'islâm des-
tinera un corps de troupes à protéger la foule qui se rend
à la Mekke] pour la solennité du pèlerinage.

La guerre est un devoir de solidarité [32] pour tous
les musulmans [les uns payant de leurs propres personnes, les autres de leur fortune], fût-ce même contre
un chef d'armée coupable [détenteur du *quint* légal ou
contre un gouvernement injuste et tyrannique].

La guerre sainte est un devoir pour tout individu de condition libre, pour tout fidèle, homme, en âge de raison, pubère, en état de porter les armes et de combattre. Ce devoir de solidarité est—le même que celui qui oblige une partie des musulmans, par rapport aux autres, à cultiver [propager, consolider, défendre, enseigner, expliquer] la science de la loi et les décisions ou principes de cette loi [comme moyens et voies d'arriver à la connaissance de la vérité]; — le même que celui qui oblige les musulmans à se garantir les uns les autres de tout mal [et à se soulager et se secourir réciproquement]; — le même que celui qui oblige les musulmans à l'équité dans la justice distributive [ainsi que dans les questions et les discussions juridiques dans l'application des peines afflictives, dans la protection à accorder au faible contre l'injuste]; — le même que celui qui oblige tout musulman à rendre un témoignage juridique [lorsqu'il en est requis]; — le même que celui qui oblige à constituer l'imâmat suprême dans l'état [selon les conditions voulues], et l'imâmat particulier [dans tous les pays, pour la direction des prières]; — le même que celui qui oblige tout fidèle sage et éclairé à recommander le bien [et à détourner du mal]; — le même que celui qui oblige les fidèles à exercer les arts, métiers et industries indispensables à la vie de la société [tels que le métier de tailleur, celui de tisserand, celui de maçon, de *ventouseur,* de marchand, etc., dont une société ne peut se passer; les autres, tels que le métier de décorateur de maisons, sont accessoires];

—le même que celui qui oblige tout fidèle à rendre le
salut pieux qui lui est adressé [à moins que ce fidèle
ne puisse ou ne doive pas saluer, par exemple s'il est
en prière, ou s'il est occupé à satisfaire un besoin naturel, etc.]; — le même que celui qui oblige tout musulman à rendre les derniers devoirs au fidèle mort [à
le laver, à l'ensevelir, à prier pour lui, etc.]; — le même
que celui qui oblige la société musulmane à racheter
les prisonniers musulmans [tombés au pouvoir des
infidèles].

Tous les musulmans d'une localité, même la femme
[l'esclave, l'impubère, s'il peut porter les armes, tous
ceux enfin qui, dans les circonstances ordinaires, sont
exempts de participer à la guerre], et aussi les musulmans des localités voisines, sont appelés à combattre,
lorsqu'un ennemi se jette à l'improviste sur un point
[une ville, un canton], et que les habitants ne sont
pas en force suffisante pour repousser l'attaque. Sur
l'ordre de l'imâm souverain, tout corps d'individus, milices ou non, désigné pour marcher à l'ennemi devra
obéir [sinon, le souverain devra punir ces individus,
quand même ils se trouveraient le plus près de l'ennemi et le plus exposés à sa colère].

Sont dispensés de prendre les armes : — les malades [atteints de maladies sérieuses]; — les garçons
non pubères; — les aliénés; — les aveugles; — les
boiteux; — les femmes; — les individus incapables
de pouvoir se suffire dans ce qu'exigent les besoins
de la guerre [en fait d'armes, de montures, de dé-

penses d'entretien]; — les esclaves [quel que soit leur
état d'esclavage, ou partiel, ou contractuel, etc.; l'esclave ne peut aller en guerre que par la permission de
son maître]; — les débiteurs solvables dont les dettes
sont échues [et dont les créanciers sont absents; en
pareil cas, le débiteur solvable ne marche à la guerre
que d'après l'assentiment de son créancier; mais, si
les dettes doivent échoir pendant l'absence du débiteur solvable, celui-ci se choisira un fondé de pouvoir,
chargé de les acquitter; à défaut d'un fondé de pouvoir, ce débiteur alors ne pourra aller combattre l'ennemi que du consentement du créancier; la raison de
cette disposition légale est que l'acquittement d'une
dette est un devoir d'obligation personnelle positive,
et que la guerre n'est qu'un devoir d'obligation solidaire; le débiteur insolvable prend les armes sans le
consentement de son créancier]; — le fils auquel son
père et sa mère [ou l'un des deux] refusent leur assentiment; car, sans cet assentiment, un fils ne peut vaquer à aucune obligation solidaire, par exemple [ap-
prendre, en fait de sciences, au delà de ce qu'il a
besoin de savoir, ou] voyager dans un but de commerce nécessaire, soit sur mer, soit sur terre, dans
des contrées où il y a des dangers à courir. Mais le refus d'assentiment, ou la prohibition de la part d'un
grand-père, ou d'une grand'mère, ou de tous les deux,
ne suffit pas pour empêcher le départ du petit-fils.
Enfin, l'infidèle a aussi le droit de s'opposer à ce que
son fils musulman s'acquitte de tout devoir solidaire,

excepté du devoir de coopérer à la guerre. [Ainsi il n'empêchera pas son fils musulman de prendre part à la guerre sainte.]

SECTION II.

DES CHOSES PRESCRITES, DÉFENDUES, PERMISES, EN GUERRE.

---

§ 1. Des choses prescrites en guerre. — Guerre d'extermination. — Des captifs. — Des individus à épargner.

On invitera [avant de commencer les hostilités] les infidèles à embrasser l'islamisme, [et cette sommation religieuse sera faite sous la forme la plus générale et la plus brève; il ne sera donné d'éclaircissements que lorsqu'ils seront demandés. Trois jours de délai seulement seront accordés; et si les infidèles refusent d'embrasser la foi islamique, on les invitera] ensuite, à se soumettre à la capitation légale. [Cette sommation politique sera faite aussi sous la forme la plus brève et la plus générale; les explications ne seront données que lorsqu'elles seront demandées.] Les sommations se feront [seulement lorsqu'elles pourront être adressées à l'ennemi, et] sans compromettre la sécurité de l'armée musulmane. [Si donc les infidèles sont les agresseurs et marchent sur les musulmans, ceux-ci les combattront sans sommation préliminaire.]

Si les infidèles refusent aussi de se soumettre à la capitation [ou bien si l'autorité musulmane ne peut la percevoir], on les combattra et on leur fera une guerre d'extermination. On n'épargnera alors que — les femmes [mais celles qui auront combattu, ou qui auront tué quelque musulman, seront mises à mort, même après qu'elles seront prisonnières ; on laissera la vie à celles qui n'auront lancé que des pierres, par exemple]; — les enfants [même capables de combattre, mais qui n'auront pas combattu ; s'ils ont combattu, ils seront exterminés]; — les idiots, les imbéciles [et même les aliénés qui auraient la force de combattre, à moins qu'ils n'aient des intervalles de lucidité]; — les vieillards épuisés par l'âge ; — les impotents et les infirmes [frappés de paralysie ou de lèpre]; — les aveugles ; — les moines ou cénobites retirés et isolés dans les monastères [ou dans des cryptes], ou dans les cloîtres, [et encore ces sept sortes d'individus ne seront épargnés que] lorsqu'ils n'auront pas d'intentions hostiles. [Quant aux moines et aux cénobites, on les épargne non pas à cause de leur qualité de moines ou de cénobites, car ils sont plus profondément plongés dans l'infidélité que les autres, mais parce qu'ils sont retirés de la société de leurs coreligionnaires, parce qu'ils vivent reclus, et comme des femmes.]

A ceux que la loi ordonne d'épargner [et que l'imâm souverain a défendu de prendre captifs], on ne laissera, de ce qu'ils possèdent que ce qu'il leur faut pour subsister. [S'ils ne possèdent rien, leurs moyens d'existence seront à la charge des autres infidèles; et à ceux que les infidèles ne pourront aider, les musulmans fourniront le nécessaire. Du reste, excepté les moines et les religieuses cloîtrées, ceux que les armes ont épargnés sont de droit captifs des musulmans, à moins que l'imâm souverain ou son représentant n'ait défendu de les réduire en captivité.]

Le musulman qui aura tué un infidèle de ceux que la loi ordonne d'épargner [et avant que cet infidèle soit devenu *butin*], et le musulman qui aura tué un infidèle à qui ne serait pas parvenue la sommation religieuse [ni la sommation politique], seront tenus d'en demander seulement pardon à Dieu. [Ils n'auront à payer ni le prix du sang, ni aucune autre expiation; cependant si l'individu tué est un moine, ou une religieuse, le meurtrier payera le prix du sang, et ce prix sera livré aux coreligionnaires de la victime.] Celui qui aura tué des infidèles [qu'il est permis de prendre captifs, et] après qu'ils auront été recueillis et rassemblés, sera tenu d'en payer la valeur [laquelle sera mise alors dans la masse du butin.]

Les moines et les religieuses [vivant dans les couvents et les cloîtres] sont de condition libre [et il est défendu de les tuer, de les réduire en esclavage, en captivité].

On combattra l'ennemi [par tous les moyens]:—par l'interception de l'eau, ou par l'inondation et la submersion;—par toute espèce d'armes ou d'appareils de guerre [le sabre, la lance, la flèche, les instruments de balistique, etc.];—par le feu, l'incendie, même dans les rencontres sur mer, mais principalement lorsque le feu sera le seul moyen de succès et qu'il n'y aura pas de musulman avec l'ennemi ; — par l'attaque des tours et citadelles [au moyen des instruments de balistique], mais sans recourir à l'incendie, ou à la submersion, quand les ennemis ont avec eux leurs enfants et leurs femmes [ou des musulmans].

Si l'ennemi avait placé devant lui, pour s'en faire un bouclier [ou un rempart], — des femmes et des enfants, on laisserait ces femmes et ces enfants [comme butin à enlever], à moins qu'il n'y eût danger à les laisser ; — ou des musulmans, on combattrait de même encore, mais en évitant de diriger les coups sur ce bouclier vivant, pourvu toutefois que le plus grand nombre de l'armée musulmane n'ait rien à craindre [des suites de cette précaution. Par cette restriction *le plus grand nombre*, on doit entendre que la crainte, sans motif réel et grave, n'autorise jamais à risquer l'effusion du sang musulman].

§ 2. Des choses défendues en guerre.

En guerre, il est défendu aux musulmans , — de se servir de flèches [ou lances, ou autres armes] empoisonnées ; [mais il n'est que blâmable de mettre du poison dans du vin pour empoisonner un ennemi. Il est également défendu] — d'appeler dans les milices des croyants aucun polythéiste [c'est-à-dire infidèle], à d'autre titre que celui de soldat mercenaire [pour les travaux des retranchements, pour manœuvrer ou fabri-

quer les machines de guerre; l'infidèle qui offre de lui-
même ses services est accepté]; — d'envoyer aux infidèles le Livre Saint [même quand ils le demandent][33];
—de l'emporter à la guerre dans le pays des infidèles
[car il y a toujours à craindre que ce Saint Livre ne
leur vienne entre les mains et qu'ensuite ils ne le cri-
tiquent, l'outragent, et jettent ainsi leur mépris sur ce
que Dieu a fait si haut et si grand]; — d'emmener en
guerre des femmes musulmanes [ou chrétiennes], à
moins qu'elles ne soient en sécurité, vu le nombre de
l'armée; — de fuir devant l'ennemi quand les musulmans [armés, ou les combattants musulmans,] sont
[ou croient être] de moitié plus faibles en nombre que
l'ennemi, excepté cependant lorsqu'ils sont au-dessous
de dix mille hommes. — [Il est défendu de fuir,
quand même l'imâm souverain ou le chef de l'armée
des fidèles prendrait la fuite, à moins qu'il n'y ait danger d'être écrasé par la masse. Si les musulmans armés sont au moins dix mille, il leur est défendu de
fuir l'ennemi, fût-il en nombre plus que double du
leur.] Mais il n'est nullement défendu de simuler une
fuite [pour tromper l'ennemi], ni de courir, quand il
y a un danger réel, se serrer autour d'un chef d'armée
[ou se réunir à un autre corps de troupes pour se ren-
forcer par lui, ou pour le soutenir].

Il est défendu, — de faire subir la mort [ou toute
autre peine] comme exemple [qui doive intimider ou
frapper l'esprit des vaincus; mais avant la victoire, ou
à titre de représailles, la loi le permet, et sous quelque

forme de supplice que ce soit]; — de porter les têtes des infidèles d'un pays à un autre, ou bien à un chef commandant l'armée [et à plus forte raison à un chef éloigné de l'armée militante; mais on peut les porter même sur les pointes des lances, dans le pays où s'est livrée la bataille, excepté si ces têtes viennent de rebelles ou révoltés].

La loi défend au prisonnier musulman de trahir et tromper l'infidèle; — soit que celui-ci lui ait confié à lui musulman, sur une promesse de probité et de conscience, le soin ou le dépôt de quelque richesse [et de quelque objet que ce puisse être]; — soit même qu'il ait reçu du musulman une simple promesse par laquelle lui musulman s'est engagé à ne pas s'échapper et à ne pas fuir.

Il est encore défendu de soustraire ou détourner du butin [aucun objet dont le fidèle ne doive pas se servir pour son usage particulier]. Le soldat qui [avant que le butin soit réuni] en aura détourné quelque chose et aura été reconnu coupable sera puni d'une peine correctionnelle. [Si le fidèle est venu déclarer sa faute et en demander pardon, il n'aura plus à subir cette peine. Du reste, dans aucun cas possible, le fidèle ne sera privé de sa part du butin. Si la soustraction a lieu après que le butin est réuni, la punition, comme nous le verrons, est différente.]

§ 3. Des choses permises en guerre, relativement aux soldats et au souverain. — Divans ou centres des contrôles. — Remplacement militaire. — Présents faits au souverain.

Il est permis au soldat [avant toute répartition, et malgré toute défense faite par les chefs de l'armée ou de la troupe,] de prendre, s'il en a besoin, dans le butin, les objets suivants : — des chaussures ; — une ceinture ; — des aiguilles ; — des nourritures ; — même du bétail [pour s'en nourrir ; mais alors, si le fidèle n'a pas besoin nécessairement de la peau de l'animal, il doit la rendre et la remettre au butin] ; — des nourritures pour les chevaux [les chameaux, etc.] ; — toute espèce de vêtements [ou de hardes, ou de bagages, ou de sacs], ou d'armes, ou d'animaux [pour combattre, ou pour porter les bagages] ; mais tous ces derniers objets [c'est-à-dire, vêtements, hardes, etc.] seront rendus à la masse du butin [lorsque le soldat sera de retour de la guerre, et qu'il pourra se passer de ce qu'il a pris].

De tous [ces derniers objets et de tous ceux qui précèdent], le soldat rendra ce qui lui restera, si ce reste a encore une certaine valeur [par exemple, une valeur d'un demi-dinâr environ]. S'il est impossible de le rendre [à la masse du butin, parce que l'armée est dissoute et l'imâm reparti], le fidèle donnera ce reste tout entier en aumônes [car c'est une valeur dont le maître est inconnu. Toutefois, il extraira avant tout et livrera au trésor le *quint* ou cinquième dû au souverain.

Si ce reste est de valeur minime, d'une ou de quelques drachmes, le fidèle en disposera à son gré].

La loi tolère que les soldats se fournissent les uns aux autres, par échanges réciproques, les objets [ou nourritures, ou effets pris à l'avance dans le butin, et] dont ils ont besoin [quelle que soit la différence de valeur des objets ainsi échangés; car chacun rend ensuite ce qui lui reste].

Il est de devoir pour l'imâm suprême d'établir et d'appliquer, dans les pays ennemis, les principes de la loi [pour les choses spirituelles et pour les choses temporelles].

En guerre, la loi permet de ruiner [les demeures des infidèles], de couper [les arbres], les dattiers, de brûler, soit que ces moyens de destruction anéantissent ou non les ressources des infidèles, soit que les musulmans aient ou n'aient pas lieu de craindre de compromettre par là leurs propres ressources. Mais, d'après Ibn-Rouchd, il faut renoncer à ces moyens lorsque les musulmans ont lieu de craindre de se nuire, par suite, à eux-mêmes.

Il est permis au prisonnier musulman de cohabiter avec sa femme ou avec son esclave prisonnières avec lui, si toutefois le vainqueur qui les a prises ne les a pas soumises à ses désirs. [Quoiqu'elles soient prisonnières, le droit de cohabitation et de propriété n'en est pas pour cela annulé pour le musulman; mais ce double droit est perdu pour l'infidèle dont la femme ou la fille est tombée au pouvoir des musulmans.]

En guerre, il est permis au soldat musulman, — de massacrer tout ce qu'il peut atteindre d'animaux [dont il ne peut profiter, et] qui appartiennent à l'ennemi; — de leur couper le jarret, puis de se jeter sur eux et de les massacrer [afin de ne pas les laisser souffrir ou mourir de faim ou de soif]. Mais est-il permis de détruire des essaims d'abeilles qui ont été réunis en grand nombre [comme spéculation et objet de récolte], si cette destruction n'a pas pour but de prendre le miel et de s'en nourrir? Il y a sur cette question deux manières de voir. [Il est toujours blamâble de détruire des essaims qui sont en petit nombre; s'ils sont nombreux, il est toujours permis d'en prendre le miel.] Quant aux animaux égorgés, si l'ennemi, d'après sa religion, peut en manger la chair lors même qu'ils ne seraient pas morts de mort violente, ils devront être brûlés [aussitôt que possible, afin que l'ennemi n'en profite pas]. On brûlera aussi tout objet de bagages [appartenant à l'ennemi ou aux musulmans], lorsque l'on ne pourra pas l'emporter [ou s'en servir].

Il est permis à l'imâm souverain [ou à son représentant] d'établir un divan ou centre administratif [pour les milices de chaque grande population; ainsi un divan pour les milices égyptiennes, un divan pour les milices syriennes, et ainsi de suite; à chaque divan, qui, d'ailleurs, sera aussi un centre de justice distributive, seront inscrits les noms de tous avec ce qui est assigné à chacun comme rétribution].

Le fidèle qui désire ne pas faire partie de l'armée active [dans une guerre], peut donner un prix de remplacement à celui qui [n'étant pas désigné pour la guerre] partira au nom de ce fidèle, pourvu que tous les deux dépendent du même divan [et que le remplacement soit conclu avant la clôture des registres].

Il est permis, — aux gardes [sentinelles, vedettes] avancées [pour observer l'ennemi, prévenir les surprises ou arrêter une attaque, aux soldats en observation sur terre ou sur mer,] de crier à haute voix, « Dieu est grand, » *Allâhou akbar* [car c'est le mot d'ordre ou de reconnaissance, le jour et la nuit, entre les musulmans]; mais il est blâmable de crier ces mots en les modulant sous une forme de chant; — de tuer tout individu espion [quel qu'il soit], eût-il reçu d'abord l'*amân* [ou promesse de vie sauve] de la part des musulmans. [Il est permis de le tuer, à moins que l'imâm n'ordonne de le garder comme esclave.] L'espion qui serait musulman serait considéré comme un athée [et serait également mis à mort, quand même il se repentirait et jurerait de ne plus tomber dans la même faute].

Le souverain imâm [ou le chef de l'armée] peut recevoir des présents de l'ennemi [qui est en force et en puissance, non de l'ennemi qui est faible; un présent de ce dernier serait une sorte d'injure]; ces présents seront pour le souverain, s'ils viennent d'un individu qui soit avec lui en rapport de parenté [ou de bons procédés, ou de bon vouloir, ou qui en espère d'autres présents en retour, etc.]; sans ces conditions, ou bien encore, s'ils viennent d'un chef de révoltés infidèles, et lors même que les troupes de l'imâm ne seraient pas entrées sur le territoire ennemi, ces présents seront [considérés comme butin et] livrés au *feï* ou trésor [général des musulmans] [35].

Il est permis de porter la guerre, — aux [nations puissantes et dangereuses, par exemple, aux] *Roûm* [ou descendants de Roûm, fils d'Ésaü, fils d'Isaac, fils d'Abraham; ce sont les peuples que les musulmans appellent Européens]; — aux Turcs [privés de révélation et de loi religieuse. Les autres populations faibles, telles que les Coptes, Abyssins, etc. on ne leur portera la guerre que dans certaines circonstances; car ils sont toujours prêts à s'humilier et à se rapetisser].

Il est permis [lorsque l'on est sûr de ne pas provoquer leurs injures contre le Saint Livre ou contre l'Envoyé divin à qui il a été révélé], — de lire ou exposer aux infidèles les preuves données par le K'oran [pour démontrer la vérité de l'islâm]; — d'envoyer dans le pays où se fait la guerre, des proclamations, des messages où seront cités un ou quelques versets du Livre divin [et d'appeler ainsi les mécréants à la vraie foi].

Le musulman est libre, — d'aller [quand même il serait sûr de sa perte] combattre plus de deux infidèles; mais ce ne doit être ni par ostentation, ni pour faire preuve de bravoure [il ne devra avoir en vue que la gloire de la religion]; — de préférer un genre de mort à un autre [par exemple, de se précipiter à la mer pour ne pas mourir par le feu dans un navire en flammes]. Celui qui [se voyant vaincu, ou sur le point

d'être pris,] espère éviter la mort par la fuite, ou prolonger encore sa vie, doit s'enfuir [et pourvoir à sa
sûreté par tous les moyens].

§ 4. **Des règles de conduite à suivre envers les vaincus, les prisonniers,
les assiégés. — Du combat singulier. — De l'*amân* ou promesse de
vie sauve ou de sauvegarde. — Des traités.**

Relativement au sort des hommes faits prisonniers,
l'imâm ou chef souverain doit [avant de procéder au
partage] examiner et calculer ce qu'il sera le plus utile
de faire. [D'après ce qu'il aura jugé,] il fera mettre à
mort les uns, relâchera les autres s'ils sont sans valeur,
ou laissera à d'autres la possibilité de rançon, ou en
exigera la capitation, ou les déclarera esclaves. [Mais
pour les femmes et les enfants, il n'y a d'autre sort
que l'esclavage. Quant aux prisonniers auxquels on aura
rendu la liberté, ou auxquels on aura accordé le privilége de se racheter ou de payer la capitation, ce qu'ils
valaient ou ce que l'on en retirera sera pris en compte
sur le cinquième qui revient au souverain.]

L'état de grossesse d'une femme non musulmane,
même par le fait d'un musulman [en pays ennemi, y
fût-elle mariée alors à ce musulman], n'est point une
raison pour que cette femme [devenue prisonnière
pendant sa grossesse] ne soit pas esclave. [Il en serait
encore ainsi quand même son mari, mécréant, aurait
embrassé l'islamisme avant d'être fait prisonnier, et
quand même sa femme, devenue enceinte ou avant ou
après cette islamisation, aurait ensuite été prise cap-

tive.]L'enfant de cette femme sera esclave-né, si elle l'a conçu avant l'islamisation de son mari. [Mais si elle est devenue enceinte après cette islamisation, l'enfant ne sera point esclave.]

Les musulmans sont tenus d'accomplir la promesse de vie sauve donnée par eux à un individu qui [d'après les conditions proposées et acceptées, relativement à la conservation de sa propre personne et même aussi de ses biens et de ses enfants,] aura ouvert [une place forte, une citadelle, l'entrée d'un pays. L'individu n'eût-il mis pour condition que la vie sauve du commandant d'une place ou la vie de toute autre personne, il aura lui aussi l'*amân* ou la vie sauve; car, en principe, nul ne demande le salut d'un autre sans y comprendre le sien propre]. Celui à qui le souverain [ou le chef de l'armée] aura promis sûreté et vie sauve, dans quelque pays que ce soit [et avant ou après le succès des armes musulmanes], devra être traité conformément à cette promesse [que d'ailleurs nul n'a le droit de contrôler. Si cet individu veut rentrer dans son pays, nul musulman ne doit l'en empêcher].

En combat singulier, les conditions établies entre les deux champions [soit pour un combat à pied, ou à cheval, ou à dromadaire, soit à la lance, ou au coutelas,] devront être rigoureusement observées et remplies. Si un infidèle vient secourir le combattant qui d'ailleurs l'accepte ou l'appelle, tous les deux seront tués, l'infidèle combattant et celui qui l'a secouru. [Ce dernier seul sera tué, s'il est venu aider son coreligionnaire sans l'assentiment de ce dernier.] Dans le cas où un certain nombre de musulmans [d'après des conventions stipulées entre les deux partis] combattrait un nombre égal d'infidèles, un musulman qui se serait débarrassé de son antagoniste ira au secours de son frère en danger [si toutefois la convention ne porte pas de clause contraire].

Des infidèles qui [enfermés dans une ville ou dans un fort, etc.] s'en remettront de la décision de leur sort à l'arbitrage d'un musulman, seront forcément traités selon les termes de la décision, si l'arbitre est probe, intègre, et connaît les intérêts des vrais croyants; sinon [c'est-à-dire si l'arbitre musulman n'est pas un homme probe et intègre, bien qu'il connaisse les véritables intérêts des musulmans, ou si, ne les connaissant pas bien, il est intègre et probe, ou enfin s'il ne présente aucune des conditions indiquées], le souverain examinera et décidera [ce qu'il sera à propos de faire ou de ne pas faire].

Au souverain seul appartient encore le droit de ratifier, ou de rejeter [intégralement ou partiellement] les conditions de sauvegarde ou de vie sauve souscrites par ses subdélégués, pour une grande contrée ou un état. Mais s'il s'agit de sauvegarde accordée à un petit nombre d'individus, à une portion de pays très-resserrée, est-il besoin de la ratification ou de l'examen du souverain? La majorité des jurisconsultes répond par la négative. D'autre part, l'amân, une fois qu'il est accordé par un musulman [jouissant de ses facultés intellec-

tuelles et] comprenant la signification et la valeur de
l'acte qu'il accomplit, ce musulman, fût-il encore jeune,
ou même esclave, et même l'accord fût-il conclu par
une femme, ou même encore par un dissident ne re-
connaissant pas l'autorité du souverain, cet amân, dis-je,
[accordé à quelques individus, par exemple,] doit-il
être maintenu [sans qu'il soit besoin de la ratification
du souverain]? Il y a encore à ce sujet deux opinions.
[L'une répond par l'affirmative; l'autre déclare que
l'amân accordé ainsi n'a de valeur que par la ratification du souverain, quand même le souverain l'aurait
blâmé. Il est bien entendu que cette ratification ne
saurait se rapporter à l'amân consenti par un dissident.]
L'amân donné sous l'influence de la peur, par un sujet
tributaire non musulman, ou par un musulman quel
qu'il soit, peut être rejeté.

Dans les cas énoncés précédemment, [savoir : ceux
de sauvegarde promise—par les musulmans, à un individu, — par le souverain, ou par ses délégués, ou
par le chef de l'armée, à un pays, — ou enfin, d'a-
près la ratification du souverain, dans les autres circonstances mentionnées à la suite des précédentes], le
droit de mort seulement est interdit aux musulmans,
si l'amân a été accordé après la victoire ou la prise de
la place. [S'il est accordé auparavant, il laisse aux vaincus la vie sauve, et, de plus, les garantit de la captivité
et de l'esclavage.]

Du reste, l'amân est accordé et établi soit par l'é-
noncé du mot même, soit par des signes que le vaincu

a compris dans le sens d'amân [lors même que ce n'eût pas été l'intention réelle des musulmans. De ce moment le fait est accompli.] Enfin il n'est permis d'accorder l'amân, ou de le ratifier, que lorsqu'il n'est point contraire aux intérêts des musulmans d'y consentir.

Si un ennemi, comptant que les musulmans lui accorderont l'amân, vient à eux [et que des musulmans aient juré de le tuer], ou bien si le souverain a défendu de lui laisser la vie sauve et que les musulmans agissent à l'encontre de cette défense [et donnent l'amân], soit qu'ils aient oublié la défense, soit même [qu'ils ignorent qu'il ne leur est pas permis d'agir contre la volonté du souverain, ou] qu'ils ignorent la défense, on doit ou confirmer et accepter l'amân, ou renvoyer l'étranger ennemi à l'endroit d'où il est venu [mais on ne doit ni le prendre, ni le tuer, ni le laisser aller du côté qu'il lui plaira]; de même encore, si cet étranger qui comptait sur l'amân est venu vers un individu qu'il croyait musulman [et qui était infidèle et sujet tributaire]. Il en est autrement si cet étranger, ennemi et mécréant [sachant que l'individu était infidèle et sujet tributaire des musulmans], pensait que l'amân accordé par ce sujet était acceptable. [Alors cet étranger deviendra propriété du trésor des musulmans.]

L'étranger [ennemi et infidèle] qui, se rendant auprès des musulmans, sera pris sur le territoire de l'ennemi, et qui leur dira alors, « Je venais pour vous demander l'amân ou la vie sauve, » sera [cru sur parole et] renvoyé aussi à l'endroit d'où il est arrivé; on renverra pareillement celui qui [ayant avec lui des marchandises] sera pris sur le territoire occupé par les musulmans, et leur dira : « Je pensais que vous n'arrêtiez pas les marchands [et je suis venu de ce côté dans l'espoir de vendre quelque chose]. » Il en serait de même encore si l'individu était pris sur la limite des deux territoires [et qu'il dît aux musulmans : « Je venais vous demander l'amân »]. Mais si [dans ces trois circonstances de localité] on trouve sur un individu pris, quelque chose qui annonce ses intentions [et qui prouve qu'il vient dans des vues de négoce, ou dans des vues hostiles], on agit envers lui en conséquence des indications.

L'individu qui [renvoyé à l'endroit d'où il venait] aura été repoussé par le vent [ou même qui sera revenu exprès avant d'avoir atteint l'endroit d'où il était parti], reste sous le droit de sauvegarde jusqu'à ce qu'il puisse arriver [au point où on le renvoie].

SECTION III.

DE L'ÉTRANGER ENNEMI ET INFIDÈLE SE TROUVANT SOUS SAUVEGARDE EN PAYS MUSULMAN. — DES CAS DANS LESQUELS CET ÉTRANGER POSSÈDE DES VALEURS CAPTURÉES SUR LES MUSULMANS.

Lorsqu'un étranger infidèle qui [n'ayant point été fait prisonnier] habite ou séjourne sous sauvegarde en pays musulman [et en dehors du théâtre de la guerre], vient à mourir, ce que possède cet étranger [et même

aussi le prix du sang, dans le cas de meurtre de l'individu,] revient au *feï* ou trésor des musulmans [35], mais
à la double condition qu'il n'y ait pas d'héritier [présent,
fixé ou non dans le pays], et que le défunt ne soit pas
entré dans le pays seulement pour y passer en voyageur [mais pour s'y établir à demeure, ou pour y faire
ensuite de fréquents voyages].

Si l'étranger ennemi [résidant sous sauvegarde] s'est
élevé ensuite contre les musulmans, a porté les armes
contre eux, et alors a été fait prisonnier et tué, ce qu'il
laisse de biens [ou même de richesses consignées en
dépôt] appartient à celui qui l'a pris et tué.

Si l'étranger [qui est sous sauvegarde] meurt ou
est tué [dans une guerre, sans avoir été fait prisonnier,
et laisse quelque héritier, ce que cet étranger avait
avec lui, ainsi que le prix du sang, appartient à l'héritier
et doit lui être envoyé; si cet étranger n'a pas d'héritier et s'il n'était que voyageur, ou bien si, avant ses
voyages, il ne faisait que des séjours peu prolongés],
ce qu'il avait avec lui, ainsi que le prix du sang, appartient au *feï*. Il en serait de même de ce que cet étranger
aurait consigné ou laissé en dépôt. Cependant ces valeurs laissées en dépôt devront-elles être renvoyées ou
livrées aux héritiers de cet étranger, s'il a été tué en se
battant contre les musulmans [mais sans avoir été fait
prisonnier]? ou bien alors ces valeurs appartiendront-
elles au trésor des musulmans? Deux réponses contradictoires ont été données sur cette question. [Dans
les circonstances précédentes, avant de rien livrer ou

envoyer aux héritiers, en quelque lieu qu'ils soient, on acquittera les dettes du défunt.]

Si un étranger [ayant une capture faite en guerre sur les musulmans ou sur leurs sujets tributaires non musulmans] vient [parmi eux sous promesse de sauvegarde] pour vendre les objets capturés, tout autre individu que le propriétaire primitif de ces objets ne peut, sans encourir le blâme de la loi, les acheter de cet étranger. [Car c'est les détourner du propriétaire primitif; quant à ce propriétaire, acquérir ce qu'il a perdu, ce n'est qu'en payer la rançon.] Du reste, ces objets, une fois qu'ils ont été achetés par un autre [que le propriétaire réel], ou qu'ils ont été donnés à un autre que lui [par celui qui les a capturés], demeurent la propriété incontestable de l'acquéreur ou du donataire.

Dans le cas où un étranger [pendant son séjour sous sauvegarde en pays musulman] se sera rendu coupable d'un vol [envers les fidèles, ou envers leurs sujets tributaires non musulmans, et aura disparu], puis [sous promesse de sauvegarde] sera revenu, ou aura envoyé quelqu'un avec ce qui aura été volé, on s'emparera de tout ce que l'on reconnaîtra comme ayant été dérobé. [Si le voleur lui-même revenait, on lui couperait la main. Enfin l'étranger qui se serait rendu coupable du meurtre d'un musulman serait, à son retour, puni de mort.] Mais dans le cas où des étrangers ennemis viendraient [sous promesse de sauvegarde] en pays musulman, et auraient alors, avec eux, des fidèles de condition libre [ou serve] capturés en guerre, on ne

s'emparerait point de ces captifs. [On se contenterait
de renvoyer du pays et ces étrangers et les musulmans
leurs prisonniers, hommes ou femmes. Toutefois certains légistes prétendent que l'on doit délivrer ces captifs
en en payant la valeur.]

L'étranger infidèle qui embrasse la religion musulmane [soit qu'il fixe sa résidence parmi les musulmans,
soit qu'il la fixe dans son pays,] demeure propriétaire
de tout ce qu'il possède [ou a pris en guerre], excepté
du musulman libre qu'il aurait comme captif [et des
objets qu'il aurait trouvés; ces objets et ce captif lui
seront repris sans compensation ni dédommagement.
On lui reprendra de même les objets dérobés, ce qui
serait positivement reconnu pour avoir été mis en
h'abous ou ouak'f, un cheval pris en guerre et sur la
cuisse duquel serait la marque lissébil, ou bien fi sébil
Illâh, pour ou dans la voie de Dieu, c'est-à-dire consacré
à la guerre sainte; car, par ces mots, la possession de
ce cheval est neutralisée pour tout musulman, c'est un
ouak'f, une immobilisation].

Si ce fidèle nouveau converti possède, — ou une
esclave rendue mère par un patron musulman, ce patron la rachètera [au prix qu'elle valait comme esclave,
le jour de l'islamisation; car cette esclave est en quelque
sorte libre, puisque le patron n'en a que la jouissance
pour ses plaisirs et ne peut plus l'aliéner]; — ou un
esclave auquel a été promise la manumission posthume
[ce nouveau converti ou le gardera à son service, ou
le pourra mettre à louage et cela pendant toute la vie

du patron qui a promis l'affranchissement posthume]; après la mort du patron, l'affranchissement de cet esclave sera acheté sur le tiers des biens du défunt [car le nouveau converti ne possédait sur l'esclave que le droit d'emploi, le droit d'usufruit; si le tiers des biens du défunt ne suffit pas à acheter l'affranchissement, l'esclave restera esclave du fidèle converti]; — ou un affranchi à époque non échue, le nouvel islamisé ne le gardera à son service que jusqu'à l'échéance fixée pour l'affranchissement, et alors il l'affranchira [car il n'avait sur cet esclave que le droit d'emploi]. Le nouveau converti [après que le musulman de condition libre, l'esclave ayant promesse d'affranchissement posthume, ou d'affranchissement à époque fixe, auront été rendus à eux-mêmes,] n'a plus rien à réclamer [sur eux. L'affranchi contractuel ne sera libre qu'au moment où il acquittera son contrat]. Les héritiers [après la mort du patron de l'esclave ayant promesse d'affranchissement posthume] n'ont rien à réclamer pour le temps de service ou de possession de l'esclave, c'est-à-dire à compter depuis ce temps jusqu'au moment où le prix d'affranchissement a été payé.

En guerre, le musulman qui se sera rendu coupable de cohabitation illicite avec une femme étrangère non musulmane, et celui qui aura dérobé quelque chose du butin, sera soumis aux peines afflictives portées par la loi; relativement au vol, la peine afflictive ne sera applicable que s'il a été fait après que le butin était recueilli et réuni.

SECTION IV.

DES CONSÉQUENCES IMMÉDIATES DE LA CONQUÊTE. — DU BUTIN LÉGAL.
— DES PROMESSES DU SOUVERAIN POUR EXCITER LES SOLDATS.

Le territoire d'un pays conquis [excepté les terres vagues ou mortes] devient *ouak'f* [ou immobilisé, immédiatement après la conquête et par le seul fait de la conquête,] de la même manière que cela a eu lieu pour l'Égypte, la Syrie et l'I'râk' [lorsqu'ils furent conquis par les troupes d'O'mar. Quant aux terrains vagues, le sultan les donne en concessions à qui il lui plaît [34]].

Excepté les terres des pays conquis, tout le butin pris sur l'ennemi est partagé en cinq lots, si ce butin est obtenu comme conséquence de démonstrations ou actes d'hostilité [et même lorsqu'à la nouvelle de l'approche de l'armée musulmane, l'ennemi a pris la fuite. Un lot est dit le lot de Dieu et du Prophète; les quatre autres sont distribués à ceux qui ont pris part à la guerre].

Ensuite, — le tribut retiré des terres conquises, tributaires [c'est-à-dire qui payent le cens perpétuel ou loyer du fonds], — le quint ou cinquième sacré [acquis par voie du sort,] sur le butin légal [— le *feï* [35] ou trésor pacifique des musulmans], — les produits de la capitation [imposée aux individus soumis par la force des armes, ou par capitulation, — entrent au *Beïl-el-Mâl* ou trésor public et] servent à pourvoir aux besoins des descendants du Prophète et aux besoins de la communauté musulmane. [Le souverain en ordonne et dirige l'em-

ploi pour les constructions et réparations de mosquées, de ponts, de ports maritimes, pour la guerre,
pour la rétribution des magistrats, pour le payement
de la dette publique, le mariage des célibataires, etc.]

En ce qui concerne les distributions à faire aux individus, sur le trésor public [après que les descendants du Prophète auront reçu leur part], l'imâm devra
commencer par les nécessiteux du pays même où s'est
réuni ce trésor [et il leur sera donné de quoi vivre
convenablement pendant une année. Le reste sera distribué dans d'autres pays, ou mis en réserve pour les
circonstances de dangers ou d'événements imprévus].
Mais [si, dans d'autres localités, les besoins des pauvres
sont plus grands que ceux du pays où s'est réuni le
trésor, on ne distribuera, dans ce dernier pays, que la
moindre partie de ce trésor, et] la majeure partie sera
transportée aux localités où les besoins des pauvres sont
plus nombreux et plus pressants.

L'imâm ou souverain peut [en surplus du quint pré-
levé] disposer d'une partie quelconque des dépouilles
de l'ennemi, pour un but d'utilité [tel que pour récom-
penser un trait de bravoure, pour encourager un corps
d'armée ou un individu, pour provoquer une attaque
vigoureuse, etc.]. Mais il est blâmable pour l'imâm, si
l'armée n'est pas encore maîtresse du champ de bataille, de dire, par exemple, aux soldats, « Qui tuera
un ennemi en aura les dépouilles » [ou bien, « Qui
m'apportera de l'or ou de l'argent, ou des chevaux, en
aura le tiers, le quart; » ou bien, « Qui paraîtra le pre-

mier au haut de ce fort, de ce mur, aura telle récompense, » etc.; car de telles paroles peuvent changer et
détruire l'intention que doit avoir le soldat de combattre pour Dieu, et peuvent être cause de la mort d'un
certain nombre d'individus que l'appât d'un avantage
mondain aura séduits et emportés lorsque le danger était
encore presque inévitable. Quand le succès de l'armée est
assuré, et qu'elle est maîtresse du champ de bataille,
le souverain peut faire les promesses dont il vient d'être
parlé]. Toutefois les paroles [ou promesses indiquées
comme blâmables] engagent également l'imâm, à moins
qu'il ne se rétracte avant que le butin soit ramassé et
réuni. [Alors, à partir du moment de la rétractation,
quiconque fera une des choses annoncées par l'imâm,
n'aura plus rien à réclamer pour cela. Dans le cas où le
souverain a dit, « Qui tuera un ennemi en aura les
dépouilles, » il n'y a que les musulmans qui aient le
droit de s'emparer des dépouilles ordinaires au soldat
ennemi qui a été tué [tels sont, la cotte d'armes, le
sabre, la lance, la ceinture, avec tout ce qu'il y a de
précieux, le cheval que montait l'ennemi tué, ou qu'il
tenait lui-même, ou que lui tenait un serviteur pour
les chances imprévues du combat], mais non les brace-
lets, les croix, l'or et l'argent [les colliers, les pendants
d'oreilles, les couronnes], un animal [qui n'était point
destiné à être monté par l'individu qui a été tué [36].
Le sujet tributaire non musulman, la femme qui tue
un ennemi, n'a droit à la dépouille de cet ennemi que
par l'autorisation du souverain ou du représentant du

souverain]. Il n'est pas nécessaire que [dans le cas où l'imâm ou chef a abandonné les dépouilles d'un ennemi à celui qui tuera cet ennemi,] tous les musulmans de l'armée entendent les paroles de l'imâm [pour donner droit à ces dépouilles; il suffit qu'une partie de l'armée l'ait entendu]. De plus, le soldat musulman aura alors les dépouilles de tous les infidèles qu'il aura tués, à moins que l'imâm n'ait désigné spécialement tel ennemi; dans ce cas, les dépouilles de cet ennemi seulement appartiendront à qui l'aura tué.

Mais [toujours dans la supposition précédente] si le musulman a tué, par exemple, une femme [ou tout autre individu qu'épargne la loi, tel qu'un enfant, un vieillard décrépit], ce musulman n'en aura pas les dépouilles, s'ils n'ont pas combattu avec des armes. Le souverain [toujours dans la même supposition précitée] a comme tout autre [soldat de l'armée], un droit à la dépouille de ceux qu'il tuera, s'il n'a pas dit expressément : « Qui d'*entre vous* tuera un ennemi en aura les dépouilles. » [Car, par les mots : d'*entre vous*, il s'est exclu.] Il s'exclut [encore] du droit de prendre les dépouilles de l'ennemi qu'il tuerait, s'il s'est spécialement appliqué ce droit [en disant: « Si *je tue* un ennemi, j'en aurai les dépouilles »].

Enfin, si l'imâm a dit : « Qui tuera un infidèle monté, etc. » [c'est-à-dire monté sur un mulet ou sur une mule, ou sur un âne ou une ânesse, ou sur un chameau ou une chamelle], celui qui tuera un infidèle ainsi monté en aura la monture, à moins qu'elle n'ait été entre les mains d'un serviteur [qui la tenait ou la conduisait à côté de l'infidèle. Si l'imâm, précisant sa parole, avait dit, « sur une *mule* » ou, « sur un *chameau*, » le musulman n'aurait la monture que si cette monture était ou une mule ou un chameau, non si c'était un mulet ou une chamelle, etc.].

SECTION V.

DESTINATION DES QUATRE CINQUIÈMES DU BUTIN LÉGAL.

---

§ 1. Des droits au partage du butin.

Les quatre cinquièmes [qui restent après le prélèvement du quint ou cinquième du souverain] ne doivent être partagés qu'entre des musulmans, hommes de condition libre, doués de raison, pubères, et ayant assisté aux dangers du combat. De même, ont droit au partage, le marchand [qui suit l'armée dans un but de négoce], le mercenaire [tel que l'individu chargé de travaux secondaires, de transporter des cordes, de travailler comme pionnier, etc.], si toutefois ils se sont battus, ou bien s'ils sont partis avec l'intention de combattre les infidèles [et qu'ils aient assisté aux dangers des combats, même sans se battre].

Les conditions opposées [à celles que nous venons de désigner] excluent du partage, même les individus qui auraient combattu; cependant, certains juristes ont excepté le jeune garçon ou mineur, s'il lui a été accordé la permission de suivre l'armée, et si [ayant la force de combattre] il a combattu. [Par conditions opposées, on fait allusion aux infidèles, même tributaires ; aux femmes, même à celles qui auraient combattu ; aux esclaves, aux aliénés, aux impubères, à ceux qui n'ont point assisté aux combats.] On n'accorde pas la moindre part à ces individus. [Cependant l'hermaphrodite indéterminé a droit à une demi-part, comme dans les héritages. Cette demi-part serait refusée si l'hermaphrodite pouvait être rapporté au sexe féminin.]

Sont exclus encore du partage : — l'individu [ou le cheval] qui est mort avant que les deux armées en soient venues aux mains [eût-il pénétré sur le territoire ennemi] ; — l'aveugle ; — le boiteux ; — le paralytique [— le manchot ; — l'amputé d'une jambe ; — l'impotent, etc.] ; — celui qu'une affaire a retenu après le départ des autres, à moins que ce n'ait été pour le service de l'armée ; — celui qui, en pays [ou parages] musulmans, s'est égaré et n'a pas suivi la masse de l'armée, en eût-il été empêché sur mer par des vents contraires [et fût-il le chef de l'armée ; car l'individu séparé de ses frères n'a pu leur être d'aucune utilité ; mais celui qui se serait égaré et se serait éloigné ainsi de l'armée, en pays ou en parages ennemis, ne perd rien de son droit au partage du butin].

Le droit au partage reste : — pour celui qui, tombé malade en combattant, est cependant demeuré en bataille [jusqu'à la déroute de l'ennemi ; — pour le ma-

·lade, et pour tout infirme, impotent, manchot, etc. qui, n'ayant pas participé activement au combat, a cependant été utile par ses conseils et son expérience]; — pour le cheval qui boitait par suite d'une blessure qu'il s'est faite sous le pied [en marchant sur une pierre ou tout autre corps analogue; car alors l'animal était considéré comme sain];—et aussi pour le [cavalier, ou pour le cheval] devenu malade après [avoir assisté au combat et] avoir participé à la prise du butin. Dans le cas contraire [c'est-à-dire si le cavalier ou le cheval est tombé malade à quelque moment que ce soit et n'a pu aider à la prise du butin], il y a deux opinions différemment motivées sur le droit au partage.

§ 2. Des quotités respectives dans le partage du butin. — Cas d'exclusion du partage.

Relativement aux quotités respectives, on en accorde pour le cheval [ou la jument qui a servi à un cavalier dans le combat] deux semblables à la quotité dévolue au cavalier. [Car le cheval est la grande ressource des batailles.] Cette quotité double est décernée au cheval, même à bord des vaisseaux. Elle est également accordée: — pour le cheval pesant et lourd [et n'ayant ni la finesse ni la légèreté du cheval arabe]; — pour le cheval *hedjín* [ou de race arabe croisée avec la race nabatéenne, qui est de mauvaise nature]; — pour le cheval jeune, pourvu que ce cheval et celui de chacune des catégories précédentes soient en état de faire la charge et la

retraite [37] ; — pour le cheval malade [qui a servi aussi
au cavalier dans le combat], s'il y a lieu d'espérer que
ce cheval guérisse [et serve encore à la guerre]; —
pour le cheval mis en ouak'f ou h'abous [et alors la
double quotité allouée, excepté les rations et les objets de consommation et de besoins particuliers pour
le cheval, appartient à celui qui a combattu sur lui, non
à celui qui l'a consacré comme ouak'f]; — pour le cheval qui aura été enlevé et détourné du butin [et qui
aura servi alors pour faire de nouvelles captures; les
deux quotités allouées pour ce cheval appartiendront
au cavalier qui aura combattu sur lui. Mais ce cavalier
devra à l'armée le louage de ce cheval]. Il en sera de
même en tout pour un cheval qu'un individu [aura enlevé aux ennemis avant la bataille et sur lequel cet individu aura combattu, ou qu'il] aura pris en dehors de
tout secours; mais si le cheval appartenait à l'armée
[s'il s'était échappé et s'il fuyait son maître], la part ou
quotité allouée pour le cheval revient [non à celui qui
a combattu sur lui, mais] au maître [et ce dernier n'a
pas à réclamer de prix de louage. La part d'un cheval
loué revient à l'individu qui a combattu sur lui].

On n'accorde pas de lot régulier : — pour le cheval
débile ou affaibli, ou pour le cheval trop avancé en
âge, car on ne peut retirer ni de l'un ni de l'autre tout
l'avantage désirable ; — pour les mulets, les chameaux
[et les ânes] ; — pour un second cheval [d'un cavalier
qui en aurait deux ou plusieurs].

Quand le cheval appartient à plusieurs propriétaires,

le lot échu au cheval appartient à celui d'entre eux qui s'en est servi en bataille [et qui alors paye à ses copropriétaires un prix de louage proportionnel à ce que chacun possède de l'animal].

Une capture qu'a enlevée un individu ou un corps de troupes [par la permission du souverain ou d'un chef, et] en raison de la présence ou du voisinage de l'armée, est comme si elle était enlevée par toute l'armée [et n'appartient pas en particulier à ce corps de troupes ou à cet individu. De même, si l'armée enlève du butin pendant l'absence de cet individu ou de ce corps combattant à l'écart, cet individu ou ce corps de troupes a droit à sa part de ce butin, à moins que ce corps ou cet individu ne soit de ceux à qui la loi dénie le droit de partage. Mais cette dernière exception est rejetée par presque tous les juristes. Ils soutiennent que si les infidèles qui combattent avec les musulmans ont participé également à la prise du butin ou bien ont été la cause principale du succès, les uns et les autres doivent en avoir leur part; seulement, ce qui reviendra aux infidèles leur sera donné avant le prélèvement du quint, lequel ne doit se prendre que sur la portion des musulmans; et, d'autre part, si les infidèles ont combattu seuls, tout le butin leur appartient à eux seuls et sans rien devoir pour le quint ou cinquième].

Dans les conditions opposées [c'est-à-dire si, en pays ennemi, l'individu ou la troupe d'individus n'a pas la permission du souverain ou d'un chef, et s'il n'y a pas eu l'appui médiat du voisinage de l'armée], le bu-

tin appartient exclusivement à l'individu ou à la troupe
qui l'a pris ; de même pour le pillard et le détrousseur.
[Une armée aussi a seule droit au butin qu'elle fait.]
Toutefois, le pillard ou détrousseur musulman, libre
ou esclave [qui s'est mis en excursion sur le pays en-
nemi], doit, d'après l'opinion d'un jurisconsulte autre
que les commentateurs du Moudaouéneh, donner le
cinquième légal du butin qu'il a pris ; le sujet non musulman n'y est point obligé.

Celui qui [en pays ennemi et avec ce qu'il a pris]
se fait une selle, des flèches [et autres objets d'usage
ordinaire], n'est point tenu de payer le quint de ce
qu'il a employé.

§ 3. Lieu et procédé de distribution du butin légal. — Reconnaissances
d'objets.

La règle [fondée sur l'exemple du Prophète et des
musulmans des premiers temps islamiques] est que
[sous les yeux du souverain ou de son représentant]
le butin soit réparti entre les soldats, en pays ennemi
[toutes les fois qu'il y a sécurité suffisante et que le
nombre des musulmans présente une force qui impose.
Distribuer ainsi le butin est, pour l'ennemi, un sujet
de douleur ; pour les musulmans, un sujet de satisfaction ; c'est aussi le moyen de moins exposer le butin
aux détériorations, de venir en aide aux besoins les
plus actuels des soldats, etc.].

Mais le souverain [ou chef de l'armée] doit-il vendre

[s'il trouve des acheteurs, ou bien est-il libre de vendre] les quatre cinquièmes appartenant à l'armée, afin que la distribution se fasse d'une manière plus égale [et plus commode que si l'on distribuait les objets en nature]? Il y a sur ce point deux opinions contradictoires. [Toutefois, le quint ou lot de Dieu ne doit point être vendu.]

De chaque espèce d'objets, ainsi que l'indique Ibn-Ioûnès, on mettra partie égale, autant qu'il sera possible, pour chacun des cinq lots. [Mais on se gardera de séparer de sa mère l'enfant qui n'a pas achevé sa première dentition, de séparer ou diviser des bijoux qui par là perdraient de leur prix.]

Tout individu, bien connu d'ailleurs [et présent], musulman, ou sujet non musulman, a le droit de reprendre, à titre gratuit, et avant la répartition du butin, tout objet qu'il retrouve comme lui ayant appartenu en propriété personnelle; l'individu devra s'en déclarer par serment le propriétaire [réel, ne s'en étant point dessaisi par vente, ou par aumône, ou par donation]. L'objet [que l'on reconnaîtra pour être la propriété] d'un individu absent lui sera porté si cela lui est le plus avantageux, sinon cet objet sera vendu au nom de l'individu [auquel ensuite on en remettra le prix]. Lorsque [l'objet reconnu pour avoir appartenu à tel ou tel] aura été donné dans le partage [soit exprès, soit par ignorance de la loi], le fait sera annulé [et l'objet rendu à titre gratuit au propriétaire], à moins cependant que l'imâm [ou son représentant présidant au

partage] n'ait agi alors dans la pensée de se conformer
à l'explication légale de certains juristes [qui déclarent
que « l'infidèle devenu maître d'un bien musulman,
le possède à titre de propriété réelle et possessoire, »
et qu'alors la possession par le propriétaire primitif et
musulman a été annihilée]; dans ce cas, l'objet susdit,
une fois distribué, l'a été d'après une intention légale
[non par ignorance, et le propriétaire musulman n'a
rien à réclamer]. Si le propriétaire de l'objet n'était
pas exactement connu et désigné pour tel [et si l'objet
était indiqué simplement comme ayant appartenu à un
musulman], cet objet passerait, sans conteste, au partage, ce qui n'aurait pas lieu pour un objet perdu [of-
frant des signes de reconnaissance, ou pour un cheval
par exemple qui aurait été mis en ouak'f et sur la
cuisse duquel le signe en serait empreint. L'objet perdu
serait remis à celui dont il porterait le nom ou le ca-
chet, etc.].

§ 4. Des esclaves faisant partie du butin légal.

On vendra le service domestique : — de l'esclave qui
a une promesse d'affranchissement pour une époque
fixée ; — de l'esclave auquel son maître a promis l'affranchissement posthume [lorsque l'on trouve dans le
butin, avant la répartition, ces sortes d'esclaves, et
qu'ils ont appartenu à des patrons musulmans mais in-
connus. On ne vend le service domestique de l'esclave
affranchi pour une époque fixée, que jusqu'à l'échéance

de cette époque; à l'échéance, il sera affranchi; on ne vend pas la personne de l'esclave, mais seulement son travail comme serviteur domestique, car c'est tout ce que le patron possédait de l'esclave]. On vendra aussi le contrat de l'affranchi contractuel. [Si le patron d'aucun de ces esclaves ne se retrouve que lorsqu'ils seront libres, ils resteront sous le patronage de la communauté musulmane; car les droits de patronage appartiennent à qui affranchit.] On ne vendra pas les services domestiques d'une esclave rendue mère par son patron [car celui-ci ne possédait sur elle que le droit de jouissance pour ses plaisirs et un service domestique très-restreint, deux choses qui ne comportent pas la vente. Cette esclave sera donc mise en liberté].

Le propriétaire reconnu comme tel [soit musulman, soit sujet non musulman] a le pouvoir, après que l'on a vendu un objet [qui lui a appartenu et qui se trouvait dans le butin], de reprendre cet objet des mains de l'acquéreur [et même malgré ce dernier], mais au prix de la vente même [ou au prix qu'il vaut actuellement, s'il y a eu détérioration]; si l'objet a été vendu plusieurs fois et à différents prix, le propriétaire primitif ne doit payer que le prix de la première vente [ou de la première estimation, faite lors de la répartition du butin; si le propriétaire offre un autre prix que le prix premier, il perd ses droits à la réacquisition].

Le musulman patron d'une esclave qu'il aura rendue mère sera contraint [quand on l'aura reconnu pour en être le véritable maître] de la racheter par voie de

rançon et au prix qu'elle aurait été vendue ou estimée
[lors de la répartition du butin dont faisait partie cette
esclave, laquelle d'ailleurs a été vendue parce qu'à ce
moment on ignorait qu'elle eût été rendue mère par
son patron]. Si le patron est dans la gêne, il sera [éta-
bli débiteur du prix voulu et] poursuivi, au besoin. [S'il
est dans l'aisance, il payera le rachat immédiatement.]
Du reste, l'obligation de ce rachat s'éteint ou par la
mort de l'esclave [car le rachat n'est que le moyen de
la délivrance physique, non de la délivrance morale],
ou par la mort du patron [car alors l'esclave est libre.
Si cette esclave avait été donnée dans un lot du butin,
bien que l'on sût qu'elle avait été rendue mère par son
patron, celui-ci la reprendra, à titre gratuit, des mains
de celui à qui elle est échue].

Le patron d'un affranchi à époque fixée, ou d'un
affranchi par manumission posthume [qui auront été
donnés dans un lot, et dont on n'aura appris l'état d'affranchissement qu'après la répartition du butin], pourra
[dès qu'il sera connu], — ou bien les racheter par voie
de rançon, et ils rentreront dans leur état d'affranchissement vis-à-vis de leur maître ; — ou bien les laisser au
service de celui auquel ils seront échus en partage [et
qui en profitera conformément à la forme de l'affranchissement promis à chacun de ces affranchis]. Et dans
le cas où le patron du susdit esclave à qui a été promise la manumission posthume meurt avant que les
services de l'esclave compensent la valeur [à laquelle
il a été estimé lors de la distribution du butin], cet

esclave devient libre alors, si toutefois le tiers des biens
du défunt suffit pour acquitter [la valeur représentée
par] ce qui reste dû [en services domestiques] au second maitre; sinon, ce dernier a le droit d'exiger de cet
affranchi un service domestique comme acquit de ce
qui reste dû.

Ce droit d'exigence et de poursuite s'exerce de même,
pour retirer le prix d'estimation, contre le musulman
et le sujet tributaire non musulman qui [n'étant pas
connus pour tels au moment de la distribution du
butin dont ils faisaient partie] auront été donnés comme
esclaves dans le partage, et qui, sans motif péremptoire,
n'auront pas déclaré leur condition [dans le moment
du partage. Dès que leur condition sera reconnue, ils
seront mis en liberté; mais celui à qui ils étaient échus
en partage exigera d'eux le prix de leur estimation.
Ils seront à l'abri de toute exigence et de toute poursuite,
si, par des motifs plausibles, ils ont été empêchés de
se faire connaître, s'ils étaient trop jeunes, peu in-
telligents, irréfléchis, s'ils ne savaient pas la langue
arabe].

Lorsque l'affranchi par manumission posthume [a
été, comme nous l'avons dit (dans l'avant-dernier alinéa), laissé à celui à qui il était échu, et que le patron
primitif meurt avant que les services de l'affranchi aient
compensé sa valeur d'estimation, lorsque aussi cet af-
franchi] ne peut être entièrement acquitté de ce qu'il
doit encore de service à son second maître, parce que
le tiers de la succession du patron défunt [soit à cause

de dettes, soit pour toute autre raison,] ne suffit pas [et ne peut en acquitter que la moitié, ou le quart, etc.], dans ce cas l'affranchi reste [par rapport à son maître actuel] esclave partiel [c'est-à-dire esclave de la moitié, ou du quart, etc. de sa personne. Si rien n'a pu être payé, cet affranchi reste tout entier esclave du maître auquel il est échu]. Dans toutes ces circonstances diverses, les héritiers du patron défunt n'ont rien à choisir en fait de détermination [ils n'ont point à opter ou de racheter cet affranchi, ou de le laisser à celui entre les mains duquel il se trouve]; il n'en serait pas de même pour le cas où un affranchi par manumission posthume aurait, à la suite de dommages ou accidents causés par lui, été livré [par son patron, et à titre de réparation, à celui qu'auraient atteint ces dommages ou accidents. Après la mort du patron, les héritiers ont le choix ou de racheter l'affranchi, ou de le laisser s'il lui reste encore un temps de service à passer pour s'acquitter].

Si l'affranchi contractuel [qui faisait partie du butin, et qui a été vendu comme esclave, ou a été donné à titre d'esclave dans un lot de butin] paye le prix auquel sa personne a été vendue ou estimée, il redevient affranchi contractuel comme il l'était [et il retourne à son patron; mais lorsque le contrat d'affranchissement a été vendu, l'affranchi, s'il livre le prix stipulé dans ce contrat, devient libre]. Si au contraire cet affranchi contractuel ne paye pas [ou ne peut pas payer] le prix auquel il a été vendu, il reste esclave, soit que son pa-

tron le laisse à l'acquéreur, soit que ce patron le recouvre par voie de rachat.

Nul individu qui a reçu une part du butin ne fixera
définitivement l'emploi ou ne changera l'état d'aucun
objet [soit effets, soit êtres vivants] dont le propriétaire
[ou musulman, ou sujet non musulman] vient à être
reconnu, avant que l'individu susdit ne laisse au propriétaire le choix [ou de racheter l'objet au prix estimé
lors du partage du butin, ou de l'abandonner]. Cependant, si l'individu a tout d'abord ou modifié l'état, ou
commencé l'emploi de ce qui lui est échu; s'il a, par
exemple [affranchi un esclave mâle, ou] affranchi une
femme esclave par affranchissement maternel, c'est-à-
dire en la rendant mère, il y a alors force de fait accompli [et irrévocable: l'esclave est et demeure affranchi, et la femme est affranchie par raison de maternité].
Il en est de même, sur tous les points, pour un objet
[un esclave homme ou femme,] acheté d'un infidèle en
pays non musulman. [Si alors le patron, musulman ou
sujet non musulman, vient à être reconnu, l'acheteur,
avant de décider et fixer l'état de l'esclave, consultera
le patron, lui proposera le rachat ou l'abandon; mais
si déjà le sort de l'esclave est décidé et fixé, il y a force
de fait accompli.] Dans le cas seulement où l'esclave
acheté faisait partie du butin, le changement d'état qui
a fixé le sort de cet esclave n'a force de fait accompli
que si l'acquéreur n'avait pas l'intention de rendre l'esclave à son patron. Mais dans le cas où l'acquéreur aurait eu cette intention, le nouvel état de l'esclave doit-il

avoir force de fait accompli? Il y a sur ce point deux
opinions soutenues par les juristes [l'une affirmative,
l'autre négative]. Quant au changement d'état de l'esclave
qui déjà était affranchi par manumission à échéance, la
question de valeur de fait est en litige parmi les juristes
modernes. [Toutefois il est de principe que ce fait reste
dans sa valeur de fait accompli.]

§ 5. Dispositions relatives aux esclaves proprements dits, aux prison-
     niers de guerre, aux époux faits prisonniers et à leurs enfants.

Un musulman ou un sujet non musulman payant la
capitation a-t-il reçu en présent de la part d'un infidèle,
et en pays étranger, un objet quelconque [qui aura été
pris ou capturé, ou un esclave qui se sera enfui, ou qui
aura été enlevé], cet objet [ou cet esclave, une fois
rentré en pays musulman,] sera repris par son ancien
possesseur [musulman, ou sujet payant la capitation],
sans que cet ancien possesseur donne rien en retour, si
toutefois l'objet [ou l'esclave] n'a pas déjà été vendu
par le donataire. [Mais cet objet ou cet esclave a-t-il
été obtenu en pays infidèle par voie d'échange,] l'ancien possesseur le reprendra également, en payant le
prix de l'échange même, si toutefois encore cet objet
[ou esclave] n'a pas déjà été vendu par celui qui a fait
l'échange. [S'il a été vendu, dans ce dernier cas, ainsi
que dans le cas précédent,] la vente demeure irrévocable, et l'ancien possesseur devient créancier vis-à-vis
du vendeur, qui lui doit alors, à titre de dette, ou toute

la somme reçue [dans l'hypothèse que l'objet ou l'esclave ait été donné en présent pur et simple], ou le surplus de la valeur donnée en échange [dans l'hypothèse que l'objet ou l'esclave ait été retiré de l'infidèle par voie d'échange].

Quand un individu a retiré, au moyen d'une rançon, un objet de la main d'un pillard [ou d'un ennemi, ou de tout homme d'injustice ou d'iniquité], la conduite la plus convenable qu'ait à suivre le propriétaire réel de cet objet est [s'il ne peut agir autrement] de payer le prix de la rançon [pour rentrer dans la possession de ce que l'individu lui a recouvré. Cette disposition légale, qui semble n'être qu'un conseil de convenance, repose sur ce que le droit de propriété sur des objets acquis par la violence ou l'injustice est un droit contesté].

Un affranchi par manumission posthume, ou toute autre espèce d'affranchi [soit à échéance, soit contractuellement, etc.], qui aura été abandonné à celui qui, par voie d'échange, l'aura délivré des mains des pillards [ou des mains des infidèles, etc.], demeurera au service de ce libérateur [jusqu'à la mort du patron ou jusqu'à l'échéance fixée pour l'affranchissement, etc.]. Mais ensuite, si ce temps de service, après lequel l'esclave est définitivement affranchi, n'équivaut pas à la valeur donnée pour l'échange, le libérateur a-t-il le droit d'exiger de l'esclave tout le prix qui a été donné [en ne considérant le service de l'affranchi que comme un profit retiré du prix déboursé]? ou bien, n'a-t-il le droit d'exiger que ce qui reste dû [de services domestiques pour acquitter entièrement les dépenses faites pour l'échange]? Sur cette double question, les avis sont partagés contradictoirement (*k'aûlán*) [mais l'opinion la plus suivie est qu'il ne faut exiger que ce qui reste dû des services pour représenter toute la valeur donnée].

Si l'esclave d'un infidèle accepte la foi islamique et vient se réfugier en pays musulman, il est libre. [Il est libre aussi quand bien même il resterait infidèle, et ce qu'il a de valeurs avec lui lui appartient intégralement.] L'esclave d'un infidèle en pays étranger est également libre si, ayant accepté l'islamisme et étant resté en pays d'infidèles, il est fait prisonnier par les musulmans [et que son maître alors soit encore dans l'infidélité]. Mais l'esclave musulman qui, fuyant son maître déjà devenu musulman ou venant de se déclarer musulman, se réfugie en pays islamique, reste esclave. [Mais il est évident que, dans les circonstances ici indiquées, il est nécessaire de chercher à s'assurer de la vérité des faits relativement à l'islamisation du patron ou de l'esclave, et à l'antériorité de cette islamisation pour l'un et pour l'autre, avant de rien conclure pour ou contre l'esclave.]

Le mariage est rompu entre deux époux qui [l'un après l'autre, ou l'un avec l'autre,] sont devenus la proie des musulmans. [La femme est devenue esclave par le seul fait de sa captivité ; la cohabitation avec cette femme est permise au musulman, mais après qu'il a attendu une apparition des menstrues.] Le mariage demeure maintenu [si le mari, étant en pays musulman, a embrassé la foi islamique, et] si la femme, faite prisonnière par les musulmans, embrasse à son tour l'islamisme. [Mais persiste-t-elle dans sa foi erronée, cette femme n'est qu'une esclave, son union matrimoniale est rompue et ne peut plus se renouer légalement; car son mari, en qualité de musulman, ne doit pas prendre pour femme une esclave non musulmane; il ne doit l'avoir qu'à titre d'esclave concubine.]

Tous les enfants qu'a eus, avant son islamisation, un étranger infidèle, et aussi les biens que, dans son pays, possède cet étranger [converti, soit parmi les infidèles, soit ailleurs], deviennent la propriété des musulmans [dès qu'ils se sont rendus maîtres de son pays]. Il n'en serait pas de même pour les très-jeunes enfants qu'un étranger non musulman aurait eus d'une femme [musulmane libre, ou] non musulmane libre qu'il aurait faite prisonnière. [Ces enfants, quoique tombés entre les mains des vrais croyants par le droit de la guerre, seraient libres par la raison que leur mère est de condition libre; si les enfants étaient déjà grands, ils seraient esclaves.] Cependant, on a fait à cet égard cette question : Les enfants déjà grands, qui auraient pour mère une musulmane de condition libre, devraient-ils, par la raison seule qu'ils sont déjà grands, être esclaves et mis, à ce titre, au butin des musulmans? ou bien ne devraient-ils être esclaves et mis dans le butin que s'ils avaient combattu contre les musulmans? Il y a sur cela deux avis opposés [l'un voulant que, en tout cas, ces enfants soient esclaves, l'autre qu'ils ne le soient que s'ils ont combattu contre les musulmans]. Quant aux enfants [jeunes ou déjà âgés] qui sont nés d'une esclave [par le fait d'un étranger mécréant], ils appartiennent à celui qui devient possesseur de la mère [et, comme elle, ils restent esclaves. L'enfant est, selon la condition de la mère, libre ou esclave ; mais il est de la famille et de la religion du père. Le bâtard suit la condition libre ou serve et la religion de sa mère].

SECTION VI.

DE LA CAPITATION.

————

§ 1. De la capitation en général.

La capitation est un impôt obligatoire, stipulé dans un traité approuvé par l'imâm souverain [38], à la charge des infidèles vaincus que la loi permet de réduire en captivité.

La capitation se prélève : — sur les individus mâles, pubères et doués de raison ; — sur les individus de condition libre et en état de payer [la taxe en tout ou en partie] ; — sur ceux qui vivent en société avec leurs coreligionnaires [et par conséquent, les prêtres non cloîtrés, et non ermites] ; — sur les affranchis qui n'ont pas été affranchis par des musulmans [en pays musulman ; — non sur les insensés, les aliénés, les enfants, les femmes, les esclaves, les indigents, les moines, les ermites, les infirmes, et les vieillards débilités].

La capitation s'impose sur les habitants d'une contrée, d'un pays, excepté les habitants du [H'edjâz, c'est-à-dire, du] territoire de la Mekke, de Médine, et aussi de l'Iémen [en un mot, les habitants de la presqu'île Arabique; car le Prophète a dit, « Il n'y aura pas deux religions dans l'Arabie; » dès lors nul infidèle ne pourra y habiter]; cependant, les sujets tributaires payant la capitation peuvent y voyager [mais ils ne peuvent y séjourner que pour leurs affaires, pour le commerce, pour certaines circonstances nécessaires. Ainsi O'mar permettait aux Syriens tributaires de transporter des vivres de Syrie à Médine, et de rester trois jours dans cette ville sainte].

§ 2. Quotité de la capitation personnelle. — Prélèvements. — L'islamisation dispense de la capitation et des taxes extra-légales.

La capitation est une taxe [établie, sanctionnée] que payent les sujets tributaires et en état de la payer. Elle est, pour ceux qui ont été soumis de vive force, de quatre dinâr légaux ou de quarante drachmes par tête. [L'indigent qui ne pourra rien payer aura immunité complète.] La capitation est annuelle et, d'après Ibn-Rouchd, se prélève à la fin de chaque année [de même que la dîme ou demi-dîme sur les biens des musulmans]. La capitation ne sera perçue sur le pauvre

qu'en proportion de ce qu'il pourra payer [ne fût-ce
qu'une drachme], et, pour le riche, elle ne sera point
augmentée [au delà de la quotité fixée par la loi].

Les sujets tributaires, soumis par capitulation ou
composition, ne payeront [à titre de capitation] que
la quotité précisée dans le traité [accepté par le sou-
verain]; et si les conditions de soumission n'indiquent
que le terme général de capitation, ils payeront la
même capitation légale que ceux qui sont soumis de
vive force. Si ceux qui capitulent consentent au maxi-
mum de la capitation fixée pour ceux que l'on soumet
de vive force, le souverain ne doit plus, d'après Ibn-
Rouchd, continuer la guerre [il doit accepter la sou-
mission].

La capitation sera prélevée d'une manière humi-
liante [pour les sujets tributaires; chacun d'eux devra
payer par lui-même, non par un envoyé: l'humiliation
peut les déterminer à embrasser l'islamisme].

L'islamisation [ne fût-elle qu'une conversion simu-
lée] affranchit : — de toute capitation; — et des taxes
extraordinaires frappées [au profit des musulmans] sur
les denrées et les objets de consommation, à la volonté
[et à la discrétion des gouvernants]; — et de l'obligation d'héberger, pendant trois jours, le musulman en
voyage. [Ces taxes, non indiquées par la loi fondamentale, furent imposées par O'mar, en surplus de la capitation légale. En Égypte, il exigea de chaque sujet
tributaire deux *ardeb* de blé par mois, du miel, des
vêtements, de la graisse, etc.]

§ 3. Dispositions relatives aux biens, propriétés et églises des sujets payant la capitation. — De certaines prohibitions. — Dispositions répressives, au point de vue religieux.

L'infidèle soumis par la force des armes [et payant la capitation] est de condition libre. [Qui le tue doit payer un *piaculam* de cinq cents dinâr.]

Lorsque cet infidèle meurt ou lorsqu'il embrasse la foi islamique, il n'y a que les terres dont la possession lui a été garantie [par les conquérants] qui redeviennent propriété de la communauté musulmane. [Les autres biens acquis depuis la conquête sont hors de cette disposition de la loi.]

Dans le cas où les infidèles ont capitulé, si la capitation est fixée en masse [à une somme générale] sur la population du pays [non par individu et par propriété individuelle], les terres [c'est-à-dire, les propriétés agricoles et cultures, et avec elles tous les autres biens] appartiennent à leurs propriétaires, et cela en possession possessoire. [Chacun d'eux dispose librement de tous ses biens sans nulle exception, et peut vendre ses terres. La valeur totale de la capitation ne doit ni augmenter ni diminuer par l'accroissement ou la diminution de la population, car tous les habitants sont solidaires pour le payement général.] L'individu alors teste à sa volonté, dispose de tous ses biens comme il lui plaît, et la succession se partage conformément aux dispositions du testateur. [Tous les biens de celui qui meurt sans héritier restent à ses coreligionnaires primitifs, car la capitation reste invariable.]

Si la capitation est fixée par tête [et comme un impôt individuel, et si elle est déterminée en masse par rapport aux terres, c'est-à-dire, aux cultures et propriétés agricoles, ou s'il n'est pas question des cultures dans le traité], les terres [et tous les autres biens] de tel propriétaire lui appartiennent en possession libre. [Il dispose de tout à son gré, lègue ou laisse en héritage à sa discrétion, vend comme il lui plaît, etc.]; mais les terres, les cultures [et tous les autres biens] de celui qui meurt sans héritier appartiennent à la communauté musulmane; toutefois [dans cette hypothèse de manque d'héritier], l'individu peut léguer le tiers seulement de ce qu'il possède. [Lorsque la capitation a été sanctionnée avec les clauses qui viennent d'être mentionnées, elle augmente ou diminue, suivant l'accroissement ou la diminution de la population.]

Si la capitation est fixée par répartition et détail, seulement sur les terres [ou cultures et propriétés agricoles, si, par exemple, il a été fixé une valeur de tant pour chaque olivier, pour chaque étendue déterminée de terre cultivée, et que la fixation ait été faite en masse pour la population, ou qu'il n'y ait pas eu, dans le traité, de fixation déterminée sur les personnes], ou bien, si la capitation a été établie et par tête et par propriété agricole [de telle étendue], dans ces deux cas, les terres et cultures de l'individu [qui d'ailleurs encore demeure maître de tous ses autres biens] lui appartiennent, et il peut aussi les vendre à son gré;

mais l'impôt foncier de ces terres et cultures reste à la charge du vendeur. [Cela n'a pas lieu dans les deux formes de capitation mentionnées (par les deux alinéa précédents). Cet impôt foncier cesse pour le vendeur, par l'islamisation, ou par la mort. Les héritiers du propriétaire héritent; mais si celui-ci meurt sans héritiers, tous ses biens reviennent à la communauté musulmane. Enfin, les biens, terres et cultures restent la propriété du sujet payant capitation, s'il se fait musulman.]

Dans un pays conquis par la force des armes, il est loisible aux habitants de construire de nouvelles églises, mais seulement si cette réserve est stipulée dans le traité. Il en est de même pour la restauration des églises en ruine. [Nombre de juristes, décomposant la tendance générale du texte de ce passage, en ont tiré la conséquence que jamais la restauration des églises en ruine ne doit être permise, fût-elle une clause essentielle du traité. Car restaurer, c'est honorer et ressusciter des traces ou restes du passé qu'a réformé l'islamisme; construire de nouveau est alors une grâce accordée par la générosité musulmane, qui, à la rigueur, devrait ne pas l'accorder. Les églises existantes au moment de la conquête seront respectées.]

Aux sujets soumis par composition ou capitulation, il est permis : — de construire de nouvelles églises; [— de restaurer ou relever les églises en ruines;] — de vendre les terrains environnants ou les *atrium* des églises, ou les enclos et les murs qui les entourent [ce qui n'est point permis aux infidèles soumis de vive force]. Mais il n'est point permis [aux infidèles soumis ou par capitulation, ou de vive force] de construire de nouvelles églises en pays musulman [c'est-à-dire en pays qui originairement a appartenu aux musulmans]. Toutefois, cette défense n'a force d'exécution que dans les cas où elle n'entraînera pas des conséquences plus nuisibles que la permission. [On préfère alors le parti qui présente le moins d'inconvénients.]

Il est défendu à tout sujet tributaire ou payant la capitation : — de monter à cheval, à mule [ou à mulet]; — d'avoir une selle sur une monture [c'est-à-dire sur un âne, seule monture qui soit permise au sujet tributaire; ce sujet n'y placera qu'un petit bât, c'est-à-dire la garniture que l'on met habituellement sous le grand bât ordinaire, et l'individu se tiendra les jambes pendantes d'un côté de l'animal]; — de passer sur la meilleure partie d'une rue ou d'un chemin [à moins qu'il n'y ait personne].

On obligera tout sujet payant capitation : — à porter un costume qui le distingue du musulman; — à ne point quitter, sous peine de châtiment correctionnel, la *zounnâr* ou petite ceinture [qui, pour l'infidèle, est un signe d'abaissement et de dégradation, ainsi que le chapeau].

On punira d'un châtiment correctionnel tout sujet tributaire — qui aura été trouvé ivre [ailleurs qu'en société composée seulement de ses coreligionnaires;— qui aura ostensiblement mangé du porc]; — qui aura manifesté ses croyances religieuses particulières [sur Jésus, sur Marie, etc. bien que ces croyances ne soient pas essentiellement contraires à l'orthodoxie musulmane. On punira aussi celui qui, en présence d'un musulman, ferait des lectures ou récits dans les églises]; — qui aura parlé mal d'un musulman [et même sans l'injurier; — qui aura laissé voir du vin ou en aura transporté ostensiblement d'un lieu à un autre]; le vin sera jeté et répandu par le premier musulman venu [et celui-ci ne sera passible de réparation et de dommages-intérêts que s'il avait jeté le vin sans que le sujet l'eût laissé voir à personne; — qui aura sonné une cloche pour appeler les autres à la prière]. La cloche sera brisée. [Il en est de même pour ceux qui montreront une croix en public; cette croix sera brisée. Les sujets tributaires seront libres d'épouser leurs filles, leurs mères, si leur loi le permet.]

§ 4. Des circonstances qui annulent les conditions des traités conclus avec les sujets tributaires.

Tout sujet tributaire a annulé les obligations des traités [est en état de révolte, et par conséquent est considéré comme ennemi étranger], — 1° lorsqu'il prend les armes contre les musulmans sans y être forcé pour sa défense personnelle, ou pour se soustraire à des actes injustes et tyranniques]; — [2° lorsqu'il refuse de payer la capitation [tribut par lequel il rachète son sang; il en est de même encore si l'étranger ne rem-

plit pas les conditions stipulées dans les traités]; ——
[3° lorsqu'il se met en opposition avec l'autorité musulmane [soit par un acte d'insubordination, soit en s'unissant, par exemple, à des musulmans qui seraient hostiles au gouvernant, ou qui chercheraient à lui nuire
dans son honneur ou dans ses biens]; —— 4° lorsqu'il
a séduit une musulmane libre [qui a fini par céder; la
séduction d'une femme de condition serve, ou d'une
femme libre non musulmane, n'entre point dans la
prévision légale indiquée ici]; —— 5° lorsqu'il a trompé
une femme libre [à laquelle il s'est annoncé comme
musulman et qu'il a épousée]; —— 6° lorsqu'il a fait
connaître à l'ennemi les points par lesquels les musulmans sont plus sûrement attaquables [ou lorsqu'il a
écrit à l'ennemi que telle ville, tel endroit de la fron-
tière est sans défense, etc.]; —— 7° lorsqu'il a outragé
le Prophète de l'islamisme par des paroles qui, au
point de vue du coupable, ne sont cependant pas,
pour lui, des paroles d'impiété et d'irréligion; lorsqu'il
a dit, par exemple, « Moh'ammed n'est pas un prophète; » ou bien, « n'est pas un envoyé de Dieu; » ou
bien, « Dieu ne lui a pas envoyé du ciel le K'oran; »
ou bien, « Le K'oran est la parole et l'œuvre de Mo-
h'ammed; » ou bien, « Jésus a créé Moh'ammed; » ou
bien, « Ce pauvre Moh'ammed! Il vous dit qu'il est dans
le paradis! Comment se fait-il donc qu'il n'a pas pu,
qu'il n'a pas su empêcher les chiens de lui mordre et
manger les jambes? » [Ces dernières paroles font allusion à un accident qui, au dire des mécréants, que

Dieu les confonde! serait arrivé au Prophète. Les outrages qui, même au point de vue des infidèles, sont
des paroles d'impiété et d'irréligion sont, par exemple,
« Moh'ammed n'a point été envoyé pour nous, mais bien
pour les Arabes; » ou bien, « Jésus est fils de Dieu, »
ou « est une des trois personnes qui sont en Dieu, etc. »
De telles paroles n'entraînent point la peine de mort
pour des sujets tributaires, mais seulement un châtiment correctionnel].

Le coupable [dans les quatrième, cinquième et septième cas énoncés] sera mis à mort, à moins qu'il ne
se décide à se convertir à l'islamisme. [Dans le premier cas, le souverain prononcera sur le sort du coupable considéré alors comme prisonnier de guerre;
dans le sixième cas, le souverain jugera s'il y a lieu à
infliger la peine de mort ou à réduire en esclavage.
Les autres cas seront laissés à l'arbitrage du souverain,
qui en appréciera les circonstances ou aggravantes ou
atténuantes.]

Tout sujet tributaire qui s'enfuira en pays ennemi
et sera repris, sera réduit en esclavage, mais seulement
s'il n'y a pas eu de vexation ou d'injustice qui l'ait
forcé à s'enfuir; dans le cas contraire, il ne sera pas
fait esclave [il rentrera dans sa condition de sujet tributaire. Du reste, il sera cru sur parole, lorsqu'il déclarera s'être enfui pour échapper aux brutalités, aux
mauvais traitements. Il ne sera pas réduit à l'esclavage
non plus pour s'être mis à guerroyer [comme détrousseur, ou brigand, ou voleur de grands chemins, en pays

musulman, dont il n'avait pas d'ailleurs l'intention de sortir. Le coupable alors sera simplement jugé sur ses méfaits].

Lorsqu'un certain nombre de sujets convertis apostasieront et prendront les armes [puis tomberont entre les mains des musulmans], ils seront traités comme des musulmans qui auraient apostasié [non comme des infidèles qui auraient violé les traités. Les individus en âge de virilité auront trois jours de réflexion, et, s'ils ne rentrent pas, après ce délai, dans la foi islamique, ils seront mis à mort; mais on ne s'emparera ni de leurs biens, ni de leurs femmes. Les plus jeunes seront forcés d'embrasser l'islamisme].

SECTION VII.

DES TRÊVES OU SUSPENSIONS D'ARMES.

Au souverain [ou à son représentant] seulement, appartient le droit d'accepter ou d'accorder une trêve, lorsqu'elle est jugée utile, lorsqu'elle n'entraîne pas de résultats défavorables, tels que l'abandon des prisonniers musulmans aux mains des infidèles [ou l'abandon d'une place occupée par les musulmans, etc.]. On acceptera la trêve, fût-ce à prix d'argent, mais jamais par motif de crainte seulement.

La durée d'une trêve n'a pas de limites fixées; cependant, il convient qu'elle ne dépasse pas quatre mois [à moins que cette durée ne soit pas suffisante pour permettre aux musulmans de réunir ou de renouveler leurs forces].

Dès que le souverain [ou son représentant] sera informé que quelque condition de la trêve est violée, il rompra l'armistice et avertira les ennemis [de la reprise des hostilités].

Les conditions de l'armistice seront rigoureusement observées par le souverain [ou son représentant], se fût-il obligé à rendre aux ennemis [même des prisonniers musulmans qui se seraient réfugiés dans son camp, ou] des otages [redemandés par les ennemis sous la réserve exclusive de ne nous rendre les nôtres qu'ensuite], se fussent-ils convertis à l'islamisme [au moment de l'acceptation de la clause qui stipulait leur remise aux ennemis. Lorsque l'ennemi n'a point d'otages musulmans, on ne lui rendra point les siens s'ils ont embrassé l'islamisme]. On rendra encore à l'ennemi [conformément aux conventions acceptées] tout individu musulman qui lui appartiendra, même un musulman expédié aux musulmans comme chargé de négociations.

[Quelles que soient les conditions d'une trêve,] on ne rendra que les hommes. [Jamais les femmes ne seront rendues, à moins de circonstances forcées et dont les résultats soient à craindre.]

SECTION VIII.

DU RACHAT DES PRISONNIERS.

Les rachats des musulmans se feront aux dépens du *feï* ou trésor commun des fidèles; en cas d'insuffisance des réserves de ce trésor, ils se feront aux frais directs des musulmans; enfin, à défaut d'autres ressources [ou à défaut de cotisation de la part des musulmans], chaque prisonnier sera racheté à ses propres frais.

Le musulman qui aura racheté un prisonnier [de condition libre ou serve, ou bien un sujet tributaire, lorsqu'il y avait certitude ou seulement probabilité que le souverain ne ferait pas racheter ce prisonnier] sera remboursé de ses dépenses en espèces ou valeurs identiques, ou bien en objets de nature différente, mais équivalant aux dépenses du rachat. Ce remboursement est également obligatoire et pour le riche [qui d'ailleurs doit l'acquitter sur-le-champ], et pour l'individu dans la gêne [qui alors sera établi débiteur légal de celui qui a payé la rançon. Néanmoins, ce dernier n'a rien à réclamer dans aucun cas, s'il y avait seulement probabilité que le souverain ferait opérer le rachat]. La rançon ne sera remboursée à celui qui l'a payée que s'il n'a pas eu intention d'en faire aumône au prisonnier racheté, et que s'il a été impossible de délivrer le prisonnier autrement qu'au prix qui a été payé.

Celui qui a fourni la rançon n'a plus à réclamer ses dépenses lorsque la personne rachetée lui était parente à un degré qui exclut l'alliance matrimoniale, ou lui était unie par le mariage, pourvu cependant que l'individu ait su ce qu'était, à son égard, la personne dont il payait la rançon, ou pourvu que cette personne soit de celles que le rachat seul remet en liberté pleine [et sans redevance; tels sont les proches parents, les frères, les sœurs, la mère, etc.]. L'obligation du remboursement subsiste pour la personne délivrée, si elle a donné ordre ou commission à l'individu de la racheter.

Une dette pour une rançon doit être acquittée promptement et avant toute autre dette, même au moyen de ce que la personne rachetée n'a pas directement et immédiatement à sa disposition [c'est-à-dire au moyen de ce qu'elle peut avoir dans son pays, etc.].

On répartira en portions égales sur un nombre de prisonniers rachetés [la somme fournie pour leur rançon par un individu], lorsque l'on ignorera la condition et l'état de vie de tous ces prisonniers [les uns pauvres ou riches, les autres esclaves ou libres, ou chérifs, etc. Si donc, cinquante prisonniers ont été ainsi rachetés pour mille pièces, chacun d'eux sera débiteur de vingt pièces à l'individu, à moins que l'on ne connaisse la différence de condition et de vie de chacun; car alors la somme devra être répartie en quotités proportionnelles à l'état d'aisance ou de considération de chacun].

La déclaration [avec serment] du prisonnier racheté, certifiant que tel a été le prix de la rançon [payée pour lui], ou certifiant que le prix n'a été que de tant [quelque faible que soit la valeur déclarée par le prisonnier], fait autorité [en cas de contestation entre l'individu racheté et celui qui a soldé la rançon, quand ce dernier manque de preuves positives, et] lors même que le prix de la rançon de l'individu racheté ne serait plus entre ses mains [mais serait, selon que l'a déclaré le prisonnier, confié, à titre de dépôt, entre les mains de celui qui a racheté].

Il est permis de racheter des prisonniers musulmans en les échangeant contre des prisonniers non musulmans et en état de combattre [à moins qu'il n'y ait trop à craindre des suites d'un pareil échange]. D'après un juriste autre que les quatre principaux commentateurs du Moudaouéneh, il est également licite de donner, pour racheter les prisonniers, du vin, du porc [ou autres viandes défendues, telles que des viandes d'animaux non égorgés. En pareille circonstance, on ordonnera aux sujets non musulmans, mais sans les y contraindre, de livrer à l'ennemi ce dont on est convenu, et il leur en sera tenu compte en déduction de l'impôt de capitation. Si les sujets refusent, tout musulman peut, forcé qu'il est alors par la nécessité, acheter ce qui doit être livré et le faire conduire à l'ennemi].

Le musulman qui, par ce genre de rançon, aura délivré un musulman ou un infidèle, n'aura nul droit à réclamer le prix de ce qu'il aura livré [à moins qu'il ne l'ait acheté].

Est-il permis, pour racheter des prisonniers, de donner à l'ennemi des chevaux, des armes ou des appareils de guerre? Sur ce point, il y a deux opinions différentes (*k'aûldn*). [L'une est absolument négative; l'autre permet ce genre de rançon, seulement lorsqu'il n'y a pas à craindre quelque conséquence désavantageuse pour les musulmans.]

CHAPITRE IV.

DES JOUTES OU EXERCICES ET JEUX MILITAIRES.

La loi permet, à la condition d'une récompense pour le concurrent vainqueur, les courses de chevaux entre eux, de chameaux entre eux, et de chevaux contre des chameaux [39]. Le prix à remporter doit être de nature telle qu'il puisse être vendu. [Ce ne peut donc être ni du vin, ni du porc, ni un esclave à qui a été promise la manumission posthume, etc. On peut proposer comme prix, l'affranchissement d'un esclave, une bonne œuvre. Les éléphants, les ânes, les mules, les mulets sont exclus des courses, parce que ces animaux ne servent pas de montures pour combattre dans les batailles.]

Dans les courses, on doit fixer : — le commencement et la fin des espaces à parcourir [mais il n'est pas nécessaire qu'ils soient égaux]; — le genre de monture [cheval ou chameau, en terme général, à condition cependant que les animaux qui doivent concourir ne diffèrent pas trop visiblement de qualités apparentes]; — l'archer qui doit monter l'animal; — le nombre de buts ou mires à atteindre [par exemple, quatre sur dix], et la manière de les atteindre en les perçant [de telle sorte que la flèche ou le trait pénètre dans la mire et y reste suspendu, ou bien que le coup laboure une partie de la mire, ou y laisse une empreinte nette au point d'atteinte, ou ne frappe que l'extrémité de la mire en l'égratignant, ou bien que le trait frappe en avant de la mire et vienne ensuite s'y implanter, ou bien qu'il ne frappe que tel bord de la mire].

Le prix à remporter sera proposé et donné par un individu étranger à la lutte [tel qu'un gouverneur, un ouali, etc.], ou par un des concurrents. Dans cette dernière circonstance, la récompense ne sera accordée au vainqueur que s'il est autre que celui qui l'a proposée; si ce dernier sort vainqueur, elle est donnée à qui a consenti aux conventions [ou à la lutte, ou en même temps aux conventions et à la lutte]. Il n'est pas permis à deux individus de proposer chacun un prix [égal, ou différent], à condition que le tout appartiendra au vainqueur [car la règle est que celui qui a proposé le prix n'en prenne rien, et que les conventions ne présentent aucune forme des jeux de hasard. L'accord à mise réciproque, indiqué ici, est défendu], quand même il y aurait un troisième concurrent sans mise, et qui aurait la chance d'être vainqueur.

Dans la lutte du tir à l'arc, les conditions ne doivent point stipuler comment seront les flèches, la corde de l'arc [ou la longueur, ou la finesse de cette corde, ou l'espèce d'arc, la forme arabe ou non arabe]; chaque concurrent est libre de s'arranger à sa discrétion. Il est de règle aussi que chaque concurrent ignore quel est le degré de vitesse des chevaux de ses rivaux, et aussi quelle est la position sociale des cavaliers.

Les garçons impubères sont exclus du droit de prendre part à ces exercices.

Il n'est pas nécessaire que la récompense soit la même pour quiconque sera vainqueur. [Ainsi, celui qui la propose peut s'engager de cette manière : « Si un tel est vainqueur, il aura telle chose ; si un tel est vainqueur, il aura telle autre chose, ou telle somme. »] Le point à atteindre peut être différent pour tous les concurrents. [A un tel, on peut fixer tel point, à un autre, un point plus élevé ou plus bas, pourvu que les deux individus y consentent.] La distance du but peut varier pour tous [soit à la course, soit au tir de l'arc].

Quand un accident ou un incident imprévu arrêtera ou fera dévier la flèche lancée [quand par exemple elle rencontrera un animal], ou se brisera [ou bien quand l'arc se cassera], ou bien quand un coup, un choc viendra frapper en face un cheval lancé [et troubler ainsi ou rompre son élan], ou que le fouet [avec lequel le cavalier excite le cheval] aura été enlevé, l'individu [qui alors aura le dessous] ne sera point considéré comme vaincu. Il n'en est plus de même [pour le dernier incident mentionné], si le fouet s'est échappé de la main du cavalier, ou si le cheval a fait le rétif [ou si le cavalier est tombé, ou si les rênes se sont rompues, ou si le cheval effrayé s'est détourné].

Les exercices et jeux de rivalité autres [que ceux qui viennent d'être indiqués jusqu'ici, tels que les joutes sur mer, l'envoi de certains oiseaux pour l'expédition rapide d'une nouvelle, la course à pied, le jet des pierres, la lutte corps à corps, tous exercices pratiqués dans l'intention unique d'en retirer avantage pour la guerre, non d'en retirer seulement une vaine gloire de supériorité personnelle] sont permis, mais gratuitement et sans prix ou récompense pour les vainqueurs.

Au moment de lancer la flèche, il est permis au concurrent : — de vanter [par quelques mots] la renommée de sa famille ou de sa tribu [dans l'art de tirer l'arc; de dire : « Je suis de la famille d'un tel; je suis un enfant de telle tribu; » — de marcher fièrement en allant au combat]; — de déclamer des vers sur le rhythme *redjez* [40]; — de proclamer son nom [par exemple, de dire avec orgueil, « Je suis fils d'un tel »]; — de pousser un cri d'animation [ou d'effort, ou de courage. Ces manifestations sont autorisées par l'exemple même des compagnons du Prophète et par l'exemple du Prophète lui-même, qui, dans une rencontre, s'écriait : « Je suis le Prophète, oui, je suis Prophète, fils d'A'bd-el-Mout't'aleb »].

Mais [dans les actes ou les paroles que nous venons d'indiquer] il est mieux de proclamer le nom de Dieu [et de dire, « Dieu est grand! » etc.], que de se donner en spectacle d'ostentation.

Les conditions d'une lutte ou d'un exercice [une fois arrêtées d'après les règles] deviennent obligatoires pour les concurrents [et ne peuvent être annulées que du consentement de tous]; c'est une sorte de contrat de location [qui ne cesse d'avoir force obligatoire que par la volonté et l'assentiment des contractants].

CHAPITRE V.

DU MARIAGE.

SECTION I".

DES DEVOIRS, PRIVILÉGES, ET ACTES EXCLUSIVEMENT RELATIFS AU PROPHÈTE.

Différentes circonstances [soit comme devoirs simples ou comme priviléges, soit comme obligations attachées à la noblesse de son origine, soit comme convenances de sa part, ou comme marques de respect et d'honneur dues à un envoyé de Dieu] ont été spéciales au Prophète exclusivement [c'est-à-dire à l'exclusion de tout ce qu'il y a eu de créatures humaines. Ces circonstances furent, les unes relatives à lui ; les autres relatives aux musulmans par rapport à lui ; les autres relatives à la dispense pour lui de certaines exigences de la loi ; savoir :]

— 1° Il était de devoir pour lui [en surplus de ce qui a été imposé à tous les musulmans] de s'acquitter, dans la matinée, d'une prière de deux réka [et parfois il la prolongeait jusqu'à huit réka] ; 2° de faire des oblations sacrificatoires simples [outre les sacrifices du pèlerinage, qui sont de devoir pour tous] ; 3° de passer des nuits en prières ; 4° de faire toujours la prière ouitr, excepté en voyage ; 5° de se nettoyer la bouche avec le miçouâk [ou cure-dent en pinceau, avant chacune des prières, soit en voyages, soit en résidence]; 6° de laisser à ses femmes la liberté de rester avec lui [non en vue de ce monde et de son éclat trompeur, mais en vue de l'autre monde; le Prophète proposa le choix à A'ïcheh la première; elle choisit d'être au Prophète, dans le but de mériter le bonheur éternel de l'autre vie, et les compagnes d'A'ïcheh suivirent son exemple].

— 7° Un musulman devait répudier sa femme, afin de la laisser épouser au Prophète, qui la désirait pour épouse. [Et cette femme, une fois répudiée ainsi par son mari, nul autre que le Prophète ne pouvait plus jamais la demander en mariage.] 8° Tout musulman, quoique en prières, devait répondre au Prophète [si celui-ci lui adressait la parole].

— 9° Le Prophète devait consulter [ses disciples, seulement dans les discussions des affaires publiques importantes, dans les cas de guerre, non qu'il eût réellement besoin, lui la science parfaite, des lumières de ses disciples, mais pour leur donner une preuve d'amitié et de confiance, et pour apprendre aux chefs, aux grands, aux gouvernants de l'avenir, à demander aussi conseil aux uléma ou hommes de science]. 10° Le Prophète devait acquitter [à ses propres dépens] la dette du fidèle insolvable mort [ou même vivant]; 11° ne pas interrompre, jusqu'à parfait accomplissement, tout acte pieux ou religieux commencé; 12° affronter, sans hésiter, tous ses ennemis, quelque nombreux qu'ils fussent [et eût-il eu à combattre en même temps contre

toutes les nations; car Dieu lui avait promis de l'aider];
13° mettre partout [et sans nulle considération] le bien
à la place du mal.

— 14° Il fut défendu au Prophète et à toute sa famille directe [c'est-à-dire seulement aux Hâchemites ou
descendants de Hâchem, et cela, pour ne pas porter
la moindre atteinte à la grandeur de leur noblesse,]
de recevoir la moindre part des deux sortes d'aumônes
religieuses [savoir : les zékât ou impôts sacrés, et les
aumônes expiatoires, ou votives, ou de pure dévotion.
Les revenus du Prophète, pour lui et les siens, étaient
ce qu'il avait droit de choisir avant qui que ce fût, dans
le butin, et de plus le cinquième du quint, les dons et
les présents]. 15° Il fut défendu au Prophète: de manger [excepté lorsqu'ils étaient cuits] des légumes forts,
analogues à l'ail [tels que l'oignon, le poireau, le na-
vet; le Prophète ne devait point manger de ces légumes
à odeur forte, parce qu'il était sans cesse en communication avec les anges]; 16° de manger accroupi et appuyé sur lui-même [car cette position dispose à trop
manger; le Prophète, à ses repas, était assis de manière
qu'il paraissait toujours prêt à se lever debout]; 17° de
cohabiter avec une femme lorsque [après lui avoir été
mariée] elle témoignerait quelque répugnance à rester
avec lui [comme cela eut lieu pour Omaïma, fille de
No'mân, et, selon d'autres, pour Molaïka, de la famille
des Laïtides]; 18° de changer une de ses femmes [aux-
quelles il avait laissé le choix d'être à lui pour jamais,
et qui avaient choisi d'être à lui pour l'éternité, résolu-

tion qui fut récompensée par l'assurance de ne point être séparée du Prophète dans ce monde. Du reste, le Prophète eut dix-sept femmes, dont cinq par contrat légal; il cohabita avec douze d'entre elles; à sa mort, il en laissa neuf; personne n'eut le droit de s'unir à elles; elles furent appelées *les mères des croyants*]; 19° de prendre pour femme une chrétienne libre, ou une juive libre, ou une esclave musulmane [car il était de trop haute noblesse pour confier le germe de sa descendance possible aux entrailles d'une mécréante; « et, a-t-il dit, j'ai fait à Dieu cette prière, « Seigneur, permets que « je n'aie pas ici de femmes que je ne puisse retrouver « avec moi dans le paradis; » ma prière a été exaucée. » A titre de concubines, il pouvait avoir quelque femme que ce fût. Le Prophète ne dut point prendre pour femme une esclave musulmane, car c'est le fait de qui est impatient de copulation et veut éviter le libertinage].

— 20° Il était défendu à qui que ce fût de cohabiter [même légalement] avec une femme qui avait appartenu au Prophète [auquel elle avait survécu] et dont il avait [ou n'avait pas] joui. [De même pour la concubine, pour l'esclave qu'il avait rendue mère, ou qu'il avait vendue, ou affranchie.]

— 21° Également, il était défendu au Prophète de quitter la cotte d'armes [une fois qu'il s'en était revêtu] avant d'en être venu aux mains [et avant que la volonté divine eût décidé entre lui et l'ennemi]; 22° de donner quelque chose dans le but de recevoir davantage en retour; 23° de tromper les regards [en se laissant voir

sous un aspect qui l'eût fait méconnaître, excepté toutefois dans la guerre, en voyage, dans un moment de
danger; il lui était alors loisible de paraître sous un
autre extérieur que celui sous lequel il était connu].

— 24° Il était défendu à qui que ce fût de décider
entre le Prophète et un adversaire ou une partie adverse; 25° d'élever la voix plus haut que celle du Prophète [lorsqu'il enseignait ou discutait. De même aujour-
d'hui les ulémas assemblés ne doivent point parler trop
haut, car ils sont les héritiers scientifiques du Prophète;
et la vénération, le respect qui lui était dû pendant sa
vie, lui est encore dû après sa mort]; 26° d'appeler le
Prophète de derrière les pierres [c'est-à-dire de l'appeler par dehors le mur de la maison, au lieu de venir
s'annoncer à la porte; car cette première manière d'appeler les gens est d'une grossière rusticité, à moins que
celui qui appelle ainsi ne soit un des serviteurs de la
personne appelée]; 27° d'interpeller le Prophète par
son nom [de Moh'ammed; il a été défendu de le nommer ainsi, même après sa mort; ses disciples ne l'inter-
pellaient ou ne le désignaient que par : Prophète, Envoyé
de Dieu].

— 28° Il était permis au Prophète de prolonger le
jeûne au delà d'un jour [sans boire ni manger pendant
la nuit; un pareil jeûne est blâmable pour tout musul-
man]; 29° d'entrer à la Mekke sans se mettre en ih'râm;
d'y entrer les armes à la main pour combattre [ou même
sans qu'il y eût motif de combat]; 30° de choisir ce
qu'il désirait du butin [avant que rien n'en fût distri-

bué]; 31° de prendre la cinquième partie du quint du
butin.

— 32° Il était permis au Prophète de conclure, de
sa propre autorité, pour lui-même ou pour qui il lui
plaisait, des mariages avec des femmes musulmanes
[sans même le consentement de la femme, ou des parents, ou du représentant de la femme]; 33° de contracter [pour lui ou pour un autre] un mariage par le
seul énoncé de ces mots, « Je te la donne » [sans ajouter, *pour un don nuptial de,* paroles qui doivent compléter la formule d'accord commencée par : « Je te la
donne »] (v. sect. ii, § 4 de ce chapitre); 34° de prendre
plus de quatre épouses [comme firent d'ailleurs d'autres
Prophètes]; 35° de contracter un mariage pour lui ou
pour tout autre, sans obligation de don nuptial, sans représentant de la femme et sans témoins; 36° de contracter pour lui une alliance conjugale, même pendant qu'il
était [lui et la femme aussi] en ih'râm [de pèlerinage
ou d'o'mra]; 37° de ne pas s'astreindre à partager également ses soins et ses attentions entre ses femmes
[c'est-à-dire de ne pas s'astreindre à une distribution
égale des faveurs maritales, des parures, des vêtements,
des genres de nourritures; 38° de rester à la mosquée
bien qu'il fût en état de souillure majeure; de plus,
les ablutions du Prophète n'étaient point annulées par
le sommeil, ou par l'attouchement des parties honteuses du corps]; 39° de juger et de prononcer en sa
faveur ou en faveur de son fils contre la partie adverse
[en affaires litigieuses; car le Prophète était à l'abri

de tout soupçon de partialité et d'injustice]; 40° de s'allouer des terrains vagues.

41° Personne n'eut le droit d'hériter du Prophète. [Il fut maître de disposer, à sa discrétion, de tout ce qu'il possédait.]

SECTION II.

DU MARIAGE EN GÉNÉRAL.

------

§ 1. Conditions et qualités requises. — De la demande en mariage. — Rapports intimes. — Nécessité des témoins.

Il convient que le fidèle se marie lorsqu'il en éprouve le besoin [soit pour les jouissances de la chair, soit dans le désir d'avoir des enfants], et lorsqu'il peut suffire au don nuptial [et à l'entretien d'une femme]. Le mieux est de préférer la fille vierge. [Si le fidèle craint de céder à l'attrait des plaisirs illicites, qu'il prenne une concubine. Le fidèle qui ne peut suffire à l'entretien d'une femme, ou satisfaire aux devoirs de la cohabitation, ne contractera pas de mariage. Les circonstances qui doivent engager la femme à se marier, ou l'en détourner, sont les mêmes à peu près que pour l'homme.]

Il est de convenance humaine [quand on espère que les propositions de mariage ne seront pas rejetées] que le prétendant voie seulement la figure et les mains de celle qu'il demande pour épouse, et qu'il les voie [non point par surprise, mais] au su et consentement [de la personne demandée et de celui qui la représente et qui a droit de contracter pour elle. De même, celle qui est demandée pour épouse peut voir la figure et les mains du prétendant. La figure est le siège de la beauté, et les mains indiquent la santé et la conformation du corps].

Il est licite à chacun des deux époux mariés de se voir le corps tout entier, même les parties les plus secrètes. Il en est de même pour l'homme et pour la femme esclave dont il use comme étant sa propriété. [Mais ce droit marital cesse dès qu'il a affranchi cette esclave ou complétement, ou partiellement, ou à époque fixe.]

Les époux [et aussi le patron et la femme esclave] ont le droit de jouir l'un de l'autre, de toutes les manières de jouissance, excepté par la sodomie. [Il a été dit : « Les femmes sont nos terres labourables; à nous d'y semer, à Dieu d'y faire germer. »]

La demande [ainsi que la promesse] de mariage sera clairement exprimée [et énoncera les noms du prétendant et de la fille ou de la femme demandée]. Il en est de même pour l'engagement ou acte de mariage. [Il sera dit : « Je donne en mariage à un tel, une telle, ma fille, ou ma sœur, ou ma pupille, fille d'un tel. »]

La proposition ou demande en promesse de mariage se fera en particulier [et en intimité de famille]; le mariage, au contraire, se célébrera publiquement. On félicitera les conjoints de leur union; et après que le mariage sera contracté, on fera des vœux pour leur bonheur [tels que ceux-ci : Que Dieu bénisse chacun de vous! qu'il vous unisse dans la paix et le bien-être! qu'il vous donne de sages et religieux enfants! etc.].

Le mariage doit être contracté en présence au moins de deux témoins, hommes de probité, pieux [libres et majeurs], sans compter le *ouali* [42] ou représentant chargé de contracter le mariage. Si les époux consomment le mariage sans que cette condition ait été remplie, il doit être annulé par acte juridique. Néanmoins, ils ne sont passibles d'aucune peine, si le mariage s'est célébré publiquement [par un festin, une fête nuptiale, etc.] et même si les époux savaient [que le témoignage de deux témoins est nécessaire pour la validité de l'union conjugale].

§ 2. Défenses légales relatives aux demandes et aux contrats de mariage, principalement dans le cas de retraite imposée à la femme.

Il est défendu de demander en mariage une femme qui est réservée ou fiancée [fût-ce malgré elle] à un individu qui n'est pas de mœurs dissolues [ni irréligieux], quand même le fiancé ne pourrait pas payer le don nuptial. [Il en sera de même parmi les sujets tributaires payant la capitation... La femme musulmane peut renoncer à celui qui l'a demandée le premier, et en accepter un autre. Lorsque, malgré l'intention de la loi, un second individu demandera la main d'une fille ou d'une femme fiancée, et contractera le mariage,] le mariage sera juridiquement annulé, s'il n'a pas été consommé. [La femme sera alors répudiée simplement et

sans don nuptial, quand même le mari contractant n'aurait pas eu connaissance de l'accord fait avec le premier
prétendant.]

Il est défendu de stipuler explicitement et définitivement une promesse de mariage avec une femme
qui est encore en attente ou retraite légale [après la
mort de son mari, ou après une répudiation. On ne
peut que parler à cette femme d'intentions de mariage.
Toutefois, quand elle est répudiée *à retour possible*,
celui qui l'a répudiée peut renouer le mariage pendant
l'attente légale]. Il est également défendu à la femme en
retraite légale [et à celui qui désire cette femme pour
compagne] de s'engager, d'une manière obligatoire, à
se marier. Mêmes défenses sont faites à l'individu représentant de la femme qui est en attente légale
[c'est-à-dire qu'il est défendu aussi à cet individu de
stipuler avec cette femme une promesse définitive et
explicite de mariage, tout comme il est défendu à la
femme et à cet individu de s'engager, par une parole
obligatoire, à se marier]. Toutes les prohibitions précédentes sont applicables aussi à la femme qui serait
en retraite légale de continence après une cohabitation
illicite [un inceste, ou un viol, fût-ce même par le fait
du représentant]. (Voy. chap. IX, *De l'attente ou retraite légale simple imposée à la femme, etc.* vol. III.)

Si un individu se marie, puis cohabite avec la femme
qui est en retraite légale simple [soit par suite d'une
répudiation non révocable, soit par cause de veuvage,
ou bien avec la femme qui est en retraite de continence

par cause de cohabitation illicite], cet individu ne peut
plus, pour toute sa vie, se marier avec cette femme;
il en serait encore ainsi quand même la copulation aurait eu lieu par erreur [dans le cas où l'individu, non
marié à cette femme, aurait cohabité avec elle, tout
en croyant cohabiter avec sa femme]. Le principe indiqué ici reste dans sa force, quand même la cohabitation
aurait eu lieu après le terme de la retraite légale [ou
de la retraite de continence, pourvu toutefois que le
mariage ait été contracté pendant la durée de la retraite,
et si la cohabitation, accomplie après cette durée,
l'a été comme étant licitée par le mariage ainsi con-
tracté]. Bien plus, de simples caresses seulement, comme
celles qui sont les préludes de la cohabitation [ou un
baiser, un attouchement], empêchent aussi pour toujours le mariage [entre les deux individus susdits, s'ils
l'ont contracté pendant la retraite, et] si ces caresses
ont eu lieu pendant cette retraite. [Si elles ont eu lieu
après la retraite ou pendant la retraite, mais avec la
pensée erronée que le mariage était légal et valide, il
n'y a pas de prohibition indéfinie de mariage entre les
deux individus].

La loi prohibe à perpétuité la cohabitation du fidèle
— avec la femme esclave qu'il a acquise en propriété
[lorsqu'il a cohabité avec elle pendant la retraite imposée à cette esclave, ou veuve, ou répudiée]; — avec la
femme esclave qui serait dans le cas opposé au précédent [c'est-à-dire qu'il y a prohibition indéfinie de
cohabitation, lorsqu'un individu épouse une femme es-

clave qui est en retraite par suite de cohabitation illicite, ou par suite de vente, ou par suite de décès de son patron ou de son mari, et que l'individu précité cohabite alors, même par erreur, avec cette esclave en retraite].

Mais si le mariage a été seulement contracté [pendant la retraite, quelle qu'elle soit, et que l'individu soit resté complétement séparé de la femme, sans rapports avec elle], il n'y a pas prohibition perpétuelle pour l'individu de prendre cette femme pour épouse; de même encore, s'il y a eu inceste [pendant la retraite; l'individu peut, après le terme d'attente légale, épouser cette femme].

Il n'y a pas non plus, pour un individu, prohibition indéfinie — de mariage avec une femme esclave qu'il a achetée d'un patron ou de tout autre dont elle était aussi la propriété [et avec laquelle il a cohabité pendant le temps de l'attente voulue; l'achat, il est vrai, n'avait pour but que l'acquisition d'une esclave pour le service domestique, mais l'acquéreur y a ajouté la copulation]; — de se remarier avec une femme qu'il a répudiée par *trois* [actes successifs ou simultanés [41]], et avec laquelle il a cohabité pendant la retraite légale, et avant qu'elle eût contracté [et consommé] un autre mariage avec un nouveau mari. [Car si le répudiant alors doit s'abstenir de toutes relations avec cette femme, ce n'est point parce qu'elle est en retraite légale, mais bien parce qu'il ne peut plus la prendre pour femme avant qu'elle ait consommé le mariage avec un autre mari. Si la cohabitation de la part du répudiant avait

eu lieu pendant que la femme était en retraite à la suite
de ce second mariage rompu par la mort ou par la répudiation du dernier mari, la prohibition perpétuelle
de mariage serait, par le fait, établie pour le premier
répudiant.] La prohibition indéfinie [du mariage avec
telle femme] ne concerne pas non plus celui qui a pra-
tiqué une cohabitation dans des circonstances secondaires qui la défendent [par exemple, pendant l'ih'râm
d'un pèlerinage ou d'un o'mra, ou dans un mariage
conclu sans oualî, etc.].

§ 3. De certaines choses, soit permises, soit blâmables, relativement aux unions conjugales.

Il est permis — de parler d'intentions de mariage à
la femme qui est en attente, par exemple de lui dire,
« J'ai le désir et le projet de me marier avec toi; » —
de faire des présents à cette femme. [Tout ce qui est
donné ainsi, ou après une demande en mariage, le prétendant n'a rien à en réclamer si la femme prend un
autre individu pour mari.]

Celui qui a le droit de contracter pour la femme
peut remettre son droit à un homme pieux et révéré
[afin d'attirer ainsi les bénédictions du ciel sur l'union
des époux].

Enfin, il est permis de donner [à celui des deux
époux futurs qui les demande] des renseignements
sur les défauts [de son prétendant, excepté sur les défauts et sur les actes qu'il n'est pas convenable et pru-
dent de dévoiler].

Il y a blâme de la loi lorsqu'un seul des deux prétendants s'engage, par promesse, à s'unir à l'autre par le mariage. [Car cette promesse est soumise à des chances de non exécution].

La loi blâme encore — celui qui prend en mariage une femme réputée comme étant de mauvaise vie [et le mari qui aura épousé cette femme s'en séparera]; — celui qui, ayant demandé et promis le mariage avec la femme en attente légale, se marie avec elle après le délai d'attente; il convient que l'individu se sépare de cette femme.

Celui qui a décidé son mariage avec une femme destinée et promise à un autre fidèle, en donnera connaissance à ce fidèle [et le mariage avec le premier n'aura lieu que si ce dernier y consent].

§ 4. Conditions voulues pour contracter le mariage.

Comme conditions requises pour contracter un mariage, il faut : — un *ouali* ou représentant [42] de la femme, ayant droit et pouvoir de contracter pour elle; — un don nuptial [que doit donner le futur époux]; — le *substratum* ou la base du mariage [c'est-à-dire, l'époux et l'épouse libres de tout empêchement légal, par exemple, de maladie, etc.]; — la formule d'engagement [de la part du représentant fondé de pouvoir ou ayant mission pour conclure au nom de la femme, et de la part de l'époux, ou bien de la part du représentant du représentant susdit et du représentant de l'époux, formule] qui consiste en ces mots : « Je t'accorde pour femme et épouse une telle [ma fille, ou ma sœur, etc.], et je te la donne à la condition d'un don nuptial de tant. » [Il faut préciser la valeur, cent pièces d'argent, par exemple.]

Mais ces mots, « Je t'accorde une telle pour femme et épouse, » impliquent-ils l'idée de durée égale à la durée de la vie, comme l'impliquent par exemple les mots, « Je te vends » [c'est-à-dire sans retour, sans limite de temps]? Il y a sur ce point divergence d'opinions parmi les juristes modernes. [Néanmoins, l'avis le plus général est pour l'affirmative.] Après les paroles précédentes [énoncées par l'individu qui représente les intérêts de la femme et qui a accordé le mariage], le prétendant répond, par exemple : « J'accepte. »

Le prétendant peut également proposer sa demande [à l'individu qui a droit de contracter au nom de la femme] par, « Donne-moi en mariage une telle [et agrée un don nuptial de tant]; » puis, si l'individu accepte [et répond, « Je te la donne pour épouse »], le mariage est conclu. Après cette formule d'accord, aussi bien qu'après la formule précédente, le mariage est obligatoire, quand même l'un des deux individus précités révoquerait son consentement.

§ 5. De la faculté d'imposer le mariage.

Tout fidèle [homme ou femme] possédant une esclave ou un esclave [ou l'un et l'autre], a le droit de les marier, de les obliger même au mariage, s'il ne pense pas ou ne prévoit pas qu'il en puisse résulter pour eux quelque chose ou de mal ou de désavantageux. [On ne doit point marier une esclave avec un esclave lépreux par exemple, ou avec un fou, ou avec un individu imbécile, ou impotent, ou incomplet.] Le contraire de la disposition légale précédente n'a pas lieu [c'est-à-dire que l'esclave, homme ou femme, ne peut obliger son maître, ou sa maîtresse, à le marier, quand même l'opposition au mariage aurait pour but de nuire à l'esclave].

Le maître ou propriétaire d'un esclave partiel [soit affranchi partiellement, soit appartenant en partie à un autre maître] ne peut obliger cet esclave, homme ou femme, à se marier. Le propriétaire d'une esclave partielle a le droit de représentant ou *ouali* pour contracter le mariage de cette esclave; dans tous les cas, ce propriétaire a aussi le droit de faire rompre le mariage contracté [lorsque l'esclave s'est ainsi engagée sans le consentement préalable de son patron propriétaire; si la femme esclave partielle a contracté un mariage sans le consentement de qui la possède, le mariage doit toujours être rompu, un des propriétaires de cette esclave eût-il même consenti au mariage].

D'après l'opinion personnelle d'El-Lakhmî, le patron propriétaire ne peut décider et ordonner le mariage — ni d'une esclave qui est en voie d'affranchissement [telle est l'esclave à laquelle ce patron a promis la manumission posthume, l'affranchie contractuellement, l'affranchie à époque fixée, l'esclave qu'il a rendue mère; car l'absolu du droit de maître s'éteint après l'entrée de l'esclave en voie de liberté], — ni d'un esclave mâle affranchi contractuellement. Il en est autrement pour le propriétaire de l'esclave mâle auquel est promise la manumission posthume, ou auquel est fixée l'époque de son affranchissement; dans le premier cas, le maître ou propriétaire qui même est en état de maladie grave, ne peut obliger son esclave à se marier; dans le second cas, le maître ne peut plus ordonner et conclure le mariage de l'esclave qui n'a plus à attendre qu'un temps très-court [un mois ou deux, par exemple] pour atteindre l'époque de son affranchissement.

La faculté [accordée avant tout au propriétaire d'un esclave en propriété entière] d'obliger au mariage, est attribuée en seconde ligne au père [à l'égard de ses enfants. Cette sorte de gradation pour l'usage de cette faculté repose, d'après l'esprit de la loi, sur ce que l'autorité du père sur ses enfants est moins absolue que l'autorité du propriétaire patron sur ses esclaves].

Le père a le droit d'imposer un mariage, — à sa fille atteinte de folie [lorsque cette fille est adulte, pubère, même lorsqu'elle a déjà été mariée et a été mère; seulement, si la folie a des intervalles lucides, on attend un retour à la raison; le k'âd'i peut remplacer le père]; — à sa fille encore vierge, fût-elle même déjà âgée et émancipée [et plus avancée en âge qu'il ne le faut pour connaître la fonction de la femme dans ce monde], à moins cependant qu'il ne s'agisse d'unir cette fille, par exemple, à un eunuque [de nature telle qu'il ne puisse fournir de liquide spermatique, ou bien à un individu impuissant, ou difforme, ou à un fou, etc.]: cette dernière circonstance, parfaitement rationnelle, est prévue par un juriste autre que les quatre principaux commentateurs du Moudaouéneh; — à sa fille jeune encore, mais n'étant plus vierge [c'est-à-dire, dont l'hymen ou caractère de la virginité a été détruit, soit par l'approche virile], soit par accident [comme à la suite d'un mouvement violent, d'un saut, etc.], soit par voie illicite [inceste, ou viol, s'en fût-il suivi une grossesse].

Mais un père imposera-t-il un mariage à sa fille coupable d'inceste, si la faute ne s'est pas répétée [et n'est pas connue], ou bien imposera-t-il le mariage, même quand cette fille se sera rendue coupable plusieurs fois? Il y a deux manières de voir à cet égard. [Toutefois, l'avis prépondérant est qu'il ne convient alors d'obliger au mariage que si l'inceste n'a eu lieu que rarement et n'a pas été ébruité.]

Un père n'imposera point un mariage à sa fille nubile, — lorsqu'elle n'aura été déflorée que par suite d'une union entachée de nullité [et aura été ensuite répudiée ou sera devenue veuve], cette fille ne fût-elle pas encore émancipée; — ni lorsque cette fille, nubile et vierge, aura été émancipée [par son père, instruite et éclairée par lui sur la condition de la femme, et laissée libre de volonté]; — ni lorsque cette fille [vierge et nubile] aura, durant un an entier, habité avec son mari [qui ensuite se sera séparé d'elle], et qu'elle déclarera n'avoir

point été touchée conjugalement par lui. [Car la durée
d'une année passée avec le mari entraîne l'obligation de
payer le complément du don nuptial qui est la rémuné-
ration de la consommation du mariage.]

Dans toutes les circonstances semblables [à celles
qui viennent d'être indiquées], le tuteur testamentaire
doit marier la fille orpheline [et cela conformément
aux volontés du père], soit que le père ait exprimé ses
volontés en terme général [et ait ordonné de marier sa
fille avant ou après l'âge nubile], soit qu'il ait expressément désigné le mari [auquel il la voulait unir lors
de la nubilité, ou bien à tel âge.] Dans le cas contraire
[c'est-à-dire si le père n'a désigné ni mari, ni époque,
mais a dit seulement, par exemple, « Marie ma fille »],
il y a diversité d'opinions sur ce que doit faire le tuteur
testamentaire. [Selon les uns, il n'a pas la faculté de
marier la fille; selon les autres, il en a le droit. Cette
dernière opinion est moins généralement admise.]

Relativement au mariage de la fille nubile qui n'est
plus vierge [mais non le mariage de la fille que son
père aura émancipée et aura instruite de ses devoirs de
femme], le tuteur testamentaire est considéré comme
proche parent ou tuteur naturel [et représente le père.
Toutefois il ne mariera point la fille sans qu'elle y con-
sente].

Le mariage est dans les conditions voulues d'exécution, lorsque le défunt a dit, dans la maladie dont il
est mort, « Si je meurs, je donne pour épouse ma fille
une telle à un tel; » mais alors [pour que le mariage

soit exécutable], faut-il que l'époux désigné l'accepte peu après le décès du père? Sur ce point, il y a deux avis différents. [Il faut, à ce qu'il paraît, que l'acceptation suive de près la mort du défunt, si le mari est informé du fait.]

En résumé, il n'y a que trois sortes d'autorités [c'est-à-dire, le maître de l'esclave, le père, et le tuteur testamentaire] qui aient le droit d'imposer un mariage. Les autres ne peuvent avoir que le droit de contracter le mariage et seulement encore au nom de la fille en âge nubile [vierge, ou non vierge; de plus, il est toujours nécessaire d'avoir le consentement de la fille]. Mais il en est autrement pour l'orpheline [c'est-à-dire que l'on doit la marier], s'il y a à craindre [en dehors du mariage] quelque inconvénient pour elle [soit la débauche ou la misère, soit la perte de ce qu'elle possède, etc.], et encore alors faut-il — que cette fille ait atteint l'âge de dix ans accomplis au moins; — que l'on ait pris une déclaration du k'âd'i [qui fasse connaître que la fille a l'âge voulu, et qu'il y a nécessité de la marier afin d'éviter tout inconvénient pour elle; — que cette fille enfin se sente le désir du mariage]. Du reste, le mariage de cette fille [conclu sans tenir compte de ces conditions, ou de quelqu'une de ces conditions] n'est irrévocable que s'il est consommé et s'il dure depuis un temps [qui représente deux couches ou environ trois ans].

§ 6. Des ayants-droit à contracter le mariage au nom de la femme.

Le droit de contracter un mariage [au nom d'une fille nubile, vierge, ou déflorée,] appartient, par ordre de préférence, d'abord au fils [du père légitime de la fille], puis, à défaut du fils, au fils de ce fils [et ainsi de suite, c'est-à-dire le fils du fils du fils, etc. : les fils sont mis au premier rang, parce qu'ils sont les premiers héritiers dans la ligne paternelle, et après eux sont le père, puis l'aïeul père du père, puis l'aïeul père du père du père, etc. Le droit en question appartient] ensuite, à défaut des fils, au père légitime de la fille ; puis à défaut du père [et toujours dans la ligne mâle], au frère de la fille, puis au fils de ce frère [et ainsi de suite en descendant] ; puis, à défaut des précédents, à l'aïeul père du père, puis, à l'oncle paternel fils de l'aïeul, puis au fils de cet oncle [et à la suite, puis à l'oncle du père, puis au fils de ce dernier oncle et à la suite, puis à l'oncle de l'aïeul. Sous le seul mot *oncle*, Khalîl a compris tous ces derniers]. Pour le frère et son fils, et pour l'oncle et son fils, on donne la préférence au frère et au fils germains et consanguins, à l'oncle et au fils germains et consanguins. Cette préférence est indiquée par El-Lakhmi et par un juriste autre que les principaux commentateurs du Moudaouéneh. [En l'absence de tous les degrés de parenté précédents,] le droit de contracter est dévolu à l'affranchi de premier ordre [c'est-à-dire qui n'est pas l'affranchi d'un autre affranchi, mais qui même a pu affranchir ; puis

aux héritiers de cet affranchi mâles et même esclaves].
Mais ensuite doit-on, comme l'explique le Moudaouéneh, déférer le droit de contracter à l'affranchi d'ordre
secondaire [c'est-à-dire à l'affranchi de l'affranchi]? ou
bien ne doit-on pas le lui déférer, suivant, en ceci,
l'avis d'un juriste autre que les quatre principaux commentateurs du Moudaouéneh? [Ce dernier avis est le
plus rationnel et le plus normal. Du reste, dans l'ordre
de préférence, on suit l'ordre des droits de successibilité; et l'affranchi est introduit ici parce que l'affranchissement établit un lien de parenté.]

Ensuite, le droit de contracter appartient à celui
qui a soigné l'existence de la jeune fille [jusqu'à l'âge
nubile, privée qu'elle était de ses parents morts, ou
disparus]. Mais il a été demandé par des juristes modernes : « Est-il nécessaire que les soins aient été prolongés jusqu'à l'âge de dix ans? ou bien seulement jusqu'à quatre ans [qui est le moindre terme pour établir
alors le droit de représentant]? ou bien suffit-il que
l'individu ait donné des preuves de son affection et de
sa bienveillance pour cette fille? » Ces questions ont
eu leurs approbateurs et leurs détracteurs. Quoi qu'il
en soit, la loi ne donne la disposition indiquée ici que
relativement à la fille pauvre et sans naissance.

Lorsque tous les individus précités manquent, le
droit de contracter [au nom de la femme] revient forcément au k'âd'i. [Le k'âd'i la mariera, si elle y consent, et après toutes les informations et les formalités
voulues.]

Enfin, il y a le droit général appartenant à la communauté musulmane [de contracter pour une femme et de la marier], droit que peut exercer tout musulman; et même, si un musulman quelconque a contracté au nom d'une femme de basse condition [c'est-à-dire une femme convertie à l'islamisme, ou une affranchie, ou une négresse], le mariage est valable, bien qu'il y ait eu un parent particulier, mais n'ayant qualité que de simple représentant sans droit de contrainte au mariage [n'étant pas, par conséquent, le père de la fille, ni le maître de l'esclave, ni le tuteur testamentaire].

Le mariage resterait également valide pour une femme de condition distinguée [par le rang, ou la fortune], s'il était consommé et durait [depuis environ trois ans ou un intervalle de temps nécessaire pour deux couches]. Mais si ce mariage [consommé ou non, et contracté par le simple droit concédé à tout musulman] date d'une époque peu éloignée, le plus proche représentant de la femme, ou bien, dans le cas où ce représentant serait absent et à une distance de trois jours au moins, le k'ad'i doit rompre le mariage. Mais si ce mariage [contracté comme il vient d'être dit] est seulement contracté depuis longtemps, et non consommé, faut-il le rompre? Il y a deux réponses à cette question. [L'une est affirmative, l'autre propose de s'en rapporter à la décision du représentant le plus rapproché dans la série de parenté.]

Le mariage est dans les conditions de validité quand il est contracté par un représentant qui est d'un degré plus éloigné, et qui est assisté d'un représentant plus rapproché dans la série et n'ayant pas faculté d'imposer le mariage [par exemple un oncle et un frère], mais alors il y a blâme de la loi ; il en est de même pour le mariage contracté par un de deux représentants affranchis [ou de deux oncles, ou de deux frères, avec l'autre affranchi, ou l'autre oncle ou frère].

§ 7. Du consentement de la femme.

Le silence de la fille vierge exprime qu'elle accepte [le mariage et le don nuptial indiqués. Par égard pour la timidité et la pudeur de la fille vierge, la loi n'exige pas que cette fille s'exprime en paroles et semble ainsi indiquer un désir de relations sexuelles]. Le silence de la fille vierge exprime également qu'elle laisse à son représentant pleine et entière liberté [de contracter le mariage. Toutefois, le silence ne suffit, comme expression de consentement, que lorsque la fille, vierge ou déflorée, est questionnée en présence de personnes étrangères ; mais, en particulier, elle doit exprimer en paroles son assentiment].

On doit prévenir la fille vierge que son silence sera un signe d'approbation et d'acceptation. [On dira à cette fille : « Un tel te demande en mariage et apporte tel don nuptial ; tant sera livré sur-le-champ, et tant sera payé à telle époque. Si tu acceptes, tu garderas le silence ; si tu n'acceptes pas, tu le diras. »] Si la fille, après la conclusion du mariage, prétend avoir ignoré que son silence était un signe d'acceptation, cette prétention, d'après la majorité des légistes, ne devra point être admise.

Si la fille [par quelque indication que ce soit] n'accepte pas le mariage, ou si [au moment où on lui demande son consentement] elle témoigne de son éloignement et de sa répugnance [si, par exemple, elle se lève debout, ou se couvre la figure], il ne peut y avoir de mariage conclu. [Et s'il l'était, il serait nul.] Il n'en serait pas de même [c'est-à-dire qu'il y a lieu à conclure le mariage], si la fille se met à rire, ou bien à pleurer. [Le rire est aussi un signe de consentement; les pleurs l'indiquent également, et semblent exprimer cette pensée de la fille : « Si mon père vivait encore, je n'aurais pas besoin de cela. »]

La femme qui n'est plus vierge exprimera en paroles qu'elle consent [à se marier avec un tel, et à condition de tel don nuptial. Car cette fille ou femme n'a plus ce qui motive le silence de la fille vierge. Quant au consentement simplement relatif au fait contractuel du mariage, le silence suffit comme approbation]. Ces mêmes exigences [que la loi applique à la femme non vierge] sont obligatoires aussi pour [les sept sortes de filles vierges que voici] : — 1° la vierge nubile émancipée par son père [et connaissant les devoirs conjugaux de la femme, soit que le père vive encore, soit qu'il n'existe plus]; — 2° celle que l'on n'a pas voulu marier [et dont le mariage a été contracté par le k'âd'i auquel elle a porté plainte]; — 3° celle dont on veut conclure le mariage, et pour le don nuptial de laquelle on proposc [soit en totalité, soit en partie seulement] des effets ou marchandises [lorsque cette fille n'est pas d'une classe de gens qui acceptent une pareille dot, et aussi lorsqu'elle n'a ni père ni tuteur testamentaire qui s'intéresse à elle]; — 4° celle que l'on veut marier [fût-ce même d'autorité] avec un individu qui est encore en état d'esclavage [partiellement, ou pour un temps même assez court, etc.]; — 5° celle que l'on veut marier avec un individu ayant quelque difformité ou quelque maladie [par exemple, un idiot, un aliéné, un lépreux, etc.]; — 6° la vierge orpheline de père, [et qu'il est nécessaire de marier pour la préserver du malheur, ou de la débauche, ou pour sauver ce qu'elle possède]; — 7° enfin, la vierge dont le représentant a dépassé ses droits [en la mariant sans en avoir eu le consentement préalable. Lorsque ensuite on contractera le mariage, cette fille devra donner son consentement de vive voix et en paroles explicites]. Ce dernier mariage ne sera légal que si le consentement de la conjointe suit presque immédiatement les conventions du mariage conclu d'ailleurs dans le pays même où elle se trouve, et si le représentant ne déclare pas, en contractant, qu'il a dépassé les limites de ses droits [c'est-à-dire, s'il garde le silence et ne prétend pas avoir le consentement de la conjointe. Lorsque le mariage est contracté, et qu'il ne manque plus que le consentement de la conjointe, on doit de suite envoyer prendre d'elle ce consentement, si elle est dans la ville ou le village même; si elle se trouvait dans un autre village, même très-voisin, ou dans une autre ville, le mariage contracté serait nul].

Si l'individu qui a droit d'imposer un mariage [c'est-à-dire le père de la fille, ou le maître de l'esclave] a approuvé un mariage contracté sans son consentement préalable, par son fils [frère de la conjointe], ou par son frère [oncle de la conjointe], ou par l'aïeul de la fille [père de l'individu susdit], le mariage sera valable, mais à la condition expresse qu'il soit prouvé, par témoignages, que l'individu a cédé [positivement, ou par forme générale] à ces parents [fils, ou frère, ou père,] toute liberté et tout pouvoir discrétionnaire dans ses affaires et dans tout ce qui le regarde. Mais est-il nécessaire que la déclaration d'approbation du mariage suive de très-près la conclusion de ce mariage? Il y a sur ce point deux manières de voir parmi les juristes. [Les uns affirment, les autres nient cette nécessité.]

§ 8. Du mariage contracté au nom de la femme en l'absence du père. — Du représentant délégué par la femme, ou par l'esclave. — Divers cas de nullité.

Le mariage contracté et ratifié par le k'âd'i ou par tout autre représentant [frère ou aïeul, etc. pendant l'absence du père ayant droit d'imposer le mariage, et pour une fille vierge ou déflorée, jeune ou âgée], sera annulé par acte juridique, lorsque le père était éloigné à une distance d'au moins dix jours de marche [distance nette, non allée et retour. Il y aura annulation quand même il y aurait eu des enfants. L'annulation cependant n'aurait pas lieu, s'il y avait eu nécessité pour les intérêts du père; dans ce cas, le k'âd'i doit l'informer de ce mariage]. Mais si la distance est grande, si, par exemple, le père est jusqu'en Afrique [l'Afrique mauritanienne des anciens], en plaçant, selon l'opinion d'Ibn-Rouchd, le point de départ en Égypte, le mariage contracté et ratifié par le k'âd'i est dans toute sa validité. [Un grand nombre de légistes placent le point de départ à Médine, et ils ajoutent : « De Médine en Égypte, il y a environ un mois de marche, et de l'Égypte à l'Afrique, il y a environ trois mois. »] On a encore indiqué [comme condition qui autorise le k'âd'i à contracter le mariage] qu'il est nécessaire que le père [ainsi éloigné à grande distance] soit établi à séjour fixe [et que, s'il n'est qu'en voyage, en courses commerciales, et qu'il ne doive pas tarder beaucoup à revenir, il faut attendre son retour].

Le mariage contracté par l'autorité du k'âd'i [pour une fille ou femme à laquelle le père, ou le maître, ou le tuteur n'a pas le droit d'imposer le mariage] sera légal et valable, si le représentant simple, mais seulement le plus élevé [dans la série existante], est à une distance nette de trois jours au moins [et si la femme demandant la conclusion de son mariage a prouvé que le représentant était à la distance voulue par la loi].

Si le représentant d'une fille ou femme quelconque est prisonnier en pays étranger, ou si l'on ne sait ce qu'il est devenu, le mariage sera contracté par le représentant suivant dans la série existante [non par le k'âd'i].

De même, on remplacera [par le ouali du degré suivant dans la série présente] — le ouali de degré antérieur qui serait esclave [ou partiel, ou à époque fixe, etc.], ou qui serait impubère, ou idiot, ou aliéné; — ou la femme. [Sinon, le mariage sera rompu par répudiation, y eût-il plusieurs enfants.] L'irréligion et la débauche ne privent pas nécessairement de ses droits le représentant rapproché, mais elles en déprécient la valeur morale. [Cependant, il est presque irrégulier de préférer un autre représentant qui serait religieux et sage.]

La femme [étant privée du droit de représenter personnellement une autre femme pour contracter un mariage] délègue [en son propre nom] un fondé de pouvoir, même étranger à elle, pour conclure le mariage d'une esclave qu'elle possède, ou d'une pupille dont elle est tutrice testamentaire, ou d'une esclave qu'elle a libérée. Il en est de même pour un esclave qui aurait été établi tuteur testamentaire de jeunes filles [c'est-à-dire que cet esclave devra se substituer un fondé de pouvoir]. L'affranchi contractuel devra aussi, quand même cela déplairait à son patron, désigner un remplaçant qui contractera le mariage de la fille de cet affranchi, laquelle est aussi de condition serve; le but alors est d'obtenir un don nuptial plus considérable que ne comporte la condition d'une esclave.

En état d'ih'râm [pour le pèlerinage, ou l'o'mra] d'un des trois individus [ou la femme, ou son représentant, ou le futur conjoint], le mariage contracté est hors de validité [et doit être annulé juridiquement, qu'il ait été consommé ou non ; mais ensuite le mariage entre les deux époux n'est pas interdit pour toujours. L'état d'ih'râm ne permet de conclure le mariage, ni par procuration, ni directement, ni de quelque manière que ce soit].

§ 9. De l'entremise d'un infidèle, des évêques, dans le mariage avec une femme non musulmane. — Représentant du mari. — Convenances relatives au goût de la femme. — Du mauvais vouloir du père.

Le mariage n'est pas valable s'il a été contracté au nom d'une musulmane par l'entremise d'une infidèle [ou d'un apostat], et *vice versâ* [si le mariage a été contracté par un musulman au nom d'une femme non musulmane s'unissant à un croyant]. Mais le mariage est valable, s'il est contracté par l'entremise d'un musulman, — au nom de son affranchie non musulmane, qui [bien qu'en pays musulman] n'appartient pas aux sujets tributaires [mais appartient au musulman et a été affranchie par lui].

L'infidèle peut marier sa parente à un musulman. [La femme non musulmane qui n'aura pas de représentant sera alors mariée par les évêques ; et au cas où ceux-ci refuseraient leur ministère, elle en référera au sultan, afin qu'il les décide à faire le mariage ; car ces sortes de récriminations reviennent à la juridiction du souverain. Mais le sultan n'obligera point les évêques à marier cette femme à un musulman.]

Si un fidèle contracte le mariage d'une femme non

musulmane [sa sœur, ou son affranchie, ou étrangère à lui] avec un mécréant, on [négligera le fait, et on] le passera sous silence. [Toutefois, le mariage est illégal.]

L'individu non émancipé, mais doué d'une intelligence suffisante, peut, avec le consentement de celui qui l'a en tutelle, contracter un mariage pour lui-même [et même pour d'autres].

Il est permis au fidèle de prendre comme son propre représentant, pour contracter un mariage, qui que ce soit [des individus par lesquels la femme musulmane ne peut pas se faire représenter]. Le représentant de la femme ne peut céder son droit [de conclure un mariage pour elle] qu'à un représentant qui soit le même que lui [c'est-à-dire libre, musulman, homme, etc.]

Le représentant [qui n'est pas le père] de la femme à marier doit chercher à procurer à cette femme un mari assorti [selon le goût et les convenances qu'elle indique, même en termes vagues et sans parler de mariage]. Et [si le mari que le représentant désigne ne plaît pas] c'est le désir et le sentiment de la femme qui font autorité; bien plus, le k'âd'i ordonnera de donner le mari désiré. Si l'on persiste [dans les refus, le k'âd'i s'informera des motifs de ces refus, et, selon ce qu'il jugera le plus convenable, il maintiendra ou le choix du représentant ou celui de la femme, et] il fera conclure le mariage en conséquence.

On ne décidera point qu'un père refuse absolument de marier sa fille vierge [et dépendante de l'autorité paternelle sous le point de vue du mariage], parce qu'il aura rejeté les demandes de plusieurs prétendants ; il faut des preuves de mauvais vouloir [car la paternité suppose la bonté et par suite le désir de rendre heureux les enfants. Si la résistance malveillante était prouvée, le dépositaire du pouvoir ou le k'âd'i dirait au père : « Ou tu vas marier ta fille, ou nous la marierons malgré toi »].

§ 10. Des circonstances dans lesquelles la femme charge un ou deux représentants de la marier. — Tel parent représentant pouvant contracter pour lui-même. — Cas de deux mariages contractés pour la même femme.

Quand la femme aura chargé son représentant de la marier à un homme qu'elle aime, il faudra désigner spécialement et décrire cet homme à la femme, avant de contracter l'union ; sinon [c'est-à-dire si on ne le désigne pas positivement à la femme, et qu'on la marie à un autre, en comptant qu'elle l'acceptera] elle aura le droit de choisir [c'est-à-dire d'accepter ou de refuser], même après qu'elle aura été informée que le mariage est conclu [soit avec celui qu'elle désirait, soit avec un autre]. Le *vice versâ* ne peut avoir lieu [c'est-à-dire, que si un individu a chargé un représentant ou une femme de demander une telle en mariage, et qu'ensuite l'union de cet individu, sans qu'on lui ait demandé son assentiment, ait été contractée, il n'a pas le droit de refuser cette union. Car si la femme ensuite ne plaît pas au mari, il peut s'en séparer quand il le voudra ; la femme n'a pas le même pouvoir].

Le cousin et tout autre individu [des degrés suivants de représentants] peut contracter pour lui-même le mariage avec sa parente, en disant à cette femme, « C'est moi qui t'ai demandée en mariage, à la condition de tel don nuptial, » pourvu que [en présence de témoins] la femme ait consenti auparavant à se marier. Alors l'individu a les deux rôles [celui de proposant et celui d'acceptant le mariage]. En pareil cas, lorsque la femme répond à l'individu qu'il ne l'avait pas demandée, la déclaration pure et simple de l'individu sera acceptée comme vraie, s'il réclame, pour lui et en son propre nom, la conclusion du mariage. [A défaut de cette réclamation, c'est la parole de la femme qui fera autorité, à moins cependant qu'il ne se soit écoulé un long temps, par exemple six mois, depuis le moment où l'individu a reçu la procuration de la femme, jusqu'au moment de contracter le mariage.]

Si plusieurs représentants, parents au même degré et égaux en droits de représentants, n'étaient pas d'accord, soit sur celui d'entre eux qui sera chargé de contracter, soit sur le choix de tel ou tel mari [et que la femme n'eût point indiqué de préférence pour un des époux proposés], on en référerait au souverain [ou à son lieutenant délégué, qui désignerait, dans le premier cas, celui qui devra être le représentant de la femme, et, dans l'autre cas, l'époux qui devra être accepté].

Lorsque la femme aura permis à deux représentants de lui chercher un mari [ou encore lorsque le père d'une fille qui ne peut se marier que par l'ordre paternel, aura chargé deux représentants de chercher un mari à cette fille], et que ces deux représentants auront, chacun de son côté, contracté le mariage avec un mari, la femme sera l'épouse du premier avec lequel le mariage aura été contracté, pourvu, toutefois, que le second n'ait pris aucune privauté avec cette femme et n'ait pas su [ainsi que celui qui a contracté] qu'il y avait un premier mari prétendant.

Mais la femme est au mari qui a contracté le second, si celui-ci a donné des caresses à la femme [sans savoir qu'il y avait un autre prétendant], quand même la permission laissée au représentant qui a contracté avec le second aurait été postérieure à l'autre permission. Toutefois, le second mari ne peut obtenir la femme que si les privautés [et les relations qu'il s'est permises sans savoir qu'il y eût un autre mari] n'ont pas eu lieu pendant que la femme était en attente légale [à la suite du décès de ce premier mari, mort avant que le second eût été en rapport marital avec la femme]; si les relations maritales ou voluptueuses ont eu lieu pendant la durée de la retraite légale [qui a suivi la mort du premier mari], le mariage du second doit être annulé par voie juridique, et cela quand même, dit Ibn-Rouchd, ce mariage aurait été contracté avant la mort du premier mari. [Le premier mariage seul est valable; la femme hérite du premier mari, et elle ne peut plus devenir désormais la femme du second.]

Si les deux mariages ont été contractés en même temps [ou si la simultanéité est seulement probable], ou

bien s'il est prouvé que le second individu qui a contracté le mariage n'ignorait pas qu'il y avait un premier
contrat, le mariage [eût-il même été consommé par
tous les deux] est nul, et sera rompu juridiquement et
sans répudiation. Mais il doit y avoir répudiation régulière [et alors l'acquittement du don nuptial doit se
faire intégralement], — si le second individu qui a
contracté et consommé le mariage déclare qu'il n'ignorait pas que le contrat fût stipulé avec un prétendant
qui l'avait précédé [ou si un représentant qui a agi au
nom du second contractant avait connaissance du fait];
— ou bien si l'on ne peut arriver à savoir lequel des
deux mariages a été contracté le premier. [Il est bien
entendu que l'on suppose, dans ce dernier cas, que ni
l'un ni l'autre des deux maris n'a consommé le mariage.]

Dans le cas où la femme meurt sans que l'on sache
lequel des deux maris est le mari légal, la question du
droit de successibilité a été le motif de diverses opinions émises par les jurisconsultes contemporains [mais
seulement pour la circonstance où les deux contrats ont
été faits à deux époques différentes]. Si l'on accepte
l'opinion de ceux qui ont conclu au droit de successibilité, les deux individus doivent payer chacun le don
nuptial complet. [La majorité des légistes nie le droit
de successibilité pour l'un et l'autre.] Si l'on admet la
négation de ce droit, chacun des deux doit remettre
à l'héritage ce qui, du don nuptial, dépasse la valeur
de la part de l'héritage [et dès lors celui dont la part

serait égale au don nuptial n'aurait rien à payer; si cette part est supérieure au don nuptial, l'individu n'a droit à rien]. Mais si, à l'inverse du fait ici supposé, les deux individus viennent à mourir [ou si seulement un des deux vient à mourir], la femme n'a ni part d'héritage, ni don nuptial à réclamer. [Car elle ne peut élever de prétentions à être la femme de l'un ou de l'autre, et moins encore de tous deux; tandis que dans le cas précédent chacun des deux contractants pouvait prétendre à avoir la femme pour épouse.]

S'il y a deux preuves contradictoires [fournies, l'une par un des deux maris afin de prouver l'antériorité de son contrat, et l'autre par l'autre mari, pour réfuter et démentir celle de son coprétendant], et si l'une des deux semble revêtue d'un caractère en apparence plus net et plus sincère, elle n'en aura pas pour cela plus de valeur probante, quand même la femme affirmerait le plus de véracité de cette preuve. [Ce défaut de valeur n'a pas lieu dans les autres témoignages juridiques devant les tribunaux.]

SECTION III.

DE LA NULLITÉ DU MARIAGE.

___

§ 1. Du mariage secret. — De certaines causes de nullité. — Du mariage dit controversé et non controversé. — Conséquences du mariage annulé avant ou après la consommation.

Le mariage doit être rompu par sentence juridique lorsque [de la part des deux époux contractants, ou de la part du mari seulement, avant ou pendant le contrat] il a été recommandé expressément, ne fût-ce qu'aux témoins [ou encore, avec eux, à quelques assistants], de tenir le mariage secret et d'en dérober la connaissance, — soit à une seule femme [ou étrangère aux conjoints, ou femme du mari]; — soit à qui que ce puisse être des gens de la maison; — ou seulement pendant une durée de quelques [trois ou quatre] jours. Toutefois, il n'y a plus lieu à rompre le mariage, s'il a été consommé et qu'il date depuis un temps assez long [pour équivaloir à une publicité]. Les deux époux, et aussi les témoins, seront punis [que le mariage ait été consommé ou non].

Le mariage [contracté avec recommandation de le tenir secret] doit être annulé avant [mais non après] l'entrée du mari auprès de la femme [pour la consommation du mariage], — si le mariage a été conclu sous la convention mutuelle que la femme passerait avec le mari [ou que le mari passerait avec la femme] un jour seulement [ou une nuit, ou une partie d'un jour ou d'une nuit ; le don nuptial entier n'en sera pas moins dû, après la cohabitation accomplie, car la condition indiquée n'infirme en rien le fait général de l'union conjugale] ; — ou encore si, au gré de l'un ou de l'autre des deux conjoints, ou au choix d'un autre qu'eux, il a été statué que les mariés passeront, ensemble, un jour [ou plusieurs jours seulement ; le mariage, sous cette convention, n'est qu'un fait illusoire] ; —s'il a été accepté que, dans le cas où le contractant ne livrerait pas la dot nuptiale [ou une partie de cette dot] à une époque telle ou telle, il n'y aurait pas de mariage contracté, et si le don nuptial a été livré en effet pour l'échéance fixée.

Le mariage doit être encore dissous par acte juridique [mais seulement avant la cohabitation], lorsque le don nuptial est entaché de nullité [par exemple, lorsque l'on donne en dot du vin, des porcs, de la chair d'animal mort et non égorgé, un esclave qui s'est enfui, un chameau qui s'est égaré, ou une partie de la valeur d'un objet qu'on ne peut diviser pour le vendre, comme mille pièces d'argent sur un esclave qui en vaut deux mille, etc.]. Il en sera de même lorsque les conditions établies seront contraires au véritable but du mariage ; telle serait la condition qui spécifierait : — que le mari ne partagera pas régulièrement ses attentions et ses nuits entre la nouvelle femme et une autre [— ou que les contractants n'hériteront pas l'un de l'autre; — ou que le mari ne fera à la femme qu'une pension alimentaire de tant par mois; — ou qu'il donnera cette pension, en entier ou en partie, au père de la fille, ou au patron, si cette fille est esclave, etc.]; — ou que la femme sera soumise à l'autorité d'une autre [ou bien aura autorité sur une autre; — ou que la femme devra songer à pourvoir à ses besoins; — ou qu'elle ne sera pas libre d'avoir avec elle ses enfants mâles, etc.]. Toutes les fois que des conditions contraires [au but et à l'institution du mariage, telles que celles qui viennent d'être mentionnées] se trouveront stipulées [dans les conventions d'un mariage consommé], elles seront réduites à néant.

En tout état de choses [c'est-à-dire avant comme après la cohabitation conjugale], le mariage contracté et conclu, par exemple pour une certaine durée de temps seulement, sera dissous par acte juridique. [La rupture alors n'est pas par répudiation; le mariage est simplement rompu de fait, parce qu'il est incontestablement nul à l'avance. Ce genre de mariage est de deux sortes, le *mouta'* et le *moouak'k'at;* le premier de ces noms indique une sorte de mariage par lequel un homme prendrait une femme à louage pour cent drachmes (la drachme est de soixante centimes); le second s'applique à une union conjugale pour laquelle on fixe une durée de six mois: ce sont donc le mariage de louage et le mariage temporaire. Mais l'union matrimoniale qui serait contractée en assignant une époque au delà de toute

limite de la vie humaine n'est point entachée de nullité... L'expression *par exemple*, dont se sert Khalil, indique qu'il y a également nullité juridique pour tout
mariage qui rentrerait dans l'espèce de condition mentionnée : tel serait le mariage d'un voyageur à la Mekke,
lequel annoncerait verbalement à la femme qu'il ne se
marie que pour le temps qu'il passera à la Ville Sainte.
Mais ni le mariage de louage ni le mariage temporaire
n'est illicite, s'il est conclu sans que le mari fasse en
aucune façon pressentir son intention, et quand même
la femme aurait soupçonné cette intention.]

Sera également rompu par voie juridique le mariage
à terme prédéterminé, [c'est-à-dire conclu avec la condition de ne cohabiter avec la femme qu'après un temps
fixé, comme] si le contractant spécifiait cette convention
à la femme [qui l'accepterait d'ailleurs ainsi que son
représentant] : « Dès qu'il y aura un mois de passé, je
me mettrai en relation conjugale avec toi. »

Pour tout mariage controversé [c'est-à-dire pour
tout mariage dont la validité et l'invalidité ont été le
motif de controverses jurisprudentielles, soit que ces
controverses reposent sur des raisonnements uniquement
ment inspirés par l'esprit de la loi, soit qu'elles reposent
sur des raisonnements puissants pris en dehors des
limites apparentes de la loi], l'annulation juridique ou
rupture par décision judiciaire implique et entraîne
forcément la répudiation. Tels sont : — le mariage
contracté lorsque l'un [des deux contractants ou bien
le représentant de la femme] est en ih'râm [pour le

pèlerinage ou pour l'o'mra]; — le mariage par compensation ou acquittement réciproque [43]. [L'acte juridique tranche la question et lève le motif d'incertitude ou de controverse.]

Les prohibitions irrévocables de mariage [toujours dans les cas controversés] naissent, — tantôt par le fait seul que le mariage est contracté [dans certaines conditions; ainsi lorsque le fidèle en ih'râm se marie et que le mariage est annulé dès avant les premières relations matrimoniales, l'alliance conjugale avec la mère de l'épouse est désormais prohibée pour le fidèle, mais non pour le père ou le fils de ce fidèle]; — tantôt par le fait seul de la cohabitation matrimoniale [ou des relations voluptueuses qui s'y rattachent. Ainsi quand un individu en ih'râm se marie, et que le mariage n'est annulé qu'après la consommation, cet individu ne peut plus se marier avec la fille de la femme dont il vient d'être séparé. Mais si le mariage a été rompu avant qu'il fût consommé, cette dernière prohibition n'a plus d'application].

Dans les mariages controversés, la successibilité est de droit pour celui des deux conjoints qui survit [lorsque l'un d'eux meurt avant l'annulation juridique du mariage, que la cohabitation ait été accomplie ou non, excepté toutefois dans le cas où, d'après le choix de l'un ou de l'autre, ou d'après le choix d'un tiers, il a été convenu que les conjoints passeront ensemble seulement un jour ou plusieurs jours, et] excepté le cas où l'un des deux époux contractants est malade [et où l'un d'eux meurt avant que le mariage soit atteint de nullité; car alors la cause de l'invalidité ou de la nullité du mariage, est l'introduction d'un héritier].

Du nombre des mariages controversés est aussi le mariage contracté par un représentant esclave, ou bien par une femme qui sert de représentant ou pour elle-même, ou pour une autre. [Le mariage d'une femme qui se représente elle-même a été reconnu licite par Abou-H'anifeh.]

Quant aux mariages non controversés [c'est-à-dire que des circonstances non contestées ont invalidés], ils sont annulés sans qu'il soit besoin de répudiation [et cela quand même le mari, ou le représentant, ou l'autorité publique, en un mot celui qui rompt le mariage dirait expressément : « J'annule ce mariage par voie de répudiation »]. Dans ces mariages non controversés [si l'un des deux conjoints meurt avant l'annulation], il n'y a plus de droit d'hérédité [pour le survivant]: tel serait le cas où l'individu aurait épousé une cinquième femme. [Ce dernier mariage serait annulé de fait et dans toutes ses conséquences.]

Il n'y a de prohibition [de mariage relativement à la parenté] que par le fait de la cohabitation [non par le seul fait du contrat conclu. Ainsi, lorsqu'un fidèle n'aura que contracté le mariage avec une cinquième femme, et ne l'aura pas consommé, ou ne se sera pas permis de caresses et de privautés, il sera licite à ce fidèle de se marier avec la mère de cette femme; mais si le mariage avait été consommé, ou si le contractant s'était permis des caresses et des privautés avec la femme, il ne serait plus licite à cet individu de se marier avec la mère].

Lorsque l'annulation du mariage n'a lieu qu'après qu'il a été consommé [bien que la nullité provienne seulement des circonstances dans lesquelles il a été contracté, ou en même temps de circonstances relatives au don nuptial], on doit livrer à la femme le don contractuel ou stipulé dans le contrat, ou bien, si l'on n'en a pas stipulé [comme dans le mariage sous forme expresse de compensation ou d'acquittement réciproque], on devra livrer à la femme le don nuptial coutumier. [Il en serait de même encore si le don nuptial convenu se composait d'objets que la loi réprouve.] Mais si [dans ces mêmes circonstances précitées] l'annulation a lieu avant que le mariage soit consommé, il n'y a pas de don nuptial à livrer à la femme. [Le résultat sera identique, si le contractant meurt avant la consommation, excepté cependant s'il est parent de la femme à un degré qui exclut les alliances matrimoniales; car le mariage alors est entaché de nullité, par la raison seule qu'il est contracté.]

Toutefois [dans le cas où l'annulation a lieu avant que le mariage soit consommé], si le don nuptial est, par exemple, de deux drachmes seulement [c'est-à-dire, est au-dessous du minimum légal], la moitié en sera toujours donnée à la femme. [Il en serait de même encore si le don contractuel était de deux drachmes, si le mariage contracté ainsi était d'ailleurs régulier et irréprochable, mais que le contractant ne voulût pas en venir à le consommer... Le minimum légal est de trois drachmes ou pièces d'argent, ou d'un quart de dinâr ou pièce d'or.] (La drachme équivaut actuellement à 60 centimes, et le dinâr, à 6 francs 30 centimes.)

Dans le mariage atteint de nullité, le mari qui [de son propre mouvement] répudie la femme est dans des conditions semblables à celles qui sont indiquées précédemment [pour le mariage controversé, et pour le mariage non controversé. Dans le mariage controversé, la répudiation, avant que le mariage soit consommé, est l'analogue de l'annulation juridique, et n'entraîne pas l'obligation de livrer le don nuptial ; si la répudiation est consécutive à la cohabitation, le don nuptial entier, ou la moitié du don nuptial, ou le don coutumier, doit être livré, selon la circonstance qui frappe le mariage de nullité].

Si, avant que le mariage fût annulé, le contractant a joui de privautés voluptueuses avec la femme [mais sans en être venu à la cohabitation], il donnera quelque chose en échange à la femme.

§ 2. De l'annulation du mariage des jeunes garçons et des esclaves.— De l'entretien de la femme de l'esclave marié par le patron.

Le représentant ou ouali d'un jeune garçon impubère [doué de raison], et qui de lui-même [c'est-à-dire sans le consentement de ce représentant] a contracté une union conjugale, a la faculté de la faire annuler juridiquement [ou de la laisser subsister, que la fille ait été déflorée ou non par ce garçon]; la conjointe [après que le mariage est annulé] n'a ni droit au don nuptial [car c'est elle ou son ouali qui a poussé le jeune garçon à s'unir à elle], ni retraite légale à subir [car la cohabitation a été un fait sans procréation possible. Dans le cas indiqué ici, le représentant du jeune contractant est seul responsable aux yeux de la loi. Le garçon vient-il à mourir avant l'annulation, la femme ou fille se soumettra à la retraite, qu'il y ait eu ou non cohabitation].

Si le jeune garçon impubère dont le mariage aura été [par qui que ce soit] contracté à des conditions obligatoires [seulement pour un individu majeur qui les accepte, telles que la condition d'affranchir toute femme dont il ferait sa concubine, etc.], ou à des conditions [approuvées par ce jeune garçon et] que lui a laissé accepter son représentant; si, dis-je, ce jeune garçon, une fois arrivé en âge de puberté [et de majorité], désavoue les conditions acceptées, il est libre de répudier la femme [et alors ces conditions sont annihilées pour lui. Si, devenu majeur, il les approuve, elles demeurent obligatoires]. Mais si la répudiation a lieu, oblige-t-elle à donner à la femme la moitié du don nuptial? Il y a sur cette question deux dires différents, qui chacun ont servi de guides à certains k'âd'i. [Si le jeune contractant a consommé le mariage avant sa puberté, il ne doit rien à la femme; s'il l'a consommé après avoir atteint l'âge de puberté, et en ayant connaissance des conditions stipulées pour lui, il doit payer la moitié du don nuptial. Dans le cas où le conjoint prétendra n'avoir pas eu connaissance des conditions, il ne sera cru que sur la foi du serment. Enfin, l'acquittement de la moitié du don nuptial n'est exigible que si la femme elle-même n'a manqué en rien aux obligations acceptées.] Du reste, la déclaration juridique de la femme fera autorité [si le conjoint prétend avoir été marié avant sa puberté, ce qui empêche les conditions acceptées d'être obligatoires pour lui, et] si la femme ou son représentant soutient, de son côté, que le conjoint était pubère. [Le conjoint devra apporter les preuves de son dire, sinon il sera débouté de ses prétentions et astreint aux conditions conclues.]

Le patron a le droit facultatif de rompre lui-même, mais seulement par voie de répudiation complète, le mariage de son esclave mâle [et même de son esclave en voie d'affranchissement, tel que l'affranchi contractuel, lorsque cet esclave s'est marié sans le consentement de ce patron; ensuite l'esclave ne peut pas renouer l'union. Lorsque la femme esclave se marie sans la permission de son maître, celui-ci n'a pas la faculté de dissoudre ou de ne pas dissoudre le mariage, mais il doit nécessairement le rompre].

Le patron qui aura vendu l'esclave [marié comme nous venons de le dire] n'aura plus ensuite le droit de rompre le mariage. [Seulement, le patron informera l'acquéreur que ce vice de forme a entaché la vente, et que, si lui, patron, avait eu connaissance du mariage, il l'aurait dissous. L'acquéreur garde-t-il alors l'esclave, le mariage doit être maintenu.] Si l'esclave est rendu au patron, celui-ci rentre dans son droit premier de rompre le mariage. Le patron n'a plus la faculté de dissoudre le mariage de l'esclave susdit, si celui-ci a été ensuite affranchi par manumission complète.

Après que le patron a rompu le mariage de son esclave [marié sans permission], si la cohabitation a été accomplie, la femme a droit à recevoir de l'esclave un quart de dînâr [mais d'autre part, elle devra rendre ce qu'elle aurait reçu en plus de cette somme; si elle ne peut le rendre, elle en sera constituée débitrice].

L'esclave ordinaire et l'affranchi contractuel [une fois qu'ils ont leur liberté] deviennent débiteurs obligés de ce qui reste à livrer par chacun à sa femme [en surplus d'un quart de dînâr], qu'ils aient ou non trompé la femme sur leur état, en se donnant pour hommes de condition libre. Toutefois, ils ne seront obligés [de s'acquitter envers la femme] que s'ils n'ont point été [avant leur affranchissement] déchargés de cette dette par leur patron, ou, en son nom, par le souverain ou chef revêtu de l'autorité suprême [que le patron soit présent ou absent. Car le souverain pouvoir, au nom ou en l'absence du propriétaire, dispose librement d'une possession; et l'esclave, sous quelque forme que ce soit, est une possession].

La parole du patron qui consent [à maintenir un mariage qu'il n'avait pas d'abord intention de laisser subsister], est suivie et exécutée, mais à la condition que la parole qui rétracte suive de près [la première, soit donnée séance tenante, ou au plus dans un intervalle de deux jours], et que, lors de la première parole qui refusait [le maintien du mariage], le patron n'ait pas eu la pensée arrêtée de faire annuler ce mariage, ou ait hésité entre l'annulation et le maintien.

Dans le cas où un individu pubère, non émancipé, aurait contracté une union matrimoniale sans le consentement de son oualî, celui-ci a la faculté, même quand la femme serait morte, de faire rompre le contrat de mariage [par une répudiation complète. Si la cohabitation avait eu lieu, la femme, après la dissolution du mariage, aurait droit à un quart de dînâr. Le représentant qui n'aurait été informé du mariage qu'après que l'individu serait sorti de la tutelle de ce représentant, n'aurait plus le pouvoir de révoquer le mariage]. L'annulation [dans la circonstance où elle peut s'opérer] doit, si le conjoint est mort, être prononcée par le tribunal. [Car, à la mort du conjoint, tous les droits du représentant cessent.]

Il n'est permis qu'à l'esclave affranchi contractuellement, et aussi à l'esclave qui, avec le consentement de son patron, a engagé ses propres deniers dans un négoce, de vivre avec une concubine [qu'il a achetée], sans même avoir besoin d'autorisation de patron. [L'intention de la loi est de laisser à ces deux sortes d'esclaves mâles le moyen d'éviter le libertinage..... Mais ni l'un ni l'autre ne peut acheter une esclave pour concubine que de ce qu'il possède personnellement à titre de dons, ou de legs, etc. mais non de profits qu'il aurait faits en commerce; car, pour ces profits, l'un et l'autre n'est que comme le représentant de son patron. Cependant le patron peut autoriser à faire l'achat à ses dépens, ou donner ou prêter de quoi le faire.]

Les frais nécessaires pour l'entretien et la nourriture de la femme de l'esclave [auquel le patron a permis de se marier] ne doivent point être pris sur les profits retirés de la propre personne [de l'esclave mis, par exemple, à louage; car ces profits appartiennent au patron], ni même sur des gains et bénéfices [que cet esclave peut avoir réalisés], à moins qu'il ne soit de droit coutumier [dans le pays, que ces frais se prélèvent ainsi sur les profits donnés par la personne du mari esclave, ou sur les bénéfices par lui réalisés]. Il en est entièrement de même pour le don nuptial à livrer à la femme de l'esclave. [Si l'esclave ne peut suffire aux besoins de sa femme, et que le droit coutumier susdit n'existe pas, on séparera ces conjoints, à moins que le patron ne consente à les laisser ensemble, ou que la femme ne se résolve à demeurer alors avec son mari.] Du reste, en permettant [et même en ordonnant] le mariage à une esclave, le patron n'est garant de rien [ni de la dot, ni de la nourriture, ni de l'entretien de la femme, à moins que ce patron ne se charge de ces dépenses].

§ 3. Trois circonstances dans lesquelles le mariage est contracté d'autorité. — Contestation entre le père et le fils pour le don nuptial. — Du cas où un conjoint nie qu'il ait donné son consentement ou sa procuration.

Le père, ou le tuteur testamentaire, ou le pouvoir gouvernant, ordonnera le mariage, — de l'aliéné auquel le mariage sera nécessaire [comme moyen de le détourner du libertinage, bien que l'esprit de la loi soit de ne pas marier l'aliéné; si la folie laissait à l'individu des retours lucides, on attendrait un de ces moments pour procéder au mariage]; — du "jeune garçon" lorsqu'il s'agira d'intérêts et d'arrangements de famille, tels que le mariage d'une fille de distinction, d'une cousine, d'une fille pauvre, etc.; — de l'individu non émancipé [c'est-à-dire qui ne peut encore contracter aucun acte, parce qu'il n'est pas encore arrivé à un développement intellectuel suffisant]. Quant au mariage de ce dernier individu, les juristes ont exprimé des opinions opposées. [Les uns prétendent que ce mariage est permis lorsqu'il y a avantage; les autres soutiennent qu'il n'est jamais permis.] Du reste, si les trois sortes d'individus précités ne peuvent rien payer de la dot [dans le moment où on les marie], c'est le père seul, ou bien la succession du père, s'il n'existe plus, qui doit acquitter cette dot, quand même, après quelque temps de mariage, les époux se trouveraient dans l'aisance, et que de plus le père aurait établi dans les clauses du contrat que la dot serait à la charge du mari. Sinon [c'est-à-dire si le mari avait, lorsqu'on l'a marié, de quoi suffire à la dot ou seulement à une partie de la dot], c'est au mari à l'acquitter [à mesure qu'il le pourra], à moins qu'une condition contractuelle n'y oblige le père.

Dans le cas où un fils émancipé et son père se rejetteraient l'un sur l'autre l'obligation de payer la dot nuptiale [parce que le père qui, du consentement du fils, a contracté le mariage, n'a pas fait spécifier lequel des deux devait fournir cette dot], le mariage sera annulé, et ni le père ni le fils ne fournira le don nuptial [si le mariage n'a pas été consommé]. Mais [pour que l'union des époux soit annulée et la dot refusée] faut-il que le fils et le père jurent tous deux [que leur intention était telle qu'ils l'énoncent]? S'ils ne jurent pas tous les deux, l'annulation n'aura-t-elle pas lieu, et condamnera-t-on celui qui refusera ou esquivera le serment? Il y a, sur ces différents points, différentes opinions parmi les légistes modernes. [Si le mariage n'a pas été consommé, il n'y a pas de dot à payer; s'il a été consommé et que le père jure, le fils doit payer le don nuptial. Telle est l'opinion généralement suivie.]

Le mariage d'un jeune homme émancipé, ou d'un fidèle non parent du représentant, ou d'une femme, a-t-il été contracté [par le père de ce jeune homme, ou par le représentant de ce fidèle, ou de la femme à laquelle toutefois il n'impose pas le mariage], si, dans ces trois circonstances différentes [dans lesquelles d'ailleurs le représentant est supposé avoir agi avec le consentement de celui ou de celle qu'il représentait], l'un des conjoints ayant assisté aux conclusions contractuelles vient à nier qu'il ait donné son consentement et sa procuration, et si cette dénégation n'est pas déclarée aussitôt que le marié ou la mariée a eu connaissance des clauses du contrat, le marié ou la mariée devra jurer [que ces clauses ne lui ont pas été connues au moment où l'on a ratifié le contrat; et alors il n'y a ni mariage conclu, ni don nuptial devenu obligatoire pour qui que ce soit. Si la dénégation avait lieu aussitôt que le marié ou la mariée acquiert la connaissance des clauses contractuelles, il n'y a jamais de serment à exiger]. Si la dénégation n'est portée qu'après un certain temps [par exemple, après un jour ou une grande partie du jour, ou après les félicitations adressées aux conjoints, etc.], le mariage demeure irrévocable. [Mais il faudra un nouveau contrat pour établir le droit du mari à prendre possession de la femme, et de plus le mari devra abandonner la moitié du don nuptial.]

§ 4. De la garantie du don nuptial donnée par un tiers.

La moitié de la dot nuptiale revient au père [qui, en mariant son fils émancipé ou non, aura garanti cette dot], lorsque le fils [avant de consommer le mariage] répudiera la femme [et lui laissera, comme il le doit, la moitié de la dot]. Il en sera absolument de même, — pour celui qui, jouissant d'une certaine ai-

sance, fournit la dot d'un individu qu'il marie ; — et
pour le père qui se porte garant, envers sa fille, du don
nuptial promis par le mari, si toutefois la répudiation
précède [la consommation du mariage]. Si le mariage
est entaché de nullité, tout le don nuptial revient à
celui qui en a répondu ou qui l'a payé au nom du conjoint. [Mais si la cohabitation avait été accomplie, la
dot désignée appartiendrait à la femme.] Du reste, il
ne reviendra quelque chose de la dot à tel ou tel des
trois répondants susmentionnés, que s'il a été bien explicitement et clairement déclaré [avant ou pendant la
discussion du contrat] que tel individu prend sous sa
garantie l'acquittement du don nuptial, ou que si la dot
a été payée ou promise expressément par cet individu
après le contrat établi.

La femme [qui a laissé son représentant libre de
contracter le mariage] a la faculté, dans le cas où la
dot nuptiale ne peut être obtenue d'un tiers qui l'a garantie, de différer la première communication et la
première cohabitation du mari, jusqu'à ce que la quotité de cette dot soit déterminée et soit livrée [telle
qu'elle a été stipulée en contractant]. Mais alors le mari
[vu le refus de la femme de l'admettre à la cohabitation]
a la faculté de renoncer à la femme et de la répudier
[sans lui rien payer].

La garantie d'un don nuptial assumée par un individu malade qui la défère à un héritier [à la charge
par celui-ci de la payer après la mort du malade] devient nulle et sans recours possible, excepté s'il s'agis-

sait de marier la fille du défunt [et encore alors ne peut-on consacrer à ce don que le tiers de l'héritage. Ce tiers, le mari est libre de l'accepter; et si les héritiers refusent, le mari choisira, ou de fournir lui-même le don, ou de renoncer à la femme sans lui rien payer].

§ 5. Du mariage légalement assorti.

Dans le mariage, les conjoints doivent être assortis sous le rapport, — de la piété et de la religion, — de la moralité, de la régularité dans la vie ordinaire [et de l'absence des défauts que la femme appréhende de trouver dans un mari]. Toutefois, la femme [vierge ou non] peut, d'accord avec son représentant, et le représentant peut aussi, de lui-même, négliger les conditions d'une conduite sévère et rigide dans le mari [pourvu qu'il n'y ait pas de danger à craindre pour la femme; car alors le souverain ou son lieutenant devra, d'autorité, dissoudre le mariage].

Lorsque le représentant de la femme a consenti pour elle à un mariage mal assorti, et que le mari ensuite l'a répudiée, ce représentant [qui, dans le principe, s'était déjà efforcé d'empêcher cette union] n'a pas le pouvoir de s'opposer à ce que la femme [après le temps de la retraite légale] se remarie avec ce même conjoint [si les deux époux le désirent, et] si nulle autre cause ne peut motiver l'empêchement de cette seconde union.

La mère a le droit de récriminer, si le père voulait marier leur fille, d'ailleurs pauvre, mais recherchée en mariage, à un individu dans l'indigence. Ibn-el-K'ácem refuse à la mère toute faculté d'intervention, excepté pour le cas d'inconvénients matériels graves et positifs dans le mari [par exemple s'il était lépreux, etc.]. Mais cette opinion d'Ibn-el-K'ácem est-elle dans l'esprit du principe précédent [exprimé par Mâlek lui-même, et consigné textuellement dans le Moudaouéneh]? Il y a sur ce point deux dires différents (*tâoutlân*). [L'un est affirmatif, l'autre est négatif et s'appuie sur ce que l'exposé textuel du principe accorde simplement à la mère la faculté d'intervention, et qu'Ibn-el-K'ácem ne concède cette faculté que par circonstance exceptionnelle.]

L'union conjugale est légalement assortie, lorsque l'on marie, — un individu affranchi depuis longtemps [à une femme d'origine arabe]; — un fidèle non chérif [à une fille d'un chérif]; — un fidèle d'une condition inférieure [à une femme d'une condition plus élevée]. Mais [l'union conjugale est-elle légalement assortie] dans le cas de mariage d'un esclave avec une femme de condition libre? Il y a sur ce point deux opinions contradictoires. [Toutefois, le principe réel est que l'union indiquée a le caractère d'une union légalement assortie.]

§ 6. **Unions illicites.** — Circonstances d'illégalité quant au nombre des femmes, et quant à leur parenté rapprochée.

Tout musulman [homme ou femme] ne peut se marier avec un parent en ligne directe ascendante, ni avec un parent en ligne directe descendante [c'est-à-dire : point de mariage entre parents au degré de mère, ou de père, ou d'aïeul, ou d'aïeule, ou de mère ou père de l'aïeul ou de l'aïeule, et ainsi de suite ; point de mariage non plus entre les parents et leurs propres enfants], même quand l'enfant serait né par suite de liaison incestueuse. [Ce dernier cas ne concerne, bien entendu, que le père illégitime mais avoué et reconnu pour tel ; car l'enfant est toujours rattaché à la femme. De plus, un fils illégitime ne peut épouser la fille née légitimement du même père.]

Le musulman ne peut contracter de mariage, — ni avec une femme qui a été mariée avec le père ou le grand-père, etc. ou un fils ou petit-fils de ce musulman [et, dans le même rapport, la femme ne peut être mariée avec un individu qui a été mari de la mère, ou de l'aïeule, ou d'une fille de cette femme ; mais on peut prendre pour femme la fille ou la mère de l'épouse du père, sauf les cas de parenté établie par la succion du lait d'une même femme] ; — ni dans la descendance de son origine immédiate (c'est-à-dire que ni homme ni femme ne peut se marier avec des enfants issus du même père ou de la même mère que lui ou elle, ni avec les enfants de ces enfants, et ainsi de suite] ; —

ni dans la première descendance de chaque origine médiate [c'est-à-dire dans la descendance immédiate ou les enfants immédiats du grand-père ou de la grand'mère; mais le mariage entre parents est permis avec les enfants du fils ou de la fille du grand-père ou de la grand'mère]; — ni dans l'ascendance maternelle directe de l'épouse [c'est-à-dire dans *les mères* de cette épouse, quand même le mariage de l'individu n'aurait été que contracté et non consommé]; — ni dans [l'ascendance maternelle, ni dans] la descendance directe [c'est-à-dire avec une fille] de la femme [qui a déjà été mariée], lorsque l'individu [ne fût-ce que par un baiser sur la bouche, un simple attouchement, même un regard voluptueux] a joui de cette femme, même étant morte. Il en serait encore ainsi, lors même que la femme [aurait été achetée, et par là] se trouverait être la propriété possessoire de l'individu. [Dès qu'il en a joui, il ne peut plus s'unir à une fille de cette femme, et le fils de cet individu ne peut plus s'unir ni à cette femme, ni à une de ses filles. Les autres dispositions de la loi s'appliquent également aux ascendances et aux descendances de la femme esclave avec laquelle cohabite son patron. Enfin les prohibitions légales sont les mêmes pour la femme que pour l'homme.]

Le mariage controversé, une fois qu'il a été contracté seulement, et bien qu'il soit entaché de nullité, entraîne les mêmes prohibitions [ou conditions d'alliances illicites, que le mariage régulièrement contracté]. Le mariage non controversé n'entraîne ces conditions d'alliances illicites, que quand il a été consommé et que de plus l'individu a transgressé [mais sans le savoir] d'autres défenses de la loi [telles que celles qui regardent le degré de parenté, l'état de la femme en attente, etc. Si l'individu n'ignorait pas l'illégalité de pareilles unions, le mariage est considéré comme un acte incestueux.] Quant aux prohibitions qui résultent de la cohabitation illicite, il y a diversité d'avis sur la marche à suivre. [Le Moudaouéneh dit, « Celui qui aura cohabité illicitement avec la mère ou avec la fille de sa femme devra se séparer de sa femme, » et de plus, il ne pourra jamais la reprendre pour épouse; d'autres ont dit : « Celui qui aura cohabité illicitement avec une femme peut se marier avec la fille ou avec la mère de cette femme; et le père ou le fils de cet individu peut se marier avec cette femme. »]

Si un individu, voulant prendre quelque plaisir avec sa femme [dans l'obscurité], avait [par erreur] porté la main sur la fille de cette femme [ou la fille de cette femme et de lui], et s'il avait joui de la fille [ou par cohabitation, ou par caresses seulement], que doit faire ensuite le mari? A cet égard, il y a, parmi les juristes modernes, divergence d'opinions. [Ils se sont demandé si alors le mari doit ou non se séparer de la femme, et s'il lui est interdit ou non de jamais la reprendre pour épouse. Mais, sur ces deux points, la majorité des docteurs a répondu par la négative.]

Dans le cas où un père dirait à son fils [qui a intention de se marier avec telle femme, ou bien d'acquérir telle esclave], « J'ai demandé cette femme, et mon mariage avec elle est contracté, » ou bien, « J'ai cohabité avec cette esclave » [ou, « J'ai pris quelques privautés avec elle, car elle m'a appartenu »], le fils devra, quand même il ne reconnaîtrait pas la vérité des paroles de son père, renoncer au mariage de la femme et à la cohabitation avec l'esclave. Mais cette renonciation est-elle [plus qu'un devoir de convenance? est-elle] un devoir d'obligation, lorsque le mariage du père, ou la possession de l'esclave, était un fait connu avant que le fils eût manifesté aucune intention? Il y a sur cette question deux avis contradictoires. [Mais, en tout cas, le fils doit, par convenance, toujours renoncer à la femme ou à l'esclave.]

Il est défendu à tout musulman [libre ou esclave] d'être marié avec cinq femmes ensemble [soit par plusieurs contrats, soit par un seul, lors même qu'un don nuptial particulier serait assigné à chacune d'elles, s'il y a eu un contrat collectif. Le mariage sera rompu pour toutes; s'il y a eu plusieurs contrats, le mariage de la dernière sera dissous; et si l'on ne sait pas quelle a été la dernière, les cinq mariages seront annulés].

Il est permis à l'esclave d'épouser aussi jusqu'à quatre femmes. [Car le mariage est un devoir religieux, et tout devoir religieux est pour l'esclave comme pour l'homme libre.]

Le fidèle ne peut être, à la fois, le mari de deux femmes dont la mention de l'une établirait l'union illicite de l'autre avec ce fidèle. [Ainsi il ne peut être en même temps marié à deux sœurs; ce n'est qu'après la répudiation ou la mort de l'une, qu'il peut épouser l'autre.] De même il n'est pas permis au fidèle de cohabiter avec deux femmes esclaves [dont la mention de l'une interdit à ce fidèle la cohabitation avec l'autre].

Le mariage de la seconde femme [qui sera parente de la première à un degré qui emporte la prohibition de mariage avec le même individu] sera juridiquement annulé [soit qu'il y ait eu un seul contrat pour les deux femmes, soit qu'il y en ait eu un pour chacune], lorsque la déclaration de cette femme sera reconnue véridique. L'annulation [aura lieu, que le mariage ait été ou non consommé; mais elle] n'entraine nullement la répudiation. [Car la nullité de ce mariage n'est pas controversée.] Si la déclaration de la femme qui se dit la seconde est récusée par le mari [et que l'on ne puisse avoir d'autre preuve positive], il jurera par serment [que la femme ne déclare pas la vérité]. Toutefois, le fait ici est relatif au don nuptial. [Car s'il n'y avait eu aucun rapport matrimonial avec cette femme, et qu'elle fût la première, elle recevrait la moitié du don nuptial, par raison de la répudiation.]

L'annulation du mariage [consommé ou non] aura lieu également sans répudiation [mais en laissant le don nuptial à chacune], lorsqu'un seul contrat aura uni à la fois la mère et la fille à un même individu; et si cet individu [ignorant même qu'elles fussent la mère et la fille] avait consommé le mariage avec les deux, il lui serait pour toujours défendu de se marier avec l'une ou avec l'autre. [De plus, à la mort de l'individu, même s'il meurt avant la dissolution du mariage,] elles n'ont nul droit à la succession. Toutes ces circonstances [de prohibition indéfinie, de don nuptial, de nullité de droit à la succession] restent encore dans leur valeur, lors même que le mariage aura été contracté avec toutes deux l'une après l'autre. Quand l'individu [qui, par un seul contrat, s'est assuré la mère et la fille] n'aura cohabité ni avec l'une ni avec l'autre, [le mariage sera également annulé; mais] il pourra se marier ensuite avec la mère. [Car le contrat, ayant été illicite, n'a nul effet de prohibition relativement à la mère; et quand l'union matrimoniale avec la mère n'est pas illicite, à plus forte raison l'union avec la fille seulement ne l'est pas non plus.]

Si l'on ne pouvait savoir quelle est celle [de la mère ou de la fille] dont le mariage a été contracté le premier [et que le mari fût mort sans avoir consommé le mariage ni avec l'une ni avec l'autre], le droit de successibilité se partagerait entre elles deux, et, de plus, chacune aurait la moitié de la dot qui était convenue. On agirait d'après le même principe dans le cas où le mari défunt laisserait cinq femmes légitimes, et où l'on ne pourrait savoir laquelle a été la dernière mariée. [Les cinq femmes ont droit alors ensemble à la part d'héritage; et toutes celles avec lesquelles il aura cohabité recevront le don nuptial complet; celles avec lesquelles il n'aura pas cohabité ne recevront que la moitié du don nuptial. Lorsque la dernière mariée sera

une des quatre avec lesquelles le mari défunt aura cohabité, et lorsque les héritiers déclareront qu'elle est
la cinquième et qu'elle n'a droit à rien, le don nuptial
de cette femme sera partagé par moitié entre elle et les
héritiers.]

La consommation du mariage contracté avec la sœur
[ou avec la tante paternelle, etc.] de la femme déjà en
puissance d'un individu n'est licite qu'après que l'individu est complétement séparé de la femme première
[c'est-à-dire après qu'il s'en est séparé ou par le divorce,
ou par la répudiation ou définitive ou complète, dans
le cas où il n'a eu aucun rapport avec la femme, ou,
dans le cas contraire, par le divorce, ou, dans le cas
de répudiation imparfaite, après l'expiration du temps
de retraite légale. Si la femme jure que ses menstrues
n'ont pas reparu, on la croira; car, pendant la retraite
légale, le mari doit fournir à cette femme ce dont elle
a besoin alors pour son entretien; et si, après une retraite d'un an, elle prétend sentir le mouvement d'un
enfant dans son sein, elle sera visitée par des femmes.
Si le fait est reconnu vrai, le mariage avec la sœur n'est
pas permis au susdit mari; si le fait n'est pas reconnu
vrai, le mari n'est pas obligé d'attendre plus longtemps].

§ 7. Unions illicites avec les femmes esclaves.

Le fidèle ne peut se marier avec la proche parente
[sœur, ou tante, etc.] d'une esclave dont il a joui,
qu'après s'être dépouillé de ses droits sur cette esclave,

en l'affranchissant par manumission complète, ou seulement partielle, ou à époque fixée, ou même par manumission contractuelle. [Car dans ces divers états de l'esclave, le patron n'a plus le droit de cohabiter avec elle, ce serait une sorte de mariage temporaire; si l'individu cohabite avec une esclave affranchie partiellement, ou à époque, et que cette esclave devienne mère, elle est alors dite *mère d'un enfant, oumm ouéled;* elle est libre de tout service domestique, et ne doit plus cohabiter avec le patron père; si elle n'est pas devenue mère, elle reste affranchie au degré où elle était.]

Le fidèle peut s'unir [soit par mariage, soit par droit de propriété] avec la proche parente [de l'esclave dont il jouissait maritalement, c'est-à-dire avec la proche parente, sœur ou tante, etc.] avec laquelle il ne lui était pas permis de s'unir [en même temps qu'il possédait maritalement la susdite esclave], — dès que ce fidèle a marié légalement cette esclave [le mariage ne fût-il régularisé et obligatoire que par la raison qu'il est consommé]; — ou lorsque cette esclave a été prise par l'ennemi, ou lorsqu'elle s'est enfuie et qu'il n'y a pas espoir de la voir revenir [ou lorsque le fidèle, pendant qu'elle était prisonnière, l'a répudiée sous forme complète; mais, si la répudiation était imparfaite, le fidèle ne pourrait se permettre de s'unir avec une proche parente de cette esclave prisonnière, qu'après que celle-ci aurait passé cinq ans en captivité; car cette esclave était peut-être enceinte lorsqu'elle fut prise, et le plus long terme possible de gestation est de cinq années;

dans la forme de répudiation complète, il y a toujours
à attendre une durée égale à trois menstruations]; —
ou bien, dès que le fidèle a définitivement vendu cette
esclave, même en en cachant les défauts ou vices à l'acquéreur.

Mais le fidèle ne peut pas s'unir avec la proche parente de l'esclave [dans les circonstances indiquées] (au
commencement de l'alinéa précédent), — lorsque le
mariage [par lequel il a donné cette esclave pour compagne à un autre], ou le marché [par lequel il l'a cé-
dée à titre de propriété à un autre fidèle] est entaché
de nullité, de manière à ne pouvoir être légalement régularisé; — ou pendant que cette esclave est en menstrues [car les menstrues ne sont pas une cause qui fasse
cesser le droit de jouissance de l'individu]; — ou bien
si l'esclave susdite est en retraite par suite d'une cohabitation qui a eu lieu par erreur [l'individu ayant
cru, par exemple, qu'il pouvait se mettre en rapport
sexuel avec cette esclave dans une circonstance où il
aurait dû s'en abstenir]; — ou bien lorsque l'esclave
apostasie [car les trois jours de délai accordés alors pour
que le renégat se décide à revenir à l'islamisme, ou à
subir la mort, ne sont pas une durée suffisante, et il
est toujours probable que l'esclave rentrera dans sa foi];
— ou bien pendant que l'esclave est en ih'râm [pour
le pèlerinage ou pour l'o'mra; le temps de l'ih'râm est
aussi de trop courte durée]; — ou pendant l'abstinence
qu'entraîne une assimilation injurieuse [car l'individu
qui s'est rendu coupable de cette assimilation peut lever

l'interdit matrimonial qui en est la conséquence [44], en se soumettant à l'expiation voulue; — ou même lorsqu'il jurerait à la sœur, par exemple, que, s'il cohabite avec elle, il ne cohabitera plus jamais avec l'autre sœur esclave, à laquelle il donnera immédiatement la liberté]; — ou pendant que l'esclave est en retraite après une cohabitation avec le fidèle susdit; — ou bien pendant le délai de la vente de cette esclave sous forme de vente à l'option [délai pendant lequel le vendeur ou l'acheteur est libre de revenir sur son engagement]; ou jusqu'à la fin d'un délai de trois jours accordé pour l'épreuve de l'esclave [et, par suite, pour la ratification définitive ou la rupture du marché; mais, si le délai convenu pour le temps d'épreuve est d'une année, cette durée suffit pour établir la prohibition entière envers l'esclave vendue, et permettre l'union avec l'autre esclave sa sœur, etc.]; — ou bien pendant une année [ou deux, et même trois années] de service de cette esclave comme domestique; — ou bien lorsque l'esclave a été donnée à quelqu'un dont le donateur peut la reprendre d'autorité, ou dont il peut la reprendre en la lui payant comme achat [tel serait le cas où l'individu en ferait présent à son fils, ou à un orphelin placé sous sa tutelle].

Mais la sœur de cette esclave peut être licitement unie au donateur susdit, — s'il a donné cette esclave à titre de bonne œuvre ou de charité à un individu [sur lequel il a autorité comme tuteur], et qu'elle soit tenue à part et entièrement séparée du donateur [— ou si l'esclave a été donnée à un individu auquel le donateur ne peut plus la retirer;] — ou si cette esclave a servi l'individu, comme domestique seulement, pendant quelques années [au moins quatre ou cinq ans].

Celui qui [en dehors des conditions licites] aura cohabité avec deux esclaves proches parentes suspendra tout rapport sexuel avec l'une et l'autre, afin de déterminer celle dont il devra s'interdire la jouissance. S'il préfère conserver ses rapports avec la seconde, il lui fera subir le temps d'attente [conséquence de la cohabitation illicite; le produit né de ce commerce sera considéré comme bâtard ; ou bien il sera rapporté, comme résultat d'une erreur, par ignorance ou par oubli, au père naturel, qui alors n'aura pas à subir de peine correctionnelle, car l'enfant est le fruit d'un acte opéré avant qu'ait été rompue et interdite définitivement l'union de l'individu avec l'esclave. Si l'individu préfère conserver ses rapports avec la première esclave, il les continue sans qu'il soit besoin d'attente de continence, à moins qu'il n'ait cohabité avec cette esclave pendant le temps où il devait suspendre ses relations avec elle].

Celui qui aura contracté un mariage régulièrement, et qui ensuite aura acheté une esclave [dont il ne peut jouir licitement, parce qu'elle est proche parente de la femme avec laquelle il est marié], continuera [à vivre maritalement] avec sa femme. [L'esclave ne sera chez lui qu'à titre de domestique.] Mais s'il cohabite avec cette esclave [ainsi achetée après le mariage], ou bien s'il se marie avec la première après s'être permis avec celle qu'il a achetée des relations voluptueuses [ne fût-

ce que des caresses, sans cohabitation], il doit [dans
ce double cas, suspendre tout commerce avec les deux
et] agir comme il a été dit précédemment [afin de déterminer celle dont il veut s'interdire la jouissance. S'il
préfère la première pour la cohabitation, il renoncera
à toute relation sexuelle avec la seconde; s'il préfère la
seconde, elle ne sera plus pour lui comme une propriété,
et il s'en abstiendra jusqu'à ce qu'elle lui soit licite].

§ 8. Du mariage à contracter de nouveau par le même mari avec la
femme qu'il a répudiée par répudiation définitive.

Lorsque la répudiation a été définitive [c'est-à-dire
triple, de la part du musulman libre, et double, de la
part du musulman esclave, que la femme soit musulmane ou non], le mari ne peut contracter une nouvelle
union conjugale avec la femme répudiée par lui qu'après
qu'elle a accompli licitement la copulation avec un autre
individu pubère, musulman, qui huic mulieri in genitalia penem introduxerit ità ut [quod introductum
fuerit] longitudinem glandis penis vel certè adæquet
[etiamsi glande careat]. De plus, cette copulation [pour
avoir la valeur légale exigée, c'est-à-dire rendre licite
le mariage avec l'ancien mari] doit : — 1° avoir lieu
sans aucune circonstance défendue [même accessoire-
ment; ainsi elle ne doit pas avoir lieu en plein air et la
face tournée du côté de la Mekke, ou dans une mosquée,
ou pendant l'ih'râm, etc.]; — 2° être accomplie par les
conjoints sans qu'ils cherchent à rien éluder; — 3° per-

fici cum erectione virili; — 4° être la conséquence d'une union matrimoniale régulière et obligatoire [néanmoins, s'il s'agissait d'une esclave, la permission de celui qui a répudié suffirait pour qu'un autre cohabitât avec cette esclave, et alors le renouvellement de l'union serait permis à l'individu premier]; — 5° avoir eu son accomplissement sans témoin, mais un accomplissement certain [et au su de deux femmes au moins]; — 6° ne pas s'accomplir sans que la femme au moins ait parfaitement conscience du fait [car le résultat légal serait nul si la femme était endormie, ou évanouie, ou en état de folie; mais il n'importe en rien que le mari agissant soit ou en folie, ou privé de sa présence d'esprit].

Si un individu [qui a une position sociale élevée, et] qui, d'après un serment [par lequel il s'est engagé à s'unir à une femme de condition inférieure], se marie avec la femme [de basse extraction] répudiée par répudiation définitive [et consomme régulièrement le mariage], bien que cette femme ne soit pas de condition sociale comparable [à celle des autres épouses de l'individu en question], la prohibition d'un nouveau mariage avec elle [quand elle sera libérée de cette seconde union] n'en sera pas moins levée pour le premier mari.

La prohibition [qui résulte d'une répudiation définitive] n'est point levée par un mariage entaché de nullité, à moins que [la nullité ne soit détruite, c'est-à-dire que] le mariage ne doive être maintenu par la raison qu'il a été consommé; et, encore alors, ce ne peut être qu'après la seconde copulation que la femme redevient permise [à celui qui l'a répudiée ; car la première copulation n'a fait que rendre le mariage valable, et la seconde rend la femme licite au premier mari]. Cependant, si le second mari se séparait de cette femme après une seule copulation, le premier mari pourrait-il reprendre cette femme ? Il y a sur ce point divergence d'opinions parmi les juristes modernes.

La prohibition n'est pas levée non plus si l'individu [qui s'unit à la femme répudiée] se marie avec elle, — seulement pour en légitimer de nouveau l'union avec le premier mari ; — ou bien encore dans l'intention de garder pour soi la femme, si elle lui plaît [et de s'en séparer, si elle ne lui plaît pas]. Mais l'intention simple qu'aurait ensuite le second mari de répudier la femme [pour en rendre l'union permise au premier], et l'intention qu'aurait alors la femme, ou qu'auraient les deux conjoints, de rendre licite le mariage avec le premier mari par cette seconde séparation, n'influe en rien et n'a nul effet. [Car déjà, par la cohabitation qui a eu lieu, la prohibition est levée.]

[Pour renouer une union matrimoniale rompue par une répudiation définitive qu'a suivie un autre mariage,] on accepte la déclaration de la femme — qui, arrivant d'un pays éloigné [et d'où il n'est pas facile de faire prendre des informations], certifie qu'elle y a été mariée, — ou qui, ne s'étant pas absentée de la localité, et méritant d'ailleurs toute confiance dans sa déposition, certifie qu'elle a été mariée [depuis sa répudiation] ;

mais il faut qu'il se soit passé un assez long temps [pour que l'on ne retrouve plus de témoins ni de preuves de ce second mariage]. Dans cette dernière supposition d'un long temps passé, acceptera-t-on une déclaration qui semblerait suspecte? Il y a sur ce point deux dires contradictoires.

§ 9. De la prohibition du mariage lorsque l'un des deux conjoints est propriété de l'autre. — Circonstance d'appropriation forcée par suite de la cohabitation.

Il est défendu au musulman [homme ou femme] de se marier, — avec l'esclave [femme ou homme, soit esclave simple, soit affranchi contractuel, soit *mère d'un enfant,* etc.], lorsque cet esclave est possédé, en propriété réelle, par ce musulman; — ou avec l'esclave d'un de ses enfants [fils ou filles, ou petits-fils ou petites-filles, et ainsi de suite]. Et si un pareil mariage a lieu [soit avant, soit après la possession], il sera immédiatement dissous et annulé [qu'il ait été consommé ou non]; cette annulation n'exige point la répudiation.

De même sera dissous et annulé [sans qu'il soit besoin de répudiation] le mariage de toute musulmane [libre ou esclave], lorsque son mari [par quelque moyen que ce soit] sera pour elle une propriété, et quand même elle en aurait demandé l'affranchissement à prix d'argent [ou gratis. Si le patron affranchit le mari de cette femme sans qu'elle l'ait sollicité, le mariage demeure légal. Et si la femme était libre, elle aurait son droit de patronage et d'hérédité sur ce mari affranchi; si

elle était esclave, ce droit resterait à celui qui a affranchi].
Mais si une esclave, sans permission obtenue de son
maître, s'achète un mari, et que le maître rompe le
marché, le mariage avec ce mari acheté n'est pas pour
cela entaché de nullité. [Le marché n'étant pas parfait,
la femme esclave ne possède pas son mari en propriété
réelle; s'il y avait eu permission d'achat, le mariage
serait nul.]

Le mariage restera valable, — si celui qui a vendu
l'esclave mari à la femme [libre ou esclave, ou la femme
esclave au mari libre ou esclave,] a eu l'intention malveillante de faire rompre le mariage; — ou si la femme
esclave est [après le mariage conclu] donnée en cadeau à l'esclave mari, dans l'intention [d'entacher le mariage de nullité et] de faire séparer ensuite la femme
esclave. [Car, dans ces deux circonstances, le vendeur
et le donateur ont eu l'intention de nuire à ces esclaves.]
On a ajouté qu'il faut [dans la seconde supposition] que
le patron ait obligé l'esclave mari à recevoir en présent
la femme esclave [mais le principe fondamental n'admet pas cette nécessité].

Un père deviendra possesseur, en propriété réelle,
d'une esclave de son fils [ou de sa fille, ou de son petit-
fils, etc. libre ou esclave], du moment même que ce
père aura joui de cette esclave [soit par de simples caresses, soit par cohabitation; mais ce sera toujours] à
la condition forcée de payer l'esclave au prix [qu'elle
aura valu le jour même qu'elle aura changé de propriétaire; si le père ne peut payer, il sera constitué débi-

teur. Si l'esclave ne devient pas enceinte par suite de la cohabitation avec le père, elle sera vendue; et si le prix de vente est au-dessous ou au-dessus de ce que valait l'esclave lorsque le père en est devenu le propriétaire, celui-ci supportera la perte ou profitera du surplus. Dans le cas où le père ne pourrait pas payer le prix de l'esclave, le fils ou la fille ou le petit-fils, etc. peut garder l'esclave. Si cette esclave est enceinte, elle ne sera point vendue et demeurera avec le père, sous le titre de *mère d'un enfant*, c'est-à-dire d'affranchie maternellement; mais le père ne pourra cohabiter de nouveau avec elle qu'après une attente purificatoire, suite de la cohabitation illicite].

Lorsque le père et le fils auront tous deux [par simples caresses, ou par copulation] joui d'une esclave possédée en propriété réelle, ni le père, ni le fils ne pourront plus cohabiter désormais avec cette esclave. [Chacun d'eux a rendu pour l'autre cette cohabitation illicite.] De plus, l'esclave sera affranchie maternellement pour celui des deux par le fait duquel elle aura conçu.

SECTION IV.

MARIAGE PERMIS ENTRE DES CONJOINTS DE CONDITION DIFFÉRENTE, ESCLAVE OU LIBRE.

L'esclave [même affranchi contractuellement] peut devenir l'époux de la fille de son maître [qu'elle soit vierge ou non. Pour cela, il faut le consentement du maître et de sa fille]. Toutefois, ce genre de mariage a quelque chose de désavantageux [que doivent considérer la femme et ses parents; à la mort du maître de l'esclave, l'union conjugale est dissoute; de même encore si un fils épousait l'affranchie contractuelle de son père, ou si l'affranchi contractuel épousait la fille de son patron; à la mort du patron, le mariage est rompu, et l'affranchissement contractuel reste tel qu'il était].

Un esclave peut aussi devenir le mari d'une esclave appartenant à un autre patron que lui [et à la seule condition qu'elle soit musulmane; les enfants sont toujours esclaves-nés].

Également, il est permis — au musulman libre privé de la vertu prolifique [et à un vieillard très-âgé, à un eunuque entièrement mutilé,] de se marier avec une femme esclave [car alors il n'y a pas à craindre la naissance d'enfants esclaves]; — au musulman de condition libre, d'épouser, par exemple, une femme esclave appartenant à l'aïeul de ce musulman [ou à l'aïeule, ou au père, ou à la mère, ou au bisaïeul, etc.; car il n'y a pas à craindre la naissance d'enfants esclaves. Le propriétaire de l'esclave doit être de condition libre; s'il était de condition esclave et que le mari fût libre, le mariage ne serait pas permis, car les enfants seraient esclaves du premier propriétaire, c'est-à-dire du propriétaire de l'esclave propriétaire de la femme esclave.]

Mais s'il en est autrement [c'est-à-dire, si le prétendant de condition libre est en état de procréer, et si la femme esclave est la propriété d'un individu, d'un étranger, qui n'affranchirait pas les enfants, ou d'un proche parent ascendant qui est esclave], le mariage n'est permis que sous la condition [— que la femme soit musulmane], — ou qu'il y ait à craindre que le prétendant ne se livre au libertinage, — ou qu'il n'ait pas le moyen de se procurer de quoi se marier avec une femme libre [et suffire à l'entretien de cette femme], qui cependant n'élèverait pas trop haut ses exigences pour le don nuptial, fût-elle non musulmane [juive ou chrétienne]. Du reste, il est permis à l'individu [supposé ici, et pour lequel il y a à craindre le libertinage et le manque de ressources] d'épouser une femme esclave, lors même qu'il aurait déjà avec lui une femme libre [et si cette dernière consent à ce que ce mariage se fasse].

SECTION V.

DE CE QUI EST PERMIS À L'EUNUQUE ET À L'ESCLAVE PAR RAPPORT À LEUR MAÎTRESSE.

L'esclave et l'affranchi contractuel, quand ils sont laids, et quand la femme de leur patron n'a sur eux aucun droit de propriété en commun [même avec son mari], peuvent voir les cheveux de leur maîtresse [ses pieds, ses mains, son visage, en un mot ce que peut en voir un parent auquel elle ne saurait être légalement mariée; bien plus, chacun d'eux peut même, selon certains juristes, être seul avec sa maîtresse. D'autres juristes prétendent

qu'il n'est permis ni à l'un ni à l'autre, quelque laid
qu'il soit, de rien voir de sa maîtresse, ni les cheveux,
ni les mains, etc.]. L'eunuque [esclave, laid de figure,
et] qui appartient au mari peut voir aussi les cheveux
de sa maîtresse. [L'eunuque libre, ou qui n'appartient
pas comme esclave au mari, n'a pas ce droit.] Mais
une tradition [qui remonte à Mâlek, l'instituteur du
rite mâlékite] dit que l'eunuque qui même n'appartient ni au mari, ni à la femme, peut voir les cheveux
de cette femme.

SECTION VI.

DE LA FACULTÉ LAISSÉE À LA FEMME DE MAINTENIR OU DE ROMPRE LE MARIAGE, QUAND LE MARI A DÉJÀ UNE FEMME ESCLAVE.

La femme de condition libre qui aura été mariée à
un individu libre aussi [et qui n'aura pas été informée
auparavant qu'il avait déjà une femme esclave et légitime, à laquelle il s'est uni lorsqu'il n'avait pas les
moyens de suffire au don nuptial et à l'entretien d'une
femme de condition libre,] aura le choix [ou de rester
avec la femme esclave mariée à l'individu, ou] de se
séparer par répudiation complète. La faculté de choisir
[concédée ici par la loi] reste encore tout entière à
la femme libre, — lorsque le mari s'unit par une seconde union à une esclave [sans que la femme de condition libre s'y soit opposée]; — lorsque [la femme de
condition libre a consenti à ce que son mari épousât
une femme esclave, et que] le mari en a épousé encore

une seconde; — lorsque la femme de condition libre, sachant à l'avance que le mari avait une ou deux femmes esclaves, en a trouvé ensuite chez lui un plus grand nombre.

SECTION VII.

DE CERTAINS DROITS, OU RESTÉS, OU ENLEVÉS AU PATRON, RELATIVE-
MENT À L'ESCLAVE QU'IL A MARIÉE. — CAS DE NULLITÉ DU MARIAGE.
— PERMISSION D'ÉLUDER LA CONCEPTION. — DÉFENSE DE PROVOQUER
L'AVORTEMENT.

La femme esclave [excepté seulement la femme affranchie maternellement et l'affranchie contractuellement], lorsque son maître l'a mariée, ne doit pas en quitter la demeure [car il conserve son droit au travail domestique de cette esclave], à moins qu'il ne soit stipulé comme condition, ou consacré par les coutumes du pays, que l'esclave [ainsi mariée] aille habiter hors de la maison du patron. [Alors le mari devra emmener sa femme dans une autre demeure. Si la femme est affranchie maternellement ou contractuellement, elle va de droit, après qu'elle est mariée, habiter une demeure autre que celle du patron. Celui-ci n'a nul service domestique à exiger de cette esclave.]

Lorsque l'esclave [mariée par son maître, en] habite la maison, le maître a le droit de l'emmener avec lui en voyage [ou de la vendre à un individu qui va en voyage lointain; et le mari, s'il le veut, peut rester marié avec cette femme; mais ce droit du maître est annulé, si la coutume du pays ne l'admet pas. D'autre part, si l'esclave mariée n'habite pas avec le maître, celui-ci n'a point à réclamer d'elle de service domestique].

Il est permis au maître [qui marie une esclave], — de retenir [même malgré elle] tout le don nuptial, excepté un quart de dînâr, mais seulement lorsqu'elle n'a pas de dettes [contractées d'ailleurs avec la permission de son maître, et] qui empêchent de faire cette retenue; — de s'opposer [à toute communication et] à la cohabitation des conjoints, jusqu'à ce qu'il ait touché le don nuptial; — de prendre toute la dot, quand même lui, patron, tuerait cette esclave [soit avant, soit après la consommation du mariage], ou quand bien même il l'aurait vendue à un individu allant en pays lointain pour y rester. [Mais si le mariage n'était pas consommé, et que le mari alors répudiât la femme, le maître n'aurait droit de prendre que la moitié du don nuptial.] Dans le cas où cette esclave aurait été vendue à un individu méchant et brutal, [ou bien dans le cas où la femme se serait enfuie sans que l'on sût où elle est, si, dans ces deux circonstances,] le mari [a répudié la femme, il] n'est point tenu de rien payer de la dot. D'après le Moudaouéneh (chap. *Des gages*), le maître [qui marie une esclave] est obligé de donner un trousseau de noces acheté avec le prix du don nuptial.

Mais les jurisconsultes se sont-ils réellement élevés contre la disposition légale précédente, admise d'ailleurs sans contestation par le petit nombre d'entre eux?

car les uns disent que l'avis précédemment énoncé [et exprimé au chapitre *Du mariage*, dans le Moudaoué-neh] s'applique [à ceci, savoir, que le maître a le droit de prendre la dot nuptiale], si l'esclave mariée habite chez lui [et que, d'après le chapitre *Des gages*, si cette esclave habite avec son mari hors de la demeure du patron, celui-ci est obligé de donner le trousseau]; les autres disent[d'après le chapitre *Du mariage*] : « Si le patron donne, à ses frais, le trousseau de cette esclave, il est permis à ce patron de prendre le don nuptial. » [Et, d'après le chapitre *Des gages*, ils indiquent que le patron ne doit pas fournir le trousseau à ses frais, mais bien le fournir au moyen du prix du don nuptial.] Ces différentes assertions montrent que le fait a été jugé de plusieurs manières.

La faculté [laissée au maître de s'opposer à la cohabitation des conjoints avant qu'il ait touché la dot nuptiale] se perd si l'esclave est vendue avant qu'elle ait cohabité avec son mari; ni le vendeur, ni l'acquéreur n'a plus cette faculté; car l'esclave est sortie du pouvoir de celui qui l'a vendue [et l'acquéreur n'a pas le droit de s'opposer à la cohabitation des conjoints, parce qu'il n'a nul droit à recevoir le don nuptial].

Si une esclave a été affranchie par son maître à condition qu'elle se marierait [ou avec lui, ou avec un autre], elle n'est pas tenue [après son affranchissement] d'accomplir sa promesse. [Esclave, elle n'avait le droit de s'engager à rien; libre, elle peut à son gré disposer de sa personne. Il n'en serait pas de même si l'on

promettait l'affranchissement à une esclave non musulmane, à condition qu'elle embrasserait l'islamisme,
car elle pouvait aussi bien faire sa profession de foi
avant qu'après l'affranchissement.]

Quand une esclave mariée aura été [avant la consommation du mariage] vendue au mari même, le
maître ne pourra exiger que la moitié de la dot nuptiale [et, s'il l'avait reçue en totalité, il en rendrait la
moitié]. En est-il de même ou non, si la vente a lieu
par ordre du sultan [ou de l'autorité supérieure], pour
raison de faillite du patron? et alors on ne réclame pas
du mari acquéreur la moitié du don nuptial, en outre
du prix d'achat [mais on en rend débiteur le maître,
comme d'une dette contractée depuis la faillite]. Sur
la question indiquée, il y a deux dires opposés. [Mais
d'après l'avis le plus généralement accepté, le fait est
le même dans les deux cas de vente, soit par le maître,
soit par l'autorité supérieure.] Si le patron de l'esclave
l'a vendue au mari après la consommation du mariage,
la dot nuptiale est considérée comme chose qui appartenait à cette esclave [et que le maître a le droit de se
faire livrer].

Le mariage sera nul et comme non avenu par rapport à la femme esclave seulement, lorsqu'un individu
l'aura contracté, en même temps et par un seul acte,
avec une esclave et avec une femme de condition libre.
[Cette dernière femme sera seule réellement mariée,
s'il manque une, ou deux, ou l'ensemble des trois conditions mentionnées précédemment et qui seules per-

mettent au musulman d'épouser une femme esclave,
savoir : que l'esclave soit musulmane, que l'individu
n'ait pas les moyens de se marier avec une femme de
condition libre, qu'il y ait à craindre que l'individu ne
se livre au libertinage. Des juristes prétendent que les
deux mariages sont nuls, de même que serait nul un
marché pour du vinaigre où l'on aurait mêlé du vin,
ou pour des habits qui feraient un lot de marchandises
avec du porc.] Le mariage indiqué diffère essentiellement de celui par lequel un individu, dans un même
contrat, s'unirait à cinq femmes, ou celui par lequel
il s'unirait à deux femmes parentes à un degré qui
interdit l'alliance matrimoniale avec elles deux en même
temps. [Le mariage avec les cinq femmes, aussi bien
que le mariage avec les deux parentes, serait nul avant
comme après la consommation, et aucune de ces
femmes n'a de droit à la succession du mari.]

Il est permis au mari de la femme esclave, mais à
condition qu'elle y consente ainsi que le patron, aver-
tere [semen suum, id est, non illud injicere in uxoris
genitalia; et quoque licet introducere in mulieris genitalia quod impedimentum sit ne semen virile uterum
introeat. Il est nécessaire d'avoir l'assentiment du patron comme ayant droit sur les enfants de son esclave].
Même permission est accordée au mari de la femme
libre, pourvu qu'elle y consente. [Mais il ne faut alors
que le consentement de la femme. Il est défendu à la
femme de chercher, par quelque moyen que ce soit,
à se faire avorter, même avant les quarante premiers

jours de la grossesse, et lors même que le mari y consentirait. La défense concerne également les femmes devenues enceintes à la suite d'une cohabitation illicite.]

SECTION VIII.

DU MARIAGE DES INFIDÈLES.

————

§ 1. Du mariage des infidèles tributaires ou non tributaires mariés avant leur islamisation. — Du mariage du musulman avec une femme non musulmane.

En général, il est défendu au musulman [libre ou esclave] de se marier ou de cohabiter avec une femme non musulmane. Mais, d'après Mâlek, le fait est blâmable, et néanmoins est permis, si la femme est libre, chrétienne ou juive. Il est plus blâmable encore si la femme est en pays infidèle et étranger. [Le blâme de la loi est fondé sur ce que la femme non musulmane boit du vin, des liqueurs fermentées et enivrantes, dont se nourrit aussi l'enfant dans le sein maternel, sur ce que le mari embrasse cette femme, couche avec elle, sur ce qu'il n'a pas le droit de l'empêcher de suivre les habitudes qu'elle a contractées, ni de l'empêcher d'aller aux églises, sur ce qu'elle peut mourir enceinte et sera ensuite, avec l'enfant qu'elle porte, enterrée dans un cimetière d'infidèles, véritable fosse des fosses de l'enfer, sur ce que les enfants sont exposés à rester en pays de mécréants, etc.]

Il est permis encore au fidèle, mais toujours avec le blâme de la loi, de se marier ou de cohabiter, — avec une femme non musulmane qui a abandonné le judaïsme pour le christianisme ou *vice versâ* [car chrétiens, juifs, idolâtres, tous ne sont, au point de vue de la foi, qu'une nation de mécréants]; — ou avec une esclave chrétienne, ou juive, ou idolâtre, que possède le fidèle.

Quand un mécréant marié [à une femme non musulmane, mais de condition libre] aura embrassé l'islamisme, on le laissera avec sa femme [afin de faire naître en elle le désir de se déclarer aussi musulmane]; néanmoins le mariage est et demeure atteint de nullité [car la première condition de validité est que le mari soit musulman lors du mariage]. Le nouveau converti sera également laissé avec sa femme, soit esclave et non musulmane, soit libre, mais idolâtre, pourvu qu'il affranchisse la première, que la seconde embrasse l'islamisme, et que l'islamisation de toutes deux ne tarde pas au delà d'un mois, par exemple, après la conversion du mari. Mais le mariage sera-t-il maintenu, si le néophyte [pendant cette durée d'un mois] a négligé d'exhorter la femme à embrasser l'islamisme [et qu'elle l'ait embrassé d'elle-même et sans exhortations]? ou bien le mariage sera-t-il maintenu dans tous les cas possibles? Il y a sur ce point deux opinions parmi les juristes. [Si, malgré les instigations, la femme a refusé de s'islamiser, elle doit, selon les uns, être séparée de son mari; selon les autres, le mariage sera maintenu si la conversion de la femme se fait, dans le mois, soit par suite d'exhortations, soit sans exhortations.]

Il n'est point dû de frais d'entretien à la femme non musulmane, — lorsque son mari s'est islamisé [car c'est la femme elle-même qui se prive de ces ressources en retardant de se convertir; le mari ne peut, pendant ce délai, jouir conjugalement de sa femme, et, pour ce motif encore, la femme n'a aucun droit à des frais d'entretien, car ils sont la compensation des jouissances maritales]; — ou lorsque la femme s'est islamisée la première et que le mari s'est ensuite islamisé pendant la durée de la retraite légale de la femme. [Leur mariage est alors maintenu; mais, si l'islamisation n'a eu lieu qu'après la retraite, le mariage doit se renouveler par un second acte contractuel.] Le mariage, dis-je, est maintenu lors même que le mari [avant de s'islamiser et pendant le temps de la retraite légale] aurait déjà répudié sa femme islamisée. [Car la répudiation, dans le mariage toujours illégal et nul des mécréants, n'a ni sens ni valeur.] Dans l'intervalle [qui sépare l'islamisation de la femme et celle du mari], la femme n'a aucun droit à des frais d'entretien [car elle s'en est privée, en s'islamisant avant son mari]. Cette opinion est d'El-Lakhmi et d'un juriste autre que les quatre principaux commentateurs du Moudaouéneh.

Si la femme non musulmane mariée se convertissait à l'islamisme avant de consommer le mariage, elle serait aussitôt, et par le fait même, entièrement séparée de son mari. [De plus, cette femme n'aurait aucun droit au don nuptial; si elle l'avait reçu, elle le rendrait, et tout cela quand même le mari s'islamiserait immédiatement après elle.]

Le mariage est maintenu lorsque les deux conjoints s'islamisent ensemble au même moment [ou lorsque, étant déjà musulmans, ils viennent en pays musulmans, qu'ils aient ou non embrassé ensemble l'islamisme; on ne considère alors que leur état présent].

Dans tous les cas possibles [pour que le mariage puisse être maintenu], les deux conjoints ne doivent pas être parents à un degré qui interdise les alliances matrimoniales [d'après la loi islamique, même parents par succion d'un même lait].

Si un infidèle a contracté son mariage avec une femme non musulmane, avant qu'elle ait achevé son temps d'attente légale, ou si le mariage est contracté sous la forme temporaire à époque déterminée [et si chacun des conjoints, ou le mari seul, a ensuite embrassé l'islamisme avant l'expiration de l'attente légale, ou de l'époque temporaire], et que chacun des époux, ou l'un d'eux, ait dit qu'ils resteraient mariés seulement jusqu'à l'époque déterminée, le mariage, dans ces deux cas, doit être annulé et dissous. [Car le premier est l'analogue du cas où un individu arrose avec son eau la semaille d'autrui, vu que la femme en attente légale est encore la femme d'un autre. Dans le second cas, c'est le mariage temporaire probibé par l'islamisme. Mais si les conjoints se font musulmans, ou si l'époux seulement s'islamise, après le terme de l'attente légale de la femme, ou bien si, une fois islamisés, ils disent, « Nous resterons unis indéfiniment, » le mariage sera maintenu.]

Dans toutes les circonstances où le mariage peut être maintenu, il le sera, y eût-il eu répudiation même définitive [avant l'islamisation des époux; car nulle répudiation n'a de valeur hors de la loi islamique]; en outre, si [par un des moyens juridiques usités chez les mécréants pour la séparation, même sans répudiation] l'époux s'est séparé de sa femme, le mariage devra être [après l'islamisation] contracté de nouveau, mais sans passer par les exigences légales qui libèrent le mari [de la prohibition du mariage avec une femme répudiée sous forme définitive, c'est-à-dire sans que la femme soit d'abord mariée avec un autre époux].

L'annulation du mariage entre des époux, par suite de l'islamisation de l'un deux ou de tous les deux, n'entraîne point la nécessité de la répudiation. Mais, si l'un des deux apostasie, et même si l'époux renonce à l'islamisme pour embrasser la religion de sa femme, le mariage est rompu par une répudiation seule, mais définitive. [Des docteurs rejettent cette donnée, d'après le principe que, hors de l'islamisme, il n'y a pas de répudiation légale et valide.]

Dans le cas où un sujet tributaire non musulman qui aurait répudié *par trois* sa femme non musulmane [et ne s'en serait pas encore séparé], viendrait avec elle réclamer une décision juridique d'après la loi islamique, y aurait-il lieu et compétence de la part du tribunal musulman à prononcer sur l'obligation ou la non-obligation pour les conjoints de se séparer? Y aurait-il également lieu et compétence à prononcer, si le mariage avait été conclu selon toutes les conditions voulues par la loi islamique? ou bien le tribunal prononcerait-il simplement la séparation, et n'obligerait-il le mari à rien? Il y a sur cette question multiple plusieurs manières de voir. [Des juristes prétendent que le mari devra être obligé à accomplir la répudiation; d'autres soutiennent que la loi musulmane n'a pas à prononcer entre ces conjoints; d'autres indiquent que, si le mariage a été conforme aux règles et conditions islamiques, la loi islamique doit prononcer alors comme elle ferait pour des musulmans, ou bien ne se mêler en rien de l'affaire; d'autres enfin veulent que le tribunal prononce simplement la séparation, sans en poursuivre et surveiller l'exécution. Et si le mari s'islamisait, la femme pourrait licitement se marier à lui de nouveau, sans se soumettre aux conditions qui libèrent le mari de la prohibition du mariage avec la femme qu'il a répudiée par répudiation définitive.]

On laissera passer [sans récriminer] le fait de la dot nuptiale, lorsqu'elle aura été composée de [vin, par exemple, ou d'autres] choses condamnées par la loi musulmane, et qu'elle aura été reçue avant la cohabitation conjugale [qui d'ailleurs aura eu lieu avant que les conjoints aient embrassé l'islamisme. Le mariage alors est maintenu; car la femme a reçu librement le don nuptial, et au moment convenable. Mais, si le don n'a pas

été touché, ni le mariage consommé avant l'islamisation
des conjoints, et que le mari ensuite livre à sa femme
le don coutumier, celle-ci doit rester épouse de l'individu; si ce don coutumier n'est pas accordé, la séparation sera opérée par voie répudiaire, et le mari ne devra
rien à la femme. Quand la femme a reçu un don composé de choses condamnables, et que le mariage n'a été
consommé qu'après l'islamisation, le mari a le choix ou
de donner le don coutumier et de conserver la femme,
ou bien de s'en séparer par une répudiation complète,
et alors il ne doit rien à la femme. Enfin, si le mariage
a été consommé et que le don nuptial n'ait pas encore
été reçu au moment de l'islamisation, le mari est obligé
de donner le don coutumier].

On laissera également passer [sans récriminer] le fait
du don nuptial, lorsque le mariage aura été conclu sous
la condition de ne pas faire ce don. [Mais il se présente ici
deux circonstances : si le mariage a été consommé avant
l'islamisation, il reste maintenu, et la femme n'a pas à
exiger de don nuptial; si l'islamisation a précédé la
consommation du mariage, le mari a le choix, ou de
déterminer un don coutumier, et alors la femme doit
rester avec l'individu, ou de proposer un don moindre
que la valeur du don coutumier, et la femme alors n'est
pas obligée de rester mariée à l'individu.] Sinon [c'est-
à-dire si le mari admet la condition du don nuptial
coutumier, il n'est tenu à rien payer immédiatement, et]
le mariage est sous la forme de *téfouïd*. (Voy. sect. xi,
§ 8, de ce chapitre.)

Mais laissera-t-on passer le fait de don nuptial illicite, ou de mariage sans don nuptial, seulement dans
le cas où la religion des époux convertis permet ces
sortes de faits dans les accords des mariages? Il y a sur
ce point deux opinions. [Celle qui est le plus suivie
admet, dans tous les cas, qu'on laisse passer les deux
circonstances précédentes sur le don nuptial; car l'islamisme ne confirme pas, mais légitime un mariage qui
n'était qu'un acte incestueux.]

§ 2. Des unions devenues illicites par le fait de l'islamisation. —
Prévisions relatives au droit de successibilité des femmes après la
mort du mari.

Lorsqu'un infidèle [chrétien, ou juif; ou idolâtre,
marié, par exemple, avec dix femmes non musulmanes,
soit par un contrat collectif, soit par plusieurs contrats]
embrasse l'islamisme, il ne peut pas choisir plus de
quatre des femmes auxquelles il était uni, ces quatre
femmes fussent-elles même des dernières avec lesquelles
il s'est marié. [Les autres seront répudiées. S'il n'est
pas majeur, ou s'il ne jouit pas de la plénitude de ses
facultés intellectuelles, un représentant, fondé de pouvoirs, fera le choix au nom de l'individu ; et le choix se
fera, relativement à la question d'héritage, même parmi
les femmes qui seraient mortes.]
Si le nouveau converti a pour femmes deux sœurs
[par parenté, ou deux sœurs de lait, ou deux femmes
parentes à un degré qui, dans l'islamisme, ne leur permette pas d'être en même temps mariées à un même

mari], il choisira, à son gré, l'une des deux [et il se
séparera de l'autre], qu'il ait ou non cohabité avec une
seule ou avec les deux. S'il a pour femmes la mère et
la fille, et qu'il n'ait eu avec elles aucun rapport avant
son islamisation, il choisira l'une ou l'autre; mais s'il
s'est mis en rapport avec les deux [ne fût-ce que par de
simples caresses], toutes deux lui sont interdites pour
toujours. Enfin, s'il n'a eu de rapports qu'avec l'une des
deux, c'est celle-là qui devra rester avec lui. [L'autre
sera exclue.] Ensuite, ni le fils, ni le père de ce nouveau converti ne pourra se marier avec celle des deux
qui aura été séparée.

Quant au choix [il n'est pas nécessaire qu'il soit toujours précisé par ces mots, « Je choisis telle ou telle; »]
il suffirait qu'il eût lieu, — par voie de répudiation; — ou
par voie d'assimilation injurieuse; — ou par serment de
ne pas cohabiter [c'est-à-dire que celle de ses femmes
islamisées contre laquelle l'individu aura prononcé la
répudiation, ou une assimilation injurieuse, ou un serment de continence, ou le serment de ne cohabiter
avec elle que dans tel pays, sera celle qu'il aura choisie;
car ces différents actes ne sont valides qu'à l'égard d'une
épouse légitime; mais les conséquences de ces actes
devront être subies par l'individu]; — ou par voie de
cohabitation [ou de caresses sans copulation; ici le fait
seul détermine le choix].

Le nouveau converti [qui a plus de quatre femmes]
ne choisit pas telle ou telle, quand il lui déclare que
son mariage avec elle est nul [de principe et sans con-

troverse; c'est-à-dire que, lorsqu'il déclare à cette femme la nullité de leur union, par ces mots, « J'annule ton mariage, » cela ne signifie point, d'après ce que nous avons indiqué tout à l'heure, qu'il choisit cette femme; par là, au contraire, elle est séparée de lui complétement, et il faut un nouveau contrat pour rétablir l'union conjugale].

L'individu susdit ne choisira non plus qu'une des femmes qui seraient sœurs [ou parentes trop rapprochées], et il complétera le nombre de quatre parmi les autres [qui ne sont point proches parentes], pourvu qu'elles ne soient pas mariées à d'autres maris [et qu'elles n'aient reçu de caresses d'aucun autre].

Nulle autre que les femmes qui ont été choisies n'a droit au don nuptial, si elle n'a pas été en rapport sexuel avec le mari. [Car le mariage contracté hors de l'islamisme est nul. Si le nouveau converti n'a choisi aucune de ses femmes, il doit deux dots nuptiales pour quatre femmes quelconques de ses femmes, une demi-dot pour chacune; et si toutes forment un nombre de dix, les deux dots seront partagées également entre toutes.]

Dans la supposition qu'un individu [musulman d'origine, ou musulman converti] aurait épousé quatre sœurs de lait, mais avant qu'elles eussent sucé du lait d'une même femme [c'est-à-dire, avant qu'elles fussent sœurs de lait], cet individu n'en choisirait qu'une seule [et les trois autres n'auraient rien à recevoir du mari; car il a été forcé, par le fait même, de choisir. Si l'individu mourait avant le choix, elles n'auraient pour elles quatre qu'un seul don nuptial à se partager; et, s'il les avait répudiées avant la cohabitation, elles n'auraient qu'un demi-don nuptial à partager entre elles quatre. D'autre part, si la femme dont elles ont sucé le lait était parente du mari à un degré qui exclut les alliances conjugales, il ne pourrait choisir aucune des quatre femmes, et aucune d'elles n'aurait de don nuptial à recevoir de lui].

Lorsque l'individu [qui s'est islamisé, avait, par exemple, dix femmes ou quatre femmes, et] est mort sans avoir fait de choix, quatre dots nuptiales seront accordées [et seront partagées entre les dix femmes, mais de manière que chacune de celles avec lesquelles il n'aura pas eu de relation reçoive deux cinquièmes du don nuptial qui lui était assigné, et que chacune de celles avec lesquelles il aura eu relation reçoive la dot entière. Toutefois, ce principe n'est applicable que si les relations ont eu lieu avant l'islamisation; si elles ont été postérieures à la conversion, et que l'individu soit mort sans avoir fait de choix, la femme dont il aura joui recevra la dot complète; les autres auront une part proportionnelle à leur nombre, relativement aux trois autres dots. Ainsi, en supposant dix femmes, il resterait trois dots à partager en lots égaux entre neuf, ce qui donnerait à chacune un tiers de sa dot nuptiale personnelle; s'il y avait eu relation avec deux femmes, il resterait deux lots à partager entre huit; s'il y avait eu relation avec quatre femmes, chacune de celles-ci aurait sa dot entière, et les autres n'auraient plus rien à recevoir; car le choix ne doit porter que sur quatre femmes légitimes].

Si le néophyte [avait eu avant son islamisation dix femmes non musulmanes, dont six, par exemple, auraient embrassé la foi islamique, et s'il] était mort laissant quatre femmes non converties, et sans qu'il eût fait de choix, nulle des dix femmes n'aurait de droit à l'héritage du défunt. [Car il était possible que le nouveau converti choisît ces quatre femmes non musulmanes; et, dans le cas de doute, le droit de successibilité n'existe pas. Mais si le défunt laissait moins de quatre femmes non musulmanes, les femmes musulmanes hériteraient.] Il n'y a pas non plus de droit à l'héritage ni pour l'une ni pour l'autre de deux femmes, l'une musulmane, l'autre non musulmane, [qu'a laissées un défunt musulman d'origine, ou musulman converti, s'il a répudié une de ces deux femmes par répudiation ou complète ou imparfaite, et que le temps d'attente légale pour la femme répudiée imparfaitement soit terminé avant le décès du mari, et enfin] si l'on ne peut positivement s'assurer quelle est celle qui a été réellement répudiée. [Le droit qui reste douteux est nul en matière d'héritage.]

Il n'en serait plus de même dans la circonstance suivante : un individu répudie une de ses femmes [mais la répudiation n'a pas eu d'accomplissement; il a dit, « Une de vous deux est répudiée; » il savait alors celle qu'il voulait répudier, mais il ne l'a pas désignée nominativement], et celle qui était répudiée ignorait qu'elle le fût; ensuite, il a eu rapport conjugalement avec une des deux femmes [et l'on connaît celle qui a eu commerce avec lui]; après cela, l'individu meurt [sans avoir indiqué celle qu'il avait répudiée, et] avant le terme de la retraite légale qu'aurait dû subir celle qui était répudiée. Or, dans ce cas complexe, celle avec laquelle l'individu a cohabité a droit incontestablement au don nuptial complet; quant à l'héritage, elle aura les trois quarts de ce qui revient aux femmes [et cela à cause de l'incertitude du fait de répudiation; car cette femme aurait, de l'héritage, toute la portion due aux femmes, s'il était prouvé que ce fut sa compagne qui a été répudiée]. L'autre femme [qui n'a pas eu de rapport sexuel avec le mari] aura le dernier quart de la part de l'héritage et les trois quarts du don nuptial. [Si une durée semblable à celle de la retraite imposée aux femmes en cas de répudiation était passée lors de la mort du mari, les deux femmes partageraient en parties égales ce qui leur serait dû de l'héritage; de même encore, si l'individu n'avait eu de rapport conjugal ni avec l'une ni avec l'autre, ou bien s'il en avait eu avec l'une et l'autre; seulement, dans le premier cas, elles auraient droit aux trois quarts de leur don nuptial et l'autre quart resterait aux autres héritiers, et, dans le second cas, elles auraient droit à leur don nuptial entier. Si l'on connaissait quelle est celle des deux femmes qui a été répudiée, mais que l'on ne sût pas quelle est celle qui s'est mise en relation sexuelle avec le mari, et si le temps de retraite n'était pas écoulé lors de la mort du mari, la femme qui n'a pas été répudiée recevrait la dot complète et les trois quarts de la part d'héritage; l'autre femme recevrait le quart de cette part d'héritage et les trois quarts de sa dot personnelle, bien entendu en tenant compte, comme toujours, de ce qui déjà en aurait été reçu.]

SECTION IX

DU MARIAGE RELATIVEMENT AUX INDIVIDUS MALADES.

Un état de maladie grave et dangereux d'un des conjoints est-il une cause qui doive empêcher leur mariage, lors même que les héritiers du malade consentent à cette union, ou lorsque le mariage n'est pas nécessaire au malade? Sur cette question, les avis sont partagés. [Toutefois, d'après l'opinion la plus générale, il n'est pas permis à l'individu gravement malade de se marier, à moins que le mariage ne soit jugé nécessaire à cet individu ou sous le rapport des soins qu'il peut recevoir de la femme, ou sous d'autres rapports, et l'héritier n'a pas alors de consentement à donner ou à refuser.]

A la femme qui se marie en état de maladie et qui consomme le mariage, l'époux doit livrer le don nuptial contractuel.

Lorsqu'un individu en état de maladie se marie [et meurt après que le mariage est consommé], la femme doit recevoir la moindre des trois valeurs que voici, ou celle du tiers de l'héritage, ou celle du don nuptial stipulé, ou celle du don nuptial coutumier.

On se hâtera de rompre et d'annuler le mariage du

malade [dès que l'on en aura connaissance, la femme
fût-elle en menstrues], à moins que celui qui était malade ne soit guéri. [Alors le mariage est maintenu; car
le mariage n'est défendu aux malades que dans la crainte
qu'il ne soit une cause de mort.]

Il n'est pas permis non plus au malade de se marier
avec une chrétienne de condition libre, ou avec une
esclave musulmane. [Car avant la mort de l'individu,
la première peut s'islamiser et la seconde peut être affranchie, ce qui serait introduire de nouveaux cohéri-
tiers.] L'opinion indiquée ici est due à un juriste autre
que les principaux commentateurs du Moudaouéneh.
D'après El-Lakhmî, cette proposition a été combattue
[et remplacée par une proposition contraire; de plus,
on a dit que rarement il arrivait qu'en pareil cas la chrétienne s'islamisât et que l'esclave fût affranchie].

SECTION X.

DE L'OPTION EN FAIT DE MARIAGE.

———

§ 1. De l'option en général.

Les circonstances qui établissent le droit d'option [ou
droit de consentir au maintien du mariage, ou d'en exiger la dissolution] sont les suivantes, savoir : — que
tel des deux conjoints n'ait pas eu, avant de contracter
le mariage, connaissance des défauts révocatoires de
l'autre conjoint; — ou qu'ayant eu cette connaissance,
le conjoint ait protesté d'abord contre toute acceptation,

ou bien n'ait eu aucun rapport voluptueux avec l'autre conjoint. [Si, par paroles ou par action, celui des deux qui connaissait le défaut révocatoire de son conjoint a accepté le fait, ou bien a eu quelque rapport voluptueux avec ce conjoint, il n'y a plus à choisir entre maintenir ou dissoudre le mariage. Le mariage est et demeure conclu.]

Celui des deux qui niera les assertions et les déclarations de l'autre [et qui soutiendra n'avoir pas eu d'abord connaissance des défauts de son conjoint, n'avoir point eu de rapports volupteux avec lui, et n'avoir point accepté les défectuosités après les avoir connues; celui-là, dis-je, lorsque l'autre l'exigera], sera appelé à jurer, par forme de serment, de la vérité de ses paroles. [S'il jure, il reste libre d'opter; la faculté d'option est perdue pour lui, s'il refuse le serment, et que l'autre conjoint jure.]

§ 2. Des causes matérielles de l'option en fait de mariage.

Les causes qui autorisent l'option d'un des conjoints sont : — le *baras'* ou les colorations cutanées blanches (*vitiligo, leacé*), ou brunes [taches primordiales de la lèpre ou éléphantiasis des Grecs; les colorations brunes sont les plus graves, car elles sont les prodromes de la lèpre; les cheveux ou poils qui se trouvent sur les parties de la peau atteintes du *baras'* brun prennent la couleur brune; sur les parties atteintes du *baras'* blanc, les cheveux ou poils sont de couleur blanche;

dans ces décolorations, qui comportent le cas d'option, sont également rangées les grandes éphélides hépatiques ou grandes taches de rousseur]; — une maladie telle que celui qui en est atteint laisse échapper par l'anus, pendant l'œuvre du coït, des matières stercorales [mais le motif d'option n'existe plus si l'individu, pendant le coït, ne laisse échapper que des vents, ou si l'individu urine habituellement dans le lit]; — la lèpre déclarée [ou éléphantiasis, ou léontiasis] sur l'un des conjoints; non si la mère ou le père de l'un des époux en est atteint; — la castration du pénis ou des testicules [mais, quand le pénis existe et que l'éjaculation séminale peut avoir lieu, il n'y a plus de cause d'option, car alors le but principal et véritable de l'union des sexes, c'est-à-dire le plaisir, peut être atteint par les époux; si la tête du pénis manque, il y a motif d'option;..... d'autre part, il est permis de castrer les animaux dont la chair n'est pas défendue, car cette opération l'améliore; la castration est également permise sur les mulets et les ânes, parce qu'ils ne servent pas directement aux combats; mais, d'après le Prophète, il est défendu de castrer les chevaux, excepté les chevaux trop rétifs; enfin, de l'avis général, la castration de l'homme est défendue dans l'islamisme]; — la castration ou mutilation complète du pénis et des testicules à ras du pubis [ou l'absence naturelle de ces parties]; — l'inappétence vénérienne [dans l'un et l'autre conjoint; ou l'inaptitude de l'homme à pratiquer le coït, à cause de la brièveté du pénis, qui ne présente qu'une

saillie semblable, par exemple, à un bouton de rose];
— un membre viril bien conformé, mais incapable
d'érection; — une excroissance [ou charnue, ce qui est
le plus ordinaire, ou osseuse] émergeant des parties
génitales de la femme; — l'imperforation congéniale,
ou rétrécissement adventice du conduit vaginal; — la
gravéolence du pudendum dans la femme; — une pro-
tubérance à la partie antérieure de la vulve [protubé-
rance présentant l'aspect d'une hernie chez l'homme, et
laissant suinter une certaine humidité]; — la communication du vagin avec l'urètre ou avec l'anus [et de
manière à ne présenter qu'une seule voie].

Toutes ces causes ou défectuosités qui autorisent
l'option doivent avoir existé avant que le mariage ait
été définitivement contracté. [Si elles surviennent après
le mariage contracté, l'option n'est plus permise.] Cependant la femme seulement a la faculté de renoncer
au mariage, lorsqu'après qu'il a été contracté [et même
consommé], le mari est atteint d'une lèpre évidente
ou d'un *baras'* repoussant. La femme n'a plus cette faculté de renoncer au mariage, lorsque [la cohabitation
ayant été consommée, ne fût-ce qu'une seule fois] le
mari ensuite se trouve être inapte à la copulation parce
qu'il est incapable d'entrer en érection [ou parce qu'il
est survenu une hernie après l'acte de la copulation,
qu'il ne peut plus dès lors accomplir].

Parmi les causes qui autorisent l'option est encore
la folie d'un des conjoints survenue [après le mariage
contracté et] avant ou après les premières relations

conjugales, quand même les accès de folie ne se répé-
teraient qu'une seule fois par an [ou, selon d'autres
textes, une fois par mois]. Du reste, on fixera l'intervalle d'une année lunaire pour la guérison de la folie,
ou du *baras'* et de la lèpre, lorsqu'on pourra espérer
la guérison de ces trois sortes de maladies. [Après cet
intervalle de temps écoulé, le conjoint non malade
optera.]

Outre toutes ces causes d'option [mentionnées jusqu'ici], d'autres causes peuvent la légitimer, lorsqu'il
aura été stipulé [en contractant le mariage] que les
conjoints devront être sains [et exempts de ces autres
motifs d'option. La nature de ces causes ou motifs varie
selon les mœurs, les habitudes et les exigences des
pays; ainsi la couleur trop foncée des individus, la teigne
avec calvitie, l'âge ou trop jeune ou trop avancé, etc.
entrent dans la catégorie de ces causes d'option].

Le mari peut encore révoquer le mariage, s'il a
trouvé la femme toute autre que ne la lui avait dé-
peinte le représentant de cette femme [ou un individu
quelconque en présence de ce représentant], lors de la
demande en mariage. [La faculté de révocation est
laissée au mari, lors même qu'il n'aurait pas demandé
qu'on lui dépeignît la femme.] Mais la révocation est-
elle possible, s'il avait été stipulé, comme condition, que
la femme fût exempte de toute défectuosité d'esprit et
de corps [et qu'ensuite le représentant vînt à contester,
mais sans preuve positive, la réalité de cette conven-
tion]? Il y a sur ce point différentes opinions parmi les

juristes modernes. [Toutefois il est plus généralement accepté que le mariage alors doit être maintenu.]

[Bien que la femme ne soit pas telle que le mari se l'était figurée,] le mariage ne sera point révoqué, si les différences sont dans les données suivantes : — si, par exemple, la femme est chauve [lorsque le mari lui croyait la tête garnie de cheveux]; — s'il la croyait de couleur blanche, et qu'elle soit de couleur noire; [— s'il se la représentait semblable aux autres femmes, et qu'elle ait l'haleine forte et mauvaise, ou la bouche fétide]; — s'il la croyait vierge et intacte, et qu'il la trouve sans les caractères matériels de la virginité [circonstance d'ailleurs qu'ignorait le père de la fille]. Mais [si les caractères de la virginité n'existent plus, et] s'il a été dit, en contractant le mariage, que la fille était pucelle, le conjoint a la faculté de rompre le mariage. S'il avait été spécifié que la fille devait être vierge [et si la virginité avait disparu par accident, non par un commerce sexuel], le droit d'option est rejeté par des juristes et accordé par d'autres. [L'opinion des premiers est généralement suivie.]

Il y a encore droit d'option, si un musulman de con-✝ dition libre [croyant se marier à une femme libre aussi] vient à être marié à une femme esclave, ou bien si une femme de condition libre [croyant se marier avec un homme libre] vient à être unie à un esclave. Il n'en serait plus de même si un esclave [pensant épouser une femme libre] se mariait avec une esclave, ou bien si un musulman [croyant épouser une musulmane,] se mariait à une chrétienne [et *vice versâ* si une chrétienne, croyant épouser un chrétien, venait à être mariée à un musulman. Ces derniers mariages seront maintenus parce qu'ils sont assortis sous le rapport de la condition sociale, libre ou esclave], à moins, cependant, qu'il n'y ait eu fraude de la part d'un des conjoints [soit que l'un des conjoints esclaves se soit faussement annoncé comme étant de condition libre, soit que l'un des conjoints musulmans se soit donné pour chrétien, ou réciproquement. Dans ce cas de fausse déclaration de l'un des contractants, l'autre a le droit d'opter].

§ 3. De l'option après délai, en cas d'impuissance virile. — De quelques circonstances spéciales à la femme et au traitement de certaines maladies des organes génitaux. — Vérifications. — Déclarations toujours acceptées.

Au mari [qui a des organes virils en apparence convenables, mais qui n'a point consommé le mariage, parce qu'il est] incapable d'accomplir l'acte de la copulation [l'infirmité fût-elle ancienne ou récente], on accordera un délai d'une année complète [c'est-à-dire de quatre saisons; après ce temps, pendant lequel l'individu se sera traité de son état d'impuissance et aura reçu les influences des quatre saisons différentes, si l'état viril n'est pas au point désirable, la femme sera libre d'exiger la dissolution du mariage]. Le délai susdit ne sera accordé à l'individu [qui se trouverait malade d'ailleurs] que lorsqu'il sera rétabli en santé ordinaire, et l'année commencera du jour de la décision juridique [non du jour où la plainte aura été portée au tribunal, à moins que les deux conjoints ne consentent à abréger la durée, qui alors commencerait du jour de ce consentement. Le fait aura son cours et sa valeur], quand même l'individu serait ensuite malade [pendant toute cette année. Aucun incident possible ne fera prolonger cette expectation au delà d'un an]. Au mari esclave, il ne sera accordé de délai que la moitié d'une année. Dans tous les cas, la femme, pendant toute la durée du délai, n'a rien à exiger pour son entretien.

Le mari [qui est accusé d'impuissance, comme nous venons de le supposer, et qui l'a avouée] sera cru s'il déclare par serment, pendant le délai accordé, qu'il a accompli l'acte conjugal avec sa femme [et alors celle-ci n'a plus le droit d'option]. S'il élude le serment [et qu'il soutienne cependant son dire], on fera jurer la femme; si elle ne jure pas, elle restera unie à l'individu [et, de ce moment, elle n'a plus rien à réclamer. Il en sera de même en tout, à la fin de l'année de délai].

Une fois que le délai juridique est passé, si l'individu impuissant ne déclare pas avoir cohabité conjugalement avec sa femme, il la répudiera [pourvu cependant qu'elle y consente]. Mais, si le mari refuse de la répudier, le tribunal prononcera-t-il la répudiation complète, ou bien ordonnera-t-il à la femme de demander à être répudiée, puis décidera-t-il ensuite [de la forme, ou parfaite ou imparfaite, à accepter]? Il y a, sur ce point, deux avis différents.

La femme qui [après l'année de délai indiqué] a consenti à demeurer avec l'individu pour un temps, a la faculté de quitter ensuite cet individu sans qu'il soit besoin de fixer une nouvelle époque [et sans qu'il faille recourir à une décision des tribunaux. Mais si la femme ensuite consentait à rester toujours avec le mari, elle ne peut plus se séparer].

Après l'année de délai indiqué, la femme recevra le don nuptial en entier. [Car l'individu est resté alors assez longtemps en état de mariage et il a joui au moins de quelques caresses.] De même, le don nuptial sera livré intégralement à la femme qui se sera trouvée mise en rapport infructueux avec un mari — dont le pénis a la brièveté et la forme d'un bouton de rose, — ou auquel manquent complétement les organes génitaux.

Mais si l'individu incapable d'érection venait, pendant l'année de délai, à avoir la verge coupée, faudrait-il alors hâter la répudiation [demandée par la femme]? Il y a deux réponses contradictoires à cette question. [L'une est affirmative, fondée sur ce qu'il n'y a plus rien, comme fonction maritale, à espérer du mari; l'autre est négative, alléguant qu'il est possible qu'après le délai la femme consente à rester avec l'individu, et indiquant même que le retranchement de la verge, en tant qu'accident, n'est pas une cause de dissolution du mariage.]

La femme atteinte d'imperforation, ou d'oblitération, ou de coarctation du conduit vaginal, est libre de se faire traiter par les gens de l'art [et le mari n'a pas le droit de s'opposer à ce traitement, quelle que soit la durée de temps exigée pour cela; bien plus, les dépenses nécessaires sont à la charge du mari]. Si le vice de conformation du vagin est congénial, le mari n'a pas le droit d'obliger la femme à s'en faire traiter. [Il peut l'y obliger seulement lorsque l'imperforation, ou l'oblitération, ou la coarctation vaginale, est accidentelle. Il en est de même en tout pour les autres maladies des parties génitales de la femme.]

On vérifiera, au moyen du toucher par-dessus le vêtement, l'état de l'eunuque complet ou autre [c'est-à-dire aussi de l'eunuque incomplet ou auquel il reste la verge, et du mari qui n'a qu'un rudiment de pénis; cette vérification est nécessaire], lorsque l'individu nie la déclaration de la femme [l'accusant d'incapacité maritale. Le toucher se fera par le dos de la main; car, par la face palmaire, il supposerait une intention de plaisir]. Mais le mari incapable d'érection sera cru lorsqu'il niera par serment [les imputations de sa femme relativement à l'impuissance maritale; car, alors, le toucher ne peut rien vérifier].

On croira [malgré les allégations du mari] la déclaration de la femme certifiant par serment :—1° ou qu'elle n'est atteinte d'aucune maladie [des parties génitales qui soit une cause de révocation légale du mariage; le serment de la femme, alors, prévaudra même contre celui du mari; et elle ne sera soumise à aucune vérification]; — 2° ou bien que la maladie ou le vice existant aux parties génitales a paru depuis que le ma-

riage a été contracté [et non auparavant; cette déclaration, faite avec serment, sera acceptée, quand même
le mariage n'aurait pas été consommé]; — 3° ou bien
qu'elle a encore les caractères matériels de la virginité.
[Mais, si la femme certifie qu'elle était vierge et qu'elle
n'a cessé de l'être que par le fait de son mari, elle sera
soumise à l'examen d'autres femmes; et, si ces dernières
affirment qu'elles ont reconnu la trace de la mem-
brane virginale ou hymen, et que la rupture en peut
très-bien être attribuée au mari, on fera jurer à cette
femme la vérité de ce qu'elle avance, et sa déclaration
sera seule acceptée.] Dans les trois circonstances [qui
viennent d'être énumérées], la femme doit affirmer
par serment la vérité de ce qu'elle déclare et, si elle
est jeune encore et sous la dépendance et la direction
paternelles, son père [ou le plus proche parent] doit
jurer pour elle.

Pour aucune maladie des parties génitales, la femme
ne sera soumise [par autorité, ou dès le commencement
des contestations,] à l'examen d'autres femmes.

Dans tous les cas possibles, lorsque deux femmes appelées en témoignage [ou bien chargées d'examiner et
de visiter les parties génitales de la femme] témoigne-
ront en faveur du mari [contre la femme qui même
l'aura démenti par serment], leur déposition fera foi.

Si le père de la fille savait qu'elle avait perdu les
caractères matériels de la virginité par toute autre circonstance que par la copulation, et qu'il eût [malgré
les stipulations qui établissaient la condition de la vir-

ginité intacte de la fille] négligé de déclarer l'état virgi-
nal de la conjointe, le mari aurait le droit de rompre le
mariage. Cette opinion est donnée par un juriste [El-
Achhab] autre que les principaux commentateurs du
Moudaouéneh.

§ 4. Dispositions relatives au don nuptial en cas d'option et de rupture du mariage.

Lorsque [pour une des causes matérielles d'option]
le mariage a été rompu avant toute entrevue des conjoints, la femme n'a rien à exiger du don nuptial. Il en
est de même si l'un des conjoints a trompé l'autre, en
se donnant, par exemple, pour individu libre [bien qu'il
fût esclave, et si la fraude a été connue avant toute communication entre les époux].

Mais si le mariage n'est rompu qu'après que déjà ont
eu lieu des relations conjugales [caresses ou attouche-
ments simples tels qu'on peut en supposer de la part d'un
eunuque, par exemple] et que la cause ou le vice révocatoire vienne du mari, la femme a droit au don nuptial stipulé. Dans le cas, au contraire, où le vice révocatoire appartient à la femme, elle a droit encore au
don nuptial tout entier, mais ensuite le mari se le
fera rembourser intégralement par le représentant qui
est proche parent, fils, ou frère, etc. de la femme, et
qui en connaissait le vice révocatoire. Personne ensuite
[et même le représentant] n'a plus rien à réclamer de la
femme [car elle n'était point présente quand le mariage

a été contracté, et le ouali se trouve être ainsi l'auteur
de la fraude]. Le mari [a le droit d'exiger du représentant
le remboursement du don nuptial, mais il] n'a pas le
droit d'en exiger la valeur de l'enfant [qui pourra naître
de la cohabitation, et qui est dû alors comme une sorte de
dette au maître de la femme. On suppose évidemment
ici que la femme est esclave et que le mari a été trompé,
non par le patron, non par l'esclave elle-même, mais par
un représentant étranger qui a désigné la femme comme
étant de condition libre. Le mari en rompant ce mariage
est redevable de la dot entière pour la femme et de la
valeur de l'enfant pour le patron. Mais le mari ne peut
actionner que pour le remboursement de la dot le représentant qui a été cause de la rupture du mariage
et de la perte de la dot pour le mari; ensuite, celui-ci
est cause que le patron perd l'enfant de son esclave, et
il doit réparer la perte; car l'enfant d'un père libre est
libre].

Le mari [après les premières relations matrimoniales, même sans copulation] aura le choix de réclamer le prix entier du don nuptial, soit immédiatement
du représentant proche parent, soit immédiatement de
la femme même, si le susdit représentant a contracté le
mariage en présence de la femme, et que tous les deux
se soient abstenus de faire connaître au mari présent
le vice ou l'infirmité dont elle était atteinte; si le mari
se fait rembourser le don nuptial par le représentant,
celui-ci pourra l'exiger ensuite de la femme; mais l'inverse ne peut avoir lieu [c'est-à-dire que si le mari qui

rompt le mariage reprend le don nuptial directement de la femme, celle-ci n'a rien à réclamer de son représentant, car elle a participé à la fraude et de plus a été la cause immédiate de la perte du don nuptial]. Le mari [après le mariage rompu pour cause d'un vice révocatoire ou rédhibitoire de la femme, et après des relations conjugales] ne réclamera que de cette femme le don nuptial, si le mariage a été contracté par un représentant [parent éloigné], tel qu'un cousin [et qui ne pouvait avoir connaissance de la défectuosité ou infirmité de la femme]; néanmoins, le mari laissera à la femme un quart de dinâr [à titre de bonne œuvre et pour que les relations qu'a eues la femme avec le mari ne restent pas sans une sorte de don conjugal]. Si le représentant parent éloigné avait connaissance [de la défectuosité de la femme,] et s'il n'en a pas parlé au prétendant, le représentant se trouve [seul responsable de la dot nuptiale] comme s'il était proche parent [pourvu cependant que la femme n'ait pas été présente aux stipulations du contrat].

Bien plus, si le mari accuse, ou seulement soupçonne ce représentant parent éloigné, d'avoir eu connaissance de l'état [de défectuosité révocatoire] de la femme, il exigera que ce représentant atteste par serment [n'avoir eu nulle connaissance du fait]; si le représentant refuse de jurer, on fera jurer le mari que ce représentant [connaissait l'infirmité de la femme et] l'a trompé; alors le représentant seul doit rembourser le don nuptial. Si le représentant éloigné jure [qu'il ne connaissait pas l'infirmité de la femme, il n'y a plus rien à réclamer, et] le mari ne peut reprendre que de la femme le don nuptial. Tel est l'avis d'El-Lakhmî.

Le mari [qui a rompu l'union conjugale parce qu'il a été trompé sur la défectuosité ou sur la condition de la femme] aura aussi recours, pour le remboursement du don nuptial, sur le représentant qui a trompé et qui, n'étant pas parent de la femme, a cependant contracté pour elle le mariage; pourtant, ce recours ne sera pas possible, si le mari savait que ce représentant n'était point parent de la femme [mais était simplement remplaçant, ou bien représentant par droit général laissé à tout musulman], ou si celui qui a trompé le mari n'a pas présidé aux stipulations du contrat. [Car alors il n'y a que tromperie en paroles, non en fait et en volonté, et le mari a eu tort de négliger de prendre les informations nécessaires.]

§ 5. Conséquences de la rupture du mariage, en cas d'option, lorsque le mari reconnaît que sa femme n'est pas de condition libre, lorsque cette femme est enceinte, et lorsqu'il y a des enfants.

L'enfant né d'un père libre qui a été trompé sur la condition libre de sa femme [et qui n'a reconnu qu'après le mariage consommé que cette femme était esclave], est libre. Et ce père libre [s'il se sépare de cette femme qu'il a rendue mère] devra lui livrer celui du don nuptial stipulé ou du don nuptial coutumier qui sera le moindre. [Toutefois, si la tromperie n'est pas venue de la femme, le mari livrera, lors de la séparation, la dot stipulée; il devra également la dot stipulée, si, n'ayant pas les moyens d'épouser une femme libre et craignant d'être entraîné au libertinage, il garde sa femme.]

Le mari [dans les circonstances de mariage qui viennent d'être signalées] est redevable de la valeur seule des enfants [au patron de la femme esclave], et non redevable des biens qui peuvent appartenir à ces enfants. [Car, du côté du père, les enfants sont libres; du côté de la mère, ils sont esclaves du patron. Pe mari est redevable, soit qu'il ait rompu son mariage, soit qu'il l'ait maintenu.] La valeur des enfants ou de l'enfant est appréciée le jour où le mariage est reconnu frauduleux et jugé tel [mais si la mère n'était pas encore accouchée, l'appréciation ne serait établie que le jour de l'enfantement]. Le père ne sera point redevable de la valeur de l'enfant ou des enfants, si la mère appartenait comme esclave à l'aïeul, par exemple [ou à l'aïeule, ou au père, ou à la mère, ou au fils, etc. du mari; car alors les enfants susdits, comme étant alliés ou descendants, et non possédés à titre de propriété possessoire, seront affranchis au nom de ces parents], et celui qui aura affranchi ne conservera aucun des droits de patron sur les affranchis.

Le mari [dans le cas de fraude sur la condition de la femme] payera encore au patron, comme prévoyance de garantie pour l'avenir, la valeur de l'enfant, si la femme était affranchie maternellement,[A] ou affranchie par manumission posthume.[B] [Car si la mère était affranchie maternellement, et que le père vînt à mou-

rir avant le patron, l'enfant serait esclave; mais si le
patron mourait avant le père, l'enfant resterait libre;
dans le second cas, si le père mourait avant ou après
le patron, l'enfant serait esclave.]

Lorsque l'enfant est mort [avant que le mariage soit
reconnu et jugé frauduleux, et cela dans tous les cas
de fraude précités], le père ne doit rien au patron
pour la valeur de cet enfant. Mais si l'enfant a été tué
[avant que le mariage fût jugé frauduleux], le père
ne doit payer que la moindre des deux valeurs, ou du
prix du sang, ou du prix que valait l'enfant le jour
du meurtre. [Si le père ne peut payer, le patron a recours sur le meurtrier, qui aussi ne devra payer que la
moindre des deux valeurs susmentionnées. Si le père
meurt, ou si le meurtrier disparaît, il n'y a rien à réclamer; car le meurtre a eu lieu avant que la fraude du
mariage fût reconnue et jugée.] De même encore, le
père de l'enfant payera au patron de l'esclave mariée
frauduleusement [à titre de femme libre] la moindre
de ces deux valeurs-ci, savoir, ou du piaculum pour
un accident [causé à l'enfant dans le sein de la mère],
ou du piaculum exigible pour la mère le jour de l'accident, si par suite la mère a avorté [et a mis au monde
un enfant mort. Ceci s'explique par le fait suivant: un
individu donne à la femme un coup sur le ventre; elle
avorte sans accident pour elle-même, mais d'un enfant
mort; le père alors prend de l'individu, pour piaculum
ou prix d'expiation, le dixième du piaculum qui serait
dû pour un pareil accident arrivé à une femme libre.

Or le père devra payer au patron le moindre des deux prix, soit le prix du piaculum reçu pour l'accident arrivé à l'enfant, soit le prix, s'il est plus faible, qui représente le dixième de ce que valait la mère le jour où le coup a été donné].

Pareillement, en cas de blessure, par exemple [faite à l'enfant par un étranger qui aura pour cela payé un piaculum, le père payera au patron la moindre de ces deux valeurs-ci, savoir, ou celle qui a été donnée pour l'expiation de la blessure, ou le prix que valait l'enfant le jour de la blessure. Du reste, si le père, dans les divers cas précités, a fait grâce au coupable et n'a rien exigé de lui, le patron n'a rien non plus à exiger du père].

Si le père n'a pu ou ne peut payer le prix de son enfant au patron, celui-ci prend la dette sur l'enfant même [qui de cette manière paye sa propre rançon; ou bien, si le père et l'enfant ne peuvent payer, la dette est portée sur leurs débiteurs]. Mais le patron ne pourra jamais prendre de chacun des enfants, que ce que chacun d'eux doit pour sa propre personne. [Il n'y a nulle solidarité entre eux.]

On consignera [entre les mains d'un homme probe] la valeur de l'enfant ou des enfants d'une affranchie contractuelle [qui aura été mariée frauduleusement à titre de femme libre, et dont ensuite le mari aura reconnu la condition; car, tant que l'affranchi contractuel doit seulement une drachme pour sa personne, il est encore esclave]; et si cette affranchie contractuelle acquitte ensuite son contrat [elle est libre, et] la valeur consignée est rendue au père [mari de cette femme. Si elle ne peut acquitter son contrat ou n'en peut acquitter qu'une partie, la valeur consignée est remise, en tout ou en partie, au patron. Du reste, on établit l'appréciation de l'enfant comme esclave, non comme enfant né d'une affranchie maternelle, ou d'une affranchie par manumission posthume].

On acceptera comme vraie [et sous la foi du serment] la déposition du mari qui déclarera avoir été trompé sur la condition de la femme [esclave, dans le cas de contestation entre lui et le patron et la femme, lorsque ces deux derniers soutiendront que lui mari savait que la femme était esclave].

§ 6. Circonstances d'option reconnues après la répudiation, ou après la mort. — Défauts à cacher dans la femme. — Empêcher la cohabitation du lépreux. — Cas d'option pour la femme d'origine arabe pure, ou d'origine k'oreïchide.

Si le mari a répudié la femme et qu'ensuite l'un des conjoints s'aperçoive d'une circonstance révocatoire dans l'autre conjoint [le mari payera ou la moitié ou la totalité du don nuptial, selon que le mariage aura été ou n'aura pas été consommé, et] la circonstance révocatoire sera considérée comme nulle; elle sera également considérée comme nulle, si l'un des conjoints meurt, ou si tous les deux meurent, et que cette circonstance révocatoire ne soit reconnue qu'après la mort. [Mais le mari défunt doit l'intégralité du don nuptial, que le mariage ait ou n'ait pas été consommé.]

Un ouali ou représentant peut, à son gré [si le mari n'établit pas comme condition que la femme qu'il demande soit exempte de toute infirmité], ne pas déclarer que la femme, par exemple, est aveugle; et il est obligé de ne jamais déclarer qu'elle est atteinte de gravéolence des parties génitales [ou qu'elle est incestueuse, voleuse, etc.].

Il convient d'empêcher le mari atteint de lèpre déjà avancée de cohabiter conjugalement avec ses femmes esclaves [et, à plus forte raison, avec ses femmes de condition libre].

La femme d'origine arabe pure a le droit de rompre son mariage avec un affranchi qui se serait faussement annoncé comme étant de telle ou telle tribu arabe [et qui, après le mariage, aurait été reconnu pour être un affranchi, fût-il même de sang arabe et de la tribu qu'il avait indiquée]. Si le mari est réellement d'origine arabe [et même d'une tribu moins distinguée que celle dont il prétendait sortir], la femme arabe ne peut plus opter [entre maintenir ou rompre le mariage], à moins qu'elle ne soit d'origine k'oreïchide, et qu'elle ne se soit unie à cet Arabe comme issu de la tribu des K'oreïchides [à laquelle cependant il est réellement étranger; dans cette dernière circonstance de fraude, la femme a le droit d'opter. La tribu des K'oreïchides est la plus élevée en noblesse; car c'est la tribu qui a donné le jour au Prophète].

§ 7. De l'option relativement à la femme qui est affranchie après son mariage.

Dès que la femme esclave est complétement affranchie, elle a la faculté et le choix de se séparer, elle-même, par son seul fait [sans intervention de quelque autorité que ce soit], et par répudiation unique et parfaite, ou par deux répudiations, de l'esclave auquel elle est mariée [que cet esclave soit en esclavage entier ou partiel].

Si la séparation [à laquelle s'est décidée l'affranchie] est opérée avant la consommation du mariage, le mari est dispensé de la moitié du don nuptial. Mais la séparation ne saurait s'effectuer, si le patron a déjà reçu la dot nuptiale [avant d'affranchir cette esclave] et s'il ne peut rembourser cette dot [au moment de l'affranchissement et lorsque l'affranchie la lui demande, eût-il été précédemment en état de faire ce remboursement. La femme reste alors femme libre d'un mari esclave].

Dans le cas où l'affranchissement n'aura été accordé qu'après la consommation du mariage, l'affranchie [qui se sera décidée alors à se séparer de son mari esclave] aura droit au payement intégral du don nuptial, à moins que le patron ne l'ait déjà reçu ou n'ait établi comme condition qu'elle n'aurait point à y prétendre. L'affranchie susdite aura également droit à l'intégralité du don nuptial, quand elle aura à l'avance consenti à rester avec son mari esclave, et que le mariage aura été conclu par téfouïd', c'est-à-dire, par acceptation anticipée de ce que le mari voudra bien fixer pour dot après l'affranchissement de la femme. [Le don nuptial revient alors en entier à la femme, parce qu'il a été fixé après l'affranchissement. Mais, si le mari mourait ou répudiait la femme avant d'avoir fixé le don conjugal, elle n'aurait rien à réclamer.]

On croira [sans exiger de serment] la susdite affranchie, lorsque [ayant reçu sa liberté pendant qu'elle était unie au mari esclave] elle déclarera [en demandant la séparation, et] avant d'avoir encore accordé aucune faveur au mari, fût-ce même une année après l'affranchissement, qu'elle n'a point consenti [malgré son silence ainsi prolongé] à demeurer avec l'individu auquel elle a été mariée [et qu'elle n'a gardé si longtemps le silence que pour aviser à ce qu'elle avait de mieux à faire].

[Une esclave complétement affranchie ne peut plus rompre son mariage avec un esclave,] si elle a renoncé explicitement d'abord à jouir de ce privilége et qu'elle ait accordé de ses faveurs, quelles qu'elles soient, au mari, et cela quand même cette affranchie prétexterait de son ignorance des dispositions légales à cet égard [c'est-à-dire quand même elle prétendrait ignorer que la loi abroge la faculté d'option pour l'affranchie qui a accordé quelques privautés au mari]. Il n'en est plus de même si elle ignorait qu'elle fût affranchie [et qu'elle eût eu des relations voluptueuses avec son mari; alors elle aurait encore toute la plénitude de son droit d'option. Le mari, s'il a joui de la femme, bien qu'il sût qu'elle était affranchie, sera puni]. L'esclave [qui aura été affranchie avant la consommation du mariage, et qui, avant de savoir qu'elle était affranchie, aura été soumise à la copulation par son mari esclave,] devra [si ensuite elle se sépare de ce mari, et même encore si elle ne s'en sépare pas] recevoir le don nuptial le plus élevé, soit le don stipulé, soit le don coutumier [car elle a été soumise, étant libre, à la cohabitation de l'individu esclave. Qu'il ait su ou non que la femme était affranchie, la conséquence est la même, et l'obligation relative au don nuptial qui sera le plus élevé est identique].

[Une esclave complétement affranchie a la faculté de rompre son mariage avec un mari esclave] — à moins que le mari [ne la devance et] ne la répudie, mais non par répudiation révocable [car, si la répudiation est parfaite, il est clair qu'il n'y a plus lieu à rupture, et, si la répudiation est révocable, l'affranchie a la faculté de la rendre complète]; — ou à moins que le mari ne soit affranchi par son patron avant que l'affranchie n'ait prononcé sa propre répudiation. Cependant, si l'affranchie avait été obligée, seulement à cause de l'apparition de ses menstrues, de retarder la séparation [et que, pendant ce temps, le mari eût été affranchi], la femme conserverait son privilége [de maintenir sa répudiation déjà résolue].

Si l'esclave [qui a été affranchie pendant son union à un mari esclave, et qui s'est séparée de lui] a contracté une nouvelle alliance sans savoir que le mari avait été aussi affranchi avant la séparation et avant toute relation conjugale [ou même après des relations conjugales], cette seconde alliance demeurera maintenue, mais à la condition seulement que le second mari ait consommé le mariage [ou ait joui de quelques relations voluptueuses avec la femme].

Un délai sera accordé à la femme esclave qui [ayant été affranchie après son mariage avec un esclave] serait mise en demeure par son mari [de déclarer si elle pense ou maintenir ou rompre leur mariage]. Ce délai sera accordé [dans le cas où elle désirera qu'il lui soit laissé quelque temps] pour réfléchir. [Selon El-Lakhmî et El-Mâzerî, ce délai sera au moins de trois jours; mais cette limite paraît être trop rapprochée. Du reste, pendant ce temps, la femme n'est point aux frais du mari, et même si, pendant cet intervalle, il venait à être affranchi, la femme perdrait le droit d'option.]

SECTION XI.

DU DON NUPTIAL (S'ADÁK', MAHR).

§ 1. Caractère et nature du don nuptial.

Le don nuptial [que nous appelons aussi dot nuptiale] est l'analogue d'un prix de vente [c'est-à-dire que le don nuptial comporte les principales conditions obligatoires et rédhibitoires d'un marché. La femme, en se mariant, vend une partie de sa personne. Dans un marché, on achète une marchandise; dans un mariage, on achète le champ génital de la femme (genitale arvum mulieris). Pour valeurs qui composent un don nuptial, aussi bien que pour valeurs qui constituent le prix d'un marché conclu, on ne doit employer que des objets non impurs, des objets connus, dont on puisse faire usage, que l'on puisse livrer à l'individu]. Un esclave, par exemple, peut être donné en dot nuptiale, et il sera accepté au choix de la fiancée elle-même, non du fiancé. [Car un esclave est chose qui s'achète et que choisit lui-même l'acquéreur, non le vendeur. Si l'esclave n'est pas présent, une description exacte doit en établir l'état.]

Ce qui regarde la garantie ou responsabilité relative au don nuptial, et les dégradations ou les pertes survenues à ce don nuptial, est réglé aussi par les dispositions légales générales qui règlent la responsabilité dans les ventes. Dès que le mariage que n'entache aucune cause d'invalidité est contracté, la femme est responsable du don nuptial, tout comme l'acheteur, dès qu'il a conclu un marché, est responsable du payement, quoi qu'il arrive aux objets achetés. Dans le mariage qui est entaché de quelque circonstance de nullité ou de révocation, la femme n'est garant du don nuptial que lorsqu'elle l'a reçu; de même, dans un marché entaché de nullité, l'acquéreur est responsable du prix d'achat dès qu'il a reçu les objets achetés. Mais les dégradations ou les pertes survenues au don nuptial sont à la charge de celui des deux conjoints entre les mains duquel il se trouvait lorsque ont eu lieu ces pertes ou ces dégradations : de même dans les ventes à option en général; et les circonstances dans lesquelles on ajoute foi aux allégations du vendeur ou de l'acheteur sont les mêmes que celles dans lesquelles on ajoute foi aux déclarations du mari ou de la femme. Ainsi l'on ne croira point, sans preuves positives, le mari qui déclarerait avoir perdu des objets que l'on peut tenir en secret, tels que de l'argent. On ne croira pas non plus cette même déclaration de la femme qui aurait été répudiée avant la consommation du mariage.]

Il y a encore analogie [sous le point de vue le plus général] entre le don nuptial et un marché conclu : — dans le cas où quelque réclamation ou revendication s'élève sur la totalité ou sur une partie seulement des objets composant le don nuptial; — dans le cas aussi de défectuosité ou de vice reconnu [après un plus ou moins long intervalle de temps] dans la totalité ou dans une partie seulement des objets donnés. [Ainsi, un individu revendique-t-il le don conjugal accordé à la femme, elle exigera, en remplacement, l'équivalent par appréciation bien circonstanciée des objets parfaitement précisés, et cette circonstance de revendication n'annule pas néanmoins le mariage. La revendication, en cas de vente, doit être également satisfaite; mais, en général, cette circonstance annule la vente. Si, pour un don nuptial ou conjugal, il a été donné un esclave, ou une esclave, ou

une maison, etc. et que le don ait été livré en nature;
si ensuite une partie de l'objet, de la maison, par
exemple, est revendiquée par un individu, et que cette
partie soit considérable et nuise, une fois qu'elle sera
séparée, au reste de la maison, la femme peut, à son
gré, ou rendre toute la maison et en recevoir la valeur
intégrale, ou bien garder la partie non revendiquée et
exiger la valeur de la partie rendue au revendiquant. Si
la partie revendiquée est, par exemple, le tiers de la
maison, ou est de peu d'importance, la femme ne peut
exiger que la valeur de ce qui est revendiqué. S'il s'agissait d'un esclave, mâle ou femelle, dont on revendiquât
une partie, la femme susdite peut, à son gré, ou rendre
la portion revendiquée pour la valeur estimée et exiger
de l'individu le prix tout entier, ou bien exiger le prix
de la partie d'esclave revendiquée et garder le reste
en propriété. S'il s'agissait de plusieurs esclaves, de
plusieurs vêtements, dont une partie fût revendiquée,
on se conduirait comme dans les ventes. Enfin, dans les
revendications des choses vendues, on rend le prix; dans
les revendications des choses données en dot nuptiale,
on rend la valeur estimative. Quant aux objets qui par
la suite sont reconnus mauvais ou défectueux dans un
don conjugal, la femme est libre ou de les garder tels
quels, ou de les rendre et d'en exiger la valeur équi-
valente, ou le remplacement par d'autres de même espèce.]

Si le mariage avait été stipulé et contracté pour une
modique quantité de vinaigre [présent, mais dans des

vases hermétiquement fermés à la terre glaise], et qu'ensuite on trouvât du vin au lieu de vinaigre, on devrait remplacer le vin par une quantité égale de vinaigre [non le remplacer par un équivalent. L'erreur indiquée ici n'entraîne point la nullité du mariage. De même, pour les objets d'un don nuptial qui sont en mauvais état, la femme en exige le remplacement, si l'on peut s'en procurer d'autres de même espèce; sinon, elle en recevra la valeur d'estimation. Mais si la dot nuptiale est une modique quantité de vin, et que dans les vases on trouve ensuite du vinaigre au lieu de vin, le mariage reste maintenu, pourvu que les deux époux consentent à ce que le don subsiste en vinaigre. De même, si un individu se marie avec une femme qu'il croit être en attente légale et dont il reconnaît ensuite que le délai d'attente est expiré, le mariage reste maintenu, et nul des deux n'a la faculté de le rompre].

Il est permis de stipuler pour don nuptial ou marital, des objets d'usages domestiques, un nombre déterminé de chameaux [ou de bêtes bovines, ou de têtes de menu bétail] ou d'esclaves. [Mais il n'est permis de donner des arbres, ou une maison que l'on se propose de bâtir, que si ces objets se trouvent ou doivent se trouver sur un terrain appartenant en toute possession au prétendant; et encore alors faut-il préciser exactement et les objets et leur emplacement.]

Il est permis aussi de stipuler le mariage sous convention d'un don nuptial coutumier [ou don de convenance, c'est-à-dire mesuré à la condition sociale, à la

naissance, à la beauté, à la jeunesse de la femme]. Du
reste, les objets stipulés pour le don nuptial seront de
qualité moyenne relativement à l'époque des conventions. [Ils ne seront ni recherchés, ni mauvais; ils devront être convenables au genre de vie de la femme,
selon qu'elle sera ou d'une tribu scénite ou nomade,
ou bien d'une famille stationnaire habitant la ville ou la
campagne.]

Doit-on préciser exactement l'espèce des esclaves que
l'on donne pour la dot conjugale [désigner s'ils seront
bronzés, ou blancs, ou noirs; s'ils seront de tel âge, de
telle qualité]? A ce sujet, il y a deux dires. [L'un conclut
à la nullité du mariage non consommé, si la désignation
des esclaves n'a pas été précisée; l'autre conclut, en
tout cas, à la validité du mariage, et par conséquent
néglige la nécessité d'une désignation précise.]

On ne donnera en esclaves, pour la dot nuptiale,
que des esclaves femelles, si rien n'a été fixé et défini
à cet égard dans les stipulations. Ensuite le mari ne
prend sur lui aucune responsabilité ni garantie [pour
telle durée de temps, ou pour telle autre, à moins que
ce ne soit stipulé et accepté; mais le mari garantira la
qualité de musulmans pour les esclaves].

Il est permis au mari d'établir, comme condition, que
la dot convenue sera livrée lorsqu'il sera au moment
d'être mis en relation directe avec sa fiancée [pour la
consommation du mariage], si ce moment est une époque
connue dans le pays. [Dans certaines contrées, il y a
pour cela certaines époques d'habitude : l'époque de

l'inondation en Égypte; l'époque du printemps chez les peuplades dont la principale récolte est le lait des troupeaux; l'époque de la cueillette dans les pays riches en fruits. Si l'on n'a pas d'époque désignée de quelque manière que ce soit pour la mise en relation des époux, le mariage est nul à l'avance, c'est-à-dire jusqu'à la consommation.]

L'époque du payement de la dot matrimoniale [en tout ou en partie] peut être renvoyée au moment où le mari se trouvera en position de l'acquitter, pourvu qu'il soit d'une condition aisée [et que, possédant, par exemple, des marchandises, il attende les mouvements prévus du commerce].

Il est permis aussi de se marier en établissant que la dot nuptiale — sera la donation [ou l'aumône] d'une esclave à tel ou tel individu [et que la femme, directement, ne recevra rien]; — ou sera l'affranchissement du père [ou du frère, ou de l'enfant, etc.] de la femme, au nom de cette femme [qui alors aura le droit d'hérédité et les autres droits que conserve l'affranchissant sur son affranchi], ou en son propre nom à lui mari [et il aura les droits de patron sur l'affranchi. Si la femme alors venait à être répudiée avant que fût consommé le mariage, elle devrait rendre au mari la moitié de la valeur de l'esclave affranchi. Du reste, l'esclave ne sera affranchi qu'après qu'il sera devenu la propriété de la femme].

§ 2. Du payement du don nuptial. — Retard dans les relations des conjoints. — Circonstances qui rendent obligatoires ou le payement intégral, ou le payement partiel de la dot.

Il est d'obligation canonique de livrer le plus promptement possible à la femme le don nuptial, une fois qu'il est déterminé et convenu [et lors même que la femme est trop jeune pour la cohabitation, ou que le mari est encore impubère].

Si le don nuptial n'est pas exactement déterminé [et que la fixation en soit laissée à la bienveillance du mari], la femme a le droit de — refuser toute entrevue privée avec le mari [avant qu'il se soit acquitté envers elle de ce qu'il doit d'abord donner], et cela quand même la femme serait atteinte de quelque infirmité révocatoire [mais connue et acceptée par le contractant, ou survenue depuis le contrat]; — refuser la consommation du mariage, lors même que l'entrevue privée a été accordée; — refuser de voyager avec le mari [lors même que le mariage serait consommé, à moins cependant, disent certains légistes, que le mari ne soit de condition aisée]; mais ce refus ne peut se prolonger que jusqu'à ce que soit livré ce qui doit être actuellement payé du don conjugal. [Car la femme se vend, et tout vendeur est en droit de ne livrer la marchandise vendue que lorsqu'il en a touché le prix.]

La femme n'a plus le droit de refuser les approches de son mari, une fois qu'elle a été soumise par lui à la copulation, excepté dans le cas où l'on revendiquerait quelque chose de la dot nuptiale. [Mais le droit de refus cesse dès que le mari a remplacé ce qui a été revendiqué.]

Enfin, la femme a le droit [de refuser la cohabitation à son mari, jusqu'à ce qu'il ait payé ce qu'il doit actuellement du don nuptial], quand même le mari n'aurait pas trompé la femme [c'est-à-dire lui aurait déclaré ce qu'il pouvait avoir d'infirmités révocatoires. Le droit de la femme existe *à fortiori* s'il l'a trompée]. L'opinion énoncée ici est due à Ibn-Rouchd.

Quand l'un des deux époux se sera empressé de satisfaire à ce qui le concerne [c'est-à-dire le mari au payement du don matrimonial, ou bien la femme aux désirs de cohabitation du mari], on obligera l'autre époux à s'empresser de s'acquitter aussi de ce qui le regarde, pourvu cependant que [le plaisir, qui est le but de l'union des sexes, puisse être éprouvé, c'est-à-dire que] le mari soit en puberté déclarée, et que la femme [quel que soit son âge, qu'elle soit pubère ou non] puisse être soumise à la copulation. [Néanmoins, cette disposition légale n'est plus applicable dans le cas où la dot nuptiale est déterminée et définie, car alors tout a été fixé.]

Le mari [même qui s'empressera de livrer ce qu'il doit du don nuptial] attendra une année entière [à partir de l'acceptation définitive du contrat], si cette condition de délai stipulée au contrat [par la famille de l'épouse] fixe à cette époque la jouissance maritale de la femme. Mais cette condition ne peut être établie,

sans devenir parfaitement nulle, que d'après les seuls
motifs que voici, savoir : lorsque le mari doit emmener
sa femme en pays éloigné, ou lorsque la femme est encore jeune [bien que nubile]; jamais non plus le délai
[pour être obligatoire] ne doit être de plus d'une année.

On différera [jusqu'à époque convenable] la mise des
époux en communication privée, lorsque la femme sera
atteinte de maladie, ou sera trop jeune encore, et que,
dans ces deux cas, la cohabitation ne pourra s'accomplir.

On différera aussi les relations directes des époux
jusqu'au temps nécessaire [et habituellement consacré]
à la préparation d'un trousseau tel que l'exige la condition [aisée, ou moyenne, ou pauvre] de la femme, à
moins que le mari ne jure [par la répudiation ou autre-
ment] qu'il se mettra en communication avec sa femme
telle nuit, avant la fin du délai convenable. [Dans ce cas
de serment, on laissera le mari jouir de sa femme à l'é-
poque qu'il aura désignée.] L'apparition des menstrues
de la femme ne sera même pas un motif de retarder
la communication conjugale. [Car le mari jouira au
moins des premières caresses de sa femme.]

Si le fiancé déclare n'avoir pas de quoi acquitter la
partie du don nuptial qu'il doit payer et qui est exigée
avant toute communication conjugale, si, de plus, la
femme n'admet pas la réalité de cette déclaration du
fiancé, qui d'ailleurs n'en fournit pas de preuves], l'autorité judiciaire fixera à l'individu, pour démontrer qu'il
est dans la gêne [et qu'il ne peut s'acquitter], un délai
de trois semaines [ou trois fois six jours et une fois

trois jours, sans compter le jour de la décision. Car, dans la plupart des pays, il y a des marchés publics par chaque durée de six jours, et il est possible que l'individu, en trafiquant dans deux marchés tous les six jours, gagne de quoi payer la première partie de la dot nuptiale. Le délai indiqué ne sera accordé que lorsque l'individu aura présenté quelqu'un pour son répondant en cas de fuite; sinon il sera emprisonné comme tout autre débiteur. Si le mariage a été consommé, il sera dissous]. Ensuite [si l'impossibilité de payer avant la consommation du mariage est prouvée, ou bien est reconnue par la femme], le k'âd'i [cherchera à excuser le gendre auprès du beau-père et] fixera de nouveaux délais, calculés à une limite présumée rationnelle et suffisante. Les juristes qui ont parlé de cette prorogation de temps en ont porté la durée jusqu'à une année et un mois [mais par fractions, d'abord de six mois, puis de quatre, puis de deux, et enfin d'un mois, toujours à la condition que l'individu donne un répondant. Les circonstances prévues ici supposent un individu vivant d'un trafic ou n'ayant pas de biens apparents; mais s'il était prouvé que l'individu est en état de payer la dot convenue, s'il avait des ressources connues, on le condamnerait à payer immédiatement et à consommer le mariage]. Quant aux derniers délais présumés suffisants, on les accordera toujours à celui dont l'état de gêne actuelle présentera des chances d'amélioration et d'aisance. Mais accordera-t-on ces mêmes délais à celui qui ne paraîtra pas avoir ces chances? Il y a sur cette question deux dires contradictoires. [Le plus accrédité est celui qui répond par l'affirmative et qui s'appuie sur ce que l'individu peut réussir à trouver des ressources imprévues.]

Enfin [lorsque les délais seront expirés, que l'impossibilité de payer sera évidente], la répudiation dissoudra le mariage [soit par voie judiciaire immédiate, soit sur la demande de la femme, demande qui sera sanctionnée et légitimée ensuite par le tribunal]. La conséquence du fait [supposé ici, et dans l'hypothèse que le mariage n'a pas été consommé] sera toujours que l'individu devra payer à la femme la moitié du don nuptial. [Car la loi soupçonne que l'individu a pu se déclarer faussement insolvable.] Si l'un des contractants avait rompu le mariage [avant de l'avoir consommé, et] pour une infirmité ou vice révocatoire de l'autre conjoint, la femme n'aurait rien [à réclamer en fait de don nuptial].

Le payement intégral de la dot conjugale devient obligatoire [pour le mari, par les trois circonstances suivantes] : — 1° par la copulation, même accomplie dans des conditions coupables [c'est-à-dire pendant les menstrues de la femme, ou en forme de sodomie; mais il faut que le mari soit complétement pubère, et que la femme puisse être soumise à la cohabitation; si, par suite de la défloration, la femme meurt, le piaculum est à la charge de l'*â'k'ila* (45)]; — 2° par la mort de l'un des conjoints [ou des deux conjoints, s'ils n'ont eu aucune relation conjugale, et quelle que soit la jeunesse des époux; de même lorsque la dot a été stipulée et fixée, ou bien laissée à la discrétion du mari, c'est-à-dire indiquée par téfouïd'] ; — 3° par un séjour d'une année. [La femme nubile qui a passé sans copulation maritale une année dans la demeure de son mari, d'ailleurs en âge de puberté parfaite, a droit au don nuptial tout entier; le séjour d'un an chez le mari remplace le fait de la copulation.]

On croira la femme, ne fût-elle pas encore émancipée, ou fût-elle esclave, si elle affirme [par serment, contre l'assertion de son mari] que, dans le premier entretien privé et le premier tête-à-tête conjugal, le mari s'est mis en copulation avec elle [et ce serment de la femme sera seul accepté], quand même elle se trouverait dans une circonstance qui légalement ne permet pas la cohabitation. [Tel est le cas où la femme serait en abstinence parfaite pour la préparation au pèlerinage, ou bien en jeûne obligatoire, etc. Si la femme est très-jeune, on exigera du mari qu'il jure de la vérité de ce qu'il avance : s'il jure, il ne devra que la moitié de la dot; s'il refuse de jurer, il sera redevable de la dot entière. Dès que la femme aura atteint l'âge de puberté, elle sera libre de jurer du fait, et après le serment elle recevra l'autre moitié de la dot. Si elle ne veut pas jurer, elle n'a pas alors à exiger un second serment du mari. Enfin, si le mari avait refusé primitivement de jurer, il n'a plus à exiger, plus tard, que la femme devenue pubère assure par serment le fait passé.] C'est encore la déclaration de la femme, même émancipée, même esclave, qui fera foi, si cette femme nie que dans le tête-à-tête le mari ait cohabité avec elle.

On croira exclusivement celui des deux conjoints qui aura rendu visite à l'autre [si le premier certifie avec serment qu'il y a eu entre eux ou qu'il n'y a pas eu copulation; c'est-à-dire que si la femme est allée visiter le mari, si elle s'est trouvée en tête-à-tête avec lui, et s'il s'élève ensuite une contestation entre eux sur le fait de la copulation, on croira exclusivement la déclaration de la femme qui certifiera par serment qu'il y a eu copulation. Si le mari est allé visiter la femme, s'il est resté en tête-à-tête avec elle, et s'il affirme par serment qu'il a ou n'a pas cohabité avec elle, sa parole sera exclusivement acceptée. La raison de ce principe est que l'homme, chez lui, cède avec plus de sécurité et de liberté à ses émotions voluptueuses, et qu'il est plus incertain et moins hardi dans la demeure de la femme, à moins que cette demeure ne soit habitée par la femme seule].

Si [l'on ignore qu'il y ait eu tête-à-tête entre les époux, ou si réellement ils se sont trouvés en tête-à-tête, et si] le mari avoue seulement qu'il s'est mis en copulation avec la femme, il est obligé, d'après son propre aveu, de payer la dot entière, dans le cas où la femme n'est pas émancipée [ou est très-jeune, ou est esclave]. Le mari est-il pareillement astreint aux conséquences de son aveu [c'est-à-dire à payer la dot entière], s'il ne révoque pas son aveu, si de plus la femme est émancipée [et libre d'elle-même, et si elle nie l'assertion de son mari]? Ou bien ne doit-il payer la totalité du don nuptial que si la femme se rétracte [et avoue la vérité de la déclaration du mari]? Il y a sur cette question deux avis différents. [Des juristes prétendent que, dans tous les cas, le mari doit être pris sur parole et doit payer la dot entière; d'autres assurent que la femme émancipée n'a de droit au don nuptial entier que si elle revient à reconnaître la vérité des paroles du mari, mais avant qu'il se rétracte de son aveu.]

§ 3. Circonstances de nullité du mariage par rapport au don nuptial. — De certaines promesses qui ne sont pas rigoureusement obligatoires. — Dégradations et pertes du don nuptial. — Contrat collectif.

Le mariage est entaché de nullité, lorsque le don nuptial est au-dessous d'une valeur égale à un quart de dînâr [ou pièce d'or], ou à trois dirhem [ou drachmes] d'argent, monnaie à titre légal, au prix courant du jour où a été contracté le mariage. Si la valeur indiquée est complétée après que les époux ont été en relation conjugale, le mariage est valable; sinon, il doit être dissous par voie de répudiation. (C'est du dirhem légal et du dînâr légal qu'il s'agit ici; le dirhem équivaut à soixante centimes, le dînâr à six francs trente centimes.)

Le mariage est également nul, — si le don nuptial se compose d'objets dont la possession est illicite, tels que du vin, un individu de condition libre [et lorsque l'on reconnaîtra, avant toute relation conjugale des époux, que les objets donnés en dot nuptiale sont de possession illicite, le mariage sera rompu et la femme n'aura rien à réclamer; lorsque le mariage aura été consommé, la femme aura droit au don nuptial coutumier]; — si l'union a été contractée à condition qu'il n'y aurait pas de dot nuptiale [et alors dans le cas où les époux auront été mis en relation conjugale, la femme recevra le don coutumier]; — s'il a été stipulé que le mari ferait tel acte ou telle œuvre en remplacement du don nuptial [si, par exemple, il a été convenu que le mari lirait, comme bonne œuvre à l'intention de la femme, une partie du K'oran, ou qu'il affranchirait une esclave; le mariage est nul, mais l'affranchissement, une fois prononcé, est irrévocable; ensuite, si le mariage a été consommé, la femme a droit au don coutumier; en résumé, le don nuptial doit se composer d'objets présents que la femme puisse posséder et dont elle retire un avantage matériel]; — si la dot conjugale consiste, par exemple, en un esclave qui s'est enfui [ou en chameaux égarés, en profits non encore réalisés, etc.], ou en une maison que le conjoint se propose d'acheter de ses propres deniers [car il est possible que le propriétaire ne veuille pas la vendre], ou en une somme ou valeur que le mari retirera comme prix de courtage ou de médiation sur la vente d'une maison qu'il achètera aux frais et au nom de la femme. [Le mari ne peut promettre une somme qu'il n'est pas sûr d'acquérir. Si le mariage était consommé, la femme recevrait alors le don coutumier.]

Le mariage est entaché de nullité [et il sera dissous

avant la consommation, tandis qu'il devra être maintenu après la consommation, et dans ce dernier cas le
mari payera la plus élevée des deux sortes de don nuptial, soit contractuel, soit coutumier], — s'il a été stipulé qu'une partie de la dot conjugale sera payable à
une époque inconnue [telle que : à la mort ou à la séparation, ou quand le voudra la femme]; — si le payement n'est fixé à aucune époque exacte [ou par aucune
circonstance établie dans la coutume du pays]; — si le
payement [même d'une partie de la dot] a été fixé à
une échéance exagérée, à cinquante ans, par exemple
[car c'est là une forme négative de don nuptial; qui
peut compter sur cinquante ans d'existence?]; — si ce
qui compose le don nuptial [soit en biens-fonds, ou
autres] est en pays très-éloigné, par exemple à une
distance telle que celle du Khoraçàn à l'Andalous [ou
Espagne, qui sont aux deux extrémités, l'un de l'Orient,
l'autre de l'Occident].

Il est permis de donner en dot nuptiale, des objets
qui ne sont qu'à une distance moyenne, telle que de l'É-
gypte à Médine; mais alors il ne sera point établi comme
condition que les époux seront mis en relation conjugale avant que la femme ait touché ce qu'elle doit recevoir d'abord, à moins toutefois que les objets stipulés
pour la dot ne se trouvent à une très-courte distance [telle
qu'une distance de deux ou trois jours de marche].

Dans toutes les circonstances [qui annulent le mariage, soit que la cause de nullité vienne du don nuptial,
soit qu'elle vienne de la manière dont le mariage a été

contracté, en un mot dans toutes les circonstances qui
obligent à payer ensuite à la femme le don coutumier],
si la femme a reçu d'abord un don nuptial, elle sera
responsable de ce qu'il aura perdu de sa valeur [au
moment où elle devra le rendre au mari pour en recevoir, en remplacement, le don coutumier. Si le don
primitif a perdu de sa valeur, la femme le gardera et en
livrera le prix d'estimation apprécié au jour où elle l'a
touché; puis elle recevra du mari le don coutumier.
Mais lorsque le cas de nullité du mariage n'obligera le
mari qu'à la dot contractuelle, c'est le mari qui sera
responsable des dégradations et des pertes].

Le mariage est encore entaché de nullité [jusqu'à ce
qu'il soit consommé, et ensuite il est maintenu sous
l'obligation du don coutumier], — lorsque la dot se
compose d'objets qui, au su des deux conjoints, ont été
acquis par violence ou usurpés; mais si l'un des conjoints ignorait que ces objets eussent été mal acquis, le
mariage reste valable [et le mari doit les remplacer ou
en nature même, ou en valeur équivalente]; — lorsque
les stipulations du don matrimonial sont combinées dans
un arrangement d'intérêt, dans les stipulations d'un
marché [ou d'une société en participation, ou d'une
association commerciale, etc.]: tel serait le cas où le
conjoint donnerait ainsi une maison à la femme [c'est-à-
dire à la condition que cette femme payerait au mari la
moitié du prix de la maison, cent dînâr, par exemple, et
que les cent autres seraient le prix de la dot]; tel serait
aussi le cas où, par arrangement, le père de la femme

[ou bien la femme elle-même] céderait au mari une maison [pour cent dînâr, à condition que telle partie de cette somme serait pour la dot, et que l'autre partie serait pour le prix de la maison. On voit, par ces deux exemples, qu'il y aurait, en même temps, dans un même contrat, stipulation de vente et stipulation de don nuptial]. Mais ce genre de combinaison est permis au père dans le cas de mariage par téfouîd'. [Ainsi le père ou bien le représentant de la femme peut contracter le mariage en disant au prétendant : « Je te vends ma maison et je te donne une telle en mariage sous forme de téfouîd'; » de même le mari peut contracter en disant au père : « Je te vends ma maison pour telle somme et j'épouse ta fille par téfouîd'; » de même encore la femme, en disant : « Je te vends ma maison pour telle somme et je me marie avec toi sous forme de téfouîd'. »]

Il est permis à un même individu de contracter le mariage avec deux [ou trois, ou quatre] femmes en même temps et par un seul contrat, que les dots stipulées soient égales ou non, ou qu'une dot soit stipulée et fixée pour une seule femme ou pour deux [ou pour trois et que le mariage de l'autre ou des autres soit sous la forme téfouîd', ou enfin que pour toutes les deux, trois, ou quatre femmes, le mariage soit contracté sous cette dernière forme]. Mais est-il permis de contracter ainsi le mariage avec plusieurs femmes en même temps, quand même l'individu stipulerait explicitement qu'en épousant telle femme il veut épouser aussi telle autre, ou bien quand même ensuite il accorderait à l'une une dot fixe, et à l'autre un don nuptial coutumier, ou bien à chacune d'elles un don coutumier? Il y a sur ce point deux avis différents (*k'aûlân*). [Mais en général la réponse à cette double question, dont la seconde partie est une conséquence de la première, que l'on suppose acceptée; la réponse, dis-je, est affirmative; rien, dans l'esprit de la loi, n'empêche l'application positive de ces dispositions jurisprudentielles mises ici en forme interrogative, c'est-à-dire presque comme douteuse.]

D'après le Moudaouéneh, Mâlek [l'instaurateur du rite mâlékite] désapprouve le mariage contracté avec deux femmes [ou plus] par un seul contrat [lorsque la dot n'est pas précisée pour chacune d'elles personnellement]. Le plus grand nombre des docteurs de la loi sont arrivés, en expliquant l'intention du texte de Mâlek, à conclure à la prohibition du contrat collectif, et, par suite, à considérer alors le mariage comme nul tant qu'il n'a pas été consommé, à le maintenir s'il a été consommé, et alors à obliger le mari à payer le don nuptial coutumier. Quelques autres juristes ont regardé ce genre de contrat collectif comme un acte blâmable [et ont assimilé le fait à celui d'un marchand qui vend en bloc et sans distinction deux marchandises différentes, ce qui n'implique pas néanmoins la nullité, mais seulement l'irrégularité de la vente].

Le mariage est atteint de nullité, si, par cela seul qu'il est conclu, il est forcément détruit; tel est le cas où un patron marie son esclave à une femme à laquelle

il le donne ensuite en dot nuptiale ou comme partie de
la dot nuptiale. [Dès que cette femme a reçu l'esclave
comme dot, elle le possède en toute propriété, et, par
cette seule raison, elle ne peut en être l'épouse. Les droits
de propriétaire et les droits d'époux ne peuvent s'exercer simultanément sur un esclave. Si le mariage n'a pas
été consommé, la femme n'a rien à réclamer de la dot.]
S'il a été consommé [n'y eût-il eu qu'une seule cohabitation lorsque l'on a reconnu l'état de l'esclave donné
comme dot et comme conjoint], l'union n'en sera pas
moins dissoute ; mais la femme gardera l'esclave comme
propriété.

Le mariage est entaché de nullité [avant qu'il soit
consommé, et oblige, après qu'il y a eu cohabitation,
le mari à payer le don nuptial coutumier], — si la dot
conjugale est une maison promise et garantie [que le
mari s'engage à bâtir ou à acquérir de ses propres deniers ; car cet arrangement rentre dans le genre des
marchés avec avance du prix de la chose par l'acquéreur ; néanmoins, la coutume, dans certains pays, autorise cette sorte de mariage] ;—si, par exemple, le mari
donne une dot de mille drachmes, et s'engage à en
donner deux mille en cas que la femme qu'il demande
vienne ensuite à découvrir qu'il est déjà marié avec une
autre femme. [Cette dernière condition est une fraude
réelle ; car le mari est libre de déclarer la vérité ; de plus,
la femme ou ses parents peuvent aller à l'enquête du
fait et lever toute incertitude.] Mais le mariage reste
dans toute sa valeur légale, lorsque l'on est convenu,

pour le don nuptial, de mille drachmes, par exemple,
et lorsque l'on a stipulé que le mari, s'il emmène la
femme habiter hors du pays [ou bien hors de la maison paternelle], ou s'il se marie à une seconde compagne [ou prend une concubine], payera deux mille
drachmes. Ces sortes de stipulations ne sont pas d'obligation absolue, mais il est de justice et de convenance
de s'y conformer; il est blâmable de poser de ces sortes
de conventions [et, une fois posées, de ne pas y sa-
tisfaire]. Dans l'exemple cité, si le mari viole sa promesse
[s'il épouse une seconde femme, ou s'il emmène la première dans une autre localité, etc.], il n'est pas tenu forcément de payer le second millier de drachmes. De
même [il y a blâme et absence d'obligation absolue],
dans cette parole [d'un mari à la femme qu'il a en sa
puissance] : « Si je t'emmène hors de ton pays, je te
donne mille drachmes. » [Cela suppose que la femme
ait provoqué cette promesse, en témoignant de la répugnance à quitter son pays.]

§ 4. Circonstances qui dénaturent ou détruisent, ou modifient le
don nuptial. — Du mariage par compensation.

[Dans le cas où un mariage aura été proposé avec
l'offre d'une dot nuptiale de deux mille drachmes,] si
la femme, avant les conclusions du contrat, renonce à
mille drachmes, par exemple, sous les conditions susmentionnées [c'est-à-dire sous les conditions que le
mari ne l'emmènera pas dans un autre pays, ou ne prendra pas une nouvelle compagne, ou une concubine],

le mari qui aura violé ces conditions [que d'ailleurs il n'est pas réellement obligé de remplir] ne sera point tenu de payer [les mille drachmes auxquelles la femme a renoncé]. Néanmoins, si la renonciation à une partie de la dot [en stipulant les conditions qui viennent d'être indiquées] n'est faite qu'après que sont acceptées les stipulations du contrat [et si, par la suite, le mari manque à sa parole], la femme a le droit d'exiger la partie de la dot à laquelle elle avait renoncé, pourvu toutefois que la femme n'ait fait engager le mari à rien autre chose par serment. [Car alors le mari, s'il violait sa promesse, ne serait plus obligé, et cela sans que la femme eût rien à lui réclamer, qu'à satisfaire à son serment. Tel serait le cas où la femme ferait faire serment au mari que, s'il manque à sa promesse, il répudiera, de plus, la seconde femme qu'il prendra, ou bien qu'il donnera la liberté à un esclave, etc.]

Si, par exemple, un individu dit à un autre, « Donne-moi ta sœur en mariage pour un don nuptial de cent drachmes, et je m'engage à te donner ma sœur [ou ma fille, etc.] en mariage pour une somme de cent drachmes, » cette proposition conduit à un mariage par compensation [et dès lors l'union est nulle. Cette forme était en usage chez les Arabes avant l'islamisme, mais sans indication de don nuptial [43]. Par allusion à cette manière antique, Khalîl ajoute :] Si les deux individus ne désignent pas de don nuptial, ni pour l'une ni pour l'autre des deux femmes, c'est alors un véritable mariage par compensation [ou *chir'âr* des anciens

Arabes païens. Telle serait cette proposition : « Marie-
moi avec ta sœur ou ta fille, à condition que je te marie
ensuite. » Une autre forme analogue est celle-ci: « Marie-
moi pour cent drachmes à la condition que je te marie
sans dot »]. Du reste, le mariage par compensation est
nul [après comme avant la consommation], et il conserve
son caractère, quand même une dot serait indiquée
pour l'une des deux femmes.

Un mariage contracté par un patron avec son esclave,
à la condition que les enfants ou quelques-uns des enfants que cette esclave mettra au monde seront libres
[et que les droits de patronage resteront au patron, tout
en fixant une dot à la femme], est toujours frappé de
nullité. [Car c'est en quelque sorte trafiquer sur des enfants dès avant leur naissance.]

Dans les cas précédemment indiqués, soit de mariage rappelant la forme de compensation, soit de don
nuptial consistant, par exemple, en cent drachmes et
en une certaine quantité de vin, ou en cent drachmes
payables immédiatement et cent drachmes payables [à
une époque indéterminable, c'est-à-dire] lors de la
mort, ou de la séparation, la femme a droit au plus
élevé des deux genres de don nuptial, ou contractuel,
ou coutumier, quand même la valeur de ce dernier
excéderait la totalité du don stipulé [c'est-à-dire excéderait et la portion payable à échéance connue et la
portion payable à époque indéterminable, ou bien excéderait et la portion licite du don stipulé ou contractuel et la portion illicite, comme dans le cas où le don

nuptial consisterait en argent et en vin. Mais, lorsqu'on
a stipulé, par exemple, cent drachmes payables actuellement et cent à une échéance indéterminable, la femme
ne doit, d'après certains juristes, recevoir que les deux
cents drachmes; car le don spécifié et réel n'était que
de cent drachmes]. Du reste, le don coutumier dont il est
question devra être entièrement évalué en payements
à échéance fixe semblable à ce que dans le don contractuel il y aura d'indiqué à échéance précise. [Si donc
le don contractuel était de trois cents drachmes, cent
payables actuellement, cent payables dans un an, et
cent à une époque indéterminable, on rejetterait la partie à échéance vague et on se baserait sur la comparai-
son des deux premiers cents avec l'évaluation du don
coutumier. Ainsi l'on dirait : « Quelle est la valeur du
don nuptial coutumier pour cette femme à laquelle il
a été fixé un don contractuel dont cent drachmes lui
seront payées dans un an? » Si la réponse était, « deux
cents drachmes, » alors le don coutumier serait équivalent au don contractuel, et la femme recevrait cent
drachmes immédiatement, et les cent autres drachmes
dans un an. Si l'évaluation du don coutumier était de
cent cinquante drachmes, on accorderait à la femme le
don contractuel. Mais, si l'évaluation du don coutumier
s'élevait à trois cents drachmes, la femme recevrait immédiatement deux cents drachmes, et les cent autres
dans un an.] Dans la forme de mariage par compensation,
quand un don contractuel a été stipulé à une des deux
femmes et que le mariage avec elle a été consommé,

cette femme, d'après certaines interprétations de juristes, n'a droit qu'au don coutumier [et non au plus élevé ou du don coutumier ou du don contractuel. Le plus élevé des deux ne sera accordé que si un don contractuel a été spécifié pour chacune des deux femmes].

Est-il défendu, ou bien est-il seulement blâmable de stipuler un mariage, — sur des profits ou revenus [donnés par une maison, un animal, un esclave, mis à louage ou à location]; — ou bien sur l'engagement pris par le mari d'enseigner à la femme une partie déterminée du K'oran [c'est-à-dire de la lui faire apprendre par cœur, ou de la lui faire apprendre à lire]; — ou à la condition de faire faire le pèlerinage à la femme [— ou à la condition et de lui faire faire le pèlerinage et de lui enseigner une partie du K'oran]? Ensuite [pour le premier cas indiqué], le mari pourra-t-il exiger de la femme le remboursement du prix des peines qu'il se sera données jusqu'à l'expiration de la location ou du louage? Sur cette question relative au blâme ou à la défense, les avis se partagent. [Cependant, pour le premier cas, appelé contrat par location ou louage, beaucoup de juristes n'admettent ni blâme ni défense.]

Il est blâmable de mettre à haut prix le don nuptial, et de renvoyer à une échéance après le mariage [ne fût-ce qu'à une année] le payement d'un don nuptial. [Car, dans le premier cas, les dots élevées sont, d'après l'état, la condition, l'âge, la beauté de la femme, parfois au-dessous de la valeur de la femme; et les dots minimes se trouvent parfois au-dessus de ce qu'elle vaut. Dans le

second cas, l'échéance de la dot, ne fût-elle, par exemple,
qu'au délai d'une année, pourrait porter à contracter des
alliances sans fournir de don nuptial, à faire renoncer
la femme à la dot qui lui est due, etc.]

§ 5. Conséquences de la fixation inexacte ou douteuse du don nuptial.

Si un fidèle charge un individu de le marier pour un
don nuptial de mille drachmes, par exemple, avec une
femme désignée ou non désignée, et que l'individu
conclue l'union pour deux mille drachmes, et si ensuite le mariage vient à être consommé avant que l'on
sache que l'individu a dépassé ses pouvoirs, le mari n'est
tenu de payer que mille drachmes, et les mille autres
sont, à titre de dette, mis à la charge du mandataire,
pourvu toutefois que, par les aveux de ce dernier, ou
par des preuves, on constate que le mandat a été dépassé. Mais, si l'on ne peut obtenir la constatation du
fait [comme nous venons de l'indiquer, si le mariage
est consommé, si, contre l'assertion du mari, l'individu
soutient avoir reçu mission de contracter pour une dot
de deux milles drachmes], on exigera que la femme
déclare par serment [au cas que l'individu refuse de
jurer], et même après que le mari a déjà juré de la vérité de ce qu'il avance, qu'elle s'est assurée d'abord de
la réalité des pouvoirs confiés au mandataire. [Si la
femme refuse le serment, elle reste redevable des mille
drachmes. Si le mandataire représentant du mari jure
contradictoirement, après que le mari a aussi juré, la

femme n'a plus à réclamer les mille drachmes en question.] Mais le mari, après son refus de prononcer le
serment, refus qui le constitue débiteur des mille autres
drachmes envers la femme, peut-il exiger que, de son
côté, le fondé de pouvoirs jure? Il y a sur ce point deux
manières de voir. [Des juristes affirment que, si le mari
refuse de jurer, il est par là même constitué débiteur
envers la femme. D'autres prétendent que l'aveu du
mari suffit, et qu'il n'a pas à exiger de serment de son
représentant.]

Si les époux n'ont pas été mis en communication [et
qu'avant l'acceptation du contrat ils n'aient pas eu connaissance que le délégué du mari ait outrepassé ses pou-
voirs], si, de plus, un des époux souscrit à une concession [c'est-à-dire, ou la femme à ne recevoir que mille
drachmes, ou le mari à accorder les deux mille, soit
qu'il ait été prouvé ou non que le représentant a dépassé
son mandat], l'autre époux reste engagé par le mariage.
[Si ni l'un ni l'autre ne fait de concession, le mariage
sera rompu par voie répudiaire.] Le mari n'est point
obligé de maintenir le mariage, si le mandataire doit
payer les mille drachmes stipulées en surplus. [Car alors
le mari serait probablement entraîné à de plus grandes
dépenses pour l'entretien d'une femme qui aurait été
payée plus cher.]

Dans le cas où ni l'un ni l'autre des conjoints [et
avant qu'il y ait eu entre eux de communication privée]
ne voudra faire de concession, et où il n'y aura pas de
preuve qui puisse éclaircir le fait [ni démontrer que le

mari n'a donné pouvoir que pour mille drachmes, ni démontrer que le contrat a été stipulé pour deux mille drachmes, ou bien dans le cas où l'un des deux époux apporte des preuves de ce qu'il soutient et où l'autre ne peut en apporter de suffisantes], chacun des conjoints exigera que la déclaration de l'autre soit appuyée par un serment. [Alors, s'il résulte que la femme seule ait dit vrai, elle fera jurer le mari qu'il n'a autorisé son mandataire qu'à un engagement de mille drachmes; si le mari refuse le serment, il sera obligé de maintenir le mariage et de payer une dot de deux mille drachmes. S'il jure, la femme aura le choix, ou de maintenir le mariage avec une dot de mille drachmes, ou d'accepter la répudiation complète. L'assertion du mari est-elle seule prouvée, il fera jurer la femme qu'elle n'a pas voulu souscrire à un don nuptial de mille drachmes; si elle refuse le serment, elle sera obligée de rester mariée pour une dot de mille drachmes; si elle jure, le mari aura le choix, ou de consentir à payer le don de deux mille drachmes, ou de se sé p.. er de la femme par répudiation parfaite. L'assertion de chacun des conjoints est-elle prouvée comme vraie, il n'y a plus à faire de serment, et ils sont libres de maintenir ou de rompre leur union. Mais, lorsque la déclaration et de la femme et du mari ne peut être prouvée comme vraie, la circonstance rentre dans cette prévision qui sera énoncée tout à l'heure : « Mais si la femme ne peut prouver que la stipulation, etc. »] (Voy. deuxième alinéa ci-dessous.)

Le serment de l'un des conjoints [si l'autre refuse

de jurer] sera la règle immédiate de la décision à établir, lorsque l'un des deux croira devoir l'exiger. [Ainsi la femme exige-t-elle que le mari jure qu'il a donné pouvoir pour mille drachmes seulement? Dès que le mari refuse le serment, il est obligé de maintenir le mariage avec une dot de deux mille drachmes. Le mari exige-t-il que la femme jure que le contrat a réellement été stipulé pour une dot de deux mille drachmes? Si la femme refuse le serment, elle est obligée de maintenir le mariage pour une dot de mille drachmes.]

D'après Ibn-Ioûnès, le mari devra jurer le premier qu'il a chargé son mandataire de contracter le mariage pour un don nuptial de mille drachmes seulement; et, après le serment prononcé, la femme sera libre de demander que le mariage soit dissous [ou soit maintenu], pourvu qu'elle fournisse des preuves que la stipulation a été acceptée pour un don de deux mille drachmes. [Si le mari élude le serment, il doit maintenir le mariage et payer les deux mille drachmes.] Mais, si la femme ne peut prouver que la stipulation ait été ratifiée pour une dot de deux mille drachmes [et que le mari n'ait pas de preuve pour justifier ce qu'il déclare, ou encore si les deux conjoints donnent les preuves de ce qu'ils avancent], le cas rentre dans celui où les époux sont en opposition sur la désignation de la valeur du don nuptial, avant que le mariage soit consommé. Dans cette circonstance, la femme jurera la première que la dot a été de deux mille drachmes, et on dira au mari: « Consens aux deux mille, ou bien jure que tu as chargé ton mandataire de traiter pour mille seulement, et le mariage sera rompu, à moins que la femme ne consente à ne recevoir que mille. » Celui qui éludera le serment sera obligé de se soumettre aux conséquences de la déclaration jurée par l'autre conjoint.]

[Jusqu'à présent, il a été supposé, dans les circonstances de fixation inexacte du don nuptial, que les conjoints n'avaient point connu le fait ni avant ni après la ratification du contrat.] Si la femme seule a su [avant ou après le contrat accepté] que le délégué du mari avait outrepassé les limites fixées [et si néanmoins elle a consommé le mariage], elle n'a droit qu'à une dot de mille drachmes. Si, au contraire, le mari seulement a su le fait [avant ou après le contrat accepté, et qu'il ait consommé le mariage], il payera deux mille drachmes.

Chacun des conjoints a-t-il eu connaissance que les ordres du mari avaient été dépassés, et chacun a-t-il su ou n'a-t-il pas su que l'autre conjoint en avait aussi connaissance, le mari est obligé de payer les deux mille drachmes [si le mariage a été consommé, car le mari alors est supposé avoir accepté les stipulations de son mandataire]. Si le mari seulement savait que la femme avait connaissance de l'erreur commise par le mandataire [et si la femme ne savait pas que le mari en fût informé], la femme n'a droit qu'à mille drachmes. [Car le mari a pour motif en sa faveur que la femme s'est livrée, bien qu'elle connût l'erreur commise, et qu'il a consommé le mariage avec la persuasion que la femme

avait accepté la dot de mille drachmes.] Si, au contraire, la femme seule savait que le mari avait connaissance de l'erreur du mandataire [et si le mari ne savait
pas que la femme en fût informée, et que, cependant,
il eût consommé le mariage], le mari doit alors payer
la dot de deux mille drachmes.

La femme libre de disposer de sa personne [par
exemple, émancipée, orpheline], et qui a permis à
son ouali ou représentant de la marier, n'est point obligée d'accepter les conclusions de ce représentant, si le
mariage a été stipulé pour une dot inférieure au don
nuptial coutumier. [Bien plus, quand le mariage a été
consommé, c'est le représentant qui est obligé de compléter la valeur du don coutumier.]

Deux conjoints sont-ils convenus en particulier, et
entre eux seuls, de tel don nuptial, on s'en tiendra uniquement à la convention, si ensuite, en public, ils ré-
criminent sur la réalité des accords [pour la valeur,
ou pour la nature des objets]. Dans le cas où la femme
prétendrait qu'elle et son mari ont modifié leurs conventions premières [et qu'ils se sont arrêtés à ce qu'elle
déclare actuellement], la femme [si le mari la dément]
aura le droit d'exiger qu'il atteste par serment ce qu'il
avance, pourvu cependant qu'il n'y ait pas de preuve
que la dot, indiquée publiquement et en présence de
témoins, n'est pas celle dont les époux sont convenus
en particulier. [Si ces preuves existaient, il n'y a pas de
serment à exiger du mari. Dans le cas où celui-ci devra
jurer, s'il jure réellement, on s'en tiendra à la dot con-

venue en particulier; s'il décline le serment, il sera obligé de payer la dot déclarée publiquement.]

Dans la supposition qu'un mariage aurait été conclu pour un don nuptial de trente drachmes, dix à payer immédiatement et dix à payer à une échéance fixée au delà de la consommation du mariage, s'il n'est pas fait mention du payement des dix autres, ces dix dernières ne seront point dues par le mari. [Silence est renonciation.]

S'il a été écrit simplement dans le contrat [en présence de témoins, et avec le sens du passé] : « Il a payé sur-le-champ à sa fiancée tel à-compte [sur le don nuptial], » cette forme indiquera toujours que la femme a touché la valeur mentionnée.

§ 6. Du mariage par *téfouíd'* ou par abandon, c'est-à-dire contracté en abandonnant ou laissant la désignation de la dot; — par *tah'kîm* ou par convention ultérieure du don nuptial.

La loi permet de contracter le mariage sans préciser de dot, et aussi en renvoyant à plus tard la fixation de la dot. [Ces deux formes, la première dite par *téfouíd'*, et la seconde par *tah'kîm*, ne sont que deux nuances d'une même forme, que l'on généralise par la définition que voici :] C'est contracter un mariage sans faire mention de don marital, mais aussi sans exprimer, « Je donne une telle; » car [cette expression équivaudrait à, « Je donne une telle en mariage sans don nuptial; » et] si la femme se donne ou est donnée [sans intention positive de dot conjugale, sans le prix de

vente], le mariage est nul dès avant la consommation;
un juriste autre que les quatre principaux commentateurs du Moudaouéneh, considère alors l'union comme
incestueuse. [Néanmoins, si le mariage était consommé,
il serait maintenu, et le mari payerait le don nuptial
coutumier.]

Dans le mariage contracté sans que l'on ait stipulé
de dot nuptiale, la femme n'a le droit d'exiger le don
coutumier qu'après que le mariage est consommé; ce
droit est perdu, si le mari [avant tout rapport conjugal
avec sa femme] la répudie ou meurt. [Il n'y a rien non
plus à réclamer au nom de la femme, si elle meurt
avant toute relation avec le mari.] Toutefois, si le mari
a fixé une dot inférieure au don coutumier et que la
femme y ait consenti, et si le mari la répudie ou meurt
[avant toute communication avec elle], ce qui aura été
fixé sera seul dû à la femme. [Bien entendu, si la dot
fixée était égale au don coutumier, elle serait due à la
femme, que celle-ci y eût ou non consenti.]

Si, après la répudiation ou après la mort du mari,
la femme [qui n'a pas accepté la dot fixée par lui à
une valeur supérieure ou inférieure au don coutumier,
circonstances dans lesquelles la femme peut ne pas accepter, si la femme, dis-je,] prétend avoir consenti à un
don ou supérieur ou inférieur au don coutumier, cette
déclaration ne sera point acceptée. [Il faut prouver que
le consentement a été antérieur à la mort du mari, ou
à la répudiation.]

Dans le mariage par téfouìd', la femme peut, à son

gré, demander [ou ne pas demander] au mari de lui désigner la valeur de la dot nuptiale [si le mari ne se propose pas de se mettre en relation conjugale avant la détermination de la dot. S'il a l'intention de se mettre en rapport conjugal avec la femme avant de désigner le prix de la dot, la femme est blâmable de céder aux désirs de son mari. Elle doit céder seulement après qu'il a précisé un don nuptial et qu'elle l'a agréé, et même après que le mari a remis au moins un quart de dinâr].

Quand le mariage est contracté sans stipulation de dot, ou est contracté en laissant au mari le droit de décider plus tard la valeur du don nuptial, la femme est obligée [de maintenir le mariage, c'est-à-dire] d'accepter le don nuptial qui lui est assuré, s'il est à la valeur du don coutumier; cependant le mari n'est point tenu de s'engager à payer [un don coutumier. Il peut même ne rien désigner ni fixer, et, s'il le veut, rompre, par répudiation, le mariage, sans que l'on ait ensuite rien à réclamer]. Mais ici se présentent trois questions débattues parmi les juristes :

1° Si la fixation du don nuptial est déterminée par la femme elle-même, ou par un autre individu [parent ou étranger], la circonstance d'obligation est-elle la même [que lorsque le mari a fixé le don nuptial coutumier? En d'autres termes, la femme seule est-elle obligée d'accepter cette dot, consentie d'ailleurs par le mari, et de maintenir le mariage? Et le mari est-il libre de souscrire ou non à la dot déterminée par lui ou par autrui]?

2° Dans le cas où tout autre [que le mari ou la femme] a indiqué et promis [en leur nom] le don coutumier, les deux époux sont-ils obligés d'accepter la décision [et de maintenir le mariage]? Et si la valeur décidée pour le don nuptial est moindre que celle du don coutumier, le mari seul est-il obligé d'accepter la décision [et la femme a-t-elle seule le droit d'accepter, ou de refuser]? Enfin, si la dot fixée est supérieure en valeur au don coutumier, l'obligation est-elle en sens inverse [c'est-à-dire est-elle imposée à la femme seule, et le droit d'accepter ou de refuser est-il laissé au mari]?

3° Est-il indispensable qu'il y ait assentiment réciproque de l'époux et de celui qui a été chargé de fixer la dot [pour rendre le mariage et le don nuptial obligatoires, que la valeur de ce don soit ou inférieure, ou supérieure, ou égale à celle du don coutumier]? Cette condition d'assentiment est posée comme indispensable par Ibn-Rouchd.

Il est permis à la femme émancipée et maîtresse de ses actions, de consentir [dans le cas de mariage par téfouid', et fût-ce même après la cohabitation matrimoniale,] à accepter une dot nuptiale inférieure au don coutumier. Dans les mêmes circonstances [de mariage, consommé ou non consommé], le père peut accepter aussi une dot nuptiale moindre que le don coutumier, au nom de sa fille encore sous l'autorité paternelle; mais un tuteur ne peut accepter pour sa pupille une semblable dot, que si le mariage n'est pas consommé. Quant à la fille vierge, libre de toute autorité connue [c'est-à-dire sans père, sans tuteur paternel, sans tuteur désigné par le k'âd'i, sans preuves d'émancipation ou de non-émancipation], elle ne doit point accepter de dot qui soit au-dessous du don nuptial coutumier.

Si le mari [qui, étant en bonne santé, a contracté le mariage par téfouîd', mais ne l'a pas consommé,] n'a désigné de dot nuptiale, quelle qu'elle soit, que pendant la maladie [dont il est mort], cette désignation de dot n'est [point un engagement obligatoire, car la femme, dans ce cas, n'a rien à recevoir après la mort du mari; ce n'est] qu'une disposition testamentaire laissée aux héritiers [qui la rempliront, s'ils le veulent bien, à titre de simple donation ou présent]. Mais si la femme était esclave, ou bien appartenait à une famille de sujets tributaires [juifs ou chrétiens], le fait serait-il plus obligatoire? Il y a sur ce point deux opinions contradictoires. [L'une indique que ce qui a été fixé par le testateur doit être payé sur le tiers disponible de la succession; l'autre déclare qu'il n'y a rien à payer, car la dot est exigible seulement après que le mariage est consommé, non après la mort du mari.] La femme [musulmane et libre] renoncera à ce qui dépassera le don coutumier [si le testateur a fixé la dot pendant qu'il était malade, et] s'il y a eu copulation. [Toutefois, la femme gardera le don entier, si les héritiers y consentent. En tout cas, le don coutumier sera payé sur la masse générale de l'héritage, non sur le tiers réservé et destiné à satisfaire aux volontés du défunt.] Mais, lorsque l'individu guérit, il est obligé de donner à la femme la dot qu'il lui a accordée pendant la maladie [quand même la cohabitation n'aurait pas eu lieu. Si la femme mourait, les héritiers de cette femme toucheraient ce don nuptial].

Dans le mariage par téfouïd', si [avant toute relation conjugale et] avant que le mari ait désigné le don nuptial, la femme en a dispensé le mari et lui en a fait remise [soit intégralement soit partiellement], elle n'est point obligée de maintenir cette concession [faite ainsi avant le moment convenable]. Il en sera de même encore pour l'abrogation de conditions auxquelles la femme aurait renoncé avant le temps voulu [c'est-à-dire avant que le mariage fût contracté et arrêté].

§ 7. Du don nuptial coutumier ou proportionnel : *mahr mitl*, dot de ressemblance ou d'équivalence.

Le don nuptial coutumier est la valeur proposée à tel mari, comme expression du prix à attacher à une épouse, sous le rapport des qualités religieuses, de la beauté, de la distinction [méritée à la famille par un renom de générosité et d'élévation d'âme], sous le rapport aussi de la richesse, du pays. [Dans une femme de famille tributaire, on ne tient compte ni de la religion, ni de la parenté; dans une esclave, on ne tient nul compte de la parenté; car ces deux femmes sont d'origine non musulmane.]

Le don nuptial coutumier s'estime d'après les qualités et les circonstances précitées, ou bien encore d'après la dot d'une sœur germaine, ou d'une sœur consanguine [l'une et l'autre ayant d'ailleurs les mêmes avantages que celle qu'il s'agit de marier]. Mais on ne considère point [pour l'estimation susdite] la dot qui a été accordée autrefois à la mère [aux tantes, même aux sœurs utérines du père, aux sœurs utérines de la femme elle-même; car ce sont d'autres familles].

Dans le mariage [régulier, et consenti selon toutes les exigences de la loi, le don nuptial se fixe au moment où l'union est contractée; mais dans le mariage] entaché de nullité [soit par les formes ou circonstances du contrat, soit par raison de cohabitation sans contrat, comme dans le cas d'erreur involontaire], le don nuptial coutumier s'évalue le jour de la cohabitation.

Lorsque la copulation a été répétée, mais par erreur, sur une même femme [libre et étrangère à l'individu, qui la croyait une de ses femmes, c'est-à-dire si l'erreur repose sur une seule et même nature de fait, si, par exemple, l'individu a cohabité avec une femme libre et étrangère qu'il croyait, la première fois, être sa femme Koultoûm; la seconde fois, être sa femme Zeînab, la troisième, être sa femme Fât'ima, etc.], alors l'individu ne doit [à la femme étrangère] qu'un don nuptial coutumier. [En réalité, l'erreur est une, eût-elle eu lieu dans des habitations différentes; car le mari a cru cohabiter avec ses femmes.] Le fait serait identique, si un individu, se trompant, cohabitait [fût-ce plusieurs fois] avec une même femme qui ignorerait ou ne s'apercevrait pas [ou qui saurait ou s'apercevrait] que l'individu lui est étranger. Mais lorsque l'erreur a

été multiple [par rapport à la nature du fait, c'est-à-
dire à la condition de la femme, lorsque, par exemple,
l'individu a cru, dans une copulation, cohabiter avec
sa femme libre, et, dans la seconde copulation, cohabiter avec sa femme esclave], il doit deux dots [à la
femme qui a subi les deux copulations par erreur]. Il en
sera de même, — si la copulation a été incestueuse [de
la part de l'individu, la femme ignorant qu'elle fût en
cohabitation avec un autre que son mari; chaque cohabitation oblige à une dot]; — ou si cette femme [dans
le cas incestueux qu'elle croyait licite] n'a consenti que
comme malgré elle à la copulation. [Car l'individu, pour
satisfaire ses désirs, pouvait choisir une autre femme,
et il n'est nullement excusable.]

§ 8. De quelques conditions en faveur de la femme, dans le mariage.

Il est permis au mari de consentir à certaines conditions en faveur de la femme, de s'engager à la laisser
libre de conserver certaines relations de famille, de
faire usage de certains vêtements, etc. [pourvu que les
conditions demandées pour la femme puissent être légalement et rationnellement acceptées].

[En contractant le mariage, fût-ce même avec une
femme qu'il avait déjà sous sa dépendance avant le
contrat,] le mari qui accepte comme condition qu'il
n'aura plus de relations sexuelles ou avec une esclave
qu'il a rendue mère, ou avec une concubine, esclave

ou concubine que le mari possède déjà [ou qu'il possédera], est obligé [d'être fidèle à la condition qu'il a acceptée, et, en cas de violation, de se soumettre au dédit auquel il a souscrit, par exemple, de donner la liberté à l'esclave, de répudier sa femme, ou de la laisser libre de demander la séparation]. Cette disposition légale est donnée par un légiste autre que les quatre principaux commentateurs du Moudaouéneh. Mais, si le mari s'est engagé par ces mots, « Je n'aurai pas de concubine, » il n'est pas tenu de s'abstenir de relations sexuelles avec l'esclave qu'il a rendue mère.

La femme a le droit de disposer d'elle-même [c'est-à-dire de maintenir le mariage ou d'exiger la répudiation] quand le mari vient à manquer à certaines conventions acceptées, et quand même il n'aurait pas explicitement exprimé ou écrit que, s'il faisait telle ou telle chose, la femme serait libre de maintenir ou de rompre le mariage. [Les conventions dont la violation donne à la femme le droit de disposer de sa personne sont, par exemple, celles par lesquelles le mari s'est engagé à ne pas prendre une seconde femme, à ne pas avoir de concubine, à ne pas emmener sa femme habiter un autre pays, etc.]

§ 9. Circonstances dans lesquelles la moitié du don nuptial est retirée des mains de la femme.

Aussitôt que le mariage est contracté, la femme a-t-elle ou non acquis le droit absolu de propriété sur la moitié [au plus] de la dot nuptiale, et les produits de cette partie de la dot, soit en animaux, soit en récoltes agricoles, sont-ils ou non à l'avantage commun des deux conjoints, ou bien les pertes qui viennent grever la première portion de la dot sont-elles ou non à la charge de l'un et de l'autre? Les avis sont partagés sur cette question. [Des juristes prétendent que, dès que le mariage est contracté, la femme n'a encore aucun droit de propriété réelle sur la dot, par la raison que la répudiation avant toute communication directe des conjoints est le fait qui seul amène le payement obligatoire d'une partie de la dot. D'autres juristes soutiennent, au contraire, que l'acceptation du contrat est la cause immédiate qui oblige au payement partiel du don nuptial; et dès lors, si la dot a donné des produits, ou si elle a subi quelque diminution ou perte, les profits ou pertes sont au bénéfice ou au détriment des deux conjoints, quand la répudiation a lieu avant toute communication directe des époux. Une autre opinion, qui suppose la répudiation opérée avant toute communication des conjoints, admet que les pertes ou profits survenus au don reviennent tous en compte au mari; et si le mari répudie avant la communication matrimoniale, quel que soit l'état des valeurs assignées, il doit payer la moitié de la dot. Il est bien entendu qu'il ne s'agit ici que de valeurs qui ne peuvent être cachées ou dissimulées, ou de valeurs dont on peut prouver la perte. Mais si les valeurs ont disparu étant entre les mains de la femme, et que celle-ci ne puisse en prouver la perte, la femme en est responsable envers le mari ; car elles n'ont été que comme des objets prêtés.]

Quand la femme aura été répudiée [avant d'avoir communiqué directement avec son mari], elle devra rendre la moitié de la valeur de la dot nuptiale, soit que l'objet de cette dot ait été donné par la femme, en présent à quelqu'un, soit qu'il ait été affranchi par elle [dans le cas où l'objet formant la dot était un esclave]. Cette moitié de la valeur [de l'esclave, ou des autres choses] sera calculée sur ce que valait l'esclave le jour de l'affranchissement, et sur ce que valaient les autres choses le jour qu'elles ont été données. [Il est clair que l'on suppose ici que la dot a été livrée intégralement, et que la femme en a disposé à son gré.] Si [dans le cas de répudiation avant toute communication des époux] les objets [qui composaient la dot] ont été vendus par la femme, celle-ci devra rendre au mari la moitié du prix de vente [pourvu que la vente n'ait pas été trop au-dessous de la valeur réelle des objets ; car alors le mari aurait droit de recours sur la femme, pour se faire rembourser la différence ou le déficit].

L'affranchissement de l'esclave qui aura été donné en don nuptial [et que la femme maîtresse d'elle-même aura affranchi] ne pourra être révoqué par le mari que si elle a affranchi l'esclave parce qu'elle se trouvait dans la gêne le jour de l'affranchissement. [Il en sera de même lorsque la femme, par les mêmes motifs de gêne, aura donné l'esclave en présent. On ne considère point si la femme était ou non dans la gêne avant le jour ou du présent ou de l'affranchissement.] Ensuite [après la révocation de l'affranchissement fait par la femme un jour qu'elle était dans la gêne], si le mari répudie cette femme [avant tous rapports conjugaux, et qu'elle ait encore avec elle l'esclave], il affranchira la moitié de cet esclave qui revient à la femme, et cela sans recourir contre elle aux formalités judiciaires [vu son état de gêne le jour de l'affranchissement. La seconde moitié de l'esclave serait affranchie à la charge de la femme, si cette femme était dans l'aisance].

§ 10. De la division et du partage du don nuptial, des cadeaux, des dépenses faites pour les noces, etc. dans le cas de répudiation anticipée.

Lorsque le mari répudie la femme avant de l'avoir touchée, le don nuptial [par le fait de la répudiation] se trouve divisé en deux parties. [Car Dieu a dit : « Si vous répudiez vos femmes avant de les avoir touchées, et que vous leur ayez assigné un don nuptial, donnez-leur la moitié de ce que vous leur aurez assigné. »] Sera encore divisé en deux parties et dans les mêmes circonstances : — ce que le mari, après le mariage contracté, aura ajouté en surplus au don nuptial contractuel [mais ce qui aura été ajouté avant ou pendant le contrat sera compris dans le don nuptial]; — ce que le mari, avant de contracter l'union, aura accordé comme condition du mariage, mais à titre de présent ou de cadeau, que cet accord ait été stipulé avec la femme ou avec le représentant, quel qu'il soit. [Ce surplus et ce cadeau rentrent alors dans les conventions du mariage.] La femme [répudiée dans les circonstances qui viennent d'être signalées] recevra la portion qui lui est due, de celui qui aura accepté d'elle ou pour elle les conditions.

[Toujours dans l'hypothèse de répudiation précitée,] la garantie de la dot nuptiale est à la charge réciproque des conjoints [c'est-à-dire qu'ils n'ont rien à réclamer l'un de l'autre], si la perte ou la disparition des objets qui composent la dot est prouvée, ou si cette dot se compose d'objets qui [tels que des animaux, des terres] ne peuvent être cachés [ou dérobés aux regards, ou déposés en mains d'autrui, ou qui n'aient pas été livrés à la femme et qui soient perdus ou détruits]. Mais, dans le cas contraire [c'est-à-dire si la dot était en objets qui pussent être cachés, et que la perte n'en fût pas prouvée], celui des conjoints entre les mains duquel étaient les objets qui se sont perdus en est responsable.

Ce que la femme [répudiée avant toutes relations conjugales] aura acheté du mari [soit en objets pour le mariage, ou autres,] sera aussi partagé en nature. [On suppose évidemment ici que le don nuptial a été livré en argent; et ce seront les objets achetés du mari qui devront être partagés, non l'argent avec lequel on les a payés, à moins que les deux époux n'y consentent.] Mais cette disposition [qui indique la division en deux parts égales des objets achetés de l'époux] doit-elle être appliquée indistinctement dans tous les cas, ce qui d'ailleurs est l'opinion le plus généralement adoptée? ou bien doit-elle être appliquée seulement dans le cas où la femme a acheté les objets par intention d'alléger les dépenses du mari? Il y a deux avis à ce sujet. [Des juristes veulent que la disposition précitée soit appliquée seulement quand la femme a acheté les objets de trousseau, ou quand elle a voulu être favorable aux intérêts du mari.]

Ce que la femme, pour le trousseau [qui convient à sa condition], aura acheté ou de son mari ou d'un autre [avec l'argent de la dot], sera aussi partagé en nature [et par moitiés égales] entre les deux conjoints.

Ce que le mari aura promis après le contrat, en surplus de la dot stipulée, sera toujours perdu pour la femme, si le mari meurt [ou devient insolvable avant qu'elle ait touché ce surplus, et avant que soit consommé le mariage. Mais, si la femme meurt, le mari survivant payera le surplus promis].

Doit-on, dans le cas de répudiation anticipée [c'est-à-dire opérée avant la cohabitation matrimoniale], diviser [et partager en parties égales entre les deux conjoints] un présent fait bénévolement par le mari à la femme après le mariage contracté [et lors même que le présent ne serait pas encore entre les mains de la femme], ou bien le mari n'a-t-il rien à réclamer de ce présent, qui même au moment de la répudiation se trouverait entre les mains de la femme? Il y a sur ce point deux opinions appuyées, l'une sur l'avis de Mâlek, l'autre sur l'avis d'Ibn-el-K'âcem. [Mais la plus rationnelle et la plus conforme à l'esprit du rite est celle qui condamne tout partage; le mari n'a rien à réclamer, par la raison que rien ne l'a forcé à prononcer la répudiation.] Cependant, si la répudiation opérée sans que la cohabitation ait été accomplie a lieu dans un mariage frappé de nullité avant même qu'il soit consommé, le mari reprendra tout ce qui existera encore du présent entre les mains de la femme; si, au contraire, la répudiation n'a été opérée qu'après la cohabitation, dans les cas où la cohabitation laisse le mariage entaché de nullité, le mari n'a rien à redemander [du cadeau qu'il a fait et qui même serait encore tout entier entre les mains de la femme; car le mari a joui du bénéfice qu'il avait en vue].

Peut-on obliger, par voie judiciaire, le mari à donner à la femme [après que le mariage est contracté et avant qu'il soit consommé] ce que le droit coutumier a consacré à titre de cadeau de noces [bien que ce cadeau ne soit point stipulé]? A ce sujet, il y a deux dires contradictoires. [Mais le plus rationnel est celui qui admet le droit d'obliger le mari par voie de justice; car le droit coutumier a aussi force de loi.]

D'après un juriste [Ibn-el-K'âcem] autre que les quatre principaux commentateurs du Moudaouéneh, on peut obliger judiciairement, s'il le faut, le mari à faire les frais du repas de noces, mais non à payer la coiffeuse [ni à payer les tambourins, les tambours de basque, le bain de la mariée, la promenade de noces dans les rues, le papier du contrat, à moins que le mari ne se soit engagé à ces dépenses, ou que la coutume du pays ne l'y oblige].

La femme exigera du mari [qui l'aura répudiée avant toute relation conjugale] le remboursement de la moitié des dépenses qu'elle aura faites à propos de la dot reçue, pour des produits [ou d'animaux, ou de terres, etc.], ou pour un esclave. [Le mari, dans le cas où il aura gardé la dot par-devers lui, exigera de la femme le remboursement de ce qu'il aura dépensé de la même manière.] Mais cette femme aura-t-elle droit de recours sur le mari, pour la moitié des dépenses payées par elle afin de faire apprendre un métier à un esclave [qu'elle aura reçu en don nuptial]? Il y a sur ce point deux explications. [Si le métier qu'a appris l'esclave est blâmé par la loi, tel que le métier de citharède, le mari n'a point à supporter une partie des frais; si le métier est approuvé par la loi, le mari doit supporter la moitié des dépenses, mais toujours dans la supposition que la femme aura payé l'apprentissage à un étranger. Par le mot de métier, on exclut toutes les sciences, le calcul, l'écriture, la lecture.]

§ 11. Frais de transport de la femme dans le pays où doit se consommer le mariage. — Emploi du don nuptial. — Restitution d'une partie des dépenses prises sur le don nuptial.

Lorsqu'il a été stipulé que le mariage serait consommé dans tel pays [autre que celui où a été passé le contrat], les frais pour le transport de la femme et de son trous-

scau de noces, seront à la charge personnelle du représentant de la mariée [non encore émancipée ; car le représentant a négligé de faire établir ces dépenses à la
charge du mari]. Si la femme est émancipée et maîtresse
d'elle-même, c'est elle qui supportera les susdites dépenses, à moins que, par conventions expresses, elles
n'aient été mises à la charge du mari.

Le mari a le droit d'obliger la femme [maîtresse
d'elle-même, c'est-à-dire émancipée, et] qui a touché,
avant la consommation du mariage, la portion voulue
du don nuptial, à employer ce qui a été reçu [à moins
que ce ne soit, par exemple, un esclave] à acquérir un
trousseau convenable, selon la condition et les habitudes de vie des conjoints. [La femme devra même, si
la coutume du pays et la valeur de la dot le comportent,
acheter une maison, se procurer un serviteur.]

Le mari a le droit d'actionner la femme pour qu'elle
reçoive la première partie du don nuptial [et pour
qu'elle s'en serve à préparer son trousseau de noces], si
cette femme, malgré les sollicitations du mari, se refuse
à recevoir cette première partie. [Mais le mari n'action-
nera pas la femme, s'il a soumis sa répudiation à une
condition imposée par lui, ou s'il s'est engagé à répudier toute autre femme qu'il épouserait, ou à affranchir
toute autre femme dont il ferait sa concubine.]

S'il y a eu quelque chose de désigné [soit en surplus, soit à défalquer de la dot,] pour être consacré à
l'achat d'un trousseau convenable, c'est cette portion désignée qui doit être employée à l'acquisition du trousseau.

Quand la femme aura touché sa dot [en argent, avant que le mariage soit consommé], elle n'en devra rien dépenser pour son entretien, à moins qu'elle ne soit dans le besoin. [Et encore, alors, elle n'en dépensera que pour des choses de peu de valeur, telles que de simples vêtements. Si ensuite elle est répudiée avant que soit consommé le mariage et si alors elle est dans la gêne,] elle ne sera redevable au mari que d'une faible valeur, par exemple d'un dînâr, dans le cas où la dot nuptiale serait assez considérable. [Si la dot est de médiocre valeur, la dette sera proportionnelle.]

Si la femme meurt [avant la consommation du mariage, si, en raison de conditions stipulées ou de la coutume dominante dans le pays, elle s'est préparé un trousseau d'un prix plus élevé que le prix du don nuptial], si ensuite les proches parents de la femme réclament du mari ce qui a été dépensé en surplus de la dot, et si le mari demande que les parents présentent ce qui reste du trousseau [afin de faire estimer ce qui est dû en surplus], les parents ne sont nullement tenus d'acquiescer à la demande. [Le mari est obligé de payer l'excédant réclamé.] Cette décision est énoncée par El-Mâzerî.

Le père de la femme [qui est encore sous l'autorité paternelle] peut vendre, pour fournir aux dépenses du trousseau de sa fille, l'esclave [par exemple, les animaux, etc.] composant le don nuptial livré à la fiancée. Mais est-il permis au père ou à la femme de vendre un bien fonds donné en dot? Il y a deux avis sur cette proposition. [Toutefois, il est permis de vendre ce bien, non pas si le mari n'en a pas défendu la vente, mais si la coutume ne condamne pas cette vente.]

§ 12. Du prêt et de la propriété du trousseau. — De la dot nuptiale abandonnée ou fournie d'avance par la femme. — Des droits de la femme sur le don nuptial, en cas de répudiation, ou de demande de divorce.

Lorsque le père qui aura procuré un trousseau à sa fille vierge [et qui, ensuite, aura remis cette fille entre les mains du mari,] viendra, dans le courant de l'année [à partir de la consommation du mariage], et par voie judiciaire, réclamer, à titre d'objets prêtés de sa part [ou empruntés à d'autres par lui, la totalité ou une partie de] ce qui compose le trousseau, et que ce père assurera par serment la vérité de ce qu'il avance, ces réclamations seront les seules que l'on acceptera [et auxquelles on fera droit], quand même la fille s'élèverait contre les assertions paternelles. [Les seules réclamations à accepter ensuite et dans toute circonstance possible, que la femme soit morte ou vivante, sont celles d'un tuteur testamentaire. Néanmoins, tout objet reconnu comme appartenant à un tel, sera rendu au propriétaire.]

Si le père ne réclame qu'après une année écoulée et s'il n'a pas de preuves testimoniales [garantissant qu'il a prêté à sa fille tels ou tels objets pour le trousseau de mariage], les réclamations sont nulles et rejetées. Si la femme reconnaît comme vraies les réclamations [faites par son père après une année et sans preuves testimoniales], elle ne peut les étendre qu'au tiers qui lui revient à elle. [Si elle dépasse ce tiers, le mari peut refuser de rien rendre, ou refuser de rendre ce qui excède le tiers.]

La conjointe demeure propriétaire exclusive [et sans qu'aucun héritier puisse rien lui réclamer, sans qu'elle perde rien de son droit de successibilité] du trousseau préparé et donné par son père, lorsque ce trousseau a été envoyé dans la demeure où s'est accompli le mariage, ou bien lorsque le père a établi par preuves testimoniales que le trousseau appartient à la fille, ou bien lorsque le père a acheté de ses propres deniers le trousseau et l'a donné en dépôt, par exemple, à la mère de la fille [ou à une femme du père de la fille, ou à toute autre parente de cette sorte, et lorsque le père de la fille est mort ensuite].

Si la femme [libre de disposer de sa personne et affranchie de l'autorité paternelle] a fait à son mari, avant que soit consommé le mariage, l'abandon anticipé du don nuptial contractuel, ou si elle a donné en présent au mari de quoi la doter pour se marier avec elle, [cet abandon ou ce présent est valable, mais] on obligera le mari à payer, de ce qui lui appartient personnellement [et avant la cohabitation], le minimum légal du don nuptial [c'est-à-dire un quart de dînâr, ou trois drachmes; autrement la cohabitation aurait lieu sans don matrimonial. D'autre part, le mari ne serait redevable de rien à la femme s'il la répudiait avant la copulation. Si cette femme avait touché le don nuptial avant de l'avoir abandonné, le mari ne serait nullement obligé au payement du minimum légal]. Lorsque la femme a fait l'abandon ou total ou partiel du don nuptial, après que le mariage est consommé, elle n'a plus [si elle est ensuite répudiée] le droit de rien réclamer sur ce qui a été abandonné. [Lorsque l'abandon fait avant que le mariage soit consommé est partiel, ce qui reste est considéré comme don nuptial, et le mari n'est point obligé à donner le minimum légal, à moins que ce reste ne soit au-dessous de ce minimum; alors le mari doit le compléter.] Mais le droit de réclamation et de recours [sur la totalité ou sur une partie du don nuptial abandonnée au mari, avant ou après la cohabitation matrimoniale] reste à la femme si elle a fait cet abandon à la condition que l'union conjugale durerait un assez long temps [et que le mari prononce la répudiation peu de temps après, ou que le mariage, reconnu pour être entaché de nullité, soit rompu avant que l'intention de la femme soit satisfaite]. La circonstance serait entièrement la même si, dans le but d'assurer la durée de son mariage, la femme donnait une valeur quelconque au mari, et que le mariage fût dissous pour cause de nullité [ou, à plus forte raison, si le mari répudiait la femme, à moins que ce ne fût par suite d'un serment. Du reste, la femme n'aura recours sur le mari que quand le mariage aura duré moins de deux ou trois ans; cette durée suppose la satisfaction du désir et de l'intention de la femme. Quand le mari, après la cohabitation, fait un présent à la femme pour assurer la durée de leur union, le cas est le même que si la femme faisait ce présent au mari. Lorsque le mari a envoyé le présent avant la cohabitation, il n'a plus rien à réclamer ensuite ; lorsqu'il l'a donné après la cohabitation, et que le mariage est dissous ensuite pour cause de nullité, le mari reprend le présent].

Si la femme encore sous l'autorité paternelle donne à un individu de quoi stipuler leur mariage, ce mariage, une fois contracté, sera maintenu ; mais le mari rendra à la femme une valeur égale à celle qu'il en aura reçue [ou des objets identiques à ceux qui lui auront été donnés et qu'il aura livrés pour la dot. De plus, si la valeur reçue était au-dessous du don coutumier, le mari devrait le compléter ; car nul autre que le père de la fille ne peut stipuler le mariage de cette fille pour une dot inférieure au don coutumier].

Dans le cas où la femme [maîtresse de ses actions] a fait un cadeau sur sa dot nuptiale à un individu autre que le mari, si ce tiers étranger a reçu ce cadeau [ou des mains de la femme, ou des mains du mari], et si ensuite la femme est répudiée avant que le mariage soit consommé, le mari ne peut exiger que d'elle le remboursement de la moitié de la dot ; de son côté, la femme ne peut actionner l'individu pour aucune restitution que s'il a su et reconnu, au moment où il l'a reçu, que le cadeau venait d'une dot nuptiale. [Bien plus, l'individu ne devra restituer que la moitié de ce qu'il aura touché. Du reste, le recours du mari n'aura lieu sur la femme que lorsque le cadeau ou la donation ne dépassera pas le tiers du don nuptial; car, au delà du tiers, la donation, dans le cas présent, est légalement nulle, et elle doit être rendue intégralement.] Si l'individu n'a pas encore touché la donation [au moment de la répudiation susmentionnée], la femme sera forcée de la livrer. Si la femme n'est pas dans le besoin le jour où elle est répudiée, le mari sera également contraint d'effectuer ou de faire effectuer la donation. [Mais ensuite le mari peut toujours exiger que la femme lui paye, de ses propres deniers, la moitié du don nuptial. Si la femme était dans la gêne le jour où elle a été répudiée, le mari ne sera pas contraint d'effectuer la donation; mais il pourra toujours exiger la moitié de la dot. Quant au donataire, il n'a plus droit à rien.]

Si la femme [maîtresse de ses actions] vient [avant la consommation du mariage] à demander le divorce, au prix, par exemple, d'une esclave ou de dix dînâr, sans ajouter ces mots, « sur ma dot, » elle n'a plus le droit [après que le divorce est accepté et opéré] de rien réclamer du don nuptial; si même elle l'a reçu en entier, elle doit le rendre au mari [et, de plus, lui livrer le prix proposé pour le divorce. Car les mots *khalaa'*, divorcer, *khâlaa'*, demander le divorce, présentent l'idée de *se dépouiller pour donner à un autre*. Demander le divorce, c'est donc demander à se rédimer de la puissance maritale à un prix quelconque. Dans le cas où la femme précise que le prix qu'elle propose sera prélevé sur le don nuptial, elle a droit à la moitié du reste ; si donc le don est de vingt dînâr, et que la femme en sacrifie dix pour se rédimer par le divorce, elle recevra la moitié des dix autres dînâr ; et si la moitié du don nuptial est au-dessous des dix dînâr proposés, la femme les complétera]. Si la demande en répudiation est proposée au prix de dix dînâr et sans ajouter, « sur ma dot, » la femme a droit [après cette séparation opérée] à la moitié de ce qui restera du don nuptial. Si la demande en divorce a lieu après le mariage consommé, le don conjugal [par le fait de la cohabitation] est acquis à la femme [et alors le prix offert au mari pour le divorce est la seule valeur qui lui soit due].

§ 13. Du partage du don nuptial en cas de répudiation anticipée et lorsque ce don se compose d'un esclave. — Circonstances de dommages causés par cet esclave.

Le mari réclamera de la femme la moitié de la valeur du don conjugal, lorsque ce don aura été l'affranchissement d'un parent de la femme, affranchissement dont elle aura eu la preuve positive [et lorsque le mari aura prononcé la répudiation anticipée, c'est-à-dire antérieurement à la consommation du mariage. Du reste, on considère l'état des choses comme étant le même, dans les quatre circonstances possibles, c'est-à-dire : soit que le mari sache que l'individu a été affranchi, soit qu'il ne le sache pas, soit qu'il le sache sans que la femme en ait connaissance, soit que la femme le sache sans que le mari en soit informé]. Mais cet affranchissement [dans les quatre circonstances indiquées] est-il [en faveur et] à la charge de la femme, seulement si elle est maîtresse de ses actions [ou libre d'elle-même, et si elle n'est pas vierge], ou bien est-il toujours à la charge de la femme, même de la femme non émancipée, et lorsque son représentant n'a pas eu connaissance du fait? Il y a deux opinions à cet égard. Toutefois, si la femme est maîtresse d'elle-même, l'affranchissement reste tel qu'il est. [Si la femme n'est pas émancipée, l'affranchissement ne saurait être à sa charge.]

Lorsque le représentant seul [ou la femme ainsi que lui] avait connaissance du fait, l'affranchissement ne peut être non plus à la charge de la femme non émancipée; mais alors peut-il être ou ne peut-il pas être à la charge du représentant? Il y a sur ce point deux dires contradictoires. [L'un, négatif, indique que l'affranchissement ne peut être non plus à la charge de la femme, c'est-à-dire que l'individu reste esclave du mari, qui alors doit à la femme la moitié de la valeur de cet esclave. L'autre, affirmatif, indique qu'après l'affranchissement opéré à la charge du représentant, c'est sur ce dernier que le mari aura recours dans le cas de répudiation anticipée.]

Si l'esclave [qui est la dot accordée à la femme et] qui est encore entre les mains du mari [ou qui est livré à la femme] cause quelque dommage ou accident à un individu, le mari n'a nul droit de s'ingérer dans les arrangements en réparation. [Car cet esclave appartient

comme don nuptial à la femme, même avant la cohabitation conjugale, conformément à l'opinion qui admet
le droit de propriété par le fait du contrat.] Si donc la
femme abandonne l'esclave à l'individu lésé [et qu'ensuite elle soit répudiée avant que le mariage soit con-
sommé], le mari n'a rien à réclamer sur l'esclave, ni
contre l'acte par lequel la femme a perdu la propriété
de l'esclave, à moins cependant que la femme n'ait cédé
cet esclave à un prix d'estimation au-dessous de la valeur
qui convenait pour la réparation des dommages ; alors
le mari a la faculté [ou de laisser passer l'arrangement
conclu par la femme, ou] de payer à l'individu lésé la
moitié du prix des dommages-intérêts, et le mari et l'individu lésé deviennent propriétaires, en commun et par
moitié, de l'esclave. [On suppose ici la présence de l'esclave ; s'il avait disparu, le mari pourrait réclamer de
la femme la moitié de la valeur perdue sur le prix auquel elle a cédé cet esclave.] Mais, lorsque la femme
aura payé les dommages-intérêts à leur prix ou au-dessous, le mari ne pourra prendre la moitié de la valeur
de l'esclave ainsi délivré, qu'après avoir payé la moitié
des frais consentis et subis par la femme, quand même
ces frais dépasseraient la moitié de la valeur de l'esclave.
Si, au contraire, les frais pour réparations ont été exa-
gérés, le cas est le même que celui dans lequel l'esclave
a été cédé à un prix d'estimation au-dessous de la valeur convenable pour la réparation des dommages causés [c'est-à-dire que le mari a le choix de laisser passer
le fait, ou de payer la moitié de la valeur réelle et juste

des dommages causés, et il devient propriétaire de la moitié de l'esclave].

La femme exigera du mari le remboursement total des dépenses qu'elle aura faites pour un esclave, ou pour des cultures dont se sera composé le don nuptial [lorsque le mariage, entaché de nullité, aura été dissous avant d'être consommé].

§ 14. De la renonciation à une partie du don nuptial. — Des ayants droit à toucher la dot.

Il est permis au père de la femme vierge [et non émancipée, ou de la femme encore jeune non émancipée et qui n'est plus vierge] de faire la remise de la moitié de la dot, pourvu que ce soit avant toute relation conjugale privée, et quand la répudiation est prononcée. [Après la consommation du mariage, le père n'a plus le droit d'accorder de remise ; car la femme, une fois qu'elle a été en rapport avec le mari, est seule maîtresse de disposer du don nuptial.] Avant la répudiation, le père peut accorder, d'après l'opinion d'Ibn-el-K'ácem, une remise sur la dot, pourvu que ce soit dans l'intention d'un avantage présumé [et, à plus forte raison, d'un avantage certain]. Mais cette opinion d'Ibn-el-K'ácem est-elle selon l'esprit et la pensée de Mâlek, l'auteur du rite ? Il y a à cet égard deux explications contradictoires parmi les juristes. [Les uns se sont fondés sur le sens apparent et simple du texte dans le passage où Mâlek énonce que la remise d'une partie de la dot n'est point permise avant la répudiation. Les autres

prétendent que Mâlek ne défend la remise d'une partie
de la dot que si elle a lieu sans intention d'utilité.]

Lorsque la fille [vierge, et même d'un âge déjà mûr,
ou déflorée, mais très-jeune] est encore sous l'autorité
paternelle, le père reçoit le don nuptial. Il en est de
même pour le tuteur testamentaire [et aussi pour le
patron de la femme esclave, vierge ou non, pubère ou
impubère]. Quand le père, ou le tuteur testamentaire
[ou le patron], déclarera, même sans pouvoir fournir de
preuve, que la dot qu'il a reçue est perdue ou a péri,
la déclaration sera admise comme vraie, mais sous la
foi du serment. [Ils sont considérés tous deux comme
dépositaires sûrs et sincères.]

Si le mari [qui a remis le don nuptial au père ou au
représentant de la femme] la répudie [avant la cohabitation matrimoniale, et si la perte de ce don nuptial
est déclarée par celui qui avait le droit légal de le re-
cevoir], le mari exigera le remboursement de la moitié
du don nuptial sur ce que possède la femme, dans le
cas où celle-ci n'aura pas été dans la gêne le jour que
le don nuptial a été livré par le mari. [Si la femme était
dans le besoin ce jour-là, le droit de recours ne peut
plus exister, en quelque temps que ce soit. On suppose
ici que la dot se composait d'objets faciles à dépenser
ou à tenir cachés, et dont la perte ne peut être prouvée
par des témoignages.]

Celui qui [au nom d'une femme émancipée et libre
de ses actions, a reçu légalement et] a employé le don
nuptial à acheter un trousseau convenable, se trouve

déchargé de toute responsabilité envers le mari, lorsque des témoignages juridiques démontrent, — ou que le trousseau a été livré à la femme, — ou qu'il a été transporté, sous la conduite et sous les yeux de l'individu, à la demeure où s'est accompli le mariage, — ou qu'il a été envoyé à la demeure des époux. [Les dénégations du mari sont sans valeur. Si la femme est encore sous l'autorité paternelle, celui qui a reçu la dot et l'a donnée à cette femme, demeure responsable envers le mari.]

La femme [qui n'est plus soumise à l'autorité paternelle, qui n'a ni tuteur testamentaire, ni tuteur désigné par le k'âd'i, qui est maîtresse de ses actes,] recevra toujours elle-même le don nuptial. [C'est l'inverse pour la femme non émancipée. On croira la femme émancipée qui déclarera, par serment, avoir perdu le don nuptial, et elle ne sera point obligée de se procurer à ses frais un trousseau.]

Quand un représentant aura touché [sans en avoir le droit légal et sans avoir reçu de mandat] le don nuptial accordé à la femme [et que ce don aura disparu], elle pourra, à son choix, actionner, pour le remboursement, ou le représentant, ou le mari. [Si celui-ci rembourse à la femme, il pourra actionner, à son tour, le représentant.]

Dans le cas où le père [ou tout autre ayant droit ou mission de toucher le don nuptial] viendra à se rétracter, après avoir, en présence de témoins, déclaré qu'il avait touché le don nuptial [puis viendra à dire que sa première déclaration était calculée dans l'intention de capter la bienveillance du mari, sur l'honnêteté duquel il comptait d'ailleurs], le père [ou l'individu] qui se sera ainsi rétracté n'aura, pour se pourvoir et pour exiger que le mari proteste par serment contre la rétractation, qu'un délai de dix jours au plus [à partir du jour où celui qui aura déclaré avoir reçu la dot aura fait sa déclaration. Passé ce délai, la rétractation sera rejetée sans que l'on exige le serment du mari. Si le mari jure qu'il a livré la dot, sa parole sera seule acceptée].

SECTION XII.

DES CONTESTATIONS EN FAIT DE MARIAGE.

§ 1. Contestations relatives à la réalité du mariage. — Hérédité. — Reconnaissance du mariage des conjoints venus de pays étrangers.

Lorsque la réalité du mariage sera contestée par un des conjoints [et attestée par l'autre], l'union de ces conjoints ne sera maintenue que sur des preuves qui la démontrent comme positive [par exemple, sur la production de l'acte contractuel, et] même seulement sur la connaissance du fait donnée en public par le bruit des tambourins, par la fumée de la cuisine. [Mais alors les informations devront être fournies par des personnes dignes de foi.] Si celui qui soutient la réalité du mariage n'apporte pas de preuves suffisantes, eût-il même en sa faveur la déposition d'un témoin, il n'y a pas à proposer le serment à la partie adverse [comme démenti du témoignage].

Dans le cas où une femme se déclarera l'épouse de tel individu mort et apportera le témoignage d'un témoin, on exigera d'elle et du témoin l'attestation de leurs paroles par serment, et alors la femme aura droit à la succession du défunt. [Le fait serait entièrement le même pour le fidèle qui se déclarerait le mari de telle femme morte.]

Le mari sous la puissance duquel se trouve la femme sera contraint par l'autorité supérieure d'interrompre toute relation avec cette femme [lorsqu'un individu la réclamera comme épouse et produira un témoin certifiant avec lui que lui, réclamant, est marié à la femme antérieurement au mari actuel. L'éloignement provisoire des deux époux se prolongera] jusqu'à ce que le nouveau prétendant amène un second témoin, si toutefois ce prétendant assure que, d'après son opinion, ce second témoin n'est pas en pays trop éloigné [et si le délai ne doit pas se prolonger au point de nuire à la femme. Si le témoignage du second témoin est semblable à celui du premier, la déposition de ces deux témoins suffit; la femme est séparée alors du mari qu'elle avait, est mise en attente légale, puis donnée au dernier prétendant]. S'il n'y a pas de second témoin produit, ou bien s'il est à une trop grande distance, [la femme est laissée au mari avec lequel elle vit actuellement, et] il n'y a pas lieu à exiger de serment de leur part [en opposition au témoignage du premier témoin].

La femme sera, par autorité judiciaire, contrainte

d'attendre [c'est-à-dire de différer un mariage proposé], lorsqu'un individu [se déclarant l'époux de cette femme et protestant contre les dénégations par lesquelles elle le dément] annoncera que les preuves de ce qu'il avance seront produites dans un court délai. [Si le délai indiqué alors est trop long et peut être contraire à l'intérêt et à l'avantage de la femme, l'individu sera débouté de ses prétentions, et la femme se mariera quand elle voudra. Si les preuves annoncées sont promptement fournies, on agit en conséquence.] De plus, lorsque le k'âd'i [après l'expiration du délai accordé pour produire les preuves] aura prononcé qu'elles n'ont pu être fournies par l'individu qui néanmoins prétend pouvoir les fournir, ces preuves [si elles arrivent après la décision judiciaire du k'âd'i] ne seront plus admises. [Ce rejet des preuves n'est pas permis dans les autres cas de justice distributive.] Il paraît, d'après le Moudaouéneb, que, si l'individu précité avoue qu'il ne peut produire le matériel des preuves, on s'en tiendra à ce qu'elles auront d'apparence de vérité.

Le fidèle déjà marié avec trois femmes [et se déclarant, mais sans en fournir de preuves, le mari d'une quatrième, qui d'ailleurs nie cette déclaration], ne peut se marier avec une cinquième femme qu'après avoir répudié cette quatrième [ou bien une des trois premières].

Les dénégations exprimées par un mari [contre les assertions d'une femme qui se dit mariée avec lui] n'emportent nullement la répudiation. [Si la femme prouve la vérité de ce qu'elle avance, ou si le mari en reconnait ensuite la vérité, les conjoints sont rendus l'un à l'autre. La dénégation du mari sera une répudiation, s'il a nié avec intention de répudier.]

Si deux individus déclarent, chacun avec preuves, qu'ils sont maris d'une femme qui nie [ou qui reconnait] les prétentions ou de tous deux, ou d'un seul [et si l'on ne peut savoir lequel des deux a été le premier mari], le mariage sera dissous et annulé [par répudiation complète de la part des deux maris], comme dans le cas où un mariage est contracté par deux représentants [sans que l'on puisse savoir lequel a contracté avant l'autre].

Le droit réciproque d'hérédité entre deux époux nés dans le pays où ils se trouvent est-il suffisamment établi par le seul fait que les conjoints ont déclaré qu'ils étaient mariés ensemble [46]? Il y a à cet égard deux opinions contradictoires. [L'une est affirmative et basée sur ce que les conjoints se sont déclarés unis par le mariage; l'autre est négative et basée sur le manque de preuves positives de ce mariage.] Si un individu [qui n'est ni enfant, ni conjoint du défunt] est désigné comme successible, et qu'il n'y ait pas d'héritier dont la parenté avec le défunt soit constatée, cet individu doit-il hériter? Il y a encore à ce sujet deux opinions contradictoires [mais reposant principalement sur ceci : « Est-ce l'individu désigné, ou le trésor public qui doit hériter, à condition néanmoins que la déclaration du défunt ne datera point d'une époque déjà éloignée? »

Cette question reparaîtra au chapitre des successions].

Le droit d'hérédité entre deux époux venus d'un pays étranger et qui se sont déclarés unis par le mariage n'est nullement contesté. Il en est de même entre deux conjoints encore impubères ou mineurs; le survivant hérite du défunt, lorsque leur mariage est certifié par le père du mari et le père de la femme.

La [déclaration des époux venus d'un pays étranger, et la déclaration du père du mari impubère et du père de la femme impubère, établissent la] réalité du mariage [des conjoints; cette réalité] est [encore] indiquée par ces paroles du mari à la femme, — « Je t'ai épousée, » lorsqu'elle répond, « Oui, » ou « C'est vrai, » ou bien « Tu m'as répudiée, » ou bien « Tu m'as accordé le divorce » [ou bien « Répudie-moi, » ou bien « Accorde-moi le divorce »]; — ou encore, « Tu as obtenu de moi le divorce, » ou bien « Je t'assimile maintenant au dos de ma mère, » ou bien « Toute relation avec toi m'est défendue maintenant. » De même encore, si, dans une réponse de la femme, s'exprime le sens de : « Répudie-moi. » Mais il n'en est plus ainsi lorsque l'un des conjoints [supposés venus d'un pays éloigné] ne répond à aucune des paroles de l'autre, ou lorsque le mari, répondant à la femme [qui lui dirait, par exemple, « Répudie-moi »], lui adresse ces mots [d'assimilation injurieuse qu'il peut adresser également à toute femme qui lui est étrangère] : « Tu es pour moi comme le dos de ma mère. » La réalité du mariage [entre époux qui ne sont pas du pays où ils se trouvent] ne saurait non plus s'admettre par la circonstance que voici : Le mari dit à la femme qu'il l'a épousée ; celle-ci le nie ; puis elle en convient par un oui ; et ensuite le mari nie l'affirmation de la femme. [Il n'y a rien à conclure alors, puisqu'il n'y a ni accord entre les paroles des deux personnes, ni affirmation ni négation simultanées.]

§ 2. **Contestations touchant le don nuptial, sous le rapport de la quotité, de la qualité, de l'espèce et du payement.**

Si [avant que le mariage soit consommé et avant qu'il y ait eu répudiation] il s'élève des contestations entre les conjoints, relativement à la quotité du don nuptial, ou relativement à la qualité des objets [et que l'un des conjoints affirme, par exemple, que la dot devait être un esclave abyssinien, et l'autre que l'esclave devait être circassien, ou grec], ou relativement à la nature ou espèce des valeurs [et que l'un des conjoints affirme, par exemple, qu'elles devaient être en monnaie d'or, et l'autre en objets mobiliers], les deux conjoints [supposés d'ailleurs émancipés et libres de leurs actions] jureront de la vérité de leurs réclamations, et le mariage sera rompu par voie de répudiation. D'autre part, — la décision dite décision pour le plus rationnel et le plus vraisemblable, — et la dissolution du mariage d'après le résultat de l'appel fait aux époux de jurer par serment, — et les autres circonstances de la question [telles que la prestation de serment, en premier lieu par la femme considérée ici comme le vendeur dans une question de vente ou de marché, etc.], se traitent de la même manière que leurs analogues dans une vente [dont les agents, c'est-à-dire le vendeur et l'acheteur, sont en contestation. Par conséquent, si les deux conjoints refusent le serment, le résultat sera le même que si tous les deux l'acceptent et jurent. Si un seul l'accepte et jure, la décision sera en sa faveur. Du reste, la rupture du mariage sera laissée à la discrétion et à l'autorité du k'âd'i, qui décidera par un jugement].

Si les contestations s'élèvent entre les conjoints après la consommation du mariage ou après la répudiation, ou bien entre les héritiers, après la mort des conjoints [ou bien entre les héritiers du défunt et le conjoint survivant], ce sera la parole du mari [ou de ses héritiers] qui fera autorité, dans le cas de contestations relatives à la quotité de la dot et à la qualité des objets, pourvu toutefois que cette parole soit appuyée par un serment [et que la susdite parole ou déclaration soit la plus vraisemblable. Lorsque la déclaration de la femme paraîtra la plus vraisemblable, elle fera autorité. Si les époux sont vivants, la décision sera contre celui des deux qui refusera le serment]. La déclaration avec serment, faite par le mari, sera seule acceptée [disons-nous, et cela relativement à la quotité et à la qualité de ce dont se composait la dot], quand même le parti du mari [c'est-à-dire le mari ou le parti de ses héritiers] prétexterait d'un mariage par téfouîd', dans une localité, par exemple, où le plus grand nombre des mariages se contracterait habituellement sous cette forme [non sous la forme ordinaire, par dot nuptiale contractuelle, et quand même aussi le parti de la femme, après la répudiation ou après la mort de la femme, opposerait que le mariage a été conclu sous la forme ordinaire par dot contractuelle].

Mais lorsque la contestation [après le mariage consommé, ou après la répudiation, ou après la mort d'un des conjoints ou de tous les deux] portera sur la nature ou espèce des valeurs du don nuptial, le mari [ou, en cas de mort, le parti des héritiers du mari] sera ramené à se soumettre au don coutumier, si ce don n'excède pas le prix de ce que réclame la femme [ou le parti des héritiers de la femme], ou si ce don n'est pas inférieur au prix de ce que le mari prétend avoir destiné au don nuptial. Et dès lors [de même que pour les autres circonstances mentionnées] (dans l'alinéa précédent), le mariage est maintenu [matériellement, si les époux vivent, rationnellement s'ils n'existent plus ou si seulement l'un d'eux n'existe plus, et tout cela afin de régler les droits de successibilité].

Dans le cas de contestation [relative au don nuptial] entre des conjoints encore sous l'autorité paternelle ou sous la tutelle d'un tuteur, les paroles ou déclarations de ces conjoints n'ont aucune valeur. [La question se débat et se traite de la manière qu'il vient d'être dit, entre les représentants des époux.]

Si une femme produit les preuves qu'un même individu lui doit deux dots nuptiales consenties dans deux

mariages contractés à deux époques, les deux dots sont
à la charge du mari ; la loi décide alors en se basant sur
les circonstances possibles de la répudiation qui a eu
lieu entre le premier et le second contrat, et c'est à la
femme à prouver que cette répudiation n'a été opérée
qu'après le mariage consommé [et au mari à prouver
qu'elle a été opérée avant la consommation du mariage.
Car, si la femme a été répudiée après la cohabitation,
le mari doit payer la première dot tout entière; si la répudiation a été antérieure à la cohabitation, il ne doit
que la demi-dot. La dot du second mariage sera acquittée intégralement, puisque la femme est actuellement en puissance de mari].

Si le mari [est propriétaire du père et de la mère
de la femme, et si, dans la contestation élevée d'ailleurs avant toute relation conjugale, le mari] dit à la
femme, « Je t'ai donné pour dot l'affranchissement de
ton père, » et que la femme réponde, « Non, c'est l'affranchissement de ma mère, » [et si enfin le contrat ne
désigne pas lequel du père ou de la mère a dû être
affranchi,] les deux époux jureront de la vérité de leur
allégation; alors [le mariage sera dissous par voie répudiaire; de plus] le père de la femme sera affranchi
[et le mari n'aura rien à réclamer de la femme sur le
prix du père. Le résultat sera le même si les époux refusent le serment. Les droits de patronage sur l'affranchi
appartiendront à la femme]. Si la femme seule accepte
le serment, le père et la mère seront affranchis [l'un
en raison de la déclaration du mari, l'autre en raison

du serment de la femme]. Les droits de patronage sur les deux affranchis appartiendront à la femme [soit que la contestation ait précédé ou suivi la cohabitation conjugale, et le mariage est maintenu. Cependant, si la femme était répudiée avant la cohabitation, le mari se ferait rembourser la moitié de la valeur de la mère. Si la contestation s'élevait après le mariage consommé, la déclaration du mari, appuyée du serment, ferait seule autorité, et le père serait affranchi. Dans tous les cas, si le mariage est consommé, les conjoints n'ont rien à réclamer l'un de l'autre sur le prix du père ou de la mère].

Si la femme, contrairement à l'assertion du mari [et à défaut de preuves], nie qu'elle ait rien reçu de ce qui est échu de la dot nuptiale, et si la contestation précède la consommation du mariage, la dénégation, avec serment, de la part de la femme [émancipée et maîtresse de sa personne] fait seule autorité. [Quant à la femme mineure, c'est son ouali ou représentant qui doit jurer pour elle; s'il refuse de jurer, il reste redevable à la femme de ce qu'elle déclare n'avoir pas reçu; il serait de même redevable envers la femme, si, par négligence, il n'avait exigé le serment du mari qu'après le mariage consommé.] Si la contestation et la dénégation de la femme ont lieu après qu'a été consommé le mariage, la déclaration, avec serment, de la part du mari, fait seule autorité. [Car, en général, la femme ne livre pas ce qu'elle vend de sa personne, avant d'en recevoir le prix. Si le mari était encore mineur, son représentant jurerait pour lui.] Néanmoins [il est certaines distinctions faites par des légistes. Ainsi] la déclaration du mari, après le mariage consommé, ne sera acceptée comme vérité que — s'il n'y a pas, disent le k'âd'i A'bd-el-Ouahhâb et El-Abhari, d'acte écrit dans lequel la dot soit mentionnée [et, dans le cas où cet acte existe, la parole de la femme est seule acceptée]; — ou s'il est d'usage dans le pays, dit le k'âd'i Isma'il, de ne pas renvoyer le payement de la partie échue de la dot, après les premières relations conjugales. [Quand cet usage est en vigueur, la dénégation faite par la femme, après que le mariage est consommé, est seule acceptée.]

§ 3. Contestations relatives aux effets d'intérieur de maison.

Lorsque, relativement aux objets qui se trouvent dans la maison, il s'élève des contestations entre les deux conjoints, [avant ou après la consommation du mariage, avant ou après la répudiation, que les conjoints soient ou non musulmans, qu'ils soient ensemble ou qu'ils soient chacun à part en conséquence d'une accusation d'adultère portée par le mari, ou en conséquence d'un serment fait par le mari de ne pas cohabiter avec sa femme, ou en conséquence d'annulation de mariage, et, lorsqu'il n'y a pas de preuves qui déterminent ce qui appartient en propre à chacun des deux époux, on invoque la coutume pour trancher la question; ainsi] on adjuge à la femme les seuls objets d'usage ordinaire aux femmes [les bijoux, les parures, etc.], et dont elle revendique, avec serment, la propriété. Quant aux autres objets [d'usage commun aux hommes et aux femmes], on en adjuge au mari ce qu'il assure par serment être sa propriété. [Il en serait de même pour d'autres individus, parents ou non, qui vivraient ensemble, et entre lesquels s'élèverait une pareille contestation...... Dans le cas de mariage, si la femme est de famille pauvre, elle n'a droit qu'à l'équivalent de la dot contractuelle. Si l'homme, au contraire, est de famille pauvre, on ne lui accorde que ce que la vraisemblance permet de supposer être à lui, lui appartenir en propre.]

Les objets filés [c'est-à-dire à l'état de fil] appartiennent à la femme, à moins que le mari ne prouve que le lin [ou la matière première] lui appartenait à lui, et alors les objets filés sont propriété commune, [c'est-à-dire que la valeur de la matière première appartient au mari, et la valeur de la main-d'œuvre à la femme]. Si la femme a fait un tissu [et prétend en avoir filé le fil, et si le mari prétend aussi avoir filé ou fait filer le fil pour qu'elle lui en confectionnât le tissu en question], cette femme ne prendra ce tissu que quand elle prouvera qu'elle a filé le fil pour elle-même.

Dans le cas où le mari prouvera que tel objet d'usage ordinaire aux femmes [tel qu'un bijou] lui appartient, il devra attester par serment qu'il ne l'a pas acheté pour sa femme, mais pour lui-même, et l'objet en discussion sera adjugé au mari. De même pour le cas contraire

[c'est-à-dire que, si une femme prouve que tel objet
d'usage ordinaire aux hommes, un sabre par exemple,
lui appartient, qu'elle l'a acheté, ou qu'elle l'a reçu en
cadeau, cet objet sera remis à la femme]. Mais alors la
femme doit-elle aussi jurer que cet objet est sa propriété à elle? Il y a sur ce point deux opinions contradictoires (*tdouîlân*). [L'une admet la nécessité du serment;
l'autre, s'autorisant du silence du Moudaouéneh, n'admet point cette nécessité, et ajoute, comme autre raison de dispense, que les hommes sont toujours trop
contraires aux intérêts des femmes.]

SECTION XIII.

REPAS DE NOCES. — CIRCONSTANCES QUI DISPENSENT LES INVITÉS D'Y PRENDRE PART.

Le repas de noces [même en voyage] est à la charge
du mari et doit avoir lieu, à un jour désigné, peu après
la consommation du mariage [mais toujours après,
et lors même que la femme serait morte ou serait répudiée. Le repas de noces, quelque modique qu'il
soit, est un devoir établi d'après la recommandation
et l'exemple du Prophète. Le Prophète donna, pour une
de ses femmes, un simple repas préparé avec deux
moudd d'orge; pour une autre, du pain et des dattes;
pour Zeïnab, il égorgea mille moutons. Un seul repas peut suffire, lorsque le fidèle a épousé plusieurs
femmes ensemble. Le repas ne sera pas répété un se-

cond jour, à moins que ce ne soit pour de nouveaux convives].

Il est de règle canonique que tous les individus spécialement invités, ou désignés collectivement, se rendent à l'invitation; même l'individu qui jeûne devra s'y rendre [à moins qu'il ne soit informé que le repas sera terminé avant le coucher du soleil; alors cet individu n'est point tenu de répondre à l'invitation].

L'obligation d'assister au repas suppose [cinq conditions, savoir] : — 1° que parmi les invités il ne se trouve personne qui déplaise aux autres, et dont la présence leur soit gênante ou pénible [tel serait un individu de la basse populace, dont l'aspect, ou le contact, ou la conversation, serait un sujet de répugnance, ou dont on aurait à craindre quelque acte peu religieux; il est permis à l'infidèle d'accepter l'invitation et d'assister au repas]; — 2° que, dans le lieu de la réunion, il n'y a nul objet condamnable, tel que des étoffes de soie pour s'asseoir [mais des tentures de soie contre les murs sont permises; il ne doit pas y avoir non plus de vases ou ustensiles d'or ou d'argent, tels que des cassolettes, des *k'oumk'oum* ou flacons à long goulot effilé, et servant à jeter des eaux de senteur, etc.]; — 3° qu'il n'y a, dans le lieu de la réunion, aucune figure en relief d'être vivant [homme ou animal, entier ou incomplet] placée sur un support, par exemple [ou sur un mur, ou sur un piédestal, etc.] [47]; il n'est nullement contraire aux convenances, même pour des gens de haute considération [religieuse ou sociale],

de répondre à l'invitation, lorsque, dans le lieu de réunion, il n'y a pas d'amusements ou de jeux défendus ou
blâmables [Il est permis d'animer les convives par le
bruit des tambourins, des tambours de basque, des
chants simples et modérés. Mais les jeux des baladins
marchant sur la corde, dressant des bâtons en équilibre
sur le front, excusent de ne pas assister à une fête nuptiale.]; — 4° qu'il n'y a pas une foule trop nombreuse
de conviés; — 5° que l'invité est sûr qu'à son arrivée
on ne fermera pas la porte [et qu'il sera reçu sans la
moindre observation. Il doit se présenter, quand même
il saurait qu'on aura fermé la porte par crainte des parasites importuns].

Celui qui a déjà mangé lorsqu'il est invité au repas
doit-il ou non manger encore [au moins pour répondre
à la politesse du maître du festin]? Il y a sur ce point
diversité d'avis. [Mais la convenance exige que l'individu
précité mange quelque chose, ou prenne, par exemple,
du café. Le Prophète a dit : « Si le fidèle alors a mangé,
qu'il mange encore; s'il jeûne, qu'il remercie en invo-
quant les bénédictions du ciel. »]

Nul individu non invité n'ira, sans permission, se
mêler aux convives [fût-ce même sans intention de
manger].

Il est blâmable de jeter parmi les convives des amandes, des sucreries. Mais il n'y a rien de blâmable à ce
que même des hommes égayent l'assemblée par le bruit
des grands tambours de basque. Est-il permis aussi de
faire usage [comme instrument de réjouissance dans

les repas de noces] du tambourin et de la mandoline
[ou barbiton à ventre carré et couvert d'une peau des
deux côtés]? Il y a trois dires à cet égard. Selon Ibn-
H'abib, l'usage du grand tambour de basque est permis, mais sans accompagnement de tambourin. Ibn-
El-K'àcem-Ibn-Kinàna permet le tambourin mais sans
la mandoline. Ces deux juristes permettent aussi le
chalumeau ou *mizmâr,* et la trompe ou le cornet [gros-
sier et ordinairement en terre cuite].

SECTION XIV.

DES FRÉQUENTATIONS ET DES FAVEURS MARITALES. — DEMEURE DES
FEMMES. — CIRCONSTANCE DE VOYAGE.

Tout mari fera à ses femmes [en âge de cohabitation,
musulmanes ou non, libres ou esclaves, même à celles
qui seraient en état d'aliénation mentale, ou de toute
autre maladie] un partage égal de ses nuits [et il
ajoutera à chaque nuit la journée qui la suivra. Le mari
agira toujours ainsi], quand même la cohabitation conjugale ne devra pas avoir lieu, — soit par raison d'empêchement légal, par exemple si la femme [est malade,
ou en menstrues, ou en suites de couches; si elle] est
en état d'*ih'râm* ou d'abstinence complète pour le pèlerinage, si elle est en état d'isolement de son mari à la
suite d'une assimilation injurieuse; — soit par motif
matériel ou permanent, comme lorsque, chez la femme,
le conduit vaginal n'est pas praticable.

Mais le mari n'est point obligé à un partage égal des copulations. [Il suivra à cet égard son entraînement et ses désirs naturels pour telle ou telle de ses femmes.] Cependant, il ne frustrera aucune d'elles au détriment d'une autre, par exemple en s'abstenant de cohabiter, au tour de rôle, avec telle femme [auprès de laquelle il est en préliminaires amoureux. Lorsque le mari a ainsi disposé une de ses femmes à la copulation, il ne doit point l'en frustrer] dans l'intention [non point de ménager ses forces en s'abstenant, mais] de réserver toutes ses caresses à une autre de ses femmes.

Le représentant ou tuteur [doit veiller et pourvoir aux besoins journaliers des femmes] du mari aliéné, doit le conduire successivement à chacune d'elles [mais seulement lorsqu'elles peuvent jouir de cette visite].

Le mari malade doit aussi un partage de ses relations et de ses instants à ses femmes, à moins qu'il ne puisse pas se transporter de la demeure de l'une à la demeure de l'autre; alors il restera chez celle qu'il voudra [chez celle qu'il saura être plus prévenante, plus attentive pour lui. Lorsqu'il sera guéri, il recommencera le partage égal et régulier].

Ce dont le mari a frustré telle ou telle de ses femmes [au bénéfice d'une d'entre elles à laquelle il a pendant un certain temps accordé ses préférences maritales] est laissé comme fait accompli et sur lequel il n'y a plus à revenir. [Les femmes qui ont été ainsi privées injustement des relations conjugales n'ont rien à tenir en compte sur le passé. L'analogue de cette circonstance est dans ce que doit à son maître, en fait de service domestique, l'esclave partiel qui s'est enfui [et qui revient. Le patron n'a rien à tenir en compte ni rien à réclamer en remplacement du service dont l'esclave l'a frustré, à moins que l'esclave ne se soit mis pendant son absence au service d'un autre individu; alors le patron a le droit de réclamer sur l'esclave la valeur de ce temps de service. L'esclave partiel doit à son patron, ou à chacun de ses patrons, une quantité de service proportionnelle à la partie que chacun possède de l'esclave].

Il convient que le mari commence, par la nuit, le partage des fréquentations conjugales à ses femmes, et qu'il passe la nuit entière chez une seule d'entre elles. La femme esclave musulmane a les mêmes droits au partage que la femme libre musulmane, ou chrétienne, ou juive.

Quand un fidèle [qui a déjà une autre femme, ou d'autres femmes] épouse — une vierge [fût-elle même esclave], il doit lui accorder sept nuits consécutives; — une nouvelle femme non vierge, il lui doit trois nuits consécutives. [C'est un droit pour chacune, et les autres épouses du mari n'ont rien à revendiquer en compensations conjugales.] Si la femme nouvelle, non vierge, demande au mari sept nuits, il ne les accordera pas. [De même, si la vierge demande plus de sept nuits.] Pendant le jour [c'est-à-dire la durée de la nuit et de la journée suivante] consacré à telle de ses femmes, le mari n'entrera point chez une autre, à moins seulement qu'il n'y soit obligé pour quelque circonstance nécessaire [par exemple, pour prendre un vêtement].

Il est permis — au mari d'accorder à une de ses femmes le tour des fréquentations dû à une autre, mais avec le consentement de celle-ci, soit pour quelque chose que cette dernière recevra du mari, soit gratuitement; — à une femme de donner quelque chose au mari pour obtenir de lui des attentions et des bontés plus spéciales; — à une femme, d'acheter de sa compagne son tour de relations conjugales, et au mari, d'acheter, pour une de ses femmes, le tour des autres; — au mari, de se mettre en copulation avec une de ses femmes, au tour de faveur d'une autre femme, mais avec le consentement de celle-ci; — au mari qui passe devant la porte d'une de ses femmes, d'adresser ses salutations et ses politesses à cette femme [mais sans entrer auprès d'elle, le jour où elle n'a pas droit aux faveurs ou fréquentations maritales].

Si la femme ferme sa porte au mari quand il se rend chez elle pour la nuit à laquelle elle a droit, et si alors il ne peut rester la nuit dans l'habitation de cette femme [soit à cause du froid, soit pour quelque motif de crainte], il est permis au mari d'aller passer la nuit chez une autre de ses femmes [mais, disent certains juristes, sans se permettre avec elle aucune relation de plaisir. Si le mari peut sans inconvénient passer la nuit près de la chambre ou de l'appartement de la femme qui en a refusé l'entrée, ce mari ne doit pas aller chez une autre de ses femmes. Enfin, si le fidèle n'a qu'une femme et qu'elle lui ait fermé la porte, il l'obligera à le recevoir chez elle].

Le mari peut, — 1° réunir deux de ses femmes [ou plus, ou toutes ensemble] dans une même maison, pourvu qu'elles y consentent et que chacune ait une retraite, ou un appartement, ou une chambre à part [et que le reste de la maison, par exemple la cuisine, les lieux d'aisances, soient disposés de manière à servir facilement à toutes les femmes; celles qui ne voudront pas de cette vie en communauté devront être logées dans des maisons séparées et peu éloignées]; — 2° habiter une demeure spéciale, lui seul, et y faire venir ses femmes, chacune à son tour, passer la nuit avec lui [mais le mieux à faire est d'imiter le Prophète: il se rendait chez ses femmes]; — 3° fixer le partage des alternatives entre ses femmes à plus d'un jour et d'une nuit [si ces femmes ne sont pas dans des pays trop éloignés; quand les pays sont éloignés, le partage peut être ou par semaine, ou par mois. Il ne faut pas partager par demi-nuits ou portions de nuits]. Dans les trois cas précités, le mari ne peut rien décider qu'avec l'assentiment de ses femmes.

Il n'est pas permis au mari — d'entrer au bain avec deux [ou plus de deux, ou même avec une] de ses femmes [car il ne peut avoir alors qu'un but de curiosité libertine]; — de réunir deux de ses femmes [ou toutes ses femmes] dans un même lit, quand même il n'entrerait en copulation avec aucune d'elles [et ne leur donnerait ainsi aucun motif de jalousie]. Mais est-il également défendu, ou bien est-il simplement blâmable pour le mari de réunir dans son lit, sans copulation, deux femmes qui seraient esclaves? Cette distinction a donné motif à deux dires. [Réunir deux esclaves dans un même lit pour la copulation est positivement défendu.]

Si une des épouses renonce à son tour en faveur d'une autre, le mari a la faculté de s'opposer à cette cession. [Car il peut avoir le désir de cohabiter avec la femme qui cède son tour.] Celle en faveur de laquelle le tour de rôle a été cédé ne peut plus le refuser [dès que le mari a consenti à cette cession]. Ensuite le mari doit accorder à celle qui a été désignée spécialement [et non le reporter à une autre], le tour de faveur qu'elle a reçu en cadeau de sa compagne, ce qui fait deux tours pour cette femme, mais n'intervertit et ne change rien dans la série des alternatives établies. [La femme esclave ne peut, sans permission préliminaire du mari, céder sa place pour un des jours qu'elle a en partage; car le mari a un droit de possession sur la progéniture de cette femme. La femme enceinte, ou non pubère, ou ne pouvant plus avoir d'enfant, est libre de céder son tour des fréquentations maritales, sans l'assentiment du mari.] Mais si une des épouses abandonne son tour [et le laisse] au gré du mari, celui-ci n'a pas le droit d'en faire profiter une de ses autres femmes. [Il continue la série, et la cession qu'il a acceptée n'est qu'un fait négatif.] Du reste, la femme qui a renoncé à son tour, de quelque manière que ce soit, a le droit [quand elle le voudra] d'en réclamer la restitution.

Le fidèle qui part en voyage ordinaire [ou dans un but de commerce] choisira à son gré celle de ses femmes qu'il voudra emmener avec lui. [Si le voyage n'est pas trop pénible, la femme sera obligée de partir, sous peine de rester sans moyens d'entretien de la part du mari. Le temps passé avec le mari en voyage ne sera pas compté ensuite en déduction sur les faveurs et les fréquentations maritales.] Si le mari part en pèlerinage, ou en excursion [ou en expédition] de guerre [ou en *r'azïa* ou courses en pays ennemi], c'est par la voie du sort que sera désignée celle des femmes qui devra partir. Nombre de légistes prétendent que, dans toutes les circonstances possibles, le mari choisira parmi ses femmes celle qu'il voudra emmener avec lui.

SECTION XV.

AUTORITÉ ET PUISSANCE MARITALE. — DES QUERELLES INTÉRIEURES ET DES ARBITRES POUR EN JUGER.

Lorsqu'une femme méconnaît ce qu'elle doit de respect, de soumission à son mari [ou lorsqu'elle se refuse à ses caresses, ou se montre acariâtre], le mari lui fera des exhortations et des remontrances [la rappellera dans la voie du devoir, lui parlera des destinées de l'autre vie]; quand il n'obtiendra pas d'amendement, il exclura cette femme du lit marital; à défaut de succès encore, il la battra, s'il pense que ce moyen violent puisse être utile et puisse la ramener au bien. [Les coups ne doivent produire ni fracture, ni blessure, ni contusion sérieuse.]

Lorsque la femme aura lieu de se plaindre de la violence ou des exigences exagérées de son mari, elle portera plainte au k'âd'i, qui alors [si la plainte est reconnue vraie] le rappellera sévèrement aux devoirs d'un époux [et même le fera battre. Pareille plainte peut être portée au k'âd'i contre la femme]. Après [que la femme aura porté plainte plusieurs fois sans pouvoir prouver les faits], le k'âd'i ordonnera de faire habiter la femme, si déjà elle n'y habite pas, au milieu de gens probes, dont le témoignage puisse présenter toute garantie de sincérité [et qui eux-mêmes puissent aider à découvrir la vérité].

Malgré ce moyen, si l'affaire reste difficile à éclaircir, le k'âd'i placera en observation près des époux deux arbitres, soit dans l'intérieur, soit en dehors de la demeure occupée par la femme. Ces deux arbitres seront, autant que possible, l'un de la famille du mari, l'autre de celle de la femme. [On ne choisira d'étrangers qu'à défaut de parents, et] alors on préférera deux voisins des époux. [Car le voisin est plus à même de savoir les affaires et les habitudes de ses voisins.]

On n'acceptera, pour cet arbitrage d'observation, ni un individu dont la sincérité et la probité ne seraient pas reconnues, ni un mineur, ni une femme, ni un homme qui ne comprendrait pas la nature de la mission qui lui est confiée. Car [les arbitres, dans l'affaire dont il s'agit ici, ne sont pas de simples observateurs, de simples témoins, mais bien des juges qui décideront la question. En effet] si les deux arbitres se prononcent pour la répudiation, leur déclaration aura force de sentence judiciaire, même malgré les conjoints et sans qu'il soit besoin d'un jugement du k'âd'i, que ces arbitres soient ou non parents des époux. Toutefois, ces arbitres ne peuvent prononcer que la répudiation *par un*. Quand même ils différeraient entre eux sur le nombre des répudiations à prononcer, une seule est obligatoire. [Il y a donc toujours possibilité de réconciliation entre les époux, ce qui n'aurait pas lieu après une répudiation *par trois* ou définitive.]

Du reste, s'il est prouvé [devant le k'âd'i] que le mari ne se comporte pas comme il le doit avec sa femme [et que, par exemple, il ne lui parle plus, qu'il lui tourne le dos lorsqu'ils sont au lit, qu'il l'a battue brutalement], la femme est libre alors de s'affranchir du mari par une répudiation complète, et cela quand même les preuves ne démontreraient pas que les torts du mari se sont répétés ainsi plusieurs fois. [Les défenses faites à la femme d'aller au bain, les exhortations à la prière, l'usage des concubines, un nouveau mariage, ne constituent pas des actes pour lesquels la femme puisse se plaindre de son mari.]

Les deux arbitres devront s'efforcer de réconcilier les époux, et s'ils ne peuvent y réussir, ils jugeront et décideront selon l'état de la question : si le tort vient

du mari, ils prononceront la séparation répudiaire sans
forme de divorce [c'est-à-dire sans obliger la femme à
rien céder pour se rédimer]; dans le cas contraire [si
le tort vient de la femme], ils remettront le mari avec
la femme, sous promesse qu'il la traitera avec sagesse
et avec bienveillance; ou bien, selon qu'ils jugeront la
chose plus convenable, ils prononceront le divorce entre
les époux [et décideront alors ce que la femme devra
céder, fût-ce même une valeur qui dépasse celle du don
nuptial, pour se rédimer]. Si les deux époux ont tort
[et que la réconciliation soit impossible], les arbitres
peuvent-ils alors prononcer la séparation répudiaire
sans forme de divorce, ou bien doivent-ils les séparer
par forme de divorce [en fixant à la charge de la femme
une faible valeur pour se rédimer]? Ce dernier moyen
réunit le plus grand nombre de suffrages. Cependant
les avis sont partagés contradictoirement.

Dans toutes les circonstances, les arbitres, quelle que
soit la décision prononcée par eux, viennent ensuite la
soumettre au k'âd'i qui les a nommés, et le k'âd'i doit
la sanctionner, en ordonner l'exécution [et terminer
ainsi la querelle].

Les deux conjoints peuvent [sans recourir à l'autorité judiciaire et sans la faire intervenir] se désigner et
constituer un seul arbitre vérificateur, qui aura les qualités et les pouvoirs ci-dessus mentionnés. Mais ni les
deux représentants des deux époux [qui sont encore
en tutelle ou sous l'autorité paternelle], ni le k'âd'i, ne
doivent établir un seul arbitre dans le cas dont il s'agit.

Certains juristes soutiennent la thèse contradictoire [et déclarent que cet arbitre peut être constitué ainsi, pourvu qu'il ne soit point parent des époux. La décision de cet arbitre établi par les représentants ou par le k'âd'i serait également un jugement].

Les conjoints, quand ils ont établi eux-mêmes les deux arbitres, ont le droit d'en faire cesser la fonction et de la récuser, tant que ces arbitres n'ont pas entièrement terminé leurs investigations et qu'ils n'ont pas arrêté et fixé leur décision.

Dans le cas où les deux arbitres prononceraient la séparation, mais différeraient sur la question de payement ou rachat à subir [c'est-à-dire dans le cas où les arbitres seraient d'accord sur la question de répudiation, et où l'un dirait, « Répudiation sans forme de divorce, » et l'autre, « Répudiation avec payement d'une valeur en retour ou par forme de divorce »], si ce payement ou prix de compensation n'était pas expressément spécifié à la charge de la femme, il n'y aurait pas de répudiation [et les choses resteraient dans leur état. Si le payement est spécifié à la charge de la femme, la répudiation est par là même prononcée].

SECTION XVI.

DU DIVORCE.

———

§ 1. Des conventions compensatoires du divorce.

Le divorce n'est qu'une forme de la répudiation. Il est licite moyennant une valeur compensatoire [par laquelle la femme se rédime de l'autorité maritale]; il est licite aussi sans intervention ou acte judiciaire. [Cette disposition définit incomplétement le divorce, et dès lors n'exclut nullement cette autre idée, que le divorce est également licite sans indemnité ou prix de compensation, et peut s'opérer aussi par acte judiciaire.] [48] L'indemnité ou valeur à livrer en échange de la liberté peut être fournie par une autre personne que la femme [aussi bien que par la femme elle-même], pourvu toutefois que cette personne soit libre de toute tutelle ou autorité [qui la gouverne ou qui la tienne en interdiction].

Ni la femme impubère, ni la femme non émancipée [et qui est encore sous la direction paternelle], ni la femme qui est encore en partie esclave, ne peut s'engager [envers son mari émancipé] à une indemnité de divorce [et par conséquent ne peut divorcer; si le divorce a été accepté et consenti entre les époux], ce n'est qu'une simple répudiation parfaite; et si le mari a touché l'indemnité, il doit la rendre. [S'il ne l'a pas touchée, il n'a rien à réclamer. Si la femme encore esclave, telle que l'affranchie par manumission posthume, ou l'affranchie maternellement, obtient le divorce de son maître malade et que celui-ci meure, le divorce est maintenu. Si le patron guérit, le divorce est nul et le patron rend l'indemnité qu'il a reçue.]

Il est permis à un père de rédimer par le divorce sa fille encore sous le pouvoir paternel et à laquelle il a imposé le mariage. [Ce divorce peut avoir lieu aux frais de la mariée, même au prix de tout le don nuptial, et sans qu'il soit besoin de prendre l'assentiment de la femme. Le tuteur qui a pleine autorité sur la fille a le même droit que le père.] Si le tuteur n'a pas pleine autorité sur la fille, il ne peut traiter le divorce pour cette fille que si elle y a consenti. Relativement au pouvoir d'un père pour traiter et opérer le divorce de sa fille encore en âge de minorité, il y a diversité d'opinions. [Des juristes concèdent et reconnaissent ce pouvoir; les autres le refusent et le nient.]

La femme peut réclamer le divorce pour une valeur imparfaitement déterminable ou imparfaitement déterminée, tel est l'enfant que porte en son sein une esclave appartenant à cette femme; tels sont encore [des animaux égarés, un esclave enfui, des récoltes sur pied], des animaux ou des effets non décrits [en détail et non précisés, une valeur à donner pour une époque que l'on n'a pas fixée]. Dans ces différents cas, le mari a le droit de choisir les objets et animaux de moyenne qualité [excepté, bien entendu, pour l'enfant que porte la femme esclave, s'il l'a accepté. De plus, s'il arrive que cette esclave qui paraît être enceinte ne le soit pas, le mari divorcé n'a rien à réclamer].

Il est permis encore à la femme de se rédimer par le divorce, — à condition qu'elle pourvoira elle-même à son entretien pendant tout le temps de sa grossesse, lorsque cette grossesse est évidente [mais si ensuite la femme, pendant ce temps, se trouve dans la gêne, le mari l'aidera; et si la femme, plus tard, vient à avoir une certaine aisance, il se fera rembourser les dépenses qu'il aura supportées]; — ou à condition qu'elle renoncera en faveur du mari au droit qu'elle a d'élever leurs enfants en bas âge; — ou en stipulant un divorce combiné avec un marché [par exemple en donnant un esclave dont une partie est pour le prix du divorce et dont l'autre partie est payée par le mari, que cet esclave soit d'un prix supérieur, ou inférieur, ou égal à la valeur en argent donnée par le mari]. Mais si l'esclave ainsi vendu est en fuite [et que la moitié soit comptée pour le prix du divorce, et l'autre moitié payée par le mari, la partie qui a été abandonnée par la femme pour se rédimer, la rédime en effet, mais la vente de l'autre partie est nulle; car on ne vend pas des objets que l'on ne possède pas;] la femme alors rendra au mari le prix qu'elle en a reçu pour la moitié vendue [et le mari rendra à la femme la moitié achetée; il n'aura plus ainsi que la moitié reçue par lui pour prix du divorce. L'esclave sera donc en possession commune entre le mari et la femme divorcée].

Quand la valeur consentie comme prix ou composition du divorce a été laissée, pour l'acquittement, à une échéance indéterminée, elle doit être immédiatement payée au mari. [C'est le même cas que pour un achat dont le payement n'est pas fixé. Dès que la vente est conclue, le prix en doit être payé promptement.] Bien plus, il a été spécifié par des juristes que la valeur consentie pour le divorce doit être payée le jour même du divorce. [Les échéances indéterminées sont défendues.]

[Lorsque le prix du divorce est en argent,] le mari a le droit de rendre à la femme [pour en recevoir d'autres] les pièces de monnaie qui sont mauvaises, à moins que la femme n'ait stipulé qu'elles ne seront pas rendues [ou ait dit au mari, « Prends cet argent tel quel, » ou bien : « Je ne sais si toutes ces pièces sont bonnes. » Ces derniers procédés sont inacceptables dans les ventes].

Il sera rendu au mari [et cela aux frais de la femme divorcée] la valeur d'un objet quelconque, d'un esclave, par exemple, qui [ayant été livré comme prix du divorce] sera revendiqué [ensuite, ou comme étant libre, ou comme étant esclave d'un autre. On suppose évidemment ici que ni l'un ni l'autre des époux ne savait que l'esclave eût un autre patron, ou que l'individu livré comme esclave fût de condition libre].

Un divorce sera valable lorsque le prix ou l'indemnité consistera en objets — ou défendus en termes absolus et sans restriction, tels que le vin; — ou défendus non d'une manière absolue et entière, tels que le porc [ou tels qu'un vêtement de soie; la soie de porc est d'usage défendu quand elle a été arrachée de la peau de l'animal, non quand elle y a été coupée]; — ou défendus par circonstance éventuelle, telle est une femme affranchie maternellement; — ou acquis par violence ou par usurpation. De ces divers objets qui doivent être rejetés et refusés, les uns seront rendus, les autres détruits. [Ceux qui auront été acquis injustement seront rendus à leur propriétaire; le vase contenant le vin sera brisé et le vin sera jeté; le porc sera tué et jeté aussi.] Et le mari n'aura rien à réclamer en retour.

Le divorce ne peut être accepté à la condition de renvoyer à une époque plus éloignée une dette échue et due par le mari à la femme. [Cette forme dilatoire rentre dans les formes d'engagement avec intérêts, non de sacrifice ou de compensation pour se rédimer.]

Le divorce n'est pas permis [bien qu'il reste valable] à la condition que la femme sortira de la demeure ou il a été conclu. [Car la femme, d'après la loi de Dieu, doit rester dans cette demeure jusqu'à la fin de l'attente légale; et nulle stipulation humaine ne saurait prévaloir contre les ordres de Dieu. Mais le divorce peut avoir lieu à condition que le loyer de la maison ou de l'appartement sera payé au mari par la femme, pour le temps qu'elle doit y passer.]

Il est contraire à l'esprit de la loi d'établir, comme condition compensatoire du divorce, que le mari sera quitte plus tôt d'une dette qu'il a envers la femme et que la femme est dans l'impossibilité de recevoir immédiatement. [Tel serait le cas où, pour solde de sa dette, il livrerait à la femme des produits agricoles vendus à terme avec avance du prix de vente par l'acheteur; car la femme alors reste encore engagée à une sujétion du côté du mari, à la place duquel elle devient responsable. La condition de divorce serait également contraire à l'esprit de la loi, si, par exemple, le don nuptial avait été de dix pièces d'or à livrer immédiatement et de vingt à livrer à une échéance déterminée, et si ce divorce avait lieu, avant la consommation du mariage, pour un prix compensatoire de dix pièces d'or à recevoir immédiatement, la femme renonçant encore aux dix autres pièces d'or. Le mari ne doit toucher que cinq pièces immédiatement, et il touchera les cinq autres pièces à l'échéance déterminée d'abord. Dans les deux cas indiqués, le divorce n'est qu'une simple répudiation complète.]

La condition compensatoire précitée serait-elle ou non contraire à l'esprit de la loi, si la femme avait possibilité de toucher promptement ou immédiatement ce par quoi le mari acquitte sa dette [si l'argent ou les effets étaient prêtés sans terme obligé de payement]? Il y a deux dires à cet égard. [Si l'un des époux a envers l'autre une dette à échéance fixe, et qu'ils divorcent à la condition que cette dette sera acquittée avant l'échéance, le divorce est valable, mais la dette reste fixée à l'échéance première. Selon certains juristes, cet arrangement n'établit qu'une simple répudiation complète, non un divorce. Selon d'autres, quand les valeurs peuvent être touchées immédiatement, le divorce est valable, et dès lors la dette n'est point laissée à l'échéance fixée primitivement.]

§ 2. De la nature du divorce. — De certaines circonstances répudiaires qui excluent ou entraînent la forme de divorce.

Dès que le divorce a été accepté par les époux, la femme est séparée complétement de son mari, — lors même qu'une compensation n'a pas été indiquée, — ou lorsqu'une expression impliquant le sens de divorce a seulement été prononcée par le mari [par exemple, lorsqu'il dit à sa femme, « Va-t'en, tu n'es plus sous mon autorité, » ou « sous ma protection, » ou bien « tu es rédimée, » etc.]; — ou lors même que le mari s'est séparé par répudiation imparfaite, en acceptant de la femme une valeur compensatoire [qu'elle lui a offerte en lui disant, « Répudie-moi par répudiation imparfaite et, en retour, reçois de moi telle chose ou telle valeur »]; — ou lorsque [après une répudiation imparfaite] la femme, pendant son temps d'attente légale, livre au mari une valeur quelconque sous condition que le mari renoncera au droit de renouer le mariage ; — ou encore lorsqu'un mari [par excès de misère, ou pour toute autre raison] vend sa femme, ou la marie à un autre individu. Toutefois, El-Lakhmî déclare que dans ces deux dernières circonstances il n'y a pas nécessairement une répudiation parfaite. [Mais cette opinion est contraire à l'esprit du rite.]

Une répudiation prononcée par voie judiciaire [pour

quelque vice révocatoire, ou par suite de mauvais traitements, ou de dommages, etc.] est un divorce. Il n'en
est pas ainsi pour le cas où le mari est sous l'actualité
du serment par lequel il a juré de ne pas cohabiter avec
sa femme, ou bien est dans la gêne et le besoin, et ne
peut fournir aux dépenses nécessaires à la pension alimentaire de la femme. [Dans ces deux cas, la répudiation prononcée par le k'âd'i est imparfaite. Pour les
circonstances dans lesquelles la justice n'a pas l'initiative,
la répudiation n'est que ratifiée et légitimée, et elle
demeure telle qu'elle a été prononcée auparavant.]

Mais la répudiation n'est pas parfaite [et ne prend pas
le caractère de divorce], — parce que le mari, tout en
la prononçant sous la forme de répudiation imparfaite
a mis cependant pour condition qu'il ne reprendrait
point sa femme sans qu'elle lui donnât une indemnité;
—ou parce que le mari, après avoir répudié la femme,
lui a donné une valeur quelconque [par exemple, une
somme de cent pièces d'argent : cette répudiation n'est
qu'imparfaite]; — ou parce que, après une composition à l'amiable pour une dette qu'avait le mari envers
sa femme [et dont celle-ci, par exemple, lui abandonne la moitié], le mari gratifie de quelque valeur cette
femme qu'il répudie ensuite. [La répudiation demeure
révocable ou imparfaite, parce que la femme en abandonnant telle somme n'a point pensé à se rédimer.]
Mais ici deux opinions différentes se sont élevées. Il a
été dit : cette répudiation est-elle toujours imparfaite,
qu'elle qu'ait été l'intention du mari? ou bien n'est-

elle pas imparfaite si le mari avait pour but et pour intention d'opérer un divorce, c'est-à-dire une répudiation parfaite ? [A cette dernière question, il a été généralement répondu par une négation ; car un abandon, dans une composition à l'amiable en matière de dettes, ne peut être considéré comme une valeur compensatoire.]

§ 3. Du droit de prononcer le divorce.

C'est au mari jouissant de sa raison et pubère, fût-il encore sous la tutelle paternelle, qu'est réservé le privilége exclusif de prononcer et décider le divorce. [Le divorce peut être aussi prononcé par un substitut ou délégué du mari, ou même encore par le mari en état d'ivresse. L'indemnité n'est pas obligatoire après un divorce prononcé par un jeune garçon impubère, ou par un mari privé de sa raison.]

C'est au représentant d'un individu encore très-jeune [ou d'un individu privé de sa raison] à prononcer le divorce au nom de celui qu'il représente, que ce représentant soit père ou patron [ou tuteur de l'individu, ou soit le souverain ou le lieutenant du souverain, etc. Mais c'est toujours le mari qui doit toucher le prix de composition]. Le père de l'individu pubère et soumis encore à l'autorité paternelle, et le patron de l'esclave pubère, n'ont pas le droit de prononcer le divorce, le premier au nom de l'individu susdit, le second au nom de l'esclave. [Ce droit appartient exclusivement à cet individu et à cet esclave.]

§ 4. Du divorce et de la répudiation dans le cas de maladie, et des droits de successibilité dans le cas de mort ou de guérison.

Le divorce demeure valable lors même qu'il est prononcé par un mari en état de maladie [dangereuse, ou par un mari sous les armes et en guerre, ou en prison et condamné à la mort ou à la mutilation; toutefois, dans ces diverses circonstances, il est répréhensible de divorcer, car alors il est probable que le but du divorce est de frustrer la femme de ses droits de successibilité]. La femme conserve le droit d'hériter [lorsque le mari meurt]; mais le mari perd le droit d'hériter de la femme [si elle meurt pendant la maladie du mari; car il s'est lui-même dépouillé de ses droits. Si la femme, sans le vouloir, tue le mari, elle hérite également, sans préjudice du piaculum ou prix du sang; si elle tue le mari exprès, elle n'hérite pas, et elle n'a pas de piaculum à payer]. De même, lorsque le mari [malade ou non] a laissé la femme maîtresse de choisir le divorce [ou de rester mariée], ou bien lorsqu'il a remis à la femme la faculté de se décider sur son propre sort [et qu'elle a disposé de sa personne, pendant la maladie du mari, par l'acceptation du divorce], la femme hérite du mari [s'il meurt de sa maladie]; mais le mari n'hérite pas de la femme [si elle meurt pendant la maladie du mari]. De même encore, si le mari [malade ou non] jure de ne pas cohabiter avec sa femme [et si l'époque de l'abstinence jurée se passe pendant qu'il est malade, et qu'il ne revienne pas à la cohabitation ou ne la promette pas, puis

s'il répudie la femme pendant qu'il est malade, et s'il
ne revient pas sur sa parole et qu'il meure], la femme
héritera. [Mais si la femme meurt pendant qu'il est
encore malade, il n'héritera pas.]

Ces divers droits de successibilité restent encore les
mêmes, — dans le cas où le mari, en état de maladie,
a accusé sa femme d'adultère [accusation qui d'ailleurs
équivaut à une répudiation et qui l'entraîne]; — dans
le cas de répudiation conditionnelle, lorsque la femme
a rendu le mari parjure [par exemple lorsqu'un mari,
même en santé, a dit à sa femme, « Si tu entres dans
la maison d'un tel, tu es répudiée, » et que la femme
entre dans cette maison pendant une maladie du mari;
celui-ci doit aussitôt répudier cette femme; s'il meurt, la
femme hérite; si elle meurt pendant la maladie du mari,
il n'hérite pas];—dans le cas où la femme, chrétienne
ou juive, ou bien esclave [a été répudiée, même sous
forme complète, par le mari en état de maladie, et en-
suite] a embrassé l'islamisme, ou bien a été affranchie
[pendant la maladie susdite, qui du reste a causé la mort
du malade; le droit d'hériter reste à la femme, que le
mari soit mort avant ou après le terme d'attente légale
imposée à la femme].

Lorsque la femme [a été répudiée par un mari malade, que la maladie s'est prolongée et que l'attente légale imposée à la femme a été subie; lorsque, de plus,
la femme] a épousé ensuite même plusieurs autres
maris successivement [et que chacun d'eux l'a répudiée
pendant qu'il se trouvait atteint de la maladie qui

d'ailleurs, après un assez long temps, l'a conduit au tombeau], cette femme héritera et du premier mari et de tous les autres, fût-elle sous la dépendance conjugale d'un autre individu avec lequel elle se serait encore mariée.

Toutes les fois que le mari [qui a répudié sa femme pendant qu'il était malade] guérit complétement, la femme perd tous ses droits de successibilité.

Dans le cas où le mari qui a guéri d'une maladie pendant laquelle il a prononcé une répudiation imparfaite, n'a pas repris sa femme, s'il retombe malade et qu'il prononce alors une nouvelle répudiation [ou imparfaite ou parfaite] contre cette même femme [puis, qu'il meure], la femme n'a de droit à la succession que si le temps d'attente légale à subir pour la première répudiation n'est pas encore achevé. [Dans le cas où l'individu, après la première maladie, aurait repris sa femme, celle-ci aurait nécessairement droit à la succession.]

Quand un mari aura déclaré [ou avoué, d'après des témoignages positifs] qu'il a répudié sa femme avant qu'il fût malade [et quand aussi toute la durée d'attente légale, ou seulement la fin de cette durée se sera achevée pendant la maladie], le fait sera le même que si la répudiation avait eu lieu pendant la maladie. [Et si le mari meurt, la femme héritera, lors même qu'elle se serait mariée ensuite.] De plus, le commencement de l'attente légale ne datera réellement que du jour de la déclaration ou de l'aveu du mari.

Après la mort du mari, lorsque des témoignages prouveront qu'il a répudié sa femme [par répudiation ou parfaite ou imparfaite, et lorsque l'expiration du temps d'attente légale coïncidera avec l'époque indiquée par les témoins], la femme héritera. C'est l'analogue du cas de répudiation pendant l'état de maladie.

Un individu en voyage déclare, en présence de témoins, qu'il répudie ou a répudié sa femme [soit révocablement, soit irrévocablement]; ensuite il arrive de voyage et cohabite avec cette femme; puis il nie le témoignage des témoins. En pareil cas, la séparation des deux époux sera prononcée judiciairement, mais sans qu'il soit infligé de peine correctionnelle. [Car les conjoints étaient encore sous le régime matrimonial tant que la sentence de séparation n'était pas judiciairement prononcée.]

Si un mari, pendant une maladie, répudie sa femme par répudiation parfaite, et qu'ensuite il se remarie avec elle avant d'être guéri, cette seconde union est l'identique du mariage contracté par un individu malade [avec une femme qui lui est inconnue. Ce mariage est nul et doit être dissous avant sa consommation. S'il n'est rompu qu'après la consommation, la femme n'a droit qu'à la plus faible des deux espèces de dot, ou la dot contractuelle, ou le don coutumier. Le mariage doit être rompu, à moins que le mari ne guérisse avant que cette rupture soit opérée].

C'est une action coupable que [d'accepter, ou de prononcer] le divorce d'une femme gravement malade.

[Toutefois ce divorce est valable; et ni le mari ni la femme n'héritent l'un de l'autre.] Mais [les juristes sont divisés sur cette question relative à l'indemnité donnée pour le divorce, savoir :] le mari doit-il rendre [à la femme, ou aux héritiers de la femme, si elle meurt,] la valeur compensatoire qu'il a reçue? [Selon l'avis de Mâlek, le mari doit la rendre, et cette opinion est acceptée par un très-grand nombre de juristes.] Ou bien, le mari ne doit-il rendre de cette valeur que ce qui dépasserait la quote-part à laquelle il aurait droit dans l'héritage de la femme, si elle était morte sans divorce? Dans le cas où l'on préférera cette dernière forme [c'est-à-dire si l'on accepte qu'il n'y a à rendre que ce qui excède la quote-part d'héritage], tout ce qui aura été reçu [et, selon d'autres légistes, tout, excepté les espèces monnayées] devra être mis en réserve [jusqu'à la mort de la femme, afin de pouvoir apprécier alors quelle sera la quote-part revenant au mari dans la succession]. Tous ces divers détails ont servi de thème, comme on le voit, à des opinions contradictoires.

§ 5. Du divorce par procuration. — Cas de reddition du prix compensatoire.

Si un fondé de pouvoir [envoyé par un mari pour traiter du divorce avec la femme] a consenti à une valeur compensatoire au-dessous de celle qui lui a été spécifiée, le divorce alors n'est pas obligatoire [à moins cependant qu'il n'ait été accompli immédiatement]. Si le

mari avait laissé libre le fondé de pouvoir, ou la femme,
de fixer le prix de compensation [et que le prix eût été
fixé au-dessous du prix coutumier, c'est-à-dire au-dessous
du prix convenable pour le rang ou la beauté de la
femme, etc.], le mari jurera qu'il a voulu avoir au
moins le prix coutumier [et alors la séparation des
époux n'est pas obligatoire].

Si le fondé de pouvoir envoyé par la femme pour
traiter du divorce à tel prix compensatoire, a consenti
à une valeur plus élevée que ce prix [ou plus élevée
que le prix coutumier], le divorce reste obligatoire, et
le fondé de pouvoir est forcé de payer tout le surplus
de ce qui lui avait été spécifié. [La femme ne payera
que ce qu'elle aura indiqué.]

Un mari doit rendre le prix compensatoire,—lorsque
la femme, apportant pour preuve de sa déclaration le
témoignage de la voix publique [c'est-à-dire des voisins, ou des domestiques, etc.], atteste qu'elle a demandé le divorce pour mettre un terme à ce qu'elle
endurait des mauvais procédés du mari [aux coups,
aux injures continuelles et sans motifs plausibles, aux
dépenses folles, etc.; et la femme sera séparée par répudiation complète; le mari n'a le droit de garder la
valeur compensatoire que si la femme était habituellement en querelle ou en désaccord avec lui, l'injuriait,
méconnaissait l'autorité maritale]; — lorsque la femme
déclare par serment et prouve par le témoignage d'un
seul témoin ou de deux femmes [qu'elle n'a demandé
le divorce que pour se soustraire aux mauvais procédés

du mari envers elle]; bien plus, la femme n'est pas absolument obligée de produire de témoignage étranger en sa faveur; le mieux cependant est d'y avoir recours [afin de répondre plus péremptoirement aux dénégations possibles du mari]; cette opinion est énoncée par un juriste [Ez-Zourk'âni] autre que les quatre principaux commentateurs du Moudaouéneh; — lorsque le mari qui a divorcé avait déjà répudié la femme par répudiation parfaite, non par répudiation imparfaite [car dans ce cas de répudiation imparfaite, le mari ne rend pas l'indemnité reçue, si le temps de retraite légale n'est pas écoulé; avant la fin de ce temps, la répudiation imparfaite ne détruit pas, dans la femme, la qualité d'épouse du mari qui a répudié]; — lorsque le mariage est entaché de nullité et dissoluble même sans répudiation [tel serait le cas où la femme serait une cinquième épouse du mari]; — lorsqu'il a été reconnu, après le divorce, que le mari est atteint de vice révocatoire qui est pour la femme un motif d'option [mais si c'était la femme qui fût atteinte d'un vice rédhibitoire, le mari ne rendrait point l'indemnité reçue]; — lorsque le mari a dit à sa femme : « Si je divorce avec toi, tu es répudiée *par trois* [ou par deux, » et qu'il divorce en effet]. Mais le mari n'a plus à rendre l'indemnité, lorsqu'il n'a pas ajouté « *par trois* » [ou « par deux, » et qu'il a simplement terminé sa phrase conditionnelle par : « tu es répudiée. » Le mari devra rendre le prix compensatoire reçu, lorsque après avoir dit, « Si je divorce avec toi, tu es répudiée *par trois*, » ou « par deux, » il di-

vorce en effet; la raison en est que le divorce et la répudiation ont été deux faits établis comme dépendant
l'un de l'autre conditionnellement, et que la répudiation exprimée positivement comme étant définitive, ou
aux deux tiers définitive, a eu lieu avant le divorce;
car il est de principe que la condition et le fait qui est
rattaché à l'incidence de cette condition s'accomplissent
en même temps. Or, ici, il ne peut pas se faire que le
divorce devienne la cause d'une répudiation parfaite].
D'autre part, le mari [s'il n'a pas ajouté « par trois, »
ou « par deux, » ou bien s'il n'a rien ajouté, ou bien s'il
a ajouté « par une seule répudiation, »] sera tenu [non
de rendre le prix compensatoire, mais] de prononcer
deux répudiations [l'une pour le divorce, l'autre pour
le second fait lié à la condition exprimée auparavant.
Le mari n'aurait donc plus, si jamais il se remariait
avec la femme, qu'une répudiation à porter contre elle
pour en être définitivement séparé].

§ 6. De certaines conventions compensatoires particulières et des
obligations spéciales qu'elles entraînent. — De la proposition de
certaines valeurs.

Il est licite de stipuler [à titre de prix compensatoire]
que la femme [enceinte à laquelle est accordé le di-
vorce] se chargera des frais d'entretien de l'enfant depuis la naissance jusqu'au sevrage, et sans que le mari
s'oblige à aucune dépense pour la mère pendant la
grossesse. Toute stipulation qui établirait à la charge
de la femme l'entretien du mari ou d'un autre indi-

vidu, ou l'entretien du nourrisson au delà du temps de
l'allaitement, ne peut être obligatoire. Si le nourrisson
meurt [avant l'expiration des deux années fixées pour
l'allaitement], le mari n'a rien à réclamer de la mère.
Mais si elle meurt avant le terme de l'allaitement, ou
si le lait se tarit, ou si elle accouche de deux enfants
[ou plus], les dépenses nécessaires pour l'allaitement sont
à la charge de la mère [ou de ses héritiers. Si elle ne
peut suffire à ces dépenses ni à son propre entretien,
la mère devra être secourue et aidée par le père].

Le mari devra fournir aux dépenses à faire pour retrouver l'esclave enfui, ou le chameau égaré, à moins
qu'il n'ait été convenu que ces dépenses seraient à la
charge de la femme [et cela, lorsque le divorce a eu
lieu au prix ou d'un esclave enfui, ou d'un chameau
égaré, appartenant à la femme. Du moment que le divorce est accepté, le mari est possesseur de l'indemnité
convenue].

Les frais d'entretien d'une esclave [appartenant à la
femme, et] dont l'enfant encore dans le sein maternel a
été agréé comme prix du divorce, ne seront point à la
charge du mari [mais de la femme divorcée]. Dès que
l'enfant sera né, les dépenses de son entretien seront
imposées au mari divorcé. [Car du jour de sa naissance
l'enfant est la propriété du mari.] Ensuite les époux di-
vorcés seront contraints de réunir en une propriété
unique et indivise la mère et l'enfant [soit en les vendant
à un seul acquéreur, soit en s'entendant entre eux pour
acheter ou le mari, l'esclave, ou la femme, l'enfant].

Relativement aux dépenses à faire pour des produits agricoles dont la réussite ne peut encore se présumer [et qui auraient été concédés comme indemnité du divorce], il y a deux opinions différentes parmi les juristes. [Les uns veulent que ces dépenses soient à la charge du mari divorcé, vu qu'il est désormais propriétaire; les autres prétendent qu'elles doivent être supportées par la femme, vu qu'elle ne peut livrer ce dont elle est convenue.]

Il suffit [pour établir la proposition et l'acceptation du divorce] que les époux se donnent certains objets [ou fassent certains actes, ou signes, ou mouvements, lorsque la coutume a accrédité et consacré ces formes. Ainsi, dans tel pays, tel objet donné au mari par la femme est le signe qu'elle veut se rédimer par le divorce; tel acte, tel geste, tel mouvement du mari est une réponse d'assentiment. Par exemple, la femme retire un bracelet de son bras, le donne au mari, tourne le dos et s'en va en disant, « Ceci est pour cela, » sans prononcer le mot de divorce; si le mari ne la retient pas, le divorce est accepté. Chez certains Arabes des déserts, la femme creuse un fossé; le mari la laisse faire, puis comble le fossé de terre ou de sable, et le divorce est, par cela seul, accepté; tout est enterré entre les époux, ils n'ont plus rien de commun].

Quand la séparation est conditionnelle et indiquée par [exemple, de cette manière, par le mari à la femme]: « Si tu me remets » ou « me donnes telle chose [ou bien: « Dès que tu m'auras remis » ou « donné telle chose »], tu seras répudiée aussitôt, » mais sans parole qui précise que le mari entend, « Si ce fait [de remettre, ou de donner] a lieu ici [où je parle et où je pose cette condition, ou dans tel autre endroit], » la femme est divorcée du moment qu'elle a remis ou donné au mari la chose désignée par lui [et cela en quelque endroit que ce soit]. Il n'en serait plus de même si quelque circonstance avait suffisamment indiqué la localité ou la place [c'est-à-dire avait fait apercevoir que le mari entendait que la chose lui fût remise ou donnée dans l'endroit même où il parlait. Dans tous les cas, il ne faut pas qu'un long temps sépare la condition posée de l'accomplissement du fait, pour que cette condition garde sa valeur].

Quand le divorce aura été accepté pour une indemnité de mille pièces [par exemple, ou de mille têtes de gros ou de menu bétail, et sans que rien de plus positif soit précisé], le mari sera tenu de recevoir le genre de pièces le plus en cours dans le pays [ou l'espèce de gros ou de menu bétail le plus abondant dans la localité, et de se soumettre à ce que la coutume entend dans la localité par ces dénominations générales].

Le divorce des époux est forcé quand le mari a dit à sa femme : « Si tu me donnes mille pièces [ou « mille têtes de menu bétail, ou de bœufs, etc. »], je suis séparé de toi, » ou bien « je me séparerai de toi » [et quand la femme donne la somme en monnaies courantes dans le pays, ou donne les animaux dénommés]. Le mari doit [recevoir alors cette indemnité et] opérer le divorce,

— si la circonstance dans laquelle le mari a énoncé sa proposition a suffisamment montré, dans le premier cas, qu'il s'engageait réellement par sa parole; — ou bien, s'il a indiqué par là une promesse positive de séparation et qu'il ait ainsi conduit la femme à vendre des valeurs [meubles ou immeubles] pour fournir le prix compensatoire.

La répudiation est parfaite [et sous forme de divorce], — si la femme dit à son mari, « Répudie-moi *par trois*, pour mille [pièces d'argent, ou d'or, ou mille têtes de bétail, etc.], » et qu'alors le mari ne prononce la répudiation que *par un* [car la femme devra payer au mari le mille qu'elle a proposé]; — si la proposition est faite à l'inverse et est acceptée [c'est-à-dire si la femme a demandé à être répudiée *par un*, pour le prix de mille, et que le mari l'ait répudiée *par trois*]; — ou si la femme a dit à son mari, « Répudie-moi complétement pour mille, » ou bien, « Répudie-moi par [quart, ou par] moitié de répudiation, pour mille, » ou bien, « Répudie-moi un des jours de ce mois-ci [ou « aujourd'hui »], pour mille, » et que le mari accepte [et répudie la femme le jour même, ou à quelque jour que ce soit du mois; la femme est aussitôt redevable des mille pièces de monnaie, ou des mille têtes de bétail; mais dans le cas où la répudiation proposée pour être opérée dans le courant du mois n'aurait lieu qu'après le mois, la femme ne devrait rien au mari et demeurerait simplement répudiée par répudiation complète]; — si le mari dit à sa femme, « Demain je te répudie pour mille [drachmes] » par exemple, et que la femme accepte aussitôt [cette répudiation; alors elle doit le prix indiqué et est à l'instant même répudiée]; — si le mari dit à sa femme, par exemple, « Je te répudie si tu me donnes ce pallium d'Hérât que tu as là entre les mains » [et que la femme donne immédiatement au mari ce vêtement], lequel se trouve être un vêtement de Mérou [car lorsque l'objet est montré et désigné, le but du mari est précisé et le divorce qu'il a proposé et qui est accepté est valable; cet objet c'est *ce* vêtement qu'avait la femme entre les mains, non pas positivement et nécessairement *un* vêtement d'Hérât ou de Mérou] [49]; — si le mari dit à sa femme, « Je te répudie pour ce que tu as dans ta main [fermée], » et que ce soit quelque chose de prix, ou quelque chose de peu de valeur [ou seulement quelques pièces d'argent, ou même un petit chiffon], ou même qu'il n'y ait rien; cette dernière donnée est établie par plusieurs juristes [et repose sur ce que le mari a joué sur une chance de hasard].

Mais l'obligation de conclure le divorce n'existe pas, — lorsque la femme l'a demandé [et l'a obtenu] pour une valeur à la possession de laquelle rien ne pouvait faire présumer qu'elle avait part ou droit [par exemple, si la femme avait offert une bête de somme qu'elle montrait, et si ensuite il était reconnu que la femme ne la possédait pas et ne pouvait pas la posséder; le divorce n'est pas valable, quand même le propriétaire de l'animal le céderait ou le donnerait]; — lorsque le mari dit à sa femme, « Donne-moi une valeur compensatoire con-

venable, et je divorce avec toi, » et que la femme donne
une valeur trop au-dessous du prix compensatoire coutumier; — lorsque le mari propose à sa femme de la
répudier *par trois*, pour mille [drachmes ou pièces
d'argent, par exemple], et que la femme accepte *une
seule* répudiation pour le tiers de mille [pièces; car le
mari ne veut pas que la femme se libère de lui pour
moins de mille. Mais la femme accepte-t-elle une seule
répudiation pour mille pièces, le mari est obligé de
divorcer].

§ 7. Des contestations relatives au divorce.

Si un mari prétend s'être séparé de sa femme par
divorce, moyennant telle valeur, ou telle somme, ou
telle espèce d'objet [par exemple, un esclave, et que la
femme prétende que la séparation a eu lieu par répudiation ordinaire, ou bien pour une somme moindre
que celle qui est indiquée, ou bien pour autre chose
qu'un esclave], et si, de plus, la femme assure par
serment la vérité de ce qu'elle avance, le divorce est
maintenu. [La femme alors ne doit payer que ce qu'elle
a déclaré. Si elle refuse le serment, et que le mari jure,
celui-ci recevra ce qu'il aura annoncé; s'il refuse de
jurer, il n'a droit absolument à rien.]

La parole seule du mari [donnée sous la foi du serment, et, selon certains juristes, sans prêter serment,]
sera acceptée comme vraie, — lorsque les époux ne
seront en contestation que sur le nombre des répudiations [c'est-à-dire lorsque, par exemple, la femme sou-

tiendra qu'elle a été répudiée *par trois*, pour dix pièces d'or, et que le mari soutiendra qu'elle a été répudiée par une seule répudiation, pour le prix de dix pièces d'or, le divorce sera valable]; — de même, lorsque le mari déclarera qu'un esclave absent [non pas enfui, et qui a été le prix de composition du divorce] était mort ou était atteint de vice rédhibitoire avant l'acceptation du divorce. [Dans ce cas, la responsabilité du prix entier ou bien de la valeur des dommages-intérêts pour le vice survenu à l'esclave est à la charge de la femme.] Mais s'il est démontré et prouvé par elle que l'esclave est mort ou a été frappé de vice rédhibitoire après l'acceptation du divorce, la responsabilité de la femme est annihilée [et le mari n'a plus rien à revendiquer].

SECTION XVII.

DE LA RÉPUDIATION.

§ 1. Caractère de la répudiation en général. — Convenances circonstantielles de la répudiation et du retour de la femme avec son mari. — De la répudiation pendant les menstrues.

La répudiation, pour être parfaitement conforme aux principes de la loi établis d'après la sounna [c'est-à-dire aux principes basés sur les maximes et les exemples du Prophète], doit :

1° Être unique [c'est-à-dire, être *par un*, non *par deux* ou *par trois* ensemble et d'un seul coup];

2° Avoir lieu pendant que la femme est dans l'état

de pureté [qui succède aux menstrues ou aux suites de couches; la répudiation prononcée en tout autre moment forcerait la femme à un délai plus prolongé d'attente légale];

3° Avoir lieu dans cette période de pureté, avant que le mari ait touché sa femme. [Sans cette précaution, il est impossible à la femme de savoir immédiatement si la durée de la retraite légale devra se borner au terme ordinaire, ou se prolonger jusqu'à l'accouchement. De plus, on ne peut s'assurer s'il y a eu conception, et, plus tard, il serait impossible au mari de récuser la paternité, si la femme ensuite devenait enceinte.]

4° Ne point avoir lieu pendant le temps de l'attente légale [que subirait la femme pour une répudiation précédente et révocable. Une nouvelle répudiation prolongerait, au détriment de la femme, la durée de l'attente légale. Le mari serait encore plus répréhensible s'il renouvelait ainsi la répudiation, dans le but seul de prolonger l'attente légale imposée à la femme].

Sinon [c'est-à-dire, si celui qui répudie manque à une des quatre conditions précitées], la répudiation est anormale [*extra-sounnique* ou en dehors des principes de la sounna, mais à un degré variable selon les circonstances; de là, des répudiations blâmables et des répudiations défendues. C'est ce qu'indique Khalil dans les dispositions suivantes].

Il est blâmable de répudier une femme après les menstrues [ou après les suites de couches, c'est-à-dire,

soit pendant la période de pureté, lorsqu'il y a eu copulation, soit pendant la retraite légale]. Toutefois, le
mari ne sera pas contraint de reprendre la femme. [La
contrainte n'est applicable que lorsque la répudiation
a eu lieu pendant les menstrues.] On n'obligera pas non
plus le mari à reprendre sa femme, — s'il l'a répudiée
[au moment de la cessation des menstrues et] avant la
lotion purificatoire [qui doit ramener la femme à l'état
de pureté légale : cette répudiation est considérée ici
comme blâmable, mais d'après le Moudaouéneh, elle
est défendue]; — ou bien, si la répudiation a eu lieu
avant la purification pulvérale permise [en cas de maladie ou de manque d'eau, ou en voyage, etc. La répudiation est tolérée lorsqu'elle est prononcée après
une lustration pulvérale nécessaire pour permettre de
prier].

Il est défendu de répudier une femme pendant les
menstrues [après que le mariage a été consommé]. Si
la répudiation a été opérée [pendant les menstrues],
le mari sera contraint de reprendre la femme [quelle
qu'ait été la cause de la répudiation. Il en est encore
ainsi dans le cas de répudiation pendant la durée des
suites de couches, et] même lorsque [la répudiation a
eu lieu lors de la cessation des menstrues, que] le sang
a reparu [avant le retour de la pureté complète et] de
manière à pouvoir être considéré comme une suite de
la dernière apparition de menstrues; mais, dans ce cas,
l'opinion d'Ibn-Ioûnès et d'autres juristes est que l'on
ne doit pas obliger le mari à reprendre la femme [vu

qu'elle a été répudiée dans un moment où elle était en état de pureté]. Du reste, ce n'est que vers l'expiration de l'attente légale [c'est-à-dire après que la femme aura vu encore deux fois ses règles], que le mari sera contraint [par voie judiciaire] de reprendre sa femme.

S'il refuse, on le menacera de la prison; puis on l'emprisonnera [s'il persiste dans son refus]; puis on le menacera de le battre, puis on le battra; et tous ces moyens de contrainte seront appliqués dans la localité même, dans le lieu ou le tribunal où se rend la justice. [Tout cela s'exécutera dans le plus bref délai possible.] Enfin, si l'individu persiste encore dans son refus, le k'âd'i le forcera à reprendre la femme [et exprimera la sentence par ces mots adressés au mari : « Je t'ordonne de reprendre ta femme »]. Alors il est permis au mari de cohabiter [dès le jour même] avec cette femme, et leurs droits réciproques d'hérédité sont dans toute leur légalité. La conduite la plus normale et la plus juste qu'ait à tenir le mari [qui a répudié sa femme pendant les menstrues, ou pendant les suites de couches, puis qui l'a reprise de lui-même, où par contrainte judiciaire, et qui ensuite veut la répudier], c'est de garder la femme chez lui jusqu'à ce qu'elle soit revenue à l'état de pureté qui suit les menstrues, puis à de nouvelles menstrues, puis à un nouvel état de pureté. [Dans ce second retour à la pureté, le mari s'abstient de copulation, et il peut alors, sans blâme, répudier la femme. Le principe est de ne pas répéter

la répudiation dans le temps de pureté qui suit les
menstrues pendant lesquelles a eu lieu la première répudiation. Ce temps est laissé pour la réconciliation, qui
ne peut guère s'opérer que par le moyen de la cohabitation. Répudier après la cohabitation et avant une
autre période de menstrues et de pureté est répréhensible.]

Maintenant sur quelle considération est basée la défense de répudier une femme en menstrues? Il y a eu,
sur ce point, diverses opinions émises. Est-ce sur cette
considération que la répudiation alors oblige la femme
à une plus longue retraite légale? Mais des juristes
permettent la répudiation pendant les menstrues, ou
pendant les suites de couches, et ils la permettent
encore pendant la grossesse, et aussi avant la consommation du mariage quand la femme est en menstrues.
[Car la femme répudiée avant la consommation du mariage n'a pas de retraite à subir; la femme enceinte doit
attendre, en retraite, son accouchement; et la femme
répudiée pendant les menstrues n'aura pas à se soumettre à une attente plus longue que d'ordinaire,
puisque cette attente ne peut jamais commencer qu'à
la période de pureté la plus prochaine.] D'autre part,
la défense est-elle basée sur ce qu'elle est un fait de
prohibition religieuse? Les juristes qui ont considéré
cette prohibition prise au point de vue religieux, défendent la répudiation par voie de divorce pendant les
menstrues, quand même la femme, après avoir accepté
ou demandé le divorce, comme étant son droit d'épouse,

se serait rédimée, parce que le mari qui a divorcé alors est contraint de reprendre sa femme, même dans le cas où cette femme n'actionnerait pas le mari pour l'obliger à la reprendre.

On accepte comme vraie [sans examen et sans qu'il soit besoin d'exiger de serment] la parole de la femme qui [contrairement à l'assertion du mari] se déclare répudiée pendant les menstrues. [Conséquemment, le mari est contraint de reprendre cette femme]. D'après Ibn-Ioûnès, un linge doit être introduit dans les parties génitales de la femme et soumis à l'expertise de [deux ou trois autres] femmes. [Dès lors, ce n'est que sur une preuve matérielle que la parole de la femme est reçue comme vraie.] Mais si la femme se trouve être en état de pureté lorsque les conjoints portent leur contestation au k'âd'i, c'est la parole du mari qui fait foi.

Tout mariage dont la nullité ne saurait être controversée ou contestée [tel que le mariage avec une cinquième femme] sera dissous aussitôt que la nullité en sera aperçue, la femme fût-elle alors en menstrues. [Ici la loi choisit le parti le moins mauvais entre deux circonstances mauvaises, c'est-à-dire entre le mal d'un mariage coupable et nul, et le mal d'une répudiation pendant les menstrues.]

Lorsqu'un mari aura fait serment de ne pas cohabiter avec sa femme [serment qui, pour une durée de quatre mois, éloigne le mari du lit de sa femme], on prononcera la répudiation entre les deux époux [si le terme de l'abstinence jurée vient à échoir pendant que la femme sera en menstrues, et si le mari n'a pas promis, avant cette échéance, de rentrer en relations avec sa femme]. Après cette répudiation opérée [ainsi pendant les menstrues], le mari sera contraint de reprendre sa femme.

On ne se hâtera pas de dissoudre pendant les menstrues de la femme [ou pendant les suites de couches], — un mariage entaché de nullité pour quelque vice révocatoire [si l'un des époux découvre ou voit apparaître ce vice dans son conjoint lorsque la femme est en menstrues; on attendra le retour de la pureté; on laissera même les conjoints habiter ensemble, à moins que l'un des deux ne soit atteint d'une folie qui fasse craindre pour l'individu sain]; — ou un mariage consommé qu'un représentant a la faculté de dissoudre [ou de maintenir; tel le mariage d'un esclave dont le patron peut rompre l'union]; — ou bien le mariage d'un individu qui ne peut fournir aux frais d'entretien de la femme [lorsqu'il a été accordé un délai qui est expiré sans que l'individu ait pu améliorer ses moyens d'existence]. La loi désapprouve toute accusation d'adultère [pendant que la femme est en menstrues, ou en suites de couches. Si l'accusation est portée, le mari est coupable de péché, mais on donne cours à la plainte.]

§ 2. De certaines formules qui entraînent la répudiation ou définitive, ou parfaite.

La répudiation *par trois* [ou définitive] est une con-

séquence implicite et forcée de [cette formule exprimée
par le mari], « Je te répudie par *la plus* honteuse répudiation, » et autres expressions qualificatives analogues
[telles que, *la plus* mauvaise, la plus laide, la plus sale,
la plus détestable, la plus nombreuse, la plus complète
répudiation, etc.]. Il en est de même si la formule est,
« Je te répudie par trois, conformément à la sounna »
[c'est-à-dire « Je te répudie par les trois répudiations
simultanées que, d'après la sounna, j'ai droit de porter
contre toi »], et si des relations conjugales ont eu lieu
entre les époux ; si ces relations n'ont pas eu lieu, la
répudiation n'est que *par un*. [Mais le principe accepté
par tous les juristes et par le Moudaouéneh, est que la
formule « Je te répudie par trois, selon la sounna, »
entraîne, dans toute circonstance possible, la répudiation définitive ; c'est comme si le mari avait dit : « Je te
répudie une fois pour chacune des trois périodes de
pureté les plus prochaines. »]

La répudiation n'est que *par un* [c'est-à-dire est com-
plète], lorsque le mari emploie cette formule, « Je te
répudie par la meilleure répudiation, » ou « par une
seule et excellente répudiation » [ou « par une mauvaise, ou vilaine, ou superbe, ou belle répudiation »],
ou « par une répudiation grande comme un palais » [ou
« comme une montagne »].

La répudiation *par trois* est forcée, que la femme
ait été ou n'ait pas été en relations conjugales avec son
mari, lorsque celui-ci a dit : « Je te répudie de répudiation excentrique » [c'est-à-dire *anti-sounnique* ou con-

traire à ce que veut la sounna], ou bien lorsqu'il a dit :
« Je te répudie une partie des trois répudiations excen-
triquement, et l'autre partie *sounniquement* [c'est-à-dire
selon les règles de la sounna].

§ 3. Des circonstances qui établissent ou qui excluent l'obligation ou
la validité de la répudiation. — En quel cas est permise la cohabitation illicite, le mensonge. — Des outrages envers le Prophète,
envers un musulman. — Serments qui obligent ou n'obligent pas
à la répudiation.

Il faut, pour la validité de la répudiation, — que
l'individu soit dans les conditions voulues [c'est-à-dire
qu'il soit mari ou représentant]; — qu'il ait l'intention
[formelle et vraie de prononcer le mot de répudiation
lorsqu'il le prononce]; — qu'il y ait *lieu* ou possibilité
de répudiation [c'est-à-dire que la femme soit sous la
puissance maritale, et par conséquent que le mari ait
le caractère légal de mari]; — que le mot [« répudier »
ou tout autre terme figuré et reconnu par la coutume
pour être l'équivalent de répudier,] soit nettement
énoncé.

La répudiation n'est valide que lorsqu'elle est opérée
par un musulman pubère et jouissant de sa raison. [La
répudiation par un infidèle est nulle, à moins qu'il n'ait
recours à la loi musulmane; elle est nulle encore si elle
est prononcée par un impubère, un fou, un idiot, etc.]
Elle est valide lorsqu'elle a été prononcée même par un
musulman en état d'ivresse coupable [c'est-à-dire d'i-

vresse occasionnée par le vin ou par tout autre liquide fermenté, par toute substance dont l'usage est défendu]. Mais la répudiation prononcée par l'homme ivre n'est-elle obligatoire pour lui que lorsqu'il n'est pas complétement privé de sa raison? ou bien est-elle obligatoire, quel qu'ait été l'état dans lequel se trouvait l'individu [au moment où il a prononcé cette répudiation]? Ces questions ont été décidées de différentes manières par les juristes.

La répudiation par un tiers qui n'a ni qualité de représentant, ni qualité de fondé de pouvoirs [mais qui a seulement l'autorisation vague du mari], est valable aussi bien qu'un marché conclu [par un tiers qui ne serait pas le représentant reconnu et avoué de l'acheteur au nom duquel l'achat a été fait].

La répudiation est valide et obligatoire, quand même l'individu aurait eu l'intention d'atténuer ou de restreindre [le sens de l'expression positive, ou figurée, de limiter la conséquence du fait, de manière à ne pas renoncer à l'autorité maritale].

La séparation répudiaire n'est nullement obligée, — si la langue laisse échapper de la bouche [sans que l'individu y ait pensé] les mots, « Tu es répudiée; » alors la répudiation n'est jamais obligatoire en fait [mais elle le serait en droit, c'est-à-dire au tribunal du k'âd'i, pourvu qu'il soit constant que la langue a articulé ce que ne voulait pas dire l'individu]; — si l'on fait prononcer le mot, « Je répudie » à un musulman étranger [dans un autre langage que le sien,] et que cet étranger ne comprenne pas le sens du mot; — si la répudiation a été prononcée par un malade en état de délire ou de déraison [et que, lors du retour de l'intelligence, il nie cette répudiation]; — si un mari appelant sa femme qui se nommerait T'âlek' (répudiée), lui disait : « Eh! T'âlek'! » [ou simplement « T'âlek! » pourvu cependant que le mari n'ait pas eu l'intention d'appliquer au mot le sens réel de répudiation]; — si le mari, en appelant sa femme qui se nommerait T'ârek', disait t'âlek', et qu'il assurât que la langue *lui a tourné*; cette déclaration serait acceptée comme vraie.

Si un mari appelait sa femme H'afs'a et que sa femme A'mra lui répondît, puis qu'il dît aussitôt [croyant parler à H'afs'a], « Tu es répudiée, » c'est la femme qu'il appelait qu'il doit répudier [pourvu cependant que rien n'indique qu'il a voulu aussi répudier celle qui a répondu]; s'il y a quelque preuve qu'il ait eu l'intention de répudier A'mra, les deux femmes sont répudiées.

La répudiation prononcée est nulle, — lorsque [par la peur, par les mauvais traitements] l'individu a été forcé de la prononcer : de même, par exemple, cet individu ne sera pas parjure, si [après qu'il a juré de ne pas vendre et de ne pas acheter une partie d'un esclave qu'il possède en commun avec un copropriétaire, l'un des deux a affranchi sa moitié de propriété de l'esclave, et qu'alors] le k'âd'i, établissant par estimation le prix de la moitié non affranchie de l'esclave, oblige celui qui a affranchi à tenir compte de cette moitié [à son copropriétaire, afin de compléter ainsi la mise en liberté de l'esclave]; — lorsque le mari [qui a juré, par la répudiation, de ne pas entrer, par exemple, dans telle maison] aura été forcé dans le fait [c'est-à-dire aura été forcé d'entrer dans la maison].

La répudiation est nulle si le mari a été forcé de la prononcer; mais il faut aussi qu'il ait songé alors à donner exprès à ses paroles un sens double, comme réserve et échappatoire pour sa conscience. [Toutefois, cette dernière restriction, disent les légistes, est de faible valeur; quand la volonté du mari est forcée, il ne saurait être parjure en ne maintenant pas la répudiation.]

Les circonstances qui [en violentant et forçant la volonté du mari] laissent la répudiation sans valeur, sont : — la crainte de sévices ou de mauvais traitements [ou de souffrances, ou d'affronts], tels que la mort; les coups, même peu nombreux; l'incarcération, la mise aux fers ou aux entraves, la honte des coups donnés avec le plat de la main, sur la nuque, à un homme de cœur et de sentiments élevés, en présence d'une assemblée; — la crainte inspirée par un chef injuste qui menace un mari de lui tuer un enfant, ou de lui détruire ou ravir des biens [si ce mari ne répudie pas sa femme]. Mais, dans le dernier de ces deux cas, la répudiation n'est-elle nulle que si les biens du mari sont considérables par rapport à lui? A cet égard, il y a divergence d'opinions. [Certains juristes veulent que la répudiation soit nulle, quels que soient ces biens.]

La répudiation ne peut plus être nulle, si les moyens

d'intimidation employés annoncent l'intention de nuire à un individu étranger au mari [et que ce dernier, pour éloigner le mal ou le danger de cet individu dont il n'est ni frère, ni père, jure de répudier sa femme]. Mais, pour sauver un étranger [ou des poursuites d'un ennemi, ou des brutalités ou de la rapacité d'un chef injuste, etc.], il est ordonné [comme convenance religieuse] de faire un faux serment. [Il est permis, par exemple, de jurer à celui qui poursuit ou cherche cet étranger, que l'on en ignore la retraite, ou la fuite, etc. bien que l'on en soit parfaitement informé. Mais ensuite on se soumettra à l'expiation de ce parjure officieux. Si néanmoins on a juré par la répudiation, elle est obligatoire, à moins que le fidèle qui a juré n'ait eu à craindre pour lui-même la colère ou la brutalité de celui qui a exigé le serment.]

Du reste, il en est de même [c'est-à-dire que les circonstances qui établissent ou qui annulent la validité de la répudiation constituent ou détruisent aussi les conditions] de validité d'un affranchissement, d'un mariage, d'un aveu, d'un serment [ou d'une location, ou d'une vente,] etc. Mais un acte d'irréligion, le blasphème et l'outrage proférés contre le saint Envoyé de Dieu, les injures et les insultes adressées à un musulman, rien de tout cela n'est permis que sous une menace de mort certaine. De même, la cohabitation illicite [ou même une existence incestueuse] est permise à la femme qui ne peut trouver de quoi prolonger sa vie défaillante [ou celle de ses enfants en bas âge.

Pareille concession est faite à l'homme accablé de misère et de détresse, et qui ne trouve, pour prolonger ses jours, que le moyen de l'inceste]. Néanmoins [dans les cas d'actes irréligieux, d'outrages envers le Prophète ou envers un croyant, de cohabitation incestueuse], la résignation à la mort est plus glorieuse, plus belle aux yeux de Dieu. Ensuite, tuer un musulman [même esclave], ou le mutiler [par l'ablation d'une main, d'un pied, ou seulement lui retrancher le bout d'un doigt], ou commettre un adultère, ou un viol, sont des actes auxquels ne doit jamais consentir le fidèle, pas même sous la menace d'une mort inévitable. [La fornication avec une femme qui l'accepterait et qui ne serait pas mariée est chose permise pour éviter la mort et même moins que la mort.] Mais si un fidèle était forcé de promettre [en jurant par la répudiation ou par l'affranchissement d'un esclave, etc.] qu'il ne fera pas ou qu'il fera telle chose qui lui est défendue ou qu'il est obligé d'accomplir [par exemple boire du vin, ou bien faire telle prière], ce fidèle serait-il tenu de ne pas violer son serment? En réponse à cette question, il y a deux dires. [L'un est affirmatif, l'autre est négatif. Toutefois, il est admis que, si un pareil serment oblige à un acte contraire à la religion, il est nul.] Il y a également deux dires sur ce point: dans le serment qui a été arraché par force [et, par force, suivi d'exécution], le fidèle peut-il [lorsqu'il n'est plus sous l'empire des causes ou des agents de contrainte et de violence] abandonner le fait, par exemple une répudiation, comme fait accompli? [Ou bien doit-il réclamer au nom de sa liberté violée? Des juristes déclarent qu'il a le droit de réclamer.] La majorité veut que l'on maintienne la doctrine du fait accompli.

Pour qu'il y ait *lieu* ou possibilité de répudiation, il faut que la femme soit ou la *possession* actuelle du mari, avant le prononcé de la répudiation, ou même seulement la possession probable et encore conditionnelle; tel serait le cas où l'individu parlant d'une femme qui lui est entièrement étrangère, dirait, « Elle est répudiée, dès le moment que je l'aurai demandée en mariage, » ou « Elle est répudiée lorsque je serai entré dans telle maison, » pourvu que cet individu, en prononçant la formule répudiaire, entende n'en établir la valeur et l'effet qu'à la condition du mariage. Dès lors la femme serait répudiée à la suite immédiate du fait [posé comme condition avant l'union matrimoniale; dans le premier cas, la femme sera répudiée dès qu'elle sera mariée à l'individu; dans le second, dès que l'individu sera entré dans la maison indiquée]. Après l'une et l'autre de ces répudiations, la femme devra recevoir la moitié du don nuptial. [Seulement, pour le second cas, si elle était répudiée après la consommation du mariage, elle recevrait la dot entière.] Mais d'après plusieurs juristes, la moitié de la dot nuptiale ne serait jamais due plus de trois fois [c'est-à-dire que si trois fois le mariage était répété dans les mêmes conditions susmentionnées et suivi de répudiation, comme pour le premier des deux cas précédents, la demi-dot ne devrait être payée que ce nombre de fois. S'il avait lieu une quatrième fois avant que la femme eût été mariée à un autre mari, la demi-dot ne serait pas alors exigible; car ce quatrième mariage serait nul. Mais si la femme avait été mariée à un autre mari et que le premier individu recommençât de la même manière le mariage avec la même femme, il aurait une nouvelle série de demi-dots à payer. De plus, il aurait un parjure à expier, s'il s'était engagé par serment à répudier cette femme toutes les fois qu'il se marierait avec elle; car alors le serment impliquait ceci : « Toutes les fois que la femme sera avec moi, en puissance de mari, je la répudierai »]. S'il y a eu consommation du mariage avec cette femme [répudiée dès avant l'union conjugale], le mari ne doit que le don contractuel [lorsqu'il a été stipulé; sinon, il doit le don coutumier]; il en est de même si le mari a cohabité avec la femme après qu'il s'est rendu parjure [en entrant dans la maison où il ne devait pas entrer sans encourir l'obligation de répudier], et si [considérant seulement les droits que lui confère le titre d'époux] il ignore [qu'une fois que la condition qui entraîne la répudiation est accomplie, il a perdu le droit de cohabiter avec la femme. Si le mari n'ignore pas ce principe de la loi, et que la femme l'ignore, il payera la dot autant de fois qu'il aura eu de cohabitations extra-légales. Mais si la répudiation avait été imparfaite, il n'y aurait, dans l'une et l'autre hypothèse, rien à payer pour la dot nuptiale].

La répudiation est obligatoire pour celui qui se sera imposé même de nombreuses exceptions qu'il aura spécifiées en désignant les diversités de femmes ou les pays, ou une durée [d'un an, par exemple, ou une durée] de temps sur laquelle il peut rationnellement compter [d'après les probabilités et les circonstances possibles de la vie humaine ; or la durée probable ou possible de la vie d'un homme, d'après le dire de la loi, peut aller jusqu'à l'âge de quatre-vingt-dix ans... Si l'individu a dit : « Je répudierai tout ce que j'épouserai de femmes « noires, ou de femmes d'Égypte, etc. » ou tout ce que « j'épouserai de femmes jusqu'à tel âge de ma vie, » il devra tenir son serment]. Mais cette répudiation ne peut porter sur les femmes que l'individu a déjà [et qui seraient de ces pays, ou de ces diversités désignées], à moins qu'il ne répudie plus tard ces femmes par répudiation complète, et qu'il ne se marie de nouveau avec elles.

Le fidèle [qui a promis de répudier telle femme s'il l'épousait] peut néanmoins l'épouser [mais il la répudiera aussitôt que le contrat sera stipulé et conclu].

Celui qui aurait juré de répudier toute femme libre qu'il épouserait, aurait le droit de se marier avec des femmes esclaves [quand même il serait de condition aisée ; et s'il affranchissait ses femmes il ne serait pas obligé de les répudier. Mais si l'individu était dans l'aisance, il ferait mieux de prendre des concubines].

Le fidèle est obligé de répudier, — lorsque, ayant juré par la répudiation de ne pas épouser de femme égyptienne, il se marie avec une femme dont le père est Égyptien [et la mère Égyptienne, ou Syrienne, etc.],

ou avec une femme qui est venue se fixer en Égypte,
qui a pris les mœurs et le caractère des Égyptiennes;
— lorsque, ayant juré par la répudiation de ne pas se
marier (*fi mas'r*) en Égypte, et ayant voulu dire,
« dans toute l'Égypte, » il s'y marie cependant. S'il a
seulement voulu dire (par *fi mas'r*), « au Kaire » [d'a-
près le sens vulgaire donné au mot *mas'r* par les habitants de l'Égypte, ou s'il n'a eu intention de rien spé-
cifier], il ne sera tenu de répudier que les femmes qu'il
prendra en mariage dans un rayon de pays éloigné du
Kaire à une distance telle que tous les fidèles qui se
trouvent en deçà sont obligés de venir à la prière solennelle du vendredi dans le Kaire. [De même pour tout
village, bourg, ou ville. La distance indiquée est de trois
milles ou trois milles et un quart, à partir du minaret de
la mosquée où se fait la prière solennelle du vendredi.]
Mais le fidèle [qui, à cause de son serment, ne peut pas
se marier en Égypte, ou au Kaire] peut y faire une
promesse de mariage [puis sortir de la localité avec la
femme, se marier et revenir].

Un fidèle ne sera point obligé de tenir son serment,
lorsqu'il aura juré — de répudier toutes les femmes
qu'il pourra épouser [— ou de répudier toutes les
femmes qu'il épousera, s'il entre dans telle maison, et
qu'il y entre]; — de se restreindre à ne prendre femme
que dans un très-petit nombre [par exemple, dans une
localité très-peu nombreuse et où il y a peu à choisir;
car exprimer un pareil serment, c'est s'interdire la
presque totalité des femmes]; — de répudier toute

femme avec laquelle il ne se mariera pas par *téfouïd*;
— de répudier toute autre femme que celle qu'il prendra dans tel village ou hameau très-peu peuplé [et où
il n'y a que quelques femmes parmi lesquelles on puisse
choisir]. Enfin, si l'individu qui a juré de répudier toute
femme qu'il épousera sans l'avoir vue auparavant, devient aveugle, il est délié de son serment.

Un fidèle qui aurait juré, d'abord, de répudier toute
femme non vierge, et ensuite toute femme vierge qu'il
épouserait, ne serait tenu d'accomplir son serment que
relativement aux femmes non vierges. Le serment énoncé
à l'inverse [c'est-à-dire en nommant les femmes vierges
en premier lieu] n'obligerait qu'à la répudiation des
femmes vierges.

Celui-là n'est pas tenu d'accomplir son serment, —
qui, ayant dit, « Jusqu'à telle année, » ou « telle époque
de ma vie, toute femme que j'épouserai, je la répudierai, » a à craindre d'être entraîné à la débauche et n'a
pas les moyens d'user du concubinage [or, en pareil cas,
le fidèle peut et même doit se marier, et il ne sera pas
parjure]; — ou qui a dit : « La dernière femme que
j'épouserai sera répudiée. » [Cette sorte de serment
n'engage à rien, vu que l'on ne peut savoir quelle sera
cette dernière femme, qu'à la mort de l'individu.] Mais
des juristes (Ibn-Méouâz et Seh'noûn) émettent l'opinion
que [dans ce serment] l'individu doit s'abstenir de cohabiter avec la première femme qu'il prendra, jusqu'à
ce qu'il en ait pris une seconde [et avec la seconde
jusqu'à ce qu'il en ait pris une troisième], et ainsi de

suite. Du reste, il sera alors, par rapport à la femme laissée en attente, dans la position du mari qui a juré de ne pas cohabiter avec sa femme. [Et si la femme actionne le mari et ne veut pas rester avec lui sans copulation, la répudiation sera judiciairement prononcée.] Selon El-Lakhmî, le mari ne s'abstiendra pas de cohabitation avec la *première* femme qu'il aura prise en mariage [car elle ne peut être considérée comme étant la *dernière*, c'est-à-dire celle qui, d'après le serment, doit être répudiée].

Le fidèle qui aura dit, « Si je prends femme ailleurs qu'à la ville, cette femme sera répudiée, » répudiera la femme immédiatement après le mariage contracté quand elle ne sera pas de la ville. On a expliqué aussi que le sens de cette disposition est que ce fidèle devra répudier toute femme qu'il épousera avant d'en avoir épousé une qui soit de la ville.

§ 4. Du moment où la répudiation doit s'opérer, et des circonstances de temps pendant lequel elle peut demeurer obligatoire.

Ce n'est qu'au moment où s'accomplit l'acte ou le fait [qui d'après le serment entraîne la répudiation], que les paroles du mari doivent avoir leurs conséquences, pourvu que le mari ait encore alors quelque droit sur la femme. Car une fois que la femme est séparée complétement de son mari, si elle vient à faire l'acte qui était une condition jurée pour la répudiation, le mari n'est plus obligé à rien. Dans le cas où il se re-

marie avec elle et où elle fait ensuite l'acte qui avait
été désigné par le serment du mari, comme motif de
la répudiation, le mari susdit est obligé de satisfaire à
sa parole jurée, si toutefois il avait encore le droit de
se remarier avec cette même femme [c'est-à-dire si la
répudiation qui a suivi le serment n'était pas définitive.
De plus, la circonstance indiquée ici suppose que le
temps pendant lequel le serment conserve sa valeur
obligatoire n'est pas précisé; tel serait le serment dont
le sens comporterait, « Toutes les fois que tu entreras
dans telle maison, tu seras répudiée, » ou bien « Quand
tu entreras dans telle maison, tu seras répudiée »]. Il en
est de même pour un serment conditionnel dont la conséquence est une assimilation injurieuse. [Par exemple
lorsque le mari a dit à sa femme: « Si tu entres dans telle
maison, tu seras pour moi comme le dos de ma mère. »
Si la femme est ensuite répudiée par répudiation parfaite, et entre alors dans la maison indiquée, le mari
n'est pas tenu de se soumettre à l'expiation voulue pour
l'assimilation injurieuse. Mais dans le cas où le mari se
remariera avec cette femme, et où ensuite elle entrera
dans la maison désignée, il sera tenu de se soumettre
à l'expiation.]

Les circonstances obligatoires pour le mari changent,
si le serment de répudiation est en faveur de la femme;
le mari alors doit tenir son serment, et dans le premier mariage avec cette femme et dans les autres.
[Ainsi lorsque le fidèle a juré à sa femme que toute
autre femme qu'il épouserait après elle serait répudiée,

il doit accomplir son serment immédiatement après tout contrat nouveau; et s'il répudie la première, même définitivement, et qu'après les formalités voulues il se remarie avec elle, il est encore obligé envers elle à tenir son ancien serment.] Il y est obligé lors même qu'il aurait répudié [complétement, ou imparfaitement, ou définitivement] cette première femme, qu'ensuite il se serait marié avec une autre, et qu'alors il se marierait encore avec la première; celle-ci doit être seule conservée et l'autre doit être répudiée immédiatement, malgré les récriminations du mari et quoiqu'il allègue que ce n'est point pendant son union avec la première femme qu'il a contracté un autre mariage, ou quoiqu'il soutienne même que primitivement il a eu, dans son serment, une intention différente du sens apparent; car le but évident du serment était de ne point avoir d'autre femme en même temps que la première. Mais pour la circonstance précitée, la valeur de l'intention dans le serment est-elle refusée et rejetée parce que le serment était en harmonie avec l'intention de la femme en faveur de laquelle il a été fait? ou bien parce qu'une preuve matérielle est venue s'élever contre le mari? Il y a à cet égard deux opinions émises par les juristes. [L'une affirme la première partie de la question; l'autre affirme la seconde et déclare que le serment ne comporte en réalité que l'obligation absolue pour le mari de ne jamais posséder une seconde femme avec la première qu'il avait prise.]

La répudiation deviendra obligatoire [et selon qu'elle

aura été exprimée] pour celui qui aura dit [en désignant exactement la personne], « Tant que vivra une telle, toute femme que j'épouserai sera répudiée, » à moins cependant que le mari, d'après son intention et sa pensée, n'ait voulu dire : « Tant qu'elle sera sous mon autorité maritale. » [Car alors la répudiation serait opérée selon ce dernier sens, que la femme soit ou non mariée à l'individu qui a juré.]

Si l'esclave qui s'est engagé à répudier sa femme *par trois*, au cas où elle entrerait dans telle maison, vient à être affranchi, et qu'ensuite sa femme entre dans la maison désignée, il est obligé à une répudiation *par trois*; s'il s'est engagé à répudier *par deux*, il lui reste encore le droit d'*une* répudiation. [Car c'est au moment où s'accomplit le fait qui entraîne la répudiation, qu'elle est devenue obligatoire; or, le mari libre a le droit d'opérer trois répudiations.] De même, il reste encore [au susdit esclave affranchi] le droit d'*une* répudiation, s'il ne s'est engagé, étant esclave, qu'à la répudiation *par un*, et qu'ensuite il ait été affranchi [avant que sa femme ait encouru cette répudiation *par un*. Car, étant esclave, il a usé de la moitié du nombre de répudiations permises à l'esclave; et la moitié des répudiations permises à l'homme libre est d'une et demie, ce qui équivaut à deux]. (Voyez, ci-après, § 6.)

Si un fidèle libre s'engage envers sa femme, laquelle appartient en propre au père de ce fidèle, à la répudier lors de la mort du père susdit, cette répudiation est nulle [par la raison que le mari, étant héritier de son

père, semble vouloir exclure la femme de ses préroga-
tives d'épouse].

§ 5. Des formules répudiaires. — Comment elles entraînent tel ou tel
genre de répudiation. — Répudiation par signes et par moyens
indirects.

Les paroles [qui entraînent la répudiation sont celles
que, dans la coutume, on a admises comme ayant le
sens de rompre ou délier le lien de dépendance qui
retient la femme attachée au mari; telles] sont, « Je t'ai
répudiée, » ou « Je te répudie, » ou « Je me sépare de
toi par répudiation, » [ou « J'ai prononcé contre toi la
répudiation, »] ou « Tu es répudiée, » ou « Ta répudiation est obligatoire pour moi. » Cependant, l'usage n'a
pas accepté le terme : « Tu as été répudiée, *moant'alik'a*. »
[L'intention ne suffit pas pour donner la valeur à la
répudiation; il faut que les paroles nécessaires soient
énoncées et articulées par le mari.]

Les diverses expressions précédentes n'établissent
que la répudiation *par un* [c'est-à-dire un seul acte de
répudiation], à moins que le mari n'ait eu l'intention de
prononcer une répudiation double. Il en est de même
de l'expression [figurée adressée par le mari à la femme] :
« *l'taddi*, mets-toi en attente légale. » [Mais si le mari
disait, « Je te répudie, mets-toi en attente légale, » il
aurait établi une répudiation *par deux*, ou deux actes
de répudiation, à moins qu'il n'eût voulu simplement
apprendre à la femme qu'étant répudiée elle devait se
mettre en attente légale.]

On s'en rapportera à la déclaration du mari s'il affirme que, par le mot *i'taddi,* il n'a pas voulu dire, « Mets-toi en attente légale, » et s'il y a des circonstances qui prouvent [qu'il s'agissait, par exemple, de compter des pièces d'argent, et] que le mot a été dit dans le sens de : « Compte, fais le compte. » [Ce mot, en effet, a la double signification indiquée ici.] On acceptera encore la parole du mari s'il déclare que, lorsqu'il a dit à sa femme, « *Enti t'âlek',* tu es déliée, » ou « Je te délie, » elle était embarrassée dans des liens [ou dans des cordes, ou dans des entraves, etc.], et qu'elle lui a dit d'abord : « Délie-moi. » [Le mot *t'âlek',* tu es déliée, et *t'allik',* délie, est le terme spécial pour dire aussi, « Tu es répudiée; » à l'impératif, *t'allik',* répudie.] Mais si la femme n'a pas demandé à son mari [de la débarrasser des liens matériels, et qu'il lui ait dit : « *Enti t'âlek'* »], la parole du mari, d'après ce qu'affirment certains juristes, emporte la répudiation; d'autres sont d'un avis opposé.

Une répudiation est *par trois,* lorsqu'elle est énoncée par [une des formules suivantes] : — « Tu es retranchée, » *enti betta* [c'est-à-dire, « Ton union avec moi est brisée, coupée, rompue; » c'est une sorte d'abdication définitive, de renonciation entière à tout rapport avec la femme]; — ou bien, « Tu as la bride sur les épaules » [c'est-à-dire « le frein de mon autorité, je l'ai rejeté de ma main; je te laisse libre »]; — ou encore [mais seulement après que le mariage a été consommé], « Tu es répudiée par une seule répudiation

complète, » si l'intention est que le fait soit définitif;
— ou « Je te laisse le chemin libre, » ou bien, « Rentre
dans l'intérieur de la maison, » [ou bien, « Sors, va-t'en, »
ou bien, « Va, retourne dans ta famille, »] mais il faut
[en prononçant l'une ou l'autre de ces expressions]
que le mari ait l'intention de répudier définitivement
[et que le mariage ait été consommé. Sans l'intention
indiquée ici et dans le cas précédent, la répudiation ne
serait que *par un*].

Une de ces formules, « Tu es pour moi comme un
être mort, » ou « comme du sang » [ou « comme de la
chair de porc, » c'est-à-dire comme des objets dont la
loi défend l'usage], ou « Je te donne à toi-même, » [ou
« Je te donne ta répudiation, » ou « Je te donne à ton
père, »] ou « Je te renvoie à ta famille, » ou « Tu es pour
moi chose défendue, » ou « Toute relation d'époux est
désormais chose défendue entre nous; » une de ces formules, dis-je, adressée par le conjoint à la femme avec
laquelle il n'a pas encore eu de relations matrimoniales, entraîne la répudiation *par trois*, à moins que
le conjoint n'ait eu l'intention de répudier par un terme
au-dessous de trois [c'est-à-dire *par deux*, ou *par un* seulement, et à moins qu'il ne déclare par serment qu'il a
eu cette intention; alors il n'est obligé qu'au nombre
qu'il déclare. S'il refuse le serment, la répudiation est *par
trois*. Mais, une de ces mêmes formules, adressée à une
femme avec laquelle le mariage a été consommé, entraîne toujours et sans réserve la répudiation *par trois*].
La répudiation serait encore la même [soit avant, soit

après les relations conjugales, et avec les mêmes circonstances de validité ou d'invalidité d'intention, — si le mari disait aux parents de sa femme, « Je vous la donne, je vous la rends, »] — s'il disait à sa femme, « Tu es abandonnée, » [« tu es débarrassée de moi, tu restes seule, mise de côté, »] ou bien, « Tu es détachée, » [ou « délivrée de moi, entièrement séparée, *bâïna*, »] ou bien « Je suis débarrassé de toi, » [« je me retire, je reste seul, » ou bien, « Je te suis défendu, prohibé »].

C'est seulement au moment où l'individu voudra se remarier avec la femme qu'il a répudiée, que l'on exigera de lui de déclarer, sous la foi du serment, si par telle ou telle de ces formules répudiaires [dont l'intention fait varier le nombre], il n'a voulu répudier cette femme que *par un* ou *par deux*. [S'il élude le serment, la répudiation est considérée comme ayant été *par trois*. Si le serment était exigé avant le moment du nouveau mariage, le mari ne voudrait peut-être plus par la suite épouser la femme.] De plus, on s'en remettra à la conscience et à la religion du mari, si, tout en donnant des indications probantes en sa faveur, il nie que les paroles d'apparence répudiaire qu'il a prononcées aient été dites dans un but de répudiation. [Ainsi, on renverra le mari au tribunal de sa conscience, s'il dit, en indiquant des circonstances commémoratives, que par cette apostrophe, « O répudiée ! » il a voulu simplement comparer sa femme à une répudiée, mais que la parole l'a trahi ; que par ces mots, « Tu es pour moi comme un être mort, » ou « comme du sang, » il a

voulu parler de mauvaise odeur, de saleté; que par,
« Tu es abandonnée, » il a voulu dire abandonnée de
la fortune, du bonheur, etc.]

La répudiation *par trois* [après que le mariage est
consommé] devient la conséquence obligée de cette
formule, « Je n'ai plus d'autorité maritale sur toi, » à
moins toutefois qu'il ne soit question de prix de compensation [car alors ce serait un divorce]. Il en est de
même si la femme achète l'autorité que le mari a sur
elle [en lui disant : « Vends-moi ta répudiation. » Mais
il n'y a que répudiation *par un*, si la femme se rachète
par rançon compensatoire, après avoir dit au mari :
« Vends-moi ma répudiation. » C'est encore alors un
simple divorce].

La répudiation *par trois*, avant ou après le mariage
consommé, est prononcée par ces mots, « Je te laisse le
chemin parfaitement libre, » à moins cependant que
l'intention du mari n'ait été de prononcer une répudiation au-dessous de trois. [On s'en rapporte alors à l'attestation du mari.]

« Je me sépare de toi » n'emporte que la répudiation
unique ou *par un* [à moins que l'intention n'ait été de
prononcer la répudiation *par deux* ou *par trois*].

C'est l'intention [déclarée sous la foi du serment]
qui décide de la réalité et du nombre de la répudiation
dans [l'énoncé de l'une des formules suivantes adressées
par le mari à sa femme, soit avant, soit après la consommation du mariage], — « Va-t'en ; » — « Éloigne-
toi, pars ; » — « Je ne t'ai jamais prise pour femme ; »

— « Non ! » donné en réponse par le mari à quelqu'un qui lui demande : « As-tu une femme ? » — « Tu es libre ; » [et à ces mots le mari ne doit rien ajouter, autrement il y aurait répudiation *par trois ;*] — « Tu es affranchie ; » — « Va rejoindre ta famille ; » — « Tu n'es plus ma femme ; » mais, dans cette dernière formule, s'il y avait eu une condition posée et qu'elle fût violée, [telle cette condition, « Si tu entres dans telle maison, tu n'es plus ma femme, »] la répudiation serait prononcée [ou *par un*, ou plus, selon l'intention du mari. Dans l'énoncé de ces diverses formules, l'absence d'intention exclut toute répudiation].

Par les expressions, — « Il n'y a plus de mariage entre toi et moi ; » — « Je n'ai plus de pouvoir sur toi ; » — « Je n'ai plus de direction à exercer sur toi, » le mari ne s'engage à rien, si toutefois ces expressions sont liées à la suite d'autres paroles. Mais si l'une ou l'autre est énoncée toute seule, la répudiation *par trois* en est la conséquence [nécessaire pour la femme dont le mariage est consommé, et seulement la conséquence éventuelle, c'est-à-dire conforme à ce qu'a été l'intention du mari, pour la femme dont le mariage n'a pas été consommé].

Toutes relations avec la femme sont-elles ou ne sont-elles pas interdites au mari par l'énoncé des formules suivantes ? — « Ta face est interdite à ma face ; » — « Ma face sur ta face est chose défendue ; » — « La vie que je mène est un crime. » Il y a, à cet égard, deux opinions parmi les juristes. [Les uns prétendent que ces divers énoncés n'obligent le mari à rien; les autres décident que le mariage est rompu et ne peut se renouer qu'après que la femme aura été mariée à un autre individu.]

Les expressions suivantes sont sans conséquences à la charge du mari, — « O défendue, prohibée! » — « La chose permise est défendue, » ou « est défendue pour moi; » — ou « Tout ce que j'ai est pour moi un bien défendu, » pourvu que le mari ne veuille pas comprendre sa femme [dans le sens de cette dernière formule. Car la femme n'est pas une possession possessoire comme l'esclave].

Un mari qui [avant ou après la consommation du mariage] aura dit à sa femme, « O femme sans frein! » ou bien, « O femme sans maître! » ou « Affranchie! » ou bien, « Il n'y a plus rien ni de défendu ni de permis entre toi et moi, » devra jurer que par l'une ou l'autre de ces expressions il n'a point voulu prononcer de répudiation [et alors il ne sera obligé à rien]; s'il élude le serment, la répudiation sera en tel ou tel nombre, selon ce qu'aura été la volonté de ce mari.

Du reste, l'emploi de toutes les formules indiquées [depuis le commencement (du cinquième alinéa précédent): « C'est l'intention, » etc.] entraine une punition pour le mari [car ces expressions, disent les légistes, impliquent dans leur tendance un sens offensant que l'on pourrait appliquer même à l'ensemble des musulmans].

L'intention du mari n'a aucun effet relativement au

nombre de la répudiation [et n'empêche jamais qu'elle soit définitive], déclarât-il même qu'il n'a point eu pour but de répudier, lorsqu'à sa femme qui lui a dit, « Ce que je demande à Dieu, c'est de me débarrasser de ta société, » il a répondu une de ces formules : « Tu es démariée complétement, » ou « Tu es délivrée, » ou « Tu es débarrassée, » ou « Tu es répudiée *par trois* » [ou « Je suis complétement démarié, » ou « Je suis délivré de toi, » ou « Je suis débarrassé de toi, » ou « Je suis complétement séparé de toi »].

La femme est nécessairement répudiée, si le mari, en lui adressant ces paroles, « Donne-moi de l'eau à boire, » [ou « Rentre chez toi, » ou « Sors, » ou « Mange, » ou « Bois, »] ou toute autre parole [qui n'a cependant aucun sens de répudiation ou d'injure], a eu pour but de répudier la femme. [L'intention, dans ce cas, est la mesure du fait vaguement énoncé. Un acte de violence sur la personne de la femme ne peut jamais, malgré l'intention, être une forme de répudiation.] Mais, si le mari a voulu prononcer positivement, « Je te répudie, » et que, la parole l'ayant trahi, il ait eu un *lapsus linguæ* [et ait dit, « Donne-moi de l'eau à boire, » ou « Rentre chez toi, » etc.], il n'est pas obligé de consommer la répudiation; de même, s'il a voulu décider et prononcer une répudiation *par trois* et qu'il ait dit [précipitamment et sans réfléchir], « Tu es répudiée, » sans rien ajouter de plus [il n'a prononcé qu'une répudiation unique].

Enfin, ces mots, adressés à la femme, « Eh! ma

mère! Eh! ma sœur! [Eh! ma tante!» etc.], ne sont que des interpellations puériles [qui n'engagent la conscience qu'à titre de fait blâmable].

Tout acte présentant, comme expression, l'indice significatif de répudiation ou de séparation, oblige le mari à répudier sa femme. [Tel serait le cas où un mari, avec intention bien précise, viendrait à quereller sa femme à propos de mariage, et de manière qu'en regardant alors cette femme, on verrait qu'elle comprend ce dont il s'agit réellement... Un muet peut répudier par signes.]

A partir du moment même où le mari a dit à quelqu'un, « Va annoncer à ma femme qu'elle est répudiée, » la répudiation est forcée [soit que le mandataire accomplisse sa mission, soit qu'il ne l'accomplisse pas]. De même, à partir du moment où le mari, décidé ou non à répudier sa femme, a terminé une lettre par laquelle il lui annonce la répudiation, cette femme est répudiée; la répudiation ne date point de l'instant où la lettre sera remise à la femme [quand même il aurait spécifié cette réserve : « Lorsque cette lettre t'arrivera, tu seras répudiée. » Cependant, si la lettre n'est pas remise à la femme, il n'y a pas de répudiation].

Le mari est-il tenu d'effectuer la répudiation qu'il a prononcée en lui-même [et sans articuler de paroles], comme s'il l'avait prononcée de vive voix [et en articulant les mots]? Il y a sur ce point deux opinions contradictoires. [Toutefois, si le mari était décidé d'abord à répudier sa femme, et que, n'ayant rien articulé, il ait renoncé à son projet, il n'est point tenu d'effectuer la répudiation. L'opinion la plus générale est que la pensée seule ou le désir seul de répudier n'oblige à rien.]

§ 6. Des formules par répétitions, par fractions, par correctifs, par défalcations.

Si la répudiation a été prononcée par répétition de formules réunies entre elles par les particules *et*, *puis*, *ensuite* [par exemple, si le mari a dit à sa femme, « Tu es répudiée, et répudiée, et répudiée, » ou bien, « Tu es répudiée, puis répudiée, puis répudiée, » etc. et s'il n'a pas voulu seulement appuyer sur le sens du mot répudiée, mais bien en exprimer le sens trois fois], la répudiation est *par trois*, les époux eussent-ils été [ou non] en relations conjugales. Il en est toujours de même, soit avant, soit après les relations des conjoints, si le mari a prononcé [par forme de surabondance et avec quelque autre terme que ce soit] *plus deux* répudiations [par exemple, s'il a dit, « Tu es répudiée, *plus deux* répudiations, » ou « *encore avec deux* répudiations, » ou bien, « *et par-dessus cela, deux* répudiations, etc. » car c'est dire : « Tu es répudiée une fois, plus deux fois »].

Soit avant, soit après les relations conjugales, la répudiation est encore *par trois*, bien qu'elle n'ait pas été énoncée en réunissant, par le moyen de particules, les expressions répétées, mais en les accolant l'une à l'autre sans intermédiaire, à la condition toutefois que

l'intention du mari [ait été de prononcer trois répudiations et] n'ait pas été simplement de préciser et de bien
déterminer qu'il répudiait. [Tel serait le cas où le mari
dirait, « Tu es répudiée, répudiée, répudiée, » ou bien,
« Mets-toi en attente légale, en attente légale, en attente
légale, » ou bien, « Tu es répudiée, tu es répudiée, tu
es répudiée, » etc. Si l'expression n'a été répétée que
deux fois, la répudiation n'est que *par deux;* et si, dans
l'un et l'autre cas, le mari n'a voulu que préciser qu'il
répudiait, la répudiation n'est que *par un.*] Si l'intention du mari [en répétant les expressions] a été simplement de bien préciser qu'il répudiait, il n'y a
(disons-nous) qu'une répudiation unique, mais seulement dans le cas où la répudiation n'a pas été soumise à plusieurs conditions. Si la répudiation a été
posée sous des conditions multiples, elle sera en nombre égal aux conditions violées. [Lors donc que le
mari a dit à sa femme, « Tu es répudiée, si tu parles
à Zeîd, » et qu'il répète encore deux fois cette phrase,
la femme devra être répudiée aussitôt qu'elle aura
parlé à Zeîd, et, selon ce que le mari avait dans l'intention, *par trois* ou *par un.* Mais lorsqu'il a dit, « Tu
es répudiée, si tu parles à Zeîd; répudiée, si tu entres
dans telle maison; répudiée, si tu manges ce pain, » et
que la femme parle à Zeîd, entre dans telle maison,
mange tel pain, la répudiation sera *par trois,* quelle
qu'ait été l'intention du mari relativement au nombre
de répudiations.]

Après qu'une femme a été répudiée [par répudiation

simple], si un individu [pendant la durée de l'attente légale de la femme] dit au mari : « Qu'as-tu donc fait? » et que le mari, en répondant, « Elle est répudiée, » veuille simplement indiquer le fait accompli et passé, il n'y a qu'une seule répudiation, la première. [Si le mari a voulu répéter une nouvelle répudiation, il y a alors répudiation *par deux*.] Mais s'il n'a eu aucune intention précise, est-il obligé d'effectuer les deux répudiations? Il y a, sur cette question, deux avis contradictoires [l'un négatif, l'autre affirmatif].

Les expressions suivantes [adressées par le mari à sa femme] entraînent une répudiation unique : — « Tu es répudiée par une demi-répudiation, » ou « par la moitié de deux répudiations, » ou « par deux demi-répudiations » [— ou « par un dixième, » ou toute autre fraction], — ou « par la moitié et un tiers de répudiation » [car la fraction placée avant le mot répudiation rentre dans le sens unique de répudiation]; — ou « Tu es répudiée par répudiation d'un par un [c'est-à-dire un multiplié par un; mais si le mari ne sait pas de calcul, il est obligé d'effectuer deux répudiations]; — ou « Tu seras répudiée dès que tu feras telle chose » [ou « que tu entreras dans telle maison, etc. »], lors même que la femme renouvelle plusieurs fois le même fait; — ou bien, « Tu es répudiée à tout jamais » [ou « jusqu'à la fin du monde, jusqu'à la résurrection générale; » l'expression ne comporte absolument qu'une répudiation quelque longue qu'elle soit].

Les expressions qui entraînent la répudiation *par*

deux sont, — « Tu es répudiée par un quart de répudiation et une demi-répudiation » [car on énonce deux
fois le mot répudiation, une après chaque fraction; et
chaque fraction isolée entraîne le sens d'un acte entier];
— ou « Tu es répudiée par une répudiation multipliée
par deux; » — ou « Tu es répudiée par la totalité des
répudiations moins *sa* moitié [ce qui égale un et demi;
et un et demi, en exécution répudiaire, exige deux
répudiations; mais si, au lieu de « *sa* moitié, » on dit
« moins *une* moitié » c'est-à-dire « moins une moitié de
répudiation, » la femme est répudiée *par trois*]; — ou
bien [en s'adressant à une femme étrangère à lui mari],
« Tu es répudiée, si je me marie avec toi, » puis ajoutant
plus tard : « Je répudie toute femme qui serait de tel
pays et que j'épouserais » [et ce pays est celui de la
femme qu'il a répudiée d'avance. Si cet individu vient
à se marier avec cette femme, elle doit être aussitôt
répudiée *par deux*, une fois pour elle en particulier,
et une fois pour la répudiation portée collectivement
contre toutes les femmes du pays. Mais, selon certains
juristes, si la répudiation exprimée en forme générale
avait été énoncée la première, la femme, après qu'elle
serait mariée avec l'individu, ne serait frappée que
d'une répudiation unique].

Maintenant, les expressions qui obligent à la répudiation *par trois* ou définitive sont, — « Tu es répudiée
par la totalité des répudiations moins une demie » [c'est-
à-dire deux répudiations et demie]; — ou « Tu es répudiée par deux répudiations multipliées par deux

autres • [c'est-à-dire quatre ; mais comme la loi n'en admet que trois, la quatrième est nulle] ; — ou bien, « Tu es répudiée toutes les fois que t'arriveront tes menstrues • [c'est-à-dire un grand nombre de fois, et par conséquent au delà de ce qu'il faut pour obliger à la répudiation *par trois*; mais si la femme n'était pas menstruée ou avait dépassé l'époque de la ménopause, la répudiation serait nulle et non avenue] ; — ou bien, • Toutes les fois que, ou à chaque fois que, ou du moment que je t'aurai répudiée, ou que la répudiation te sera adressée par moi, tu seras répudiée ; • la répudiation alors sera *par trois* dès que le mari l'aura prononcée seulement *par un* [car ces indications, *toutes les fois que, à chaque fois que,* etc. sont considérées comme annonces de faits qui doivent se répéter, et l'existence du premier établit l'existence des autres] ; — ou encore : « Si je te répudie, tu es à l'avance répudiée *par trois.* » [C'est dire qu'en quelque nombre que soit jamais prononcée la répudiation, elle est à l'avance décidée sous la forme *par trois.*]

Dans le cas où un fidèle dirait à ses quatre femmes, • Entre vous toutes une seule et unique répudiation, » chacune des quatre femmes [bien qu'elle n'ait été frappée que d'un quart de répudiation] est répudiée *par un;* et de même tant que le nombre prononcé ne dépasse pas le nombre des quatre femmes de ce fidèle. [Il peut donc, pour elles quatre, donner une, ou deux, ou trois, ou quatre répudiations, et les quatre femmes ne sont répudiées que *par un.* Car la fraction ou l'entier de l'unité, en exécution répudiaire, entraîne également une répudiation unique. Si le fidèle donnait de même cinq, ou six, ou sept, ou huit répudiations, les quatre femmes seraient atteintes chacune de deux répudiations; au delà de huit répudiations prononcées, ces quatre femmes seraient répudiées définitivement. Le même principe s'appliquerait à un nombre différent de femmes.]

D'après Seh'noûn, si le fidèle susmentionné associait et rassemblait ses quatre femmes [comme une seule individualité] sous le terme [deux ou] trois répudiations, chacune des quatre femmes serait atteinte [selon le terme primitif prononcé, ou de deux, ou] de trois répudiations.

Dans le cas où le fidèle [aurait trois femmes, et] dirait à la deuxième, « Tu partages de compte à demi l'état de la première, qui est répudiée *par trois,* » et à la dernière, « Tu partages de compte à demi l'état des deux autres femmes, » pour les deux extrèmes [c'est-à-dire, la première et la dernière femme] la répudiation serait *par trois,* et pour le terme moyen elle serait *par deux.* [Car la seconde femme, en partageant à compte à demi l'état de la première, n'a été atteinte que d'une répudiation et demie; mais la troisième femme, partageant l'état de chacune des deux autres, a été atteinte d'abord de la moitié des trois répudiations portées contre la première femme, ce qui a opéré deux répudiations, ensuite de la moitié d'une répudiation et demie portée contre la seconde femme, ce qui opère une troisième répudiation.]

Mais on punira : — celui qui aura répudié par répudiation fractionnée; — et celui qui aura répudié une
partie de sa femme, par exemple, une main [et qui
aura dit à cette femme, « Ta main est répudiée, » ou
« Ton œil est répudié, » ou « La moitié de ta personne
est répudiée, » etc. Toutefois ces répudiations par-
tielles sont autant de répudiations obligatoires, et cela
conformément à ce que le mari a eu dans l'intention].
La répudiation est obligatoire [et conforme aussi à
l'intention du mari] lorsqu'il a dit à sa femme, « Tes
cheveux sont répudiés, » ou bien, « Ta parole est répudiée; » car la parole et les cheveux font le charme
et la grâce de la femme [et sont des sources de jouissances toujours présentes]. Mais « Je répudie ta toux, »
ou « ta salive, » ou « tes larmes, » sont des répudiations
nulles [parce qu'elles portent sur des objets qui ne persistent pas et ne sont pour rien dans les charmes et les
grâces de la femme. De même, les cheveux séparés de
la femme, ou les cheveux gris, à moins que ces derniers ne plaisent au mari].

Un terme correctif immédiatement appliqué à la suite
du nombre donné à la répudiation a toute la force et
la valeur de ce qu'il exprime, pourvu qu'il ne détruise
et n'annule pas entièrement [le terme auquel on l'oppose. En disant, « Tu es répudiée *par trois*, » et en
ajoutant de suite « moins deux, » on ne prononce qu'une
répudiation. « Tu es répudiée *par trois*, moins trois ou
moins deux et un quart, » est un non-sens, une absurdité, et dès lors la répudiation reste *par trois*]. Mais

« Tu es répudiée *par trois*, moins trois moins un, » ou
bien, « Tu es répudiée *par trois*, ou, par répudiation
définitive, moins deux moins un, » établit une répudiation *par deux*. [Dans la première formule, comme moins
trois établit une absurdité au point de vue de répudiation, le tout est ramené à : *par trois* moins un. Dans
la seconde formule, chaque terme appliqué à *moins* est
défalqué du terme précédent; puis on réunit chaque différence résultant de chacune des deux soustractions;
ainsi, trois moins deux donnent pour reste *un;* et deux
moins un donnent pour reste *un;* il reste donc deux répudiations.]

Dire, « Tu es répudiée *par un* et *par deux* moins
deux, » établit une répudiation *par un*, si, par moins
deux, on a voulu soustraire deux de la somme des deux
chiffres précédents; sinon [c'est-à-dire si l'on a voulu
retrancher ces *deux* des *deux* précédents considérés à
part], la répudiation reste répudiation *par trois*. [Car
deux moins deux rentre dans l'absurde, et, comme il y
a répudiation prononcée et dès lors obligatoire, tout
demeure tel qu'il était, attendu qu'on ne peut ôter non
plus deux de un, c'est-à-dire détruire le premier terme
par un autre qui lui est ou égal ou supérieur.]

Mais dans la défalcation doit-on regarder comme
nul, ou doit-on prendre en considération, ce qui dépasse le chiffre légal des répudiations? [Ainsi, dans
cette formule, « Je te répudie *par cinq* moins deux, »
faut-il défalquer deux de cinq, chiffre extra-légal? ou
bien partir de trois, chiffre légal extrême, et en défal-

quer deux ? c'est-à-dire, prononcera-t-on alors une répudiation *par trois* ou *par un* ?] Il y a deux dires à cet égard. [Toutefois l'opinion le plus généralement acceptée est de s'en tenir au chiffre exprimé, quoique dépassant les limites légales.]

SECTION XVIII.

DE LA RÉPUDIATION CONDITIONNELLE.

§ 1. **Des** circonstances et des formules qui rendent immédiatement obligatoire la répudiation conditionnelle.

La répudiation doit avoir son accomplissement immédiat, lorsqu'elle a été prononcée sous une forme conditionnelle (50) rapportée à un fait passé soit inadmissible ou pour la raison, ou dans les habitudes ordinaires du monde, ou pour la loi religieuse et civile, soit admissible et possible. Telle serait [pour le premier cas cette formule adressée à la femme, « Je le jure par la répudiation, si j'étais allé hier chez un tel, je l'aurais fait vivre et mourir en même temps; » et cette autre formule, pour le second cas, « Je le jure par la répudiation, si j'étais allé hier chez un tel, je l'aurais enfoncé sous terre; » ou bien, « je l'aurais enlevé dans les airs; » ou cette formule, pour le troisième cas, « Je le jure par la répudiation, si j'étais allé hier chez un tel, je lui crevais un œil, je le tuais; » enfin, dans le quatrième cas, telle serait] cette formule : « Je te le jure par la répudiation, si tu étais venu hier, je t'aurais payé ce que je te dois. » [Dans les deux premières circonstances, le mari est tenu d'effectuer la répudiation à cause de l'affirmation tranchante des termes pour assurer une extravagance ou une impossibilité; et, dans les deux dernières circonstances, à cause du doute qui peut rester attaché à l'affirmation exprimée.]

La répudiation aura encore son accomplissement immédiat, lorsqu'elle aura été prononcée sous une condition rapportée à un temps ou à un fait à venir et positifs, et auxquels, d'après toute probabilité, les époux seront présents; tel est le cas où le mari aura dit à sa femme, « Tu es répudiée dans un an » [ou « pour le jour de ma mort, ou pour la veille de ma mort, ou pour le mois qui précédera ma mort; » car alors le mariage est devenu une sorte de jouissance par privilége, ou par usufruit]. Il en serait de même encore dans le cas où un mari dirait à sa femme : « Tu es répudiée, si je ne touche pas le ciel » [ou « si je ne bois pas la mer, » ou « si je ne passe pas par le trou d'une aiguille, » etc. Ces conditions sont dans un sens futur, et de plus sont dans l'impossible].

L'accomplissement de la répudiation est encore forcé et doit être immédiat, — après une expression telle que, « Tu es répudiée, si cette pierre n'a pas été et n'est pas une pierre » [ou « si cet homme n'a pas été et n'est pas un homme »]; — après une formule par l'absurde ou le ridicule, telle que : « Tu es répudiée hier » [car ce qui arrive actuellement ne peut pas arriver hier]; — après une formule exprimant la condition d'un fait inévitable; par exemple, « Tu es répudiée, si je me lève » [or, tôt ou tard, il faut bien que l'individu finisse par se lever]; — après l'énoncé d'une condition exprimant un fait qui manque rarement de se produire, tel que, « Si tu viens à avoir, ou quand tu auras tes menstrues, tu es répudiée » [néanmoins, si la femme n'était pas ou n'était plus menstruée, la répudiation n'aurait pas lieu]; — après l'énoncé d'une condition appuyée sur un fait possible et obligatoire [car alors le fait est nécessaire, est comme s'il avait eu lieu, quand même le mari ne l'accomplirait pas]; telle serait cette formule, « Tu es répudiée, si je fais ma prière, ou lorsque je ferai ma prière; » — après l'énoncé d'une condition indiquant un fait qui ne saurait être actuellement connu, comme, « Si tu as conçu, » ou bien, « Si tu n'as pas conçu, tu es répudiée, » ou bien encore, « Si je trouve deux amandes dans ce fruit d'amandier, tu es répudiée » [or la répudiation est immédiatement obligée, quand même il n'y aurait pas deux amandes dans le fruit]; ou bien, « Tu es répudié si un tel est du nombre des fidèles qui jouiront du paradis » [ou « si tu es ou si je suis du nombre des élus, » ou « si un tel n'est pas destiné au feu éternel, » etc.], ou encore, « Tu es répudiée, si tu es devenue enceinte » [or alors la femme doit être répudiée aussitôt, parce que le mari appuie la raison conditionnelle de ces faits énoncés, sur une circonstance impossible à vérifier alors, bien qu'il ait cohabité par cohabitation parfaite avec la femme dans l'époque de pureté menstruelle pendant laquelle il fait son serment. La répudiation doit encore être opérée sur-le-champ quand elle est formulée par], « Tu es répudiée, si tu n'es pas devenue enceinte, » lorsque la grossesse de la femme qui ne paraît pas être enceinte est rapportée à une époque de pureté menstruelle pendant laquelle le mari n'a pas cohabité avec sa femme [ou n'a eu qu'une cohabitation sans éjaculation], ou encore, selon El-Lakhmî, à une époque de pureté menstruelle, pendant laquelle le mari a été éloigné de sa femme [bien qu'il ait eu une copulation complète avec elle dans cette époque de pureté. Mais cette dernière indication d'El-Lakhmî est de peu de valeur, vu qu'il suppose qu'il y a eu cohabitation entière et parfaite].

Un mari est encore immédiatement séparé par répudiation, lorsqu'il l'a prononcée sous une condition dont le fait échappe à toute connaissance humaine. Par exemple : « Tu es répudiée, s'il plaît à Dieu, si Dieu le veut, ou, si les anges le veulent bien, ou, si les génies le veulent bien. » [Qui peut connaître la volonté de Dieu, des anges, des génies?]

Le mari est séparé par répudiation [mais seulement au moment où a lieu le fait conditionnel] dans le cas où la condition qui doit amener la répudiation est laissée à la volonté de la Providence. [Par exemple : « Tu es répudiée lorsque je serai entré dans telle maison, s'il plaît à Dieu que j'y entre. » Dès que le mari sera entré dans la maison indiquée, la femme est répudiée.] Mais il n'est point tenu de répudier, s'il a établi la condition comme dépendante de sa volonté à lui, et qu'il ait dit : « [Lorsque je serai entré dans cette maison,] si toutefois je juge à propos d'y entrer. » [Le fait alors est laissé dans le vague, puisque le mari se réserve de produire ou de ne pas produire la cause de la répudiation.]

La répudiation est rendue nécessaire et immédiate par l'énoncé suivant : « Tu es répudiée, s'il ne tombe pas de pluie du ciel demain » [ou bien, « d'ici au premier jour de tel mois; » ou, « s'il pleut demain, » ou, « s'il n'a pas plu en Syrie, » etc. car c'est baser une promesse sur l'incertain. La répudiation est forcée et imprescriptible, quand même il pleuvrait avant le jour indiqué; on n'attend pas la vérification ou l'éventualité du fait]. Mais le mari n'est obligé à rien, — quand cette condition de temps est laissée vague et générale; — quand le mari a promis ou juré de répudier, en posant comme condition un fait qui d'ordinaire se réalise. [Tel serait le cas où voyant un de ces gros nuages qui annoncent ordinairement la pluie, le mari dirait à sa femme : « Tu es répudiée si bientôt la pluie ne tombe pas. »] Dans cette circonstance on attendra [afin de voir s'il pleuvra ou s'il ne pleuvra pas, et si la répudiation doit ou non être opérée. Car le mari, en engageant sa conscience, a raisonné sur les probabilités les moins trompeuses. Selon d'autres juristes, on n'attendra pas; la répudiation sera prononcée et obligatoire au moment même du serment]. Mais faut-il attendre dans le cas de *serment simple* [et indiquant un fait précisé et trèsprochain; telle serait cette expression : « Tu es répudiée, s'il pleut demain »]? La majorité des commentateurs du Moudaouéneh sont pour l'affirmative. Ou bien la répudiation est-elle obligatoire dès l'énoncé de ce serment, comme cela arrive pour le serment impliquant le parjure? Sur l'ensemble de cette question disjonctive, deux opinions ont été émises [et semblent ressortir de ce qui est indiqué précédemment. Si la condition est rattachée à un fait dont l'accomplissement est peu éloigné et qui d'ordinaire se réalise, on attendra; tel est l'avis général. Si la condition suppose un fait éloigné, par exemple, qui ne s'accomplira que dans une durée de quelques années, la répudiation doit être effectuée immédiatement].

Une répudiation doit être encore immédiatement opérée, — quand elle est énoncée sous la condition négative d'un fait ou d'un acte coupable aux yeux de la loi, comme, « Tu es répudiée, si je ne commets pas un adultère, ou un inceste, » à moins cependant que l'acte indiqué ne soit accompli avant que la répudiation ne soit ordonnée par le k'âd'i; — quand elle est soumise, ainsi que nous l'avons déjà dit, à une condition dont le fait, dans son état et son essence, échappe à toute connaissance humaine [tel serait cet énoncé : « Tu es répudiée, si Dieu le veut, ou s'il plaît aux anges, etc. »] Mais s'il a été possible de saisir le fait dans son état matériel, et que le mari prétende l'avoir observé et vu, on s'en rapporte, pour cela, à la conscience et à la religion du mari [c'est-à-dire que l'on agit envers lui comme on agirait envers un individu qui assurerait, par serment, avoir vu le croissant de la nouvelle lune, bien que le ciel fût couvert, la nuit du 30 ou du 29 du mois lunaire; on s'en rapporterait à la conscience de cet individu qui ferait le serment]. Si donc deux fidèles attestent et jurent par la répudiation, l'un négativement, l'autre affirmativement, à propos d'un même fait; si en voyant un oiseau voler, l'un jure que c'est un corbeau, et l'autre que ce n'est point un corbeau [et s'il a été impossible de s'assurer matériellement de la vérité]; si, enfin, chacun des deux fidèles déclare qu'il est parfaitement convaincu de ce qu'il dit, on s'en rapporte alors à leur conscience; mais s'ils déclarent ne pas être parfaitement sûrs de ce qu'ils avancent, ils seront forcés d'opérer la répudiation [à laquelle ils se sont engagés par leur serment. Si un seul se déclare certain de ce qu'il énonce, lui seul ne sera pas obligé à la répudiation].

§ 2. **Des circonstances et des formules qui ne rendent point obligatoire la répudiation conditionnelle.**

[Une répudiation conditionnelle ne devient pas obligatoire lorsque le mari ne s'expose pas, par la manière dont il établit les formules conditionnelles de cette répudiation, à ce qu'une partie ou la totalité des conditions soient forcément inaccomplies, ou indéterminables, ou vagues, et à ce que la parole qu'il a appuyée à faux soit nécessairement violée. Ainsi] un mari n'est pas tenu de répudier sa femme, — lorsqu'il pose une condition future impossible; par exemple, s'il dit, « Tu es répudiée, quand je toucherai le ciel, » ou bien, « quand cette pierre le voudra » [ou bien, « quand je boirai du vin; » car une condition indiquant un fait qui ne doit pas se produire rationnellement, ou habituellement, ou légalement, ne peut créer une obligation]; — ou lorsque la condition est posée de manière que l'on ne puisse plus savoir si l'avis de celui qui était désigné comme circonstance de la condition était d'accord avec l'intention du mari [par exemple, si le mari disait, « Je te répudie, si tel individu le veut; » et cet individu, qui d'ailleurs était doué de raison et d'intelligence, est mort avant que l'on eût pu savoir s'il était d'avis conforme à celui du mari]; — ou lorsque la condition posée est reportée à un intervalle de temps auquel, selon les probabilités, les conjoints [ou l'un d'eux] n'existeront plus.

Un mari n'est pas obligé de répudier sa femme quand il lui a dit, — « Je t'ai répudiée lorsque j'étais encore impubère » [ou « lorsque j'étais atteint de folie; » il faudrait alors que l'union conjugale eût eu lieu avant la puberté du mari, ou qu'il eût été en effet atteint de folie]; — ou bien, « Tu es répudiée dès que ou lorsque je serai mort, ou que tu seras morte, » ou « si je meurs, » ou « si tu meurs; » cette formule obligerait le mari s'il avait voulu faire comprendre à la suite une restriction [comme s'il eût ajouté : « Mais aussi je ne mourrai pas, ou tu ne mourras pas »]; — ou bien, « Si tu accouches d'une esclave » [ou « Si tu accouches d'un garçon, » ou « d'une fille »], ou bien, « Si tu es enceinte, tu es répudiée » [or, par cette formule, dis-je, adressée, pendant une période de pureté, à une femme qui n'est pas enceinte, soit à cause de son jeune âge ou de son âge déjà avancé, soit parce qu'elle se trouve dans la période de pureté qui suit les couches, le mari ne s'engage à rien], excepté si, avant ou après cette sorte de serment de répudiation, il y a eu copulation complète, ne fût-ce qu'une fois. [Car alors il y a doute relativement à la grossesse.] Le fait sera absolument le même après cette formule-ci, « Tu es répudiée si tu es enceinte, » ou bien, « si tu accouches. » [Il n'y aura obligation de répudier que s'il y a eu copulation complète, soit avant, soit après cette sorte de serment, et si la femme est dans les conditions convenables pour devenir mère.]

§ 3. Circonstances dans lesquelles la répudiation conditionnelle ne s'opère pas immédiatement, ou entraîne l'interruption des rapports conjugaux, ou devient obligatoire pour telle ou telle époque.

La répudiation ne doit pas s'opérer immédiatement, lorsqu'elle a été énoncée sous une condition qui repose sur un fait précisé mais tout particulier [et tenant à un individu], par exemple : « Tu es répudiée le jour qu'arrivera Zeïd. » On attendra l'arrivée de Zeïd, et du commencement de ce jour [c'est-à-dire à partir de l'aurore], sera comptée la répudiation [et commencera la durée de l'attente légale imposée à la femme], quand même Zeïd arriverait au milieu du jour. [Toutefois, si la femme était en menstrues, la répudiation serait différée. D'autre part, si on ramenait Zeïd mort, la répudiation ne serait pas obligatoire.] Après la formule, « Tu es répudiée, sauf l'avis de Zeïd » [c'est-à-dire selon qu'il me conseillera ou me dissuadera de te répudier], formule qui est la même que celle-ci, « Tu es répudiée, si Zeïd le veut ou est de cet avis, » on attend que l'on ait le conseil ou l'avis de Zeïd. Mais [on n'a rien à attendre et] la répudiation doit s'effectuer instantanément après ces mots : « Tu es répudiée si cela me plaît, ou me convient. » [Cette condition est illogique, car ce qui serait cause serait aussi effet en même temps.] On attendra, comme nous venons de le dire, pour un vœu ou pour un affranchissement énoncés d'une manière conditionnelle [telle que celle-ci : « Je fais tel vœu, ou je promets d'affranchir un tel mon esclave, sauf l'avis de Zeïd, ou si Zeïd le veut, ou est de cet avis »].

Si la condition est sous une formule négative et n'indiquant ou n'annonçant aucune époque de temps déterminée pour l'accomplissement du fait posé par la condition, si, par exemple, cette formule est, « Je te répudie si Zeïd n'arrive pas, » le mari est obligé de s'abstenir aussitôt de toute communication avec sa femme [et cela jusqu'à ce que l'on voie ce qui aviendra du fait conditionnel exprimé. Cette abstinence de relations conjugales est imposée au mari après toute formule analogue à la précédente, c'est-à-dire négative, n'indiquant pas d'époque déterminée], excepté le seul cas où la négation est, « Ma femme est répudiée, si je ne la rends pas enceinte, » ou « si je n'ai pas avec elle une copulation complète. » [Le mari alors est envoyé auprès de sa femme, et s'il n'a pas avec elle une copulation, il se trouve dans le cas de celui qui a juré de ne pas cohabiter avec sa femme. D'autre part, si la femme n'était pas dans les conditions naturelles convenables pour pouvoir devenir mère, la répudiation serait immédiatement effectuée.]

[Nous venons de voir que le principe général est que la formule répudiaire énonçant une condition négative et indéterminée par rapport à l'époque du fait impose immédiatement l'abstinence de relations matrimoniales.] Mais cette abstinence est-elle ordonnée immédiatement dans tous les cas possibles [c'est-à-dire, soit que le fait énoncé dans la condition n'ait pas d'époque habituelle ou connue avant laquelle il puisse être accompli, soit qu'il ait une époque connue dans chaque pays]? Ou bien cette abstinence immédiate est-elle ordonnée, excepté dans le genre de formule que voici, « Ma femme est répudiée, si je ne vais pas en pèlerinage, » ou bien, « si je ne fais pas tel voyage, » et que l'on ne soit pas à l'époque de partir en pèlerinage, ou pour tel voyage que l'on n'entreprend ordinairement dans le pays qu'à telle saison? Il y a deux dires sur cette double question. [Le principe à suivre est que, si le mari n'a pas déterminé de temps pendant lequel le fait mis en condition puisse être accompli, l'abstinence de relations conjugales suivra immédiatement la promesse de répudiation. Si le mari a indiqué une limite de temps avant laquelle le fait n'a pas ordinairement son exécution, comme le départ pour le pèlerinage, l'abstinence ne sera obligatoire qu'au temps indiqué, et que dans le cas où alors le fait conditionnel ne s'accomplira pas; car, à ce moment, ce fait retombe dans la catégorie des faits dont l'époque est laissée indéterminée, et l'individu se trouve dans la position de celui qui a juré de ne pas cohabiter avec sa femme.]

Mais la répudiation deviendra immédiatement obligatoire, — lorsque le mari aura dit, en terme général et sans préciser d'époque, « Tu es répudiée, si je ne t'ai pas répudiée [à . . . . » ou bien, « Tu es répudiée, si je ne t'ai pas répudiée après un mois]; » ou lorsque la formule aura été, « Si je ne t'ai pas répudiée *par trois* au commencement du mois, tu seras répudiée *par trois* au commencement du mois, » ou « tu es répudiée *par trois* dès à présent. » La répudiation définitive [est, en pareille circonstance, inévitable, elle] est accomplie et date à partir du moment qui a été fixé, quand même ce moment serait passé. Telle serait encore la conséquence de cette formule : « Tu es répudiée d'aujourd'hui, si demain tu parles à un tel. » [C'est de demain, dès l'aurore, que datera la répudiation, si la femme, dans la journée de demain, parle à l'individu désigné.]

Quand celui qui aura dit à sa femme : « Tu es répudiée à présent *par trois*, si au commencement du mois je ne te répudie pas par une seule répudiation, » avancera la répudiation *par un* [et l'effectuera avant le temps indiqué, c'est-à-dire avant le commencement du mois], cette anticipation sera suffisante [et libérera l'individu de l'obligation de répudier *par trois*]. S'il n'opère pas ainsi [avant le temps énoncé, la répudiation *par un*], on l'avertira en lui disant : « Avance la répudiation *par un*, sinon elle sera *par trois*. » [S'il ne tient pas compte de l'avis, la répudiation sera définitive.]

Lorsque le fidèle a juré de répudier sa femme, à la condition d'un fait ou d'un acte qu'accomplira un autre individu [fût-ce même la femme de ce fidèle], et que le serment ou l'engagement de répudier est dans une forme qui ne puisse pas entraîner de circonstances de parjure, le résultat est le même que si le serment était à la condition d'un fait ou d'un acte personnel de la part du fidèle. [Il en est de même pour un serment relatif à un affranchissement ou bien à une copulation matrimoniale, non pour la vente d'un esclave. On attend donc l'exécution du fait conditionnel.] Mais si le serment est de nature à ce que le fait puisse ne pas être accompli, le résultat est-il le même [quand le fait établi conditionnellement est personnel ou quand il n'est pas personnel au fidèle], et le k'âd'i mettra-t-il le fidèle dans la position de celui qui a juré de ne pas cohabiter avec sa femme, ou bien lui accordera-t-il un délai convenable [afin de voir si l'événement viendra rendre ou ne pas rendre parjure le fidèle]? Il y a, sur ce point, deux dires (*k'aûlân*). [Des jurisconsultes veulent que le fidèle soit mis dans la position du mari qui a juré de ne pas cohabiter avec sa femme ; les autres, qu'il lui soit accordé un délai, mais sans abstinence de cohabitation.]

Dans le cas où un mari avoue à sa femme un fait quelconque, [par exemple un mariage avec une autre femme, si, pour ce motif, la première accuse le mari et le cite en justice, et] si alors le mari jure, par la répudiation, que le fait dont il a parlé est faux [et que l'aveu est un mensonge], cette déclaration est acceptée [et il n'est pas obligé à la répudiation. S'il refuse de jurer, la répudiation est immédiatement opérée]. Néanmoins, si le mari avait juré, par la répudiation, de ne pas faire telle chose [par exemple de ne pas se marier à une seconde femme, ou de ne pas prendre de concubine], si ensuite il avouait l'acte ou le fait à sa première femme, [c'est-à-dire s'il avouait qu'il a contracté un second mariage, ou qu'il a acheté une esclave pour s'en servir comme de concubine, la rétractation, même par serment, ne serait plus acceptée, et] dès que l'aveu aurait été prononcé, la première femme se serait trouvée répudiée. [Il est bien entendu qu'il faut des preuves que l'aveu a été fait par le mari.] Si la femme n'a d'autres témoignages que des ouï-dire, elle doit refuser à son mari toutes jouissances conjugales, ne plus se parer pour lui plaire, à moins qu'il ne la contraigne par la force [à lui céder et à se parer] ; car la dissolution du mariage est complète. Bien plus, dans cette circonstance, la femme doit chercher à se rédimer de l'autorité du mari. [Elle doit résister à toutes les sollicitations et à tous les désirs voluptueux du mari.] Il a même été demandé s'il n'était pas permis à la femme de tuer le mari pour échapper aux exigences maritales, devenues alors criminelles. Des légistes ont répondu par l'affirmative [et ont approuvé le meurtre, dans le cas où la femme est persuadée ou pense qu'elle n'a que ce moyen de se soustraire à une cohabitation illicite].

§ 4. Du doute et de l'incertitude en fait de répudiation conditionnelle ou non conditionnelle. — Répudiation doublement conditionnelle. — Conséquences de ces répudiations.

On ordonnera au mari [mais sans l'y contraindre] de se séparer de sa femme [lorsqu'il aura établi la condition de la répudiation sur un fait dont on ne peut vérifier rigoureusement la réalité ou la fausseté], lorsqu'il aura dit à sa femme, « Tu es répudiée, si tu m'aimais, » ou bien, « Tu es répudiée, si tu ne m'aimais pas » [ou « si tu es entrée dans telle maison, » et lorsque la femme aura répondu, « Je ne t'aime pas, » ou « Je ne te déteste pas, » ou « Je suis entrée, » ou « Je ne suis pas entrée dans cette maison, » sans que l'on puisse vérifier si cette femme est sincère ou non]. Mais en quelle circonstance particulière ordonnera-t-on alors au mari, et sans contrainte, de se séparer immédiatement de sa femme? Est-ce lorsque la réponse de la femme comporte quelque circonstance qui fausse l'intention du mari et rende sa parole vaine ou parjure? [Serait-ce, par exemple, lorsqu'il a dit, « Tu es répudiée si tu m'aimes, que je t'aime ou non, » et lorsque la femme a répondu par ces mots vrais ou non : « Je ne t'aime pas? »] Ou bien se-rait-ce lorsque la réponse de la femme n'apporte aucun embarras dans le sens de l'énoncé qu'a donné le mari? Il y a sur ce point deux opinions établies sur ce qu'indique le Moudaouéneh (*fihá*). [Mais le principe suivi est que si la réponse de la femme comporte quelque circonstance qui annule ou fausse l'intention exprimée par le mari, celui-ci doit être contraint immédiatement de se séparer de sa femme.]

Toutes les fois qu'un fidèle qui se sera engagé par serment [à une répudiation conditionnelle] doutera qu'il ait rempli la condition énoncée par lui, il sera tenu d'accomplir cette répudiation. [Et quand il lui arrive d'oublier s'il a juré par la répudiation, ou par l'affran-chissement d'un esclave, ou par une aumône, ou par un voyage à la Mekke, ce fidèle est obligé de répudier ses femmes, d'affranchir ses esclaves, de donner en au-mône le tiers de ce qu'il possède, et d'aller à pied à la Mekke.]

Mais si le fidèle n'est pas sûr de s'être engagé ou non à la répudiation, il n'est pas obligé de se séparer de sa femme. [Si, au contraire, il n'est pas sûr et ne se souvient pas bien d'avoir promis d'affranchir un es-clave, il devra l'affranchir; car le but du législateur est que les hommes deviennent libres. Quand un individu soupçonne qu'il a répudié sa femme, elle est répudiée.]

Le fidèle qui n'est pas sûr d'être dans l'obligation de répudier sa femme ne la répudiera que si, étant d'ailleurs calme [et libre des insinuations et des obsessions du malin esprit], il aperçoit quelque circonstance qui tende à dissiper l'incertitude [et à montrer que la condition exprimée dans le serment peut bien avoir été remplie], par exemple si le fidèle voit un individu entrer dans une maison [ou en sortir], et s'il doute [ne pouvant s'assurer de la vérité] que ce soit celui par le nom duquel avait été jurée la répudiation [à la condition que cet individu entrerait dans la susdite maison]. Mais ce fidèle [s'il ne se sépare pas de sa femme], devra-t-on le contraindre [immédiatement] à la séparation [ou bien simplement la lui ordonner sans contrainte]? Il y a sur ce point deux dires contradictoires.

Dans le cas où le mari ne se rappelle pas bien si une répudiation [qu'il est obligé d'effectuer actuellement] doit tomber sur sa femme Hind ou sur une autre de ses femmes, il est tenu de répudier immédiatement toutes ses femmes. Il en est encore de même, s'il a dit à ses femmes : « Une d'entre vous est répudiée » [et si, par ce mot, il n'a désigné aucune d'elles, ou s'il a voulu désigner une d'elles, et qu'il ne se rappelle plus à laquelle il doit appliquer la répudiation].

De même, les deux femmes d'un mari sont répudiées, s'il a dit à l'une, « Tu es répudiée, » puis à l'autre : « Non, c'est toi qui es répudiée. » [La négation de la seconde interpellation n'empêche pas que la première femme ne soit répudiée.] Mais s'il a dit, « C'est toi ou toi qui es répudiée, » il a le droit de choisir [et d'appliquer la répudiation à celle qu'il voudra]. S'il dit à l'une, « Toi, tu es répudiée, » puis à l'autre, « Non, toi, » la première est seule répudiée, à moins qu'il ne veuille, par la seconde interpellation, nier la première [et dire, « Non, c'est toi; » alors les deux femmes sont répudiées].

Lorsque le fidèle ne se rappellera pas si la répudiation [qu'il est obligé d'effectuer] doit être *par un*, ou *par deux*, ou *par trois* [elle sera considérée comme ayant pu être *par trois*, et] le fidèle ne pourra légalement reprendre la même femme pour épouse qu'après qu'elle aura consommé un mariage régulier avec un autre mari. Mais si, pendant l'attente légale de la femme, le fidèle se rappelle que la répudiation n'a pas été *par trois*, on le croira sur simple déclaration [c'est-à-dire sans serment, et la répudiation sera imparfaite. On le croira également, même après l'expiration de l'attente légale de la femme]. Si le fidèle [ayant toujours son premier doute] épouse de nouveau la femme [après le mariage consommé avec un autre mari], et qu'ensuite il répudie cette femme [ou *par un*, ou *par deux*, ou *par trois*], il ne peut encore se remarier avec elle que comme nous venons de l'indiquer [c'est-à-dire après un mariage consommé avec un autre mari. Le doute resté sur le nombre de l'ancienne répudiation donne toujours à croire qu'elle a été *par deux*, ou *par trois*, ou *par un*; conséquemment une nouvelle répudiation sera toujours rendue définitive par ces répudiations précédentes, et toujours il faudra que la femme passe dans les bras d'un nouvel époux, avant qu'il soit licite au premier fidèle de la reprendre]. Mais on anéantit cette influence du doute premier [sur les mariages à venir avec cette femme, par une formule qui détruise tout l'effet possible de ce doute; telle est cette formule-ci, adressée à la femme : « Si ma répudiation n'a pas été réellement *par trois*, celle-ci la rend définitive »].

Si un fidèle qui prépare un repas pour lequel il a invité plusieurs convives vient à dire à un autre individu, « Je te jure, par la répudiation, qu'il faut que tu sois des nôtres, » et si cet individu jure également qu'il n'entrera pas [chez le fidèle, enfin s'ils se violentent mutuellement, et que l'individu soit introduit alors], le fidèle est coupable comme s'il était parjure. [Car il a juré pour un fait pour lequel il ne lui appartient pas de jurer. Mais l'individu a-t-il fini par céder aux instances, il est seul coupable et seul doit répudier, s'il a juré par la répudiation.]

La répudiation doublement conditionnelle, telle que [l'exprimeraient ces mots], « Tu es répudiée si tu parles à un tel, et si tu entres dans telle maison, » ne sera effectuée que lorsque les deux conditions auront été remplies [dans quelque ordre que ce soit].

SECTION XIX.

DE LA GÉNÉRALISATION DES TÉMOIGNAGES EN FAIT DE RÉPUDIATION.

[On ne généralise dans les témoignages relatifs à la répudiation que ce qu'ils présentent d'unité dans le sens des paroles, non dans le temps, ou le lieu, ou les faits.]

Lorsqu'un témoin déclare que tel mari a dit à sa femme, « Tu m'es désormais défendue, » et lorsqu'un autre témoin déclare que ce même mari a dit, « Tu es répudiée définitivement ou *par trois,* » le sens de ces deux expressions, généralisées à leur dernière limite, est : « répudiation définitive. » On prend également le sens général de « répudiation, » dans le cas où, d'après un témoignage, un mari se serait engagé à répudier sa femme s'il entrait dans telle maison pendant le mois de ramad'ân, et d'après un autre témoignage, dans le mois de zil-h'eddjeh, ou bien encore dans le cas où un témoignage déclarerait que le mari est entré dans cette maison au mois de ramad'ân, et l'autre témoignage, au mois de zil-h'eddjeh. [Malgré la différence d'époque de temps, le sens du fait est identique dans les deux témoignages, et la répudiation est obligatoire. On fait abstraction aussi de la différence des lieux ; ainsi] la répudiation est également obligatoire, si [la condition ayant été que le mari ne parlerait pas à un tel] un témoignage déclare que les deux individus se sont parlé au marché, et l'autre témoignage, dans la mosquée, ou bien si un témoignage déclare que la répudiation a été prononcée tel jour de tel mois, en Égypte, et l'autre témoignage, tel jour de tel autre mois, à la Mekke.

On prend aussi le fait le plus général, dans le cas où un témoignage déclare que la répudiation a été *par un*, et l'autre témoignage par un nombre répudiaire au-dessus d'un. [La répudiation doit alors être *par un*; car, dans les deux témoignages, se trouve le nombre un.] Mais on exige du mari qu'il atteste par serment qu'il n'a réellement répudié que par une seule répudiation. S'il refuse de jurer, on le met en prison, et on le laisse ainsi afin qu'il se décide à prononcer le serment de-mandé. [S'il persiste à ne pas jurer, on l'élargit après un certain temps et on l'abandonne à sa conscience, sans toutefois l'obliger à une répudiation autre que *par un*.]

On ne généralise pas de conséquence sur deux faits différents attestés chacun des deux par un témoin [pour indiquer que la répudiation a été prononcée ou est obligatoire]; ni sur une parole et sur un fait [attestés également dans le but d'indiquer que la répudiation est réelle. Ainsi, pour le premier cas, un témoin déclare-t-il que la condition de la répudiation était, « Je jure par la répudiation de ne pas entrer dans telle maison, » et que le mari est entré dans cette maison, puis l'autre témoignage déclare-t-il que le serment était de ne pas monter telle monture, et que ce serment a été violé, les deux faits étant différents, il n'y a rien à en déduire]. Il en est de même (disons-nous) pour une parole et un fait; tel serait le cas où un témoin affirmerait que la condition répudiaire a été exprimée par, « Si j'entre dans telle maison, » ou bien où l'autre affirmerait que le mari est, de fait, entré dans la maison.

Quand deux témoins déclareront que tel fidèle a répudié telle de ses femmes, s'ils ne se rappellent plus le nom de celle qui a été répudiée, leur témoignage ne sera point accepté [et ne prévaudra point contre la dénégation du fidèle]; toutefois le fidèle devra déclarer par serment qu'il n'a répudié aucune de ses femmes. [S'il refuse de jurer, on le met en prison, et après un certain temps, s'il persiste à refuser, on lui rend la liberté et on l'abandonne à sa conscience.]

Dans le cas où trois témoins affirmeraient chacun, par serment, que tel mari a juré par la répudiation [et affirmeraient, l'un que la parole jurée a été de ne pas parler à Zeid, l'autre, qu'elle a été de ne pas monter telle monture, et l'autre, qu'elle a été de ne pas entrer dans telle maison, si ces trois témoins, chacun relativement au fait qu'il allègue, déclarent que le mari est parjure], ce mari devra nier, sous la foi du serment, les assertions de chacun des trois témoins [et alors il ne sera pas obligé à la répudiation]. S'il refuse le serment, il sera tenu de répudier *par trois*. [Selon une autre opinion, il sera mis en prison, et s'il persiste à refuser de jurer, il sera élargi après un certain temps et abandonné à sa conscience.]

SECTION XX.

DE LA RÉPUDIATION À LA VOLONTÉ DE LA FEMME.

§ 1. Des conséquences immédiates de la répudiation à la volonté de
la femme. — Délais d'exécution. — Déclarations de la femme.

Dans le cas où le mari [tout en se réservant son
droit de prononcer et de conclure] laisse à sa femme
la faculté de demander elle-même sa répudiation, il est
libre d'interrompre les relations matrimoniales avec
cette femme [jusqu'à ce que la répudiation soit acceptée et décidée].

Mais l'interruption des relations conjugales est obligatoire, si le mariage a été contracté sous certaines
conditions en faveur de la femme [si, par exemple, il
a été accordé à la femme que, dans le cas où le mari
contracterait un second mariage, elle aurait le droit de
décider elle-même de son propre sort, ou du sort de
la nouvelle épouse que le mari prendrait. Par cette
condition, la femme première a acquis le moyen et le
droit de disposer de sa personne, dans telle circonstance donnée, c'est-à-dire dans le cas d'un second mariage du mari].

De même encore l'interruption des relations conjugales n'est plus à l'arbitraire du mari [mais est obligatoire pour lui jusqu'à la décision attendue], lorsque
la répudiation est remise au choix, ou à la discrétion
de la femme [par ces paroles, « Choisis ton sort, choisis.

ce qu'il te plaira de faire; » ou « ta répudiation est entre
tes mains, à ta discrétion, » ou « à la discrétion de qui
tu voudras, » ou « ton sort est entre tes mains; » ou bien,
« je te laisse maîtresse de toi-même, » ou « tu es répudiée, si tu le veux; » ou « répudie-toi toi-même, » etc.].

Aussitôt que la répudiation est remise ou au choix,
ou à la discrétion de la femme, toute communication
est interdite aux conjoints, jusqu'à ce que la femme
donne une réponse [refuse ou accepte]. Quand le mari
a laissé à la femme, pour qu'elle se décide et se prononce, un délai d'un an [ou plus, ou même un délai qui
excède une durée que rationnellement peut atteindre la
vie de la femme], cette femme, au moment où le souverain ou son représentant est informé du fait, est mise
en demeure de se prononcer [c'est-à-dire d'accepter la
répudiation, ou de renoncer à la faculté qui lui a été
laissée et de rentrer sous l'autorité maritale]. Alors, si
la femme ne se prononce pas, l'autorité la déclare privée du droit que lui avait concédé le mari.

On agira conformément à la réponse claire et intelli-
gible donnée par la femme, soit qu'elle accepte la répudiation, soit qu'elle rentre sous l'autorité maritale.
De même on se conformera à la parole du mari, si,
en termes nets et positifs, il répudie la femme, ou la
reprend sous sa dépendance. La femme rentrera également et nécessairement sous le lien conjugal, si,
avant de se prononcer, elle a cédé aux désirs charnels
du mari [et même seulement à de simples caresses, à
un seul baiser].

Lorsque le temps fixé à la femme pour se décider [et pour prendre un parti] s'est écoulé sans qu'elle ait conclu à rien [eût-elle même été atteinte de folie], la femme a perdu le droit qui lui avait été accordé. Il en est de même si, après une séparation [par voie de divorce ou de répudiation parfaite, non de répudiation imparfaite], elle rentre [par une nouvelle union matrimoniale] sous l'autorité du même mari.

Mais lorsque la femme [au choix ou à la discrétion de laquelle le mari a remis la répudiation] emporte ses effets, son linge, ou fait tout autre acte qui paraît significatif [lorsque, par exemple, elle se voile la figure, ou sort de la maison, etc.], en déduira-t-on que la répudiation est immédiatement acceptée, ou que ces manières d'agir n'ont aucune valeur relativement à la répudiation? A cet égard, les avis sont partagés (*téreddoud*) parmi les juristes modernes. [Cependant, les discussions aboutissent à cette solution : « Si la femme a l'intention de montrer par là qu'elle consent à être répudiée, la répudiation est un fait accompli. » Et dans le cas de répudiation au choix, elle serait *par trois*; dans le cas à discrétion, la répudiation serait *par un*.]

On exigera que la femme s'explique sur ce qu'elle aura voulu dire [lorsqu'à la proposition de son mari elle aura répondu] par « J'accepte, » ou « J'accepte ce que tu me concèdes, » ou « J'accepte ce que tu remets à ma discrétion, » etc. et on admettra le sens que la femme indiquera, soit qu'elle déclare avoir voulu dire, « Je te résigne le droit que tu m'accordes [et je reste

sous ta dépendance], » soit qu'elle déclare que son intention a été de dire, « J'accepte la répudiation, » ou
« Je veux avoir le temps de me consulter. » [Si elle annonce qu'elle a voulu être répudiée, la répudiation sera
définitive. Si elle diffère l'explication demandée, jusqu'après l'époque de ses menstrues ou de ses couches,
et qu'elle déclare avoir voulu une répudiation *par un*,
elle est répudiée *par un*, mais sans que le mari ait la
faculté de révocation.]

§ 2. Des droits respectifs des conjoints dans le cas de demande en
    répudiation au choix, ou à la discrétion de la femme. — Consé-
    quences des diverses formes de demande en répudiation.

Le mari qui, avant les relations conjugales, aura remis la répudiation au choix de la femme, aura la faculté de n'accepter que la répudiation *par un* [si la
femme l'a prononcée *par deux*, ou *par trois*. Il déclarera alors qu'il n'a voulu que proposer une répudiation
par un]. S'il s'agit de la répudiation remise à la discrétion de la femme, il aura la faculté de refuser la répudiation que cette femme aura déterminée autrement
que *par un*, et cela en toute circonstance [c'est-à-dire
avant ou après la consommation du mariage].

Pour que le mari puisse exercer ce droit facultatif de n'accepter que la répudiation *par un*, si la femme
l'a désignée autrement [et toujours dans les circonstances qui viennent d'être spécifiées], il faut, de la part
du mari [les cinq conditions suivantes, savoir] :

— 1° Qu'il ait eu [en laissant à la femme le choix

de rester unie à lui, ou de se séparer, ou bien en lui laissant à discrétion le droit de décider de son sort] l'intention préalablement [non postérieurement] sentie de ne ratifier qu'une répudiation *par un* [et s'il n'a eu aucune intention déterminée, ou s'il a eu l'intention d'accepter une répudiation qui même fût autrement que *par un*, le mari doit accepter ce que prononce la femme];

— 2° Qu'il se hâte d'exprimer son refus [d'accepter plus d'une répudiation *par un; s'il* tarde, alléguât-il pour excuse qu'il ignorait la nécessité légale de se prononcer sur-le-champ, la répudiation doit être acceptée telle que la femme l'a exprimée];

— 3° Qu'il certifie en même temps, et par serment [qu'il n'a voulu tout d'abord accepter que la répudiation *par un;* toutefois, le refus et le serment ne seront exigés en même temps que], si les conjoints ont été mis en rapports conjugaux [et si le mari a eu la pensée de pouvoir reprendre sa femme]; sinon [c'est-à-dire, s'il n'y a pas eu de relations conjugales entre les époux], on n'exigera le serment du mari que lorsqu'il se remariera avec la femme;

— 4° Qu'il n'ait pas répété à la femme plusieurs fois [de suite, ou à plusieurs reprises] ces paroles, « Ton sort est entre tes mains, » [car alors il aurait prononcé une répudiation multiple] à moins cependant que la répétition de ces paroles n'ait eu pour but que de bien confirmer à la femme [qu'il la laissait maîtresse de demander la répudiation]; il en serait de même

encore si cette femme [dans le cas où le mariage n'aurait pas été consommé] répétait plusieurs fois de suite
ces mots : « J'accepte la répudiation par un. » [L'intention alors est la règle du fait.]

— 5° Il faut qu'en contractant le mariage le mari
n'ait accepté aucune condition par laquelle il ait abandonné à la femme le choix [de rester mariée ou non]
ou la liberté de se faire répudier à discrétion. Et, en
supposant une pareille condition stipulée en général
[c'est-à-dire sans que l'on sache si elle a été consentie
pendant ou après les arrangements contractuels], cette
condition détruit-elle pour le mari le droit de refus
[ou bien peut-on lui concéder officieusement ce droit]?
Il y a sur ce point deux dires contradictoires.

On acceptera comme vraie [mais sous la foi du ser-
ment] la parole du mari qui certifiera n'avoir voulu
souscrire à la répudiation que *par un*, bien qu'il ait
dit d'abord [par oubli, ou par légèreté] : « Je ne pensais pas à prononcer la répudiation [lorsque j'ai laissé à
ma femme la faculté de demander à être répudiée]. »
Mais l'opinion contraire à cette disposition est la plus
normale et la plus rationnelle. [Le cas énoncé ici suppose que le mariage n'a pas été consommé et que la
femme a demandé la répudiation *par deux* ou *par trois*;
il suppose encore que l'on a dit au mari que l'absence
d'intention préalable emporte l'obligation d'accepter la
répudiation telle qu'elle est exprimée par la femme; et
le mari, se rappelant son intention première, est revenu
sur sa déclaration.]

[Avant que le mariage soit consommé, la répudiation au delà de *par un*, prononcée par la femme, au choix de laquelle elle a été laissée, est récusable pour le mari, qui alors peut ne l'accepter que *par un*.] Après que le mariage a été consommé, le mari ne peut plus ne point accepter la répudiation définitive, lorsque la femme à laquelle il a laissé le choix, sans aucune spécification de nombre, demande à être répudiée. [Alors, quelle que soit même l'intention de la femme, la répudiation est toujours *par trois*. Dans le cas où le choix, sans restriction et sans spécification de nombre indiquée par le mari, a été laissé à la femme, après le mariage consommé, et dans le cas aussi où la demande en répudiation a été laissée à la discrétion de la femme avant ou après le mariage consommé, si la femme dit, « Je dispose de ma personne, » elle est répudiée définitivement;] si elle dit : « Je me répudie moi-même, » [ou « Je répudie mon mari, » ou « Je suis répudiée, » ou « Mon mari est répudié, »] on la requiert une première fois et séance tenante, en présence de personnes réunies, et, peu après, encore une seconde fois, de préciser quel est le sens réel de ces paroles. Lorsque cette femme répond qu'elle a voulu indiquer une répudiation *par trois*, et lorsque le choix a été concédé après le mariage consommé, le mari est obligé d'opérer cette répudiation *par trois*; il peut la refuser dans le cas où [avant ou après le mariage consommé] il a laissé à discrétion la demande en répudiation [et cela toujours en observant les conditions indiquées tout à l'heure].

Mais lorsque la femme répond qu'elle a voulu indiquer une répudiation *par un*, cette répudiation est [valable et obligatoire dans le cas où elle a été laissée à discrétion; elle est] nulle et non obligatoire dans le cas où elle a été laissée au choix, après le mariage consommé. [Le choix qu'a fait la femme est sans valeur.]

Mais cette parole de la femme, [« Je me répudie, » ou « Je choisis la répudiation, » parole] prononcée d'ailleurs sans intention sentie [de vouloir indiquer une répudiation *par un*, ou *par deux*, ou *par trois*], entraîne-t-elle nécessairement une répudiation *par trois* [obligatoire dans le cas où le choix a été laissé à la femme après la cohabitation, récusable dans tous les cas où la demande en répudiation est laissée à la discrétion de la femme, et récusable aussi dans le cas où le choix a été laissé avant toute relation conjugale]? Ou bien cette même parole [toujours énoncée dans les conditions susindiquées] n'entraîne-t-elle que la répudiation *par un* [comme étant la répudiation la plus normale, la plus conforme à l'esprit de la loi? et alors cette dernière répudiation *par un* annulera ensuite pour la femme tout droit de choisir, et sera récusable dans les deux mêmes cas que la répudiation *par trois*]. Sur ce point de litige, les avis sont partagés. [Les uns veulent que la répudiation soit *par trois*, et les autres qu'elle ne soit que *par un*.] D'après Ibn-Rouchd, lorsque la femme aura répondu [dans le cas de répudiation laissée au choix ou à discrétion, « Je choisis *la* répudiation, » on demandera à cette femme ce qu'elle a voulu signifier [ou de la répudiation absolue ou *par trois*, ou de la répudiation conforme à la sounna, double nuance que comporte l'article *la*].

Est-il permis réellement, en principe [ou bien est-il blâmable] de laisser la répudiation au choix de la femme? Il y a sur cette question deux dires opposés (*k'aûlân*). [Mais le principe est que cette manière d'agir est blâmable.]

Le mari devra jurer qu'il a dit simplement à sa femme : « Tu peux choisir d'être répudiée, mais *par un* » [lorsque la femme, usant de ce droit de choisir, a dit qu'elle se répudiait *par trois*. Après le serment, la répudiation *par un* sera déclarée; si le mari refuse de jurer, il devra accepter la répudiation déterminée par la femme]. De même, le mari jurera que, par ces mots adressés à sa femme, « Tu peux choisir d'être répudiée par *une* répudiation [ou de rester avec moi], » il n'a réellement voulu permettre qu'une répudiation *par un* [non une répudiation définitive comme l'a exprimée la femme]. Le serment n'est plus nécessaire, et il n'y a d'obligatoire que la répudiation *par un*, quand le mari a dit à sa femme : « Tu peux choisir la répudiation *par un* » [et que la femme a répondu : « Je l'accepte, » ou « Je dispose de ma personne. » Dans les cas indiqués (par cet alinéa), le mari peut *retourner* à sa femme, se remettre avec elle].

Lorsque le mari dit à sa femme, « Tu peux choisir deux répudiations, » ou « entre deux répudiations, » et que la femme déclare qu'elle accepte la répudiation *par an*, le fait est nul et sans valeur [mais la faculté de choisir reste à la femme, telle qu'elle lui a été concédée par le mari. Si elle déclare qu'elle accepte une répudiation *par trois*, on considère la troisième comme hors de propos, et la répudiation *par deux* est obligatoire]. Quand le mari a dit à sa femme, « Tu peux choisir dans deux répudiations, » la femme ne peut décider qu'une répudiation *par un* [et, l'eût-elle exprimée *par deux* ou *par trois*, il n'y a d'obligatoire que la répudiation *par un*].

Si la faculté de demander la répudiation a été concédée en terme général [sans préciser le nombre un, ou deux, ou trois, et après que le mariage a été consommé], cette faculté est perdue pour la femme qui exprime une demande en répudiation par moins de trois. [Le mari est dès lors, par rapport à sa femme, comme avant la concession.] De même encore, s'il a précisé la concession par ces paroles seules : « Tu peux te répudier *par trois* » [et que la femme ait énoncé une répudiation par moins de trois].

La femme [au choix ou à la discrétion de laquelle aura été remise la demande en répudiation, sans que le mari ait indiqué de fait conditionnel dont on puisse préciser l'époque d'accomplissement, et] qui aura répondu, « Je dispose de moi-même, dès que tu te mettras en relation maritale avec ma compagne, ta femme légitime » [ou « lorsque viendra un tel, etc. »], sera mise en demeure de se prononcer immédiatement [c'est-à-dire de décider à l'instant même si elle veut se séparer

aussitôt du mari ou lui rester unie; et le fait se con-
clura selon la décision prononcée].

Relativement au cas où la demande en répudiation
a été laissée [au choix ou à la discrétion de la femme]
sans spécifier de temps ni de lieu, l'imâm Mâlek, revenant à la disposition qu'il a déjà établie en principe à
cet égard, ajoute que la femme reste maîtresse d'elle-
même, tant que le k'âd'i ne l'a pas mise en demeure de
se prononcer, ou tant qu'elle n'a pas eu de copulation
avec le mari [ou n'a pas reçu de lui, et sans résistance,
quelque simple caresse]. Le résultat est le même quand
le mari a dit à sa femme : « Tu peux disposer de ta personne quand tu voudras. » [Alors encore, la femme reste
maîtresse de disposer d'elle-même tant qu'elle n'a pas
été requise de préciser quelle a été son intention réelle
dans la répudiation demandée, ou tant que cette femme
n'a pas eu de copulation avec son mari, ou n'a pas reçu
de lui quelque caresse. Pour les deux cas indiqués (dans
cet alinéa), la faculté laissée à la femme cesse d'exister,
comme l'a dit Mâlek, dès que cette femme a déclaré
son intention en présence de personnes réunies.] Pour le
premier de ces deux cas, Ibn-el-K'âcem prétend qu'a-
près la déclaration faite en présence de témoins ou personnes réunies, la femme perd le pouvoir de disposer
d'elle-même [et ce dernier avis est le principe qui sert
de guide].

Cependant, lorsque le mari [dit à sa femme, « Tu
peux disposer de ta personne, » et] ajoute, « Dès que
tu voudras, » la conséquence est-elle la même que

lorsqu'il ajoute, « Quand tu voudras, » ou la même que
dans le cas où la demande en répudiation est laissée [au
choix ou à la discrétion de la femme] sans spécialiser
de lieu ni de temps? Les modernes sont en désaccord
[sur l'identité exacte de significations et de conséquences
dans ces formes de concessions. Ils se fondent sur les
différences grammaticales et linguistiques qu'ils reconnaissent dans les particules de temps employées dans
les deux expressions]. Il y a encore divergence d'o-
pinions, parmi les modernes, sur cette circonstance :
Lorsque la femme n'est pas présente [et que le mari,
devant plusieurs témoins réunis, laisse au choix, ou à
la discrétion de sa femme, la faculté de demander la ré-
pudiation], cette femme, une fois qu'elle est informée
de cette concession, garde-t-elle le droit de disposer de
sa personne [jusqu'à ce qu'elle soit mise en demeure
de se prononcer, ou qu'elle consente à la copulation avec
son mari, ou bien est-elle dans les mêmes conditions
que si elle était présente]?

Si le mari [qui a remis au choix ou à la disposition
de sa femme la faculté de demander la répudiation]
a fixé le temps et le lieu [par exemple un jour, ou une
semaine, ou une année, ou tel endroit, ou telle réunion
de personnes] pour que la femme se prononce, ce
temps et ce lieu restent fixés [et si la femme laisse passer le temps sans se prononcer, ou ne se rend pas au
lieu désigné pour donner une déclaration catégorique,
la faculté accordée est perdue].

Quand [le mari dit à sa femme, « Tu peux disposer

de ta personne, » et que] la femme répond, « Je dispose de moi et de mon mari, » ou bien répond, « Je dispose de mon mari et de moi, » la conséquence du fait s'établit selon le premier mot énoncé [après « je dispose. » Dans la première réponse, la répudiation porte sur la femme et est obligatoire pour le mari ; dans la seconde réponse, la répudiation porte sur le mari, et par conséquent est insignifiante et nulle].

§ 3. De la demande en répudiation laissée au choix ou à la discrétion de la femme, mais sous certaines conditions posées.

La répudiation [dont la demande facultative est concédée à la femme] sous les deux formes susmentionnées [c'est-à-dire au choix ou à discrétion], est obligatoire ou est nulle, selon que les éventualités conditionnelles dont elle dépend obligent ou n'obligent pas à l'exécution ; le fait est le même que pour la répudiation conditionnelle. [Lors donc que le mari dit à sa femme, « Si j'entre dans telle maison, tu pourras, à ton choix ou à ta discrétion, demander la répudiation, » et que le mari entre dans la maison désignée, la femme a le droit de demander la répudiation. Mais ces mots, « Si je touche le ciel, tu es libre de demander à être répudiée, » n'ont nulle valeur et n'obligent le mari à rien.] (Voy. sect. XVIII, *De la répudiation conditionnelle*, § 2.)

Si un mari a mis pour condition que, dans le cas où il restera absent pendant un mois, par exemple, sa femme aura [au choix ou à discrétion] la faculté de disposer de sa personne, et si le mari [venant à s'absenter] est de retour avant le terme indiqué, mais sans que la femme soit informée de ce retour ; si cette femme alors [dispose d'elle-même, après avoir fait constater l'absence de son mari et avoir juré qu'il n'est pas revenu chez elle, ni en secret, ni publiquement, pendant le temps d'absence indiqué, et si, après l'expiration du délai légal, elle] se marie de nouveau, le fait rentre dans le cas où deux ouali ont contracté le mariage d'une même femme. [Si le second mari a consommé le mariage, ou seulement a pris quelques privautés avec la femme, sans qu'il sût et sans qu'elle sût aussi le retour du premier mari, qui d'ailleurs n'avait eu aucun rapport marital avec la femme, cette femme appartient au second mari. Dans les circonstances contraires, elle appartient au premier.]

Mais si la condition était établie sur le retour ou l'arrivée de tel individu [c'est-à-dire, si le mari avait dit à sa femme, « Tu es libre de disposer de toi-même, si un tel arrive »], et qu'après l'arrivée de cet individu à l'insu de la femme, le mari cohabitât avec cette femme, celle-ci demeurerait en possession du droit que lui a concédé le mari. [Elle ne perdrait ce droit qu'au cas où elle aurait cohabité avec son mari, informée qu'elle était de l'arrivée de l'individu.]

Le droit de demander la répudiation, laissé au choix [ou à la discrétion] de la femme encore impubère, reste avec toute sa valeur [et la répudiation, une fois demandée, est obligatoire]. Mais ce droit reste-t-il avec

toute sa valeur, seulement lorsque la femme encore
impubère a l'esprit suffisamment développé pour comprendre ce qu'elle fait [bien qu'elle ne puisse pas encore
être soumise à la copulation], ou seulement lorsqu'elle
peut être soumise à la copulation [bien qu'elle n'ait pas
encore l'intelligence assez développée]? Il y a, sur cette
question, deux dires contradictoires (*k'aúlán*). [L'opinion le plus généralement suivie est qu'en tout cas le
droit de demande reste tel qu'il a été concédé.]

§ 4. Du droit de demande en répudiation laissé à un tiers ou mandataire.

[En général, il est blâmable de concéder le droit
de demander la répudiation; cependant] le mari peut
laisser à un tiers [parent ou non de la femme, même
à un sujet non musulman] la faculté d'abandonner à
la femme le droit de demander à être répudiée. Mais
cette faculté, une fois donnée, le mari peut-il la révoquer? Il y a sur ce point deux dires opposés.

Le tiers ou mandataire du mari doit [dans cette af-
faire] consulter les intérêts et les avantages de la femme,
se conduire alors comme elle se conduirait elle-même
[dans les diverses circonstances mentionnées (au paragraphe précédent), c'est-à-dire relativement à la concession du droit de demande en répudiation, soit au choix,
soit à la discrétion de la femme, que le mariage ait ou
n'ait pas été consommé, etc.].

Mais ce tiers doit être présent [et recevoir du mari

même le mandat en question], ou au moins n'être éloigné qu'à une distance de deux ou trois jours de route, au plus. Si la distance est plus considérable, la femme elle-même soignera ses propres intérêts. [La distance de deux ou trois jours est rigoureusement exigée, de peur d'entraîner des retards nuisibles à la femme.]

Si le mari se met en relations maritales avec sa femme [même à l'insu du mandataire], les pouvoirs de ce mandataire sont annulés. Bien que le mandataire ait reçu ses pouvoirs directement de la bouche du mari, ils sont annihilés [mais sans se transmettre entre les mains de la femme], lorsque ce mandataire s'absente [ou s'éloigne à quelque distance que ce soit, près ou loin,] avant d'avoir fait constater, par déposition ou voie testimoniale, le mandat qui lui est confié. Si l'individu fait ainsi constater son mandat, ses pouvoirs restent-ils valables, ou bien sont-ils tranférés à la femme? Il a été répondu de deux manières [à cette double question. 1° Des juristes ont dit : Les pouvoirs de l'individu, bien qu'il soit très-éloigné du pays et que son absence se prolonge, conservent toute leur valeur; et alors, si la femme élève des réclamations et que l'on espère le retour du mandataire du mari, on fixe à la femme un délai égal au délai obligatoire pour le mari qui a juré de ne pas cohabiter avec sa femme; puis, à l'expiration de ce délai, la répudiation est opérée, et sans que le mari puisse reprendre sa femme. Mais si l'on n'espère plus le retour du mandataire, fixera-t-on à la femme le délai précité de non-cohabitation, ou bien prononcera-t-on

immédiatement la répudiation? Ici les avis sont contradictoires. 2° D'autres juristes disent que si le mandataire est très-éloigné, ou absent pour un long temps,
le droit·de demande en répudiation doit être remis à la
femme, et que si le mandataire n'est pas éloigné, on
doit lui écrire de renoncer à son mandat, ou de l'accomplir. Néanmoins, s'il renonce à son droit, ce droit
n'est pas pour cela même remis à la femme].

Si le mari a donné à deux individus réunis dans le
même moment le pouvoir d'offrir la répudiation à la
femme, aucun de ces deux individus [lors même que
l'un d'eux mourrait] ne peut, isolément, conclure à la
répudiation. Mais l'un peut l'accepter et la ratifier sans
l'autre, s'ils ont reçu leur mandat séparément [c'est-à-
dire si le mari ne leur a pas, à tous deux simultanément, exprimé ses intentions par ces mots : « Acceptez
ou proposez la répudiation, *si vous le voulez tous deux.* »
L'omission de ces derniers mots dispense de la simultanéité d'action].

SECTION XXI.

DU RETOUR DES ÉPOUX À L'UNION CONJUGALE APRÈS LA RÉPUDIATION IMPARFAITE OU RÉVOCABLE.

§ 1. Conditions nécessaires pour le rétablissement de l'union des
époux. — Circonstances qui empêchent, ou invalident, ou légitiment
cette nouvelle union.

Le fidèle qui se trouve dans les conditions voulues

pour se marier ou pour être marié, peut *retourner* à la femme [qu'il a répudiée imparfaitement, et rétablir leur union], fût-il [encore mineur ou impubère, fût-il failli, ou malade, ou fût-il, lui, et même sa femme aussi] en ih'râm ou abstinence pour le pèlerinage, fût-il enfin esclave, et n'eût-il pas demandé la permission de son maître. [L'esclave, en obtenant la permission de se marier, a la permission implicite de se conduire comme il voudra dans tous les actes qui dépendent du mariage. Le failli peut reprendre sa femme, mais seulement dans l'intervalle qui sépare l'accouchement de deux jumeaux, ou pendant qu'une partie seulement de l'enfant dont la femme accouche est hors du sein maternel.]

Il faut encore [pour reprendre l'union matrimoniale], — que la séparation n'ait pas eu lieu par répudiation parfaite [ou par répudiation définitive, ou par divorce]; — que le mari retourne à sa femme pendant qu'elle est encore en attente légale; — que le mariage ait été dans toutes les conditions de légalité [avant comme après la consommation de l'acte conjugal]; — que la copulation ait été accomplie, et l'ait été sans aucune circonstance coupable.

Il faut également que le mari ait l'intention réelle de reprendre sa femme, lorsqu'il dit simplement, par exemple : « Je retourne, je reprends. » [Car il se pourrait faire qu'il pensât à reprendre la femme pour la tourmenter, ou à retourner *loin d'elle*. Mais si la parole du mari est claire et précise, s'il dit, « Je retourne à elle, je la rappelle à moi, je la reprends avec moi pour ma femme, etc. » l'intention intérieure n'est pas indispensable.] D'après Ibn-Rouchd, l'intention exprimée intérieurement suffit [car la parole qui vient ensuite ne peut être que l'expression de ce qui se passe dans l'esprit]; mais cette opinion d'Ibn-Rouchd a eu des contradicteurs. [Elle ne peut être valable en justice, et d'ailleurs elle se trouve condamnée par les dispositions que nous allons voir.]

Le rappel de la femme est opéré par une parole claire et évidente qui, même en apparence, mais non en réalité, exclurait l'intention [de renouer le mariage, cette parole fût-elle prononcée presque étourdiment]. Mais la réunion des époux ne saurait se renouveler sur une expression qui ne comporterait ni l'intention positive, ni le sens nécessaire [et assez apparent pour indiquer la réunion]; telle serait cette expression, « Je reviens à ce qui est permis, » ou bien, « Je fais cesser ce qui m'est défendu. »

Sans l'intention voulue, le retour à l'union conjugale ne saurait être opéré par quelque acte que ce soit, même par la copulation. [Mais si l'intention de renouer le mariage a inspiré l'acte, a déterminé le mari à un baiser, à une caresse, à un simple attouchement, et à plus forte raison à la copulation, la femme est rentrée alors avec son mari, la répudiation est annulée.]

Si la copulation s'est accomplie [pendant la retraite légale, et sans intention de retour au mariage], la femme n'a nul droit à un don nuptial [pour cette co-

pulation]. Enfin, si les rapports virils ont continué avec
la femme pendant tout le temps de l'attente légale [et
cela sans intention de retour à l'union conjugale, et
qu'ensuite une répudiation ait été prononcée], le mari
est obligé à une répudiation définitive. Cette disposition est appuyée par plusieurs juristes [et rejetée par
d'autres. Toutefois elle est généralement suivie].

La réunion des conjoints ne peut avoir lieu lorsqu'il
n'est pas positivement reconnu qu'ils se sont trouvés
en tête-à-tête conjugal avant la répudiation, et lors
même que, déclarant d'ailleurs la vérité, ils auraient dit,
dès avant la répudiation, qu'ils avaient déjà consommé
le mariage. [Il suffit qu'il soit douteux que les époux
aient été en relations privées avant la répudiation, pour
rendre la réunion ou *le retour* illicite. Car le retour est
une sorte de mariage nouveau, mais sans contrat, ni représentant, ni don nuptial. Si deux témoins ont assisté
au mariage, et si deux femmes ont vu les époux se
mettre en tête-à-tête, ou si la femme est enceinte, le
retour est licite.] Du reste, on agit toujours envers chacun des conjoints conformément à l'aveu qu'il a fait.
[Pendant que la femme subit le délai légal, le conjoint
ne peut se marier avec une parente rapprochée de la
femme à un des degrés de parenté déterminés par la
loi, ni prendre une cinquième femme s'il en a déjà
trois autres, outre celle qui est en attente légale.] Dans
le cas où le mari, après l'expiration de l'attente légale,
prétend avoir repris sa femme [mais sans qu'il en puisse
fournir la preuve], on n'ajoute pas foi à cette prétention

[et la réunion des époux ne saurait alors être licite].
On agit cependant envers les époux conformément à la
prétention ou à l'aveu exprimé par eux. [On les considère toujours comme conjoints, et si la femme accepte la
déclaration du mari, elle demeure comme son épouse,
mais tout rapport sexuel leur est interdit.] Toutes ces
dispositions légales (exposées dans cet alinéa) sont observées lors même que les époux persistent à soutenir la
réalité de leurs rapports de copulation [bien que l'on
n'ait pas de preuve qu'ils se sont trouvés en tête-à-tête,
et aussi quoiqu'ils prétendent, sans preuves, que *le retour* a eu lieu avant l'expiration de l'attente légale]. Les
données précédentes, acceptées généralement, sont
discutées et fournies par A'bd-el-H'ak'k'. [Si le mari
prouve qu'il a repris sa femme pendant la durée de
l'attente légale, et si primitivement les époux ont été
en relations conjugales, le mariage est rétabli.

Si la femme [dans les deux circonstances précé-
dentes] reconnaît comme vraies les prétentions ou
paroles du mari, celui-ci lui doit l'entretien [le vêtement, etc.; dans la première circonstance, la femme
se soumet à l'attente légale; dans la seconde, elle ne
peut convoler à d'autres noces. Mais si la femme nie la
vérité des prétentions du mari, tous les devoirs et tous
les liens des époux sont détruits]. Dans la seconde circonstance [et aussi dans la première, mais après la retraite légale], on n'obligera pas le mari à répudier la
femme si elle réclame la répudiation comme un bénéfice qui est la conséquence de la cohabitation. [Car

par la cohabitation, le mari n'a pas eu pour but de nuire à la femme, de reporter plus loin le terme de l'attente légale; et d'ailleurs, la femme pouvait retourner à son mari.]

Le mari [dont les déclarations ou les prétentions ont été reconnues vraies par la femme, comme nous venons de le dire] a le droit facultatif de la contraindre à contracter un nouveau mariage pour [une dot au minimum légal ou] un quart de dînâr. [Le représentant de la femme obligera cette femme à y consentir, car elle est encore sous la dépendance du mari; seulement le mari ne peut rentrer en relations maritales avec cette femme, sans se soumettre derechef aux conditions qui légitiment ces relations. Si le représentant se refuse à opérer cette réunion, l'autorité judiciaire la décidera et l'opérera, même malgré la femme.]

On ne croira pas à la déclaration du mari lorsqu'il prétendra seulement qu'il s'est mis en copulation avec la femme dans une visite simple qu'il lui aura faite [et lorsque la femme niera qu'il y ait eu copulation entre eux. La réunion des conjoints ne sera pas permise dans ce cas, mais le don nuptial sera payé intégralement; de plus, l'attente légale sera obligatoire, à cause de la déclaration du mari]. Mais il n'en serait plus de même dans le cas où [la femme serait allée visiter le mari, ou dans le cas où] les époux se seraient mis en communication privée pour la copulation [ou encore dans le cas où les deux époux déclareraient avoir cohabité ensemble, et où le fait serait reconnu et prouvé, ou enfin dans le cas où la femme serait devenue enceinte. Alors la réunion nouvelle des époux serait licite].

Si le mari ne prononce pas la réunion immédiate [au moment où il parle], s'il la renvoie par exemple au lendemain [s'il dit : « Demain je reviens à toi, je te reprends »], la réunion est-elle absolument inacceptable, ou bien ne l'est-elle que dans le moment présent [et sera-t-elle valable et exécutable demain]? Il y a à cet égard deux explications contradictoires. [Toutefois, si la durée de l'attente légale devait expirer avant demain, la réunion, en tout état de choses, serait impossible.]

La réunion est illégale encore dans un cas tel que celui-ci : un mari s'absente [pour un voyage, et il a annoncé à sa femme une répudiation conditionnelle, par ces mots : « Si tu entres dans telle maison, tu seras aussitôt répudiée »]. Ensuite [dans la crainte que, pendant son absence, la femme ne le rende parjure,] il dit : « Je reprendrai ma femme si elle entre dans la maison que je lui ai désignée. » [La réunion serait anormale et illicite, par la raison qu'elle est prononcée avant que la répudiation soit accomplie.] De même, si une esclave, en se mariant à un esclave, stipule [quoique en présence de témoins] qu'elle se réserve le droit de disposer de sa personne, ou de rester avec son mari, au cas où elle serait affranchie [pendant l'union conjugale. C'est disposer de l'incertain]. Mais la condition reste valide et bonne lorsqu'elle a été stipulée par le mari en faveur de la femme [libre, ou

esclave, lorsqu'il lui a dit, par exemple : « Si je prends
une autre femme, ou bien une concubine, je m'engage
à te laisser le droit de disposer de ta personne »], et
lorsque la femme dit [en présence de témoins qui as-
sistent aux stipulations contractuelles] : « Si mon mari
fait telle chose, je serai libre de me séparer de lui [ou
de rester avec lui]. »

Le rétablissement de l'union des conjoints [dont le
mariage a d'ailleurs été consommé d'abord, puis inter-
rompu par une répudiation révocable ou imparfaite,]
est dans les conditions voulues, — si [après l'expiration
de l'attente légale] le mari apporte la preuve qu'il a
déclaré avoir cohabité avec la femme [pendant la durée
de cette attente légale, et s'il déclare aussi qu'il a eu
alors l'intention de reprendre sa femme] ; — ou bien s'il
prouve [après l'expiration de l'attente légale] qu'il a
fourni à tous les besoins particuliers de la femme, qu'il
la fréquentait, et qu'il habitait avec elle dans la même
demeure ; — ou encore si la femme dit [au mari qui
revient à elle], « Je suis dans ma troisième période de
menstrues [depuis la répudiation, et par conséquent le
temps de revenir à moi est passé], » et si alors le mari
apporte une preuve qui convainque la femme de mensonge, et qui démontre qu'elle a fait, avant cela, une
déclaration contraire [et indiquant que le délai légal
n'était pas expiré] ; — ou bien si le mari apporte des
témoignages certifiant qu'il a repris sa femme, et que
celle-ci alors ait gardé le silence, puis soit revenue après
[quelques heures, ou après un jour, plus ou moins,]

déclarer que le temps d'attente légale était terminé avant que le mari eût prononcé [le retour à la réunion conjugale; cette déclaration tardive de la femme ne sera point acceptée; le silence, lors de la production des témoignages, était une approbation de l'acte du mari]; — ou bien si [le mari déclare, après l'expiration de l'attente légale, qu'il a repris sa femme pendant la durée de cette attente et qu'il y a eu, comme on le sait d'ailleurs, cohabitation entre elle et lui, et si] la femme accouche d'un enfant à terme, avant six mois écoulés depuis un mariage consommé avec un autre mari; alors [ce second mariage est rompu judiciairement, et] la femme est rendue au premier mari qui a déclaré l'avoir reprise [et qu'elle avait d'abord démenti. L'enfant est attribué à ce premier mari; car il est évident que la femme était enceinte lorsqu'elle a été répudiée, par conséquent lorsqu'elle a nié l'allégation du premier mari, et qu'elle a contracté et consommé un autre mariage, bien qu'elle sût que l'attente légale pour la femme enceinte doit être de toute la durée de la gestation]. Plus tard [si le mari, père de l'enfant susdit, meurt ou répudie la femme], le second mari débouté peut se marier avec elle [quoique, en principe général, l'individu qui s'unit par le mariage à une femme en attente légale ne puisse plus jamais prétendre à devenir l'époux de cette femme].

Si la femme n'a pas su, avant le terme du délai légal, que le mari l'a reprise, et si de plus elle s'est mariée, ou bien si cette femme, étant esclave, a été mise en copulation [ou en simple communication de caresses]

par son patron, le fait est le même que dans le cas
où deux représentants ont marié une même femme
[c'est-à-dire que si l'individu marié le second a joui de
la femme, il en est et demeure le mari; si ce mariage
était contracté et non consommé, il serait rompu, et la
femme serait remise à l'individu premier].

§ 2. De l'état de la femme répudiée par répudiation révocable ou imparfaite.

Tant que la femme peut être reprise par son mari
[qui l'a répudiée imparfaitement], elle ne cesse point
d'être son épouse, seulement les jouissances matrimoniales et même les simples communications directes
avec cette femme sont interdites au mari; il ne peut pas
même manger avec elle. [Il doit pourvoir à l'entretien de cette femme; elle conserve son droit de successibilité, etc. Il est défendu au mari de porter alors
sur la femme un seul regard, de voir ses cheveux, de
se trouver seul avec elle, de lui parler, d'entrer chez
elle, même en présence et en compagnie d'un tiers gar-
dien de la femme, et tout cela jusqu'à ce que la réunion
des époux soit positivement prononcée. Mais le mari
peut demeurer dans la même maison que la femme,
pourvu cependant qu'il y ait d'autres habitants. Le mari
peut aussi répudier définitivement cette femme, élever
contre elle une accusation d'adultère, s'il y a lieu, une
assimilation injurieuse, un serment de continence.]
La déclaration simple et sans serment de la part de

la femme sera acceptée comme vraie, lorsque cette femme [libre, ou esclave] certifiera [au moment où son mari la reprendra] que l'attente légale [fixée par la loi a une durée suffisante] pour trois menstruations, ou pour l'accouchement, est expirée, et aussi lorsqu'il y a possibilité de prouver par quelque exemple [qu'une femme peut avoir trois menstruations, ou accoucher, dans l'intervalle de temps déclaré]; alors [comme voie de vérification], on consultera des femmes ou matrones sur la possibilité et l'expérience du fait. [Si le témoignage des femmes prouve que le fait est possible, la déclaration de l'épouse susdite sera seule acceptée. Il est évident que l'on suppose ici que la déclaration indique une durée de temps trop restreinte pour trois apparitions de menstrues, ou pour le terme d'une gestation.] Mais après la déclaration précédente [qui a été acceptée et qui par conséquent a décidé la séparation des époux], si la femme se rétracte [et vient à dire que son délai légal n'est pas achevé], ou bien si elle annonce qu'elle a vu un commencement d'écoulement sanguin [qu'elle a cru être une menstruation réelle], mais qui s'est supprimé, la rétractation est sans valeur [et le retour des époux à l'union matrimoniale est impossible autrement que par un nouveau contrat]. L'examen des parties génitales de la femme par d'autres femmes [lui trouvassent-elles des traces de sang] serait également sans valeur légale. [Du moment que la femme a déclaré qu'elle a achevé sa retraite, la répudiation est *sans retour*.]

Si le mari [qui a répudié sa femme par forme ré-vocable] vient à mourir, par exemple après un an ou plus, et que la femme n'allaitant pas de nourrisson, ou n'étant pas malade, dise, « Je n'ai été en menstruation qu'une fois » [ou « que deux fois, depuis le jour où j'ai été répudiée, » ou bien, « Je n'ai pas vu mes règles depuis le jour de ma répudiation, » et par conséquent le délai d'attente légale n'est pas expiré], ce dire ne sera pas accepté comme vrai, à moins qu'elle n'ait fait con-naître [et même répété du vivant de son mari] qu'elle était sujette à des aménorrhées. Alors la déclaration de la femme sera admise comme sincère, mais sous la foi du serment; et il en sera de même encore si le mari meurt six mois ou environ après la répudiation, et que la femme, à ce moment, fasse connaître [que son délai légal n'est pas achevé] que ses menstrues ou sont interrompues, ou ne suivent pas habituellement la régularité ordinaire aux autres femmes. Dans cette circonstance, dis-je, on croira la femme, mais sous la foi du serment. Si le mari meurt un an après la répudiation, et si la femme n'a jamais parlé précé-demment de sa disposition aux aménorrhées, même fréquentes, la déclaration sera rejetée, et les droits de successibilité seront annulés. Si le mari meurt quatre mois et quelques jours après [la répudiation], la dé-claration susdite de la femme sera admise comme vraie [sans qu'il soit besoin de serment; et les droits de la femme resteront dans leur intégrité].

§ 3. De certaines obligations dans le cas de retour des conjoints
à l'union conjugale. — Don de consolation.

La règle exige [comme obligation relativement à la
société, non comme obligation religieuse] que le mari
prononce le retour ou le rappel de sa femme, en présence de témoins [et qu'il informe la femme de la décision qu'il a prise].

La femme rappelée par son mari agira sagement et
selon son droit, si elle refuse de céder à la cohabitation
conjugale jusqu'à ce que les témoignages du retour [à
l'union matrimoniale] soient entendus. [Jusque-là la
cohabitation est un acte blâmable.]

Bien que le patron d'une esclave dépose, comme
témoin [après l'expiration du délai légal], que le mari
de cette esclave l'a reprise pour femme [avant que
fût terminée l'attente légale], ce témoignage sera nul
[car il peut être suspect. Le témoignage d'un oualî ou
représentant sera aussi rejeté, de même que le témoignage du mari. Le mari peut obliger sa femme à se
remarier avec lui, pour une dot d'un quart de dinâr;
et si le patron s'oppose à cette nouvelle alliance, l'autorité publique la fera renouveler].

La loi exige encore [comme obligation sociale, et
même, selon plusieurs juristes, comme obligation religieuse établie par le K'oran] que le mari [fût-il esclave]
fasse, proportionnellement à son état [de pauvreté, ou
d'aisance, ou de richesse], un *don de consolation* à la

femme qui a été répudiée. Ce don sera remis à la femme répudiée sous forme imparfaite, après l'expiration du délai légal, ou aux héritiers de cette femme, si elle meurt après le délai [et avant d'avoir reçu ce don de consolation. Ce don sera remis immédiatement après la répudiation lorsqu'elle sera complète. Dans tous les cas, le don de consolation qui n'a pas été livré avant que le mari s'unisse de nouveau à la femme, ou meure, ne peut plus être réclamé]. Le don de consolation est dû à toute femme répudiée [ou à ses héritiers], quand le mariage a été dans les conditions de validité légale.

Le don de consolation n'est pas exigible, — si le mariage était entaché de nullité [excepté dans le seul cas de mariages d'individus parents par parenté de lait]; — et de même, si la séparation a lieu par suite d'accusation d'adultère portée par le mari; — si l'un des deux conjoints est la propriété entière [c'est-à-dire est entièrement l'esclave, non l'esclave partiel] de l'autre conjoint [car alors la femme reste, mais non comme épouse, avec le mari dont elle est ou dont elle a la propriété; si la propriété n'était que partielle, le don de consolation devait être remis; car, lorsque la femme est esclave partiellement, le patron n'a pas droit de cohabiter avec elle]; — si la femme a demandé ou proposé elle-même le divorce; — si la femme [ayant été mariée sous la forme de téfouïd'] a reçu une partie du don nuptial, et si ensuite elle a été répudiée avant la consommation du mariage [car alors la femme, outre qu'elle a reçu la moitié du don nuptial, garde encore les hardes et effets; mais dans le cas où elle n'a rien reçu, et où elle est répudiée avant que le mariage soit consommé, elle a droit au don de consolation; lorsque la répudiation est postérieure à la consommation du mariage, le don de consolation est exigible]; — si la femme, après qu'elle a été affranchie, a voulu être séparée de son mari esclave; — si elle a opté pour la séparation par motif de défaut rédhibitoire dans son mari [ou bien dans elle-même; car dans ce cas, et dans le précédent, c'est la femme qui a voulu la répudiation; dans le cas contraire, lorsque le mari, pour cause rédhibitoire dans la femme et dans lui-même, a opté pour la séparation, ou bien dans le cas où la femme a préféré la répudiation parce que le mari a épousé, après cette femme, une esclave ou une autre femme, etc., le don de consolation doit être accordé]; — enfin, si la répudiation a été laissée au choix, ou à la discrétion de la femme.

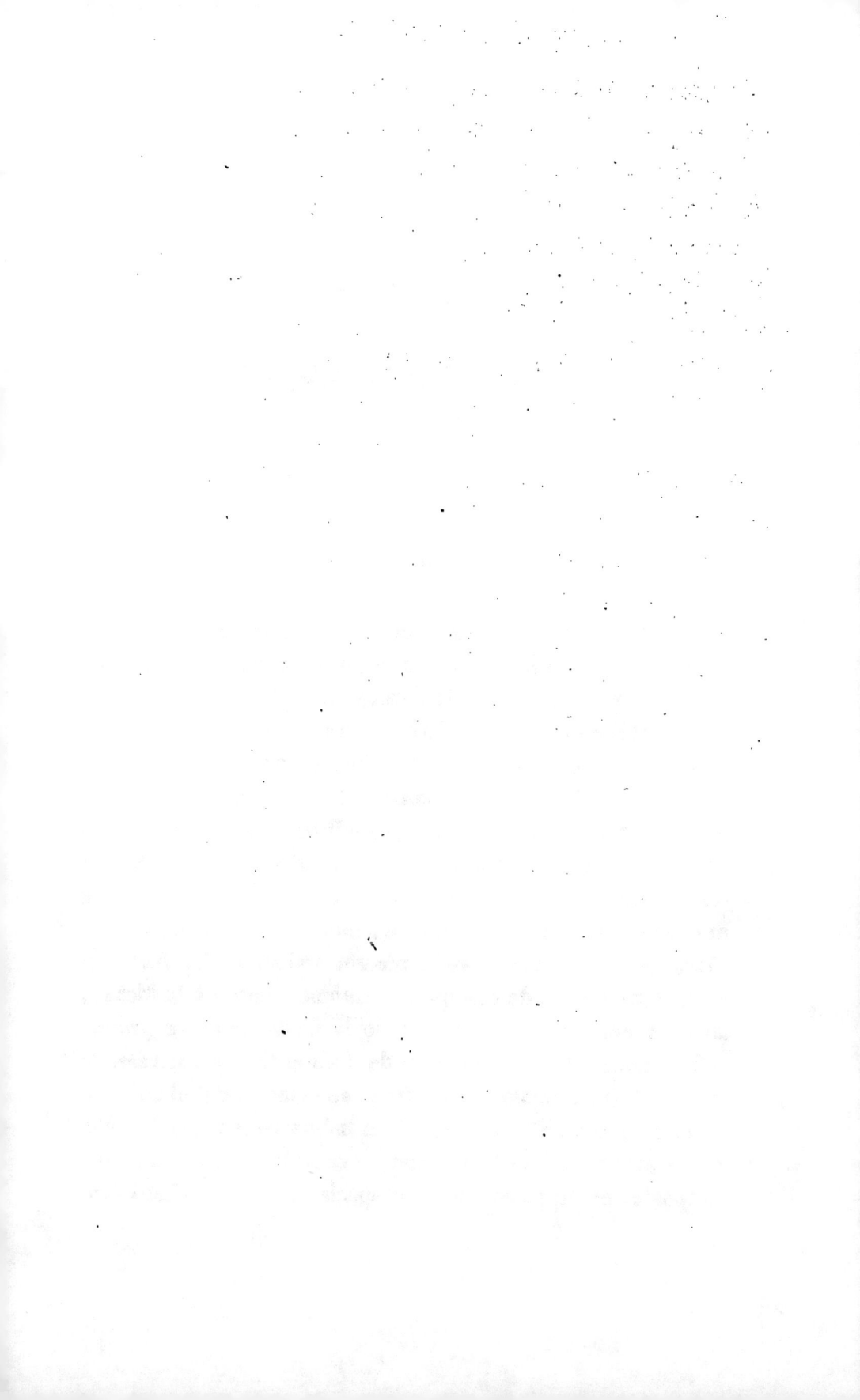

NOTES

ET ÉCLAIRCISSEMENTS.

NOTE 1. — PAGES 3, 21, 22, 105.

Le pèlerinage, accompli une fois dans la vie, satisfait au commandement divin; les autres pèlerinages sont surérogatoires. Il en est de même de l'o'mra ou *visite* pieuse. On comprend mal ce que c'est que l'o'mra; on s'en est rapporté là-dessus à l'indication de Mouradgea d'Ohsson, p. 238, § VIII, vol. III, in-8°. Il dit que l'*œumré*, comme il le prononce à la manière turque, « est une chapelle située au milieu d'une plaine, à deux heures de distance, au nord de la Mekke. » D'après toutes les informations que j'ai pu recueillir en Orient, il n'y a ni lieu ni chapelle du nom d'*œumré* ou d'o'mra. Le mot d'o'mra signifie *visite*, tout simplement, visite pieuse, visitation. La visitation ne se compose que de quelques cérémonies : entrer à la Mekke, faire les tournées pieuses autour de la Ka'ba, faire les promenades pieuses entre les hauteurs de S'afa et Méroua, se raser la tête; il n'y a pas de stations à faire ni au mont A'rafa, ni ailleurs. L'o'mra s'accomplit ou seul, ou en même temps que le pèlerinage avec lequel on le combine, et cette dernière forme, ainsi composée, est appelée du nom spécial de *k'irán*, c'est-à-dire

adjonction, pèlerinage avec adjonction immédiate de l'o'mra.
Lorsque l'o'mra n'est suivi du pèlerinage auquel on le rattache
par l'intention qu'à une distance de plusieurs jours, d'un semaine,
d'un mois, etc. cette forme entrecoupée prend le nom de *témettou'*, c'est-à-dire agrément, parce qu'il y a moins de fatigues à
supporter en même temps. Ces différences sont exposées dans
le chapitre du pèlerinage; je ne les indique dans cette note que
pour faciliter l'intelligence des premières sections de ce chapitre.
Du reste, j'appelle le pèlerinage k'irân, du nom de *pèlerinage
par adjonction, par adjonction immédiate*, et j'appelle le témettou',
du nom de *pèlerinage par adjonction médiate* ou à distance.

Avant l'islamisme, les Arabes, dans leurs pèlerinages à la
Mekke, faisaient des processions, des sacrifices, etc. Mahomet
n'a presque rien innové à cet égard.

NOTE 2. — PAGES 4, 28.

Le terme arabe *ih'râm* dérivé de la racine *ah'rama*, et que je
traduis par *entrer en pèlerinage, se disposer au pèlerinage*, signifie
littéralement, *s'imposer l'abstinence, se défendre à soi-même*. De
quelque côté que les pèlerins viennent à la Mekke, lorsqu'ils
sont arrivés à certains lieux de stations (*mîk'ât*) encore assez
éloignés de la Ville Sainte, et spécialement fixés et marqués en
cinq endroits différents, ils doivent s'occuper uniquement de la
grande action qu'ils vont faire, et dès lors ils sont obligés de
s'abstenir, pour la durée du pèlerinage, de tout acte mondain,
de tout acte de mal, même de la chasse; il leur est aussi défendu
de cohabiter avec leurs femmes, ou leurs esclaves, ou leurs concubines, etc. Ils s'imposent donc une abstinence complète; c'est
ce que l'on désigne par le mot *ih'râm* et par sa racine *ah'rama*.
De plus, ils se purifient et se revêtent du vêtement pèlerinal
composé seulement de deux pièces d'étoffe sans couture; l'une
couvre les épaules et le tronc, l'autre entoure les reins et couvre
la partie inférieure du tronc jusqu'au-dessus des jambes; la

première est le *ridd*, l'autre est l'*izâr*. Mouradgea d'Ohsson, dans son Tableau de l'empire Othoman, s'est grandement mépris sur le sens du mot ib'râm; il en a fait seulement le nom du vêtement pèlerinal... Du moment que le pèlerin a prononcé les mots, « Je viens dans l'intention de m'acquitter du pèlerinage, » il est en préparation pieuse, en abstinence, il est entré en pèlerinage.

NOTE 3. — PAGE 7.

A'rafa, Mouzdalifeh, Mina, sont les trois principaux lieux de station, hors de la Ville Sainte.

NOTE 4. — PAGES 7, 99.

Chasser, c'est-à-dire prendre, ou tuer, ou blesser un ou plusieurs animaux sauvages terrestres, est du nombre des choses défendues au fidèle en pèlerinage, et à tout fidèle qui se trouve sur le territoire sacré. Il y a pour les différents cas relatifs au mal que le fidèle a fait à un animal non domestique, des expiations à subir. (Voy. sect. xiv, pag. 110.)

NOTE 5. — PAGES 31, 56, 127.

Les sacrifices sont de deux sortes : — sacrifice expiatoire ou *hédi*, holocauste consistant dans l'immolation d'un bœuf, ou d'une vache, ou d'un chameau; — sacrifice expiatoire en général ou mineur, *dem*, sang, consistant à égorger en holocauste un mouton, ou une chèvre, ou un agneau.

Il y a, pour les satisfactions pénitentiaires, l'expiation simple ou *fidieh*, consistant en trois jours de jeûne, ou en une aumône de douze *moudd* de grains ou de fruits donnés en répartition égale à six pauvres; ou en une aumône d'un mouton, ou d'un agneau, ou d'une brebis; c'est le sacrifice mineur; et ici, comme expiation simple, il est appelé *nesk* ou œuvre pieuse, nom qui s'applique encore à l'expiation simple en général. Le sacrifice d'un mouton ou d'un agneau, je le distingue par le nom d'expiation sacrée. On préfère le menu bétail pour cette expiation, parce que la chair du mouton, ou de la chèvre, ou de l'agneau, est plus délicate que celle du bœuf, de la vache, du chameau; toutefois, il est licite d'égorger un de ces derniers animaux.

Quant au moudd (*modius*) dont il s'agit ici, c'est celui du Prophète; le moudd de Hichâm vaut un moudd et deux tiers de moudd du Prophète. Celui de Hichâm est celui qui est employé pour mesurer ce que doit donner en expiation celui qui a manqué à son serment ou l'a violé.

Il y a encore l'expiation que j'appelle *rachat* ou *compensation expiatoire* et qui consiste à donner de la nourriture aux pauvres, ou à jeûner, ou à immoler un animal.

NOTE 6. — PAGE 45.

On désigne ou on marque de deux manières les animaux de gros bétail que l'on destine à être sacrifiés dans le pèlerinage. La première manière est pour les animaux sans bosse : on place au cou de l'animal une corde à laquelle on suspend deux sandales. La seconde manière est pour les animaux à bosse, chameaux, dromadaires, etc. : on pratique une légère entaille sur le côté gauche de la bosse, de façon à faire couler du sang. L'animal, une fois marqué du signe qui l'a destiné au sacrifice, est une victime due à l'immolation, s'il est sans défaut.

La première manière de marquer la victime est le *tek'lîd*, et la seconde est l'*ich'âr*. Dans l'état ordinaire des choses, la marque s'applique à l'animal au moment où le fidèle entre en pèlerinage, ou bien dans la localité même où l'animal est acheté, si le fidèle l'achète après avoir dépassé les stations de l'ih'râm. On ne fait d'entaille ou stigmate sanglant qu'aux animaux à bosse, et seulement du côté gauche, parce que la bosse, disent les Arabes, est

insensible à l'entaille, et qu'alors on ne cause aucune souffrance
à l'animal. Par suite de cela, le chameau même, s'il était sans
bosse, ne serait pas stigmatisé. Du reste, la longueur de l'entaille
n'est pas déterminée; elle peut n'avoir que la longueur de l'ongle
de l'homme. A l'animal stigmatisé on passe au cou la corde avec
les deux sandales, comme signe, et comme précaution contre la
fuite de la bête. Ainsi les chameaux ont l'*ich'âr* et le *tek'lîd*; les
autres animaux, les bœufs, n'ont que le *tek'lîd*. (Voy. sect. xv, § 2
du chapitre *Du Pèlerinage*, pag. 127.)

NOTE 7. — PAGE 46.

Le *h'idjr* est une enceinte appelée aussi *djadr*; c'est l'endroit où,
selon les légendes arabes, Abraham construisit une clôture en
branches d'*arâk*, près de la Ka'ba, pour servir de bergerie aux
menus troupeaux d'Isma'îl. Car, disent les docteurs musulmans,
après que Hâdjar (Agar) fut répudiée par Abraham, ce Père
des croyants, l'Ami de Dieu, la conduisit dans le désert avec le
jeune Isma'îl, près du lieu où est aujourd'hui la Mekke. Ensuite
le patriarche repartit. Quand l'outre de Hâdjar fut épuisée,
Hâdjar eut soif, et Isma'îl aussi, brûlant de soif, allait périr.
Hâdjar éperdue, pensant trouver de l'eau, ou espérant découvrir
quelqu'un qui lui vînt en aide, courut sept fois des hauteurs de
S'afa à celle de Méroua et de Méroua à S'afa. Un ange, toujours
l'ange Gabriel, ramena Hâdjar près d'Isma'îl. L'ange frappa du
pied la terre, et de l'eau jaillit tout à coup; c'est aujourd'hui,
d'après les croyances arabes, la source de Zemzem, dont chaque
pèlerin doit boire.

Isma'îl grandit; il se maria avec une fille des Arabes Djour-
houmides; il fut considéré, riche; il apprit l'arabe, il s'ara-
bisa..... Tous les ans son père venait le visiter..... Ils rebâtirent
la *Ka'ba* ou le sanctuaire; Isma'îl portait la terre et les pierres,
et Abraham bâtissait. Lorsque les murs furent à une certaine
hauteur, Abraham se servit d'une pierre pour s'exhausser. Cette

pierre existe encore pour les Arabes; c'est celle qu'ils appellent le *Mak'âm* ou *support sur lequel se tenait Abraham*. Elle a gardé l'empreinte d'un pied du patriarche. La première fois qu'il alla voir son fils, Abraham ne trouva que la femme d'Ismaïl, et elle ne connaissait pas son beau-père. Elle accueillit le vieillard, lui offrit à boire; alors Abraham, se penchant de dessus sa monture, appuya le pied sur une grosse pierre, et l'empreinte du pied y resta; cette même pierre est le Mak'âm actuellement révéré à la Mekke.

NOTE 8. — PAGES 48, 49, 51.

La Pierre Noire est l'objet d'une grande vénération. Les Musulmans pensent qu'elle fut apportée sur terre par Adam. C'est, disent-ils, une des perles du paradis; selon quelques savants, c'est un ange qui a été changé en pierre; jadis, elle était blanche; ce sont les prévarications et les péchés des hommes qui l'ont fait noircir. Selon d'autres, elle ne fut noircie que lorsqu'elle fut touchée par des femmes qui étaient en impureté menstruelle.

La Pierre Noire retournera au ciel à la fin du monde. Ceux qui croient qu'elle est un ange métamorphosé assurent qu'elle redeviendra ange comme devant. A la fin des siècles de notre humanité, la pierre s'élèvera en accusatrice : elle dénoncera tous les hommes qui seront morts en dehors du giron islamique, et elle rendra témoignage de tous ceux qui l'auront touchée, ou baisée dans la sincérité de leur cœur. Mahomet, dit-on, n'embrassait jamais la Pierre Noire sans verser des larmes.

Cette pierre est creusée par le nombre des baisers qu'elle a reçus. Elle est fixée à hauteur d'homme, à l'angle sud-est de la Ka'ba. (Voyez Mouradgea d'Ohsson, vol. III, in-8°, p. 73, 74, 218 et 219.)

NOTE 9. — PAGE 47.

Les tournées sont désignées par trois noms particuliers : — tournées d'arrivée, ou de salut, ou d'apparition, ou du pacte ; — tournées du retour, ou de visite, ou du jour des sacrifices ; — tournées de congé, ou d'adieu, ou définitives. Les premières sont obligatoires dans le pèlerinage simple ; les autres sont essentielles et fondamentales, telles sont les tournées de retour et de l'o'mra ; les autres, au nombre de trois, sont des actes de simple dévotion, telles sont les tournées d'adieu.

NOTE 10. — PAGE 49.

Les promenades pieuses sont établies à l'imitation des courses que Hâdjar, mère d'Isma'il, fit entre les hauteurs de S'afa et de Méroua, lorsqu'elle implorait le secours du ciel pour son fils et pour elle. (Voyez note 7.)

NOTE 11. — PAGE 53.

Il y a trois principaux lieux de stations pieuses, Mina, A'rafa et Mouzdalifeh, où toute la masse des pèlerins se rend en procession, soit à pied, à cheval ou à mulet, soit à âne, à chameau ou en litières portées par des chameaux. Ces trois stations sont éloignées l'une de l'autre d'environ deux lieues.

La foule des pèlerins est immense chaque année. « Dieu a promis, dit Mahomet, que tous les ans 600,000 fidèles viendront faire le pèlerinage à son temple ; si ce nombre est au-dessous de 600,000, il est complété par des anges. » C'est au pied du petit Mont de la Miséricorde, qui fait partie d'A'rafa, que le Prophète venait faire sa station. L'A'rafa comprend plusieurs monts réunis ou rapprochés, dont un certain nombre ont des noms particuliers.

NOTE 12. — PAGE 54.

Bat'n-O'ràna est à tort indiqué, par Mouradgea d'Ohsson, sous le nom de Batn-Arafé, et comme faisant partie d'A'rafa. La *vallée* ou *Bat'n* d'O'ràna est limitrophe d'A'rafa, et se trouve entre les deux monts qui bornent le territoire sacré de la Ville Sainte. La mosquée d'O'ràna est appelée aussi mosquée d'Ibráhim (Abraham), et, si le mur qui forme la face sud de cette mosquée venait à tomber, il tomberait sur les terres d'O'ràna.

NOTE 13. — PAGE 67.

Le nom *Macha'r*, signifie lieu de symboles ou signes de religion et de piété; et le mot *h'arám*, sacré, défendu, qui est ajouté à ce nom, indique qu'il est défendu d'y rien faire de prohibé, d'y chasser, d'y tuer ou blesser aucun être vivant par quelque arme ou quelque moyen que ce soit. Dans la gentilité antéislamique, les païens arabes y faisaient aussi une station dans leurs pèlerinages; mais ils la prolongeaient au moins jusqu'au soleil levé.

Cette remarque des commentateurs indique que Mahomet et les docteurs de la loi n'ont fait que modifier certains détails des pratiques solennelles des temps antéislamiques. On a consacré les pratiques matérielles du passé pour faire accepter les principes de morale nouvelle.

NOTE 14. — PAGE 67.

Il y a encore neuf autres lapidations qui se font dans les trois jours de Mina. Elles ont pour but de rappeler la manière dont Abraham, sollicité par le diable de ne pas sacrifier Isma'ïl à Dieu, chassa à coups de pierre le malin esprit. Les cailloux dont se servent les pèlerins ne sont guère que du volume d'une noisette et au nombre de sept. On ne prend de petits cailloux que par mépris pour le diable... On les lance ordinairement comme une bille avec le pouce appuyé contre le petit doigt.

Les cailloux lancés par les fidèles qui s'acquittent pieusement de leur pèlerinage sont enlevés aussitôt par les anges; sans cela, le lieu de la lapidation serait impraticable, depuis tant de siècles que les pieux musulmans répètent cette cérémonie. Quatre autres merveilles sont spéciales au mont Mina : — La première, c'est que, malgré son peu d'étendue apparente, ce mont suffit toujours à des masses immenses de pèlerins; — la seconde, c'est que jamais les milans n'y viennent voler et enlever de la viande; — la troisième, c'est que les mouches n'y tombent jamais dans les nourritures, même dans le miel; — la quatrième, c'est qu'il y a à peine quelques moucherons malfaisants.

L'A'k'aba proprement dit est au bas de Mina, et le limite du côté de la Mekke; la vallée de Mouh'assir limite Mina du côté d'A'rafa.

NOTE 15. — PAGE 68.

Le noûra est un épilatoire très-expéditif dont les femmes font usage pour s'épiler les parties génitales. Car les femmes d'Orient regardent comme une honte et une laideur localé, à propos de laquelle elles se moquent dédaigneusement des chrétiennes, d'avoir ces parties secrètes à leur état villeux.

Le noûra est un composé dans lequel entrent principalement le réalgar ou l'orpiment ou tous les deux ensemble, et de la chaux mal éteinte. On passe rapidement cet épilatoire sur la peau, et on y verse de l'eau presque aussitôt, afin de ne pas laisser se former d'excoriation de l'épiderme. L'épilation est presque instantanée, quand le noûra a son activité ordinaire.

NOTE 16. — PAGE 72.

Dans l'indication des heures auxquelles on doit faire les lapidations, Mouradgea d'Ohsson s'est trompé ; il dit qu'elles ont lieu *après le déclin du soleil*, et, *dans la matinée avant le déclin du jour* ; je ne comprends pas ce que c'est que *le matin avant le déclin du jour*. Le mot qui est traduit ici par *déclin* en général veut dire le moment auquel le soleil arrivé à l'apogée du midi commence à *décliner* vers l'ouest.

NOTE 17. — PAGE 81.

Monter dans la Ka'ba signifie entrer dans la Ka'ba, parce que la porte en est à une assez grande distance du sol, et qu'on n'y arrive qu'au moyen d'une échelle ou long marchepied mobile.

Cette disposition et l'usage de l'échelle sont un motif de commerce et de spéculation. L'individu préposé à la conservation et à l'emploi de l'échelle laisse monter les premiers ceux qui payent le plus. Les pauvres montent quand il n'y a plus de *douros* ou de *thalers* à recevoir ; il est rare que le pauvre monte gratis.

Du reste les habitants de la Mekke exploitent de mille façons la dévotion du pèlerin. Ils se moquent de ceux qui ne parlent pas arabe, et, dans différentes pratiques secondaires du pèlerinage ou de simples actes de dévotion, ils font répéter à ces braves pèlerins mille plaisanteries plus ou moins saugrenues, en guise de paroles de piété. Et quand on reproche aux Mekkois ces inconvenances et bien d'autres actes peu louables, « Nous avons ici le savon, » répondent-ils ; c'est-à-dire nous avons ici le temple saint et toutes les bénédictions et grâces qui y sont attachées ; avec cela nous lavons aisément nos péchés.

NOTE 18. — PAGE 85.

Le chameau sacré, *mah'âra*, appelé généralement *mah'mel*, est chargé de porter de Constantinople les dons et les présents envoyés à la Ka'ba par le sultan.

Un autre chameau, encore sacré, part aussi du Kaire, tous les ans, avec la caravane nombreuse des pèlerins. Il emporte le grand voile ou vêtement brodé en or pour la Ka'ba, des présents, et un individu que le peuple appelle *cheikh-el-djémel* ou cheikh du chameau. Cet individu, en toute saison, n'a jamais qu'un caleçon, une ceinture rouge et des souliers; c'est là tout son vêtement. Le cheikh du chameau est toujours un saint personnage pour les musulmans.

NOTE 19. — PAGE 90.

Le *ouars* paraît être l'orobanche *tinctoria*, comme je l'ai indiqué, note 97 du tome I. C'est, disent les auteurs arabes, une plante analogue au sésame, d'un parfum agréable, teignant les corps en jaune-brun rougeâtre, et vivant une vingtaine d'années.

NOTE 20. — PAGE 95.

Les *ricinus* sont des insectes épizoïques, de l'ordre des parasites. Ils se reproduisent et se répandent avec une exubérance extraordinaire, en Orient, sur les quadrupèdes domestiques, les chiens, les chevaux, les chameaux, les bœufs, les buffles, etc. Ces insectes s'attachent avec force à la peau des animaux, dont ils sucent le sang. Ils atteignent très-souvent le volume d'un haricot presque rond.

Il y a plusieurs espèces de ricinus reconnus par les entomologistes; excepté ceux de l'espèce dont Khalil veut parler, ces insectes ne se rencontrent que sur les oiseaux. (Voyez *Règne animal* de Cuvier, t. IV, Insectes parasites, premier genre, ou genre *pediculus*.)

NOTE 21. — PAGE 96.

Le *h'enné*, ou mieux, *h'inné*, est une poudre jaune verdâtre obtenue par la pulvérisation des feuilles desséchées d'un arbre commun en Égypte.

Les femmes surtout font un très-grand usage du h'enné pour se teindre la paume des mains, la plante des pieds, les ongles. Les femmes âgées et dont les cheveux ont blanchi, se les teignent parfois avec le h'enné, et leur donnent une nuance vituline foncée... Le h'enné est astringent et empêche ou au moins modère la sueur des mains et des pieds. On s'en sert comme médicament externe pour les plaies, les crevasses; on l'emploie aussi comme médicament interne.

NOTE 22. — PAGE 98.

Les Orientaux, sous leurs grands vêtements, ne mettent qu'un très-large caleçon, qui se fronce et se lie autour des reins par un lien passé dans une coulisse, en haut. Ce caleçon couvre ordinairement jusqu'au-dessous des genoux; le reste de la jambe est à nu.

NOTE 23. — PAGE 107.

Selon les croyances et les légendes musulmanes, les limites du territoire sacré ou de la Terre Sainte, aux environs de la Mekke, ont été marquées dès la plus haute antiquité; cela ne date rien moins que de l'époque d'Adam. «Le père des hommes, disent les docteurs de la religion, ayant eu peur du diable, implora l'assistance de Dieu; Adam était alors sur les terres de la Mekke, probablement à un de ses nombreux pèlerinages. Dieu envoya

alors au premier homme une légion d'anges, qui arrivèrent tout
à coup et se postèrent en ligne, de manière à embrasser un espace
considérable. Dieu bénit le terrain entouré par les anges, et ce
fut le territoire sacré. »

Plus tard, Abraham dit à Dieu, « Montre-moi les lieux consacrés aux œuvres pieuses; » et l'ange Gabriel descendit du ciel,
emmena Abraham, puis lui fit voir les saints lieux; et l'ange
s'arrêtait çà et là sur les limites du territoire sacré; et Abraham
les marquait en y plaçant de grosses pierres, qu'il posait comme
signes ou *thermes*, et qu'il couvrait de terre.

Quand Isma'il fut établi sur le territoire de la Mekke, jamais
les troupeaux de ce fils du patriarche ne dépassèrent les limites
sacrées, de quelque côté que ce fût; quand il leur arrivait d'en
atteindre la démarcation, ils s'empressaient de rentrer sur la
Terre Sainte.

Un jour, dit une autre légende sacrée, un docteur de l'islâm
demanda à plusieurs hommes de loi et de religion : « Qui a
rasé Adam lorsqu'il vint en pèlerinage? » Nul ne sut que répondre. « Je vais vous faire venir ici, reprit le docteur, quelqu'un
qui vous l'apprendra. » Et il envoya appeler A'li, fils de Moh'ammed, fils de Dja'far, fils d'A'li, fils de Moûça, fils de Dja'far,
fils d'A'li, fils d'Abou-T'âleb. — « Qui a rasé Adam dans son
pèlerinage? dit alors le docteur. — J'ai appris de mon père,
qui l'avait appris de mon grand-père, qui l'avait appris aussi de
son grand-père, que le Prophète de Dieu a dit : « Gabriel reçut
ordre de descendre du paradis avec une pierre précieuse; Gabriel obéit; il passa la pierre précieuse sur la tête d'Adam, et
les cheveux du père des hommes cédèrent à l'effet de la gemme.
Mais la gemme brillait d'une grande lumière, et la terre aux
limites de laquelle atteignit cette lumière paradisienne fut
consacrée et devint terre sainte. »

Depuis Abraham jusqu'aux temps où les Arabes K'oréïchides
formèrent une tribu puissante, les limites du saint territoire
ne furent plus retracées. Les K'oréïchides les retracèrent, et

plus tard Mahomet recommença la même opération ; puis les
khalifes O'mar, Mou'àouïa, A'bd-el-Mélik-Ibn-Mérouân. Aujour-
d'hui, ces limites ne sont pas encore précisées rigoureusement.
Khalil les indique par l'appréciation de *quatre ou cinq* milles dans
la direction de Ten'im ; quant à la distance de huit milles, dans
la direction du mont Mak't'a', elle est appréciée ordinairement
à sept milles. Du reste, ce nom de *Mak't'a'*, lieu où l'on re-
tranche, *Mouk'at't'a'*, qui a été coupé, est donné au mont *Ma-
k't'a'* ou *Mouk'at't'a'*, parce que c'est de lui qu'Abraham a pris
et détaché les pierres dont il a construit la Ka'ba.

Outre le torrent du territoire profane, *Seïl-el-H'ell*, qui se
garde bien de jamais pénétrer sur les terres saintes du territoire de la Mekke, il y a aussi le *Seïl-el-H'aram*, ou torrent du
territoire sacré, et ce torrent va et se continue sur les terres
profanes.

Quant au mont *Djoudda*, que les géographes écrivent Djedda,
il signifie lieu maritime, sur le bord de la mer. C'est près de
Djoudda qu'Ève fut inhumée.

NOTE 24. — PAGE 128.

Tous les animaux de l'espèce bovine dans le Soudan, y compris
le Sennàr, et dans l'Arabie, ont le garot surmonté d'une saillie
ou gibbosité parfois très-volumineuse.

NOTE 25. — PAGE 143.

Si l'idiot, le fou, l'imbécile, ou l'individu avant l'âge de
raison, ou l'individu ivre, tuait un animal, la chair de cet
animal ne devrait pas être mangée. La femme, le jeune homme
en adolescence, l'hermaphrodite, l'eunuque, le débauché peuvent aussi tuer un animal, mais il y a blâme de la loi. Si un
renégat qui a renoncé à l'islamisme tue un animal, la viande
de cet animal est défendue. La chair d'un animal tué par une

femme chrétienne ou juive, c'est-à-dire une femme croyant à
une des deux révélations qui ont précédé la révélation islamique,
n'est point défendue par la loi, parce que la femme juive ou
chrétienne peut se marier avec un musulman. Mais l'homme
juif ou chrétien ne peut régulièrement se marier avec une musulmane.

NOTE 26. — PAGE 144.

Selon l'explication des auteurs arabes, les Samaritains sont
une secte juive — qui ne reconnaît comme prophète que Moïse,
Aaron et Josué, — qui nie la sainteté de Jérusalem, — qui
condamne ceux qui abandonnent les montagnes de Naplouse,
— qui juge, d'après certaines raisons particulières à la secte,
que les rabbins juifs ont entièrement adultéré le Pentateuque.

Les Mages sont les adorateurs du feu, et reconnaissent l'existence de deux dieux, la lumière et les ténèbres; la lumière,
divinité du bien, les ténèbres, divinité du mal.

NOTE 27. — PAGE 161.

Les Arabes mangent les grosses sauterelles qui parfois, en
été, viennent par nuées épaisses inonder les plaines, dévorer
les semailles et les feuilles des arbres. Ces sauterelles sont de
couleur jaune clair, ou rouge briqueté. En 1844 et en 1845,
elles apparurent en Égypte en quantité si considérable qu'elles
faisaient ombre, même au milieu du jour.

En Égypte, il y a peu d'Arabes qui mangent de ces sauterelles; mais en Nubie et au delà, dans le Soudan, les habitants
des campagnes surtout, les font griller à feu nu et les mangent.
D'autres les font frire.

En 1844, les sauterelles firent de tels dégâts dans les campagnes, que le gouvernement égyptien, afin de hâter leur destruction, fixa un prix pour une quantité déterminée de ces

insectes, qui seraient apportés aux chefs des villages. On les
amenait par sacs, et on les amassait par monceaux que l'on
brûlait.

NOTE 28. — PAGE 166.

On appelle *Ad'h'teh*, que je traduis par oblation sacrificatoire
simple, pour la distinguer de toutes les autres espèces d'immolations et expiations sanglantes, le sacrifice qui rappelle la pâque
des juifs. Ce sacrifice n'est que d'obligation imitative, et doit,
dans tous les pays habités par les musulmans et selon les moyens
de chaque fidèle, se faire le jour de la grande fête des sacrifices,
le 10 du mois de zil-h'eddjeh, ou les deux autres jours des
sacrifices.

Le fidèle qui est en pèlerinage réel ne doit point faire d'oblation simple; elle n'est d'obligation que pour le fidèle qui n'est
point en pèlerinage, et pour le fidèle qui est en o'mra, ou qui,
pour cause d'empêchement ou d'invalidité relativement à un pèlerinage, a rompu son ih'râm après l'o'mra nécessaire pour entrer *en dispense*.

NOTE 29. — PAGE 178.

Les Arabes ne donnent jamais le nom direct du père à un
enfant; ils ne reconnaissent les ascendances des familles, lorsqu'ils en conservent les séries, que par la forme : un tel, fils
d'un tel, etc.

Les Arabes attachent toujours certaines espérances de bonheur ou de bénédiction au nom qu'ils choisissent pour leurs
enfants. Aussi les noms de Moh'ammed, O'smân, O'mar, A'li,
A'bd-Allah, etc. sont très-souvent appliqués.

Avant l'islamisme, les Arabes donnaient souvent des noms
significatifs à leurs enfants, soit comme souvenirs de famille,
soit comme espérances de fortune, soit comme malédiction

même, soit encore comme motifs de crainte à inspirer à leurs ennemis pour le temps où ces enfants seraient devenus hommes. Et dans cette dernière pensée, ils choisissaient fréquemment pour eux-mêmes les noms de tigre, lion, loup, etc. tandis qu'ils donnaient à leurs esclaves les noms de : la joie, la gaieté, la fleur, etc. On demanda à un Arabe pour quel motif ils prenaient pour eux-mêmes des noms d'animaux, tandis qu'ils donnaient des noms gracieux à leurs esclaves : — « C'est, répondit l'Arabe, que nos noms sont choisis pour influencer et effrayer nos ennemis, et que les noms de nos esclaves, nous les choisissons pour nous plaire. »

NOTE 30. — PAGE 187.

Le *taûb* que l'on doit donner à l'homme est une sorte de blouse, ou simplement un *izâr* ou pièce d'étoffe commune qui entoure les reins et puisse couvrir la nudité de l'homme qui prie; nous avons déjà parlé de l'*izâr*, à la note 2. La chemise de la femme est également une blouse, ordinairement bleue. Les femmes de la classe indigente n'ont que ce *camisium* pour tout vêtement. Le *khimâr* est une espèce de voile qui couvre la tête et tombe sur le dos. Nous avons parlé du khimâr en énumérant les enveloppes des morts. (Voyez t. Iᵉʳ, p. 299.)

NOTE 31. — PAGE 231.

Le mur *h'at'îm* occupe l'espace compris depuis la porte de la Ka'ba jusqu'au *Mak'âm* et jusqu'à la source de Zemzem.

NOTE 32. — PAGE 244.

Par devoir de solidarité, la loi musulmane entend tout devoir qui oblige la totalité des musulmans, mais qui, accompli par un certain nombre d'entre eux, n'est pas exigé des autres;

ainsi, tout musulman est obligé de rendre les derniers devoirs
à un musulman mort, mais il n'est pas nécessaire, bien entendu, que tous les musulmans y concourent. « La guerre contre
les ennemis de l'état ou de la religion est un devoir sacré que
la loi impose à la nation tout entière, mais qui est censé rempli pour tout le corps politique quand une partie du peuple
y satisfait. Tout musulman en état de porter les armes doit
prendre part à la guerre... Le musulman ne doit pas prétendre
à une solde; il est tenu, de plus, à faire, sur sa propre fortune,
les sacrifices nécessités par les besoins de ses frères. » (Voyez
Mouradgea d'Ohsson, *De la guerre*.)

« Combattez les polythéistes, a dit le Prophète; la guerre est
« établie et doit durer jusqu'au jour du jugement. On peut
« attaquer les infidèles sans autre raison que le fait de la diffé-
« rence de religion. »

NOTE 33. — PAGE 252.

Il est défendu d'envoyer le K'oran à des infidèles, de peur
qu'il ne reçoive quelque souillure. Il est même défendu, d'a-
près Màlek, d'enseigner ou d'expliquer le K'oran à un infidèle
(car l'infidèle est impur), d'enseigner la loi ou la jurisprudence
musulmane à un mécréant. Màlek considère comme chose blâmable, même de donner à un infidèle une pièce de monnaie
portant inscrites des paroles du K'oran, et, selon certains docteurs, portant inscrit seulement le nom de Dieu.

NOTE 34. — PAGE 269.

O'mar refusa de distribuer aux musulmans les terres des pays
conquis; il les immobilisa au profit de la société musulmane,
c'est-à-dire qu'il les fit *ouak'f, h'abès, h'abous.* Lorsqu'une propriété est devenue ouak'f, ou h'abes, ou h'abous, ce qui est synonyme, « le droit du propriétaire sur le fonds de la chose est

annulé ou, comme disent les musulmans, renvoyé à Dieu, et l'usufruit seul en reste disponible pour les hommes... la chose alors n'est plus susceptible d'être ni vendue, ni donnée, ni transmise en héritage. Il n'y a de terres de dîme que la péninsule arabique; tous les autres pays musulmans agrégés au domaine de l'islâm, par la victoire ou par capitulation, sont de nature tributaire, d'où résulte la mise en ouak'f... Le souverain, pas plus que le paysan cultivateur, ni le seigneur, placé entre eux, n'a le droit de disposer du fonds de la terre. » (Worms, p. 122, 123.)

NOTE 35. — PAGES 258, 265, 269.

Le *feï* est proprement la partie du trésor des musulmans formée par les produits du tribut des terres ou cens territorial et par le produit de la capitation et des dîmes d'octroi et de douanes. Le feï est, quant à sa composition, l'opposé du butin et surtout du cinquième ou lot de Dieu destiné aussi au trésor public.

NOTE 36. — PAGE 271.

Dans le manuscrit original le texte porte, au lieu de *däbbeh*, animal, le mot *rdïeh*, drapeau. Le tracé de l'un de ces mots, en arabe, diffère très-peu du tracé de l'autre. Mais les commentaires que j'ai portent *däbbeh*. Du reste, le mot *rdïeh* a également ici un sens acceptable.

NOTE 37. — PAGE 276.

On sait que les cavaliers arabes, dans les batailles, se précipitaient sur l'ennemi, frappaient, ou bien lançaient leurs traits, puis retournaient précipitamment en arrière, puis revenaient à la charge, et ainsi de suite. Cette manœuvre est encore en usage parmi les cavaliers arabes.

NOTE 38. — PAGE 290.

La capitation (*djizieh*) est une taxe frappée sur les vaincus non musulmans. Par l'acquittement de cette taxe, le vaincu paye le droit qui lui est concédé, après sa défaite, de rester, sans risque de la vie, sous l'administration et la protection musulmanes. Ce fut l'an 8 ou 9 de l'hégire que, pour la première fois, la capitation fut imposée aux vaincus. Tous les infidèles d'un pays conquis, fussent-ils de la plus noble tribu arabe, celle des K'oréïchides, celle du Prophète, sont tenus de payer cet impôt, qui est le prix de vie sauve et le rachat de la captivité.

NOTE 39. — PAGE 306.

Les exercices et les jeux militaires consacrés et réglés par la loi chez les Arabes avaient pour but unique d'exciter et d'entretenir le courage, d'augmenter l'audace et l'adresse des soldats. Ce n'était et ce ne devait être qu'un apprentissage de la guerre. Rien ne devait y être accordé aux circonstances aléatoires, tout à l'adresse, à l'habitude et à la valeur positive du cavalier et de sa monture. Ces exercices et ces jeux rappellent les combats des cirques, les jeux olympiques, les tournois et les champs-clos.

NOTE 40. — PAGE 309.

Le rhythme *redjez*, dans la poésie arabe, est plus spécialement consacré aux récits improvisés dans les combats. Ce rhythme rapide, facile et d'une cadence sonore, était très-souvent employé au milieu des attaques, des combats, dans les temps antéislamiques.

NOTE 41. — PAGE 321.

Répudier *par trois*, comme nous l'avons déjà remarqué dans le premier volume, c'est répudier par trois répudiations après lesquelles la séparation est définitive, en ce sens que la femme ne peut plus être reprise, par le mari qui l'a ainsi répudiée, que lorsqu'elle a contracté et parfaitement consommé le mariage avec un autre individu qui, ensuite, meurt ou la répudie. J'appelle *définitive* (*bett*) cette espèce de répudiation ou plutôt cette sorte d'état de la femme qui a subi trois répudiations simultanées, ou successives, de la part d'un même mari. J'appelle *complète* ou *parfaite* (*báïn*), la première répudiation et la seconde répudiation, après chacune desquelles le mari peut se remarier avec la femme ainsi répudiée par lui; il n'est pas nécessaire pour cela que la femme passe à un autre mari, mais il faut un nouveau contrat. J'appelle répudiation *révocable* ou *imparfaite* (*rédjî*), celle qui laisse au mari la faculté de reprendre sa femme, de *révoquer* sa parole et de renouveler les relations matrimoniales sans un nouveau contrat, pourvu que le délai d'attente fixé par la loi ne soit pas écoulé.

NOTE 42. — PAGE 323.

Le mot arabe *ouali*, que je traduis, en terme général, par *représentant, ayant droit et pouvoir de,* implique toujours l'idée de parenté, ou dans le sens réel, ou dans le sens figuré, c'est-à-dire au point de vue de la société musulmane; car le mot ouali signifie en effet *parent.* Un ouali est aussi un individu chargé de protéger, de veiller, de seconder; il représente la femme dont se discute ou se propose le mariage; c'est aussi le maître de l'esclave, le tuteur naturel. En parlant du mariage, le commentateur El-Kharchî définit ainsi le ouali : « Par ouali, on entend celui qui a droit et pouvoir de contracter le mariage, fût-il revêtu de ce droit et de ce pouvoir par un autre ouali, et d'après le consentement de celui qui est représenté par lui. »

Le mariage est le plus solennel des actes civils, et l'homme marié a plus de mérite aux yeux de Dieu que le célibataire le plus pieux : « Épousez les femmes qui vous plaisent, au nombre de deux, de trois et même de quatre. »

Le mariage est assez souvent contracté plusieurs années avant que les époux soient mis en relations conjugales. Des jeunes filles en bas âge sont promises à tel individu ou de même âge, ou d'âge plus avancé. Aïcheh la femme de prédilection du Prophète dit : « Je fus mariée, dès l'âge de six ans, à Mahomet, et j'avais neuf ans quand il cohabita avec moi. » Cet exemple est fréquemment suivi en Orient, et les mariages précoces, même avant l'âge de puberté des filles, sont dans les goûts et les habitudes des musulmans.

NOTE 43. — PAGES 350, 449.

Le mariage par compensation était assez fréquent parmi les Arabes antéislamiques; il a été aboli par Mahomet. Cette forme consistait en ceci : deux individus se mariaient chacun avec la fille ou la sœur de l'autre, pour se dispenser de se livrer réciproquement les *sponsalia* ou don nuptial.

Des jurisconsultes ont discuté et controversé la valeur de cette sorte de mariage. Il en a été de même pour le cas où l'individu, après avoir divorcé *par trois*, se remarie avec la même femme sans qu'elle ait été mariée auparavant à un autre individu avec lequel elle ait consommé le mariage.

NOTE 44. — PAGE 374.

Le mari qui assimile sa femme à sa mère, ou à sa sœur, etc. c'est-à-dire aux parentes avec lesquelles il ne peut se marier, semble mettre sa femme au nombre des femmes qu'il lui est

prohibé de prendre pour épouses. Il y a donc injure, et il ne
doit plus avoir de relations conjugales avec sa femme qu'après
avoir subi une expiation. (Voyez, chap. vii, *Des assimilations inju-
rieuses*, t. III.)

NOTE 45. — PAGE 438.

« Dans la coutume, on entend par *'âk'ila*, les *a'c'îb* qui sont
les héritiers, » parents directs, héritiers directs. « On a assimilé
à l'*âk'ila*, le divan, à cause d'une raison déterminante qui lui
est commune avec l'âk'ila, je veux dire la mutualité d'assistance.
En effet, le *dié* (ou piaculum), chez les Arabes, avant la venue du Prophète, était supporté par l'âk'ila; cela fut maintenu
dans l'islamisme, et ils payaient ainsi le dié les uns pour les
autres, à titre d'assistance. »

« Les choses eurent lieu de la sorte jusqu'à l'institution du
divan par O'mar; car ce fut O'mar qui, le premier, institua le
divan dans l'islamisme. »

« Le mot divan signifie, en arabe, les états du compte. La
signification en a ensuite été étendue à celui qui tient les comptes
et à toute espèce de livres. » (Voyez, pour plus de détails, la
brochure de M. B. Vincent: *Études sur la loi musulmane; législa-
tion criminelle*, p. 83, 115. Paris, 1842.)

NOTE 46. — PAGE 491.

Il est nécessaire de se rappeler, relativement à la difficulté
qu'il y a d'établir les faits concernant les mariages et les naissances, que les musulmans n'ont pas d'états civils. Dans l'islamisme, on naît, on se marie, on meurt, et nulle part on n'en
tient note. Il n'y a rien qui, à cet égard, corresponde à nos mai-
ries. Le *kitâb*, ou *rescrit*, qui rappelle l'acte de mariage, la mi-
nute du contrat, est un simple papier signé par les témoins, par
le conjoint, et surtout par un cheikh; et ce rescrit, dont la mi-

nute n'est conservée nulle part, est laissé aux époux; telle est la
manière ordinaire d'agir. — Il n'y a de constatation de mort
que s'il y a un testament écrit et un héritage; alors la justice
se mêle de ces affaires, parce qu'il y a profit pour elle. Mais
les naissances, on ne s'en occupe jamais civilement.

NOTE 47. — PAGE 501.

Les musulmans sont essentiellement iconoclastes. Par la pros-
cription des figures, Mahomet a voulu prévenir l'idolâtrie, ou la
détruire parmi les Arabes. Mais aussi, il les a déshérités à l'a-
vance de la gloire des beaux-arts, et du développement senti-
mental qui en résulte. Toute statue ou toute figure d'animal qui
par son relief peut projeter une ombre à côté d'elle, que cette
figure puisse avoir une longue durée, ou qu'elle ne puisse durer que peu de temps, comme lorsqu'elle est en pâtisserie, est
défendue. On permet cependant les jouets sous forme fémi-
nine ou les poupées, que l'on donne aux petites filles pour les
préparer et les dresser aux habitudes maternelles. Les figures
d'animaux en peinture sont répréhensibles, et sont blâmées par
la loi. Mais il est permis de représenter, même en relief, les
êtres inanimés, les plantes, les arbres, les masses inertes, une
mosquée, un minaret.

NOTE 48. — PAGE 514.

Le divorce, avant l'islamisme, était fréquent parmi les Arabes.
Chaque individu prenait autant de femmes qu'il en pouvait entretenir, et s'en séparait à discrétion. La loi musulmane régula-
risa ces deux faits… Le divorce n'est pas une flétrissure; car il
n'est pas la suite nécessaire de l'inconduite de l'un des époux,
ou de tous les deux. Le divorce est le moyen offert à la femme
de se libérer du *mundium* ou autorité maritale. Aussi le divorce
est appelé encore, en arabe, composition, rachat. Répudiation

par échange, ou par indemnité, ou par valeur compensatoire, est synonyme de divorce. La répudiation, toutes les fois qu'elle a lieu moyennant un sacrifice à la charge de la femme, est un divorce; dans ce cas, l'auteur arabe dit indifféremment divorce ou répudiation.

Les anciennes législations n'offrent rien qui soit identique au divorce musulman. De curieux renseignements sur l'état de la femme et sur le divorce sont répandus dans l'intéressant ouvrage de M. Laboulaye : *Recherches sur la condition civile et politique des femmes depuis les Romains jusqu'à nos jours.* Paris, 1843.

NOTE 49. — PAGE 535.

Hérât, ou *Héroüa,* ou *Héra,* ou *Héri* (Aria), et *Mérou,* ou *Méroua,* sont deux villes du Khoraçan. A Hérat on fabriquait, disent les auteurs arabes, des *peplum* ou grands vêtements, ou *pallium,* jaunes. *Hératiser* un pallium c'est le teindre en jaune. Les Arabes de condition et de position élevée ne portaient jadis que des turbans hérât. Les pallium de Mérou étaient une autre espèce également de prix, mais inférieure aux hérât.

NOTE 50. — PAGE 577.

Presque tous les cas de serment par répudiation sont des exemples de répudiations conditionnelles, c'est-à-dire dépendant de l'accomplissement ou de la violation du serment.

TABLE DES MATIÈRES.

SUITE DE LA PREMIÈRE PARTIE.

JURISPRUDENCE RELIGIEUSE.

SECONDE PARTIE.

JURISPRUDENCE CIVILE.

Pages.

INDEX

DES

NOTES ET ÉCLAIRCISSEMENTS.

FIN DU TOME SECOND.

www.ingramcontent.com/pod-product-compliance
Lightning Source LLC
Chambersburg PA
CBHW031446210326
41599CB00016B/2136